中华全国工商业联合会 年鉴 2019

中华全国工商业联合会 编著

中华工商联合出版社

图书在版编目（CIP）数据

中华全国工商业联合会年鉴. 2019 / 中华全国工商业联合会编著 . -- 北京 : 中华工商联合出版社，2020. 5
ISBN 978-7-5158-2208-2

Ⅰ. ①中… Ⅱ. ①中… Ⅲ. ①中华全国工商业联合会－2019－年鉴 Ⅳ. ①D665.4-54

中国版本图书馆CIP数据核字（2020）第055511号

中华全国工商业联合会年鉴 2019

作　　者：中华全国工商业联合会
出 品 人：李　梁
图书策划：李红霞
责任编辑：孟　丹
装帧设计：周　琼
责任审读：李　征
责任印制：迈致红
出版发行：中华工商联合出版社有限责任公司
印　　刷：北京毅峰迅捷印刷有限公司
版　　次：2020 年 5 月第 1 版
印　　次：2020 年 5 月第 1 次印刷
开　　本：787mm×1092mm　1/16
字　　数：510 千字
印　　张：单色 19.25　彩色 2.5
书　　号：ISBN 978－7－5158－2208－2
定　　价：198.00 元

服务热线：010－58301130－0（前台）
销售热线：010－58301132（发行部）
010－58302977（网络部）
010－58302837（馆配部）
010－58302813（团购部）
地址邮编：北京市西城区西环广场 A 座
19－20 层，100044
http://www. chgslcbs.cn
投稿热线：010－58302907（总编室）
投稿邮箱：1621239583@qq.com

《中华全国工商业联合会年鉴2019》
编审委员会

目 录

第一部分 专题

第二部分 工作成果

第三部分 重要会议报告、领导讲话

第四部分 调研报告

第五部分　全国工商联2019年大事记

第六部分　地方工商联工作

第一部分　专题

全国工商联“不忘初心、牢记使命”主题教育情况报告

按照党中央统一部署，全国工商联自2019年6月至8月底，以处级以上领导干部为重点，在机关和直属单位开展第一批主题教育；9—12月，组织31家直属商会和中国民营经济研究会党组织（以下简称32家社会组织党组织）开展第二批主题教育。

一、基本情况

（一）第一批主题教育

在中央第十七指导组的精心指导下，党组始终坚持高起点谋划、高标准推进，牢牢把握守初心、担使命，找差距、抓落实总要求，聚焦“不忘初心、牢记使命”主题，紧扣学习贯彻习近平新时代中国特色社会主义思想主线，统筹推进四项重点措施，切实做到“四个到位”，将业务工作和主题教育融合推进，取得显著成效。

组织领导有力有效。党组高度重视，加强领导，成立由党组书记任组长、党组副书记任副组长、其他党组成员为成员的主题教育领导小组统筹推进主题教育，下设办公室负责日常工作，成立专项整治工作组专责抓专项整治。党组书记徐乐江同志认真履行第一责任人职责，主持召开4次党组会议、7次党组理论学习中心组学习（扩大）会议、6次领导小组会议，亲自谋划推动，带头开展学习研讨、调查研究、检视问题、整改落实，发挥表率作用；党组成员认真履行“一岗双责”、以身作则，在抓好自身教育的同时，加强对分管（联系）部门（单位）的指导督促。党组坚持把开展主题教育同推进“两学一做”学习教育常态化制度化结合起来，同推动“两个健康”和工商联工作结合起来，避免“两张皮”。**学习教育全面深入**。集中学习与个人自学相结合，学原著读原文悟原理。根据工作实际明确3个专题、召开5次党组理论学习中心组学习（扩大）会议开展集中学习研讨，拓展教育渠道，丰富学习方式，深学细悟、细照笃行，切实推动学习贯彻习近平新时代中国特色社会主义思想往深里走、往心里走、往实里走。**调查研究求真务实**。聚焦实际问题，“一竿子插到底”。会领导带队分8个小组深入民营企业、商会、市县级工商联开展联系调研，及时反映民营企业在融资成本、减税降费、维权、市场准入、创新支持、“走出去”、营商环境等方面的问题和工商联基层组织建设中存在的问题，开展3次学习成果和调研成

果交流。**检视问题精准深刻**。坚持问题导向，按照习近平总书记关于“四个对照”“四个找一找”要求，采取个别访谈、召开座谈会、发放征求意见表等多种方式广泛征求意见，梳理出推动商会改革发展等26个问题，形成思想、工作“两个问题清单”，以刀刃向内的自我革命精神，深刻剖析问题根源。**整改落实扎实有效**。开展“为民营企业办实事、解难题、见成效”专项工作，对在主题教育期间能够解决的10个问题，进行立查立改、即知即改，《光明日报》、人民网、新华网等媒体进行报道。从增强“四个意识”、坚定“四个自信”、做到“两个维护”的政治高度，精心组织专项整治工作，结合实际，聚焦5个方面突出问题，把贯彻落实习近平总书记重要指示批示情况专项整治作为重中之重，成立专门机构，制订工作方案，明确责任单位、责任人、进度时限和工作措施，逐条逐项推进落实。建立常态化机制，定期就整治工作进行“回头看”，持续深化整改，不断巩固扩大专项整治成果。党员群众对第一批主题教育成效给予充分认可，在8月26日中央第十七指导组组织的随机测评中，测评结果100%评价为“好”；11月20日召开的整改整治工作评价意见座谈会上，参会党员、群众对我会整改整治效果均表示满意；中央第十七指导组也给予充分肯定，认为我会“主题教育有力促进了民营经济统战工作和工商联工作创新发展，取得明显成效”。

（二）第二批主题教育

按照中央“不忘初心、牢记使命”主题教育第一批总结暨第二批部署会议精神和中央要求，在中央第十一巡回督导组的精心指导下，党组充分借鉴运用第一批主题教育的做法经验，以更加严谨细致、求真务实的工作作风，从9月份开始统筹推进32家社会组织党组织有力有序开展第二批主题教育，确保主题不变、标准不降、思想不松、力度不减。

党组高度重视，加强组织领导。党组把开展好第二批主题教育作为贯彻落实习近平总书记在全国组织工作会议上的重要讲话精神、推动商会党建“破题”的重要契机，精心组织推进。党组书记担任第二批主题教育领导小组组长，党组副书记任副组长，其他党组成员为成员。召开4次领导小组会议研究部署工作，加强谋划指导；补充部分机关部门负责同志为领导小组办公室成员，加大统筹协调力度；明确要求32家社会组织党组织书记切实担负第一责任人责任，带头学、带头改、带头抓，层层压实责任。**聚焦主题主线，抓紧抓实学习**。把学习贯彻习近平新时代中国特色社会主义思想作为贯穿主题教育的主线和根本任务，把抓好理论武装作为重中之重，通过集中培训学、潜心精读学、创新方式学，确保32家党组织切实有效开展理论学习。**注重工作实效，推动十项任务**。立足32家社会组织实际，把握党员人数少、流动性大、功能型党组织多的特点，不搞官样文章，不做过多硬性规定，明确推进“制定好工作安排、组织好个人自学、开展好主题党日、讲好专题党课、找准差距不足、办好1件实事、推动自身发展、开好专题组织生活会、抓好党建破题试点、推进软弱涣散党组织集中整顿”十项重点任务。32家党组织实行清单式管理、项目化推进，确保实现“把党员组织起来、把党的工作开展起来、把职工群众凝聚起来”的目标。**围绕中心工作，同步检视整改**。通过找准自身问题、抓好整改落实、开展“自选动作”、开好专题组织生活会和民主生活会等措施，32家党组织把开展主题教育与推进中心工作结合起来，把党员焕发出来的热情和干劲转化为攻坚克难、干事创业的实际效果，做到两促进、两不误，切实防止“两张皮”。**整合各方力量，强化督促指导**。成立指导组，并明确会领导、机关部门、党建工作指导员对口联系指导32家党组织，构建起“会领导统筹领导、机关部门带动帮扶、党建工作指导员具体实施”各方齐抓共管、责任明确高效的指导工作机制。会领导带头实地检查指导，党建工作指导员“手把手”“一对一”指导，实现主题教育检查指导“全覆盖”。主题教育结束前，按照“像、实、准”的要求，对32家党组织评估画像，确保主题教育质量。**加强统筹衔接，注重上下联动**。把抓好第二批主题教育检视整改与做好第一批主题教育整改落实“回头看”相结合，统筹机关部门、直属单位和直属商会密切配合、协调推进。针对32家社会组织改革发展及党组织建设方面存在的问题，深化、细化第一批主题教育专项整治中“全面推进工商联所属商会改革”“推动商会党建破题”重点措施，以开展软弱涣散党组织集中整顿为契机加强党支部标准化规范化建设，努力推动“表现在基层、根子在上面”问题的解决。

二、主要成效

一次教育，受益终生。主题教育对全国工商联机关、直属单位、32家社会组织党组织中的每名党员干部来说，都是一次深刻的党性锤炼、思想历练、作风整饬，全体党员获益匪浅。

通过主题教育，**在强化理论武装、学习领会习近平新时代中国特色社会主义思想上有了新进步**。对习近平新时代中国特色社会主义思想有了更加全面系统的认识，对用这一科学体系滋养初心、引领使命，锤炼党性、筑基育魂有了更加深刻的感悟，对以习近平新时代中国特色社会主义思想为旗帜，作为围绕中心、服务大局，促进“两个健康”的根本遵循和行动指南，有了思想自觉和行动自觉。**在增强“四个意识”、坚定“四个自信”、做到“两个维护”上有了新高度**。党员干部进一步增强了自己的第一身份是共产党员、第一职责是为党工作的党员意识、党性观念；充分认识到，无论是落实“走在前、作表率”的指示，实现“思想强党、政治建党”目标，还是在新起点上更高质量促进“两个健康”，都必须在思想上、政治上、行动上同以习近平同志为核心的党中央保持高度一致。**在干事创业、创新作为上有了新担当**。主题教育开展以来，党员干部以饱满热情投身工作、参与教育，以贯彻落实习近平总书记在民营企业座谈会上重要讲话精神为重点，政治建会有新提高；以强化民营经济代表人士联系为重点，团结立会有新拓展；以应对中美经贸摩擦影响，着力纾困解难、营造良好环境为重点，服务兴会有新成效；以激活工商联组织活力为重点，抓基层建设、商会改革，改革强会有新进展。**在为民营企业办实事、解难题上有了新举措**。围绕“办实事、解难题、见成效，紧扣服务民企深化主题教育”，形成专项工作方案，切实在为民营企业争取普惠性法规政策支持，搭建工商联与党政机关、司法机关和金融机构协商沟通平台等方面下力气、出实招，以“十大举措”集中推动解决一批制约民营企业发展的“痛点”“难点”问题，较好地引导民营企业家克服困难、坚定信心、保持定力。**在清白做人、干净做事、遵规守纪上有了新境界**。党组成员带头主动检视自我，努力查摆在知敬畏、存戒惧、守底线方面存在的差距，普遍纠正了“工商联是清水衙门”“个人不存在廉政问题”等错误看法，进一步增强了遵守党规党纪没有局外人，保持廉洁自律没有旁观者的意识，在“亲”“清”政商关系上进一步明确了底线、确立了标准、找到了站位。

回顾两批主题教育，在党中央的正确领导下，在中央第十七指导组和第十一巡回督导组的精心指导下，在党员干部的共同努力下，我们深刻体会到：只有始终把习近平新时代中国特色社会主义思想作为根本遵循和行动指南，才能保证工商联事业持续健康发展；只有树立崇高价值追求和目标理想，才能激发出党员干部强大精神源动力；只有领导带头、以上率下，才能推动工作取得更大成效；只有统筹兼顾、工学互促，才能避免“两张皮”。

两批主题教育虽然取得了明显成效，但是仍然存在问题和不足，主要表现在：一是在学习教育方面，有的党员学习主动性不够，读原著、学原文、悟原理不够，在知信行统一、促进学习成果转化上有差距；二是在整改落实方面，对习近平总书记关于本行业本领域重要指示批示研究阐释不够，存在结合实际创新工作不到位的情况；三是巩固深化主题教育成果、推动建章立制需要进一步加强；四是商会党组织存在“小马拉大车”现象，秘书处党支部作用发挥不够。

三、下一步工作

认真学习贯彻党的十九届四中全会精神，贯彻落实中央“不忘初心、牢记使命”主题教育总结大会精神，把不忘初心、牢记使命作为加强党的建设的永恒课题，作为全体党员、干部的终身课题，建立不忘初心、牢记使命的制度，教育引导党员干部始终牢记我们是共产党人、是革命者，夯实不忘初心、牢记使命的思想根基；时常以“君子检身，常若有过”的态度，检视违背初心和使命的突出问题，始终坚定理想信念，坚持改革创新，勇于担当进取，在解决工商联工作重点难点问题上见实招、见真招，在与时俱进的创新创造中践行初心使命。

（一）持之以恒抓好学习教育

运用转化主题教育的经验做法，着眼于集中性教育向经常性教育转化，把学懂弄通做实习近平新时代中国特色社会主义思想作为重大政治责任、长期政治任务，全面系统学、深入思考学、联系实际学，深学细悟、细照笃行，切实推动学习贯彻习近平新时代中国特色社会主义思想往深里走、往心里走、往实里走，更好地以理论滋养初心，以理论引领使命，筑牢思想根基。特别要及时跟进学习党的十九届四中全会精神，学习习近平总书记关于工商联工作和民营经济统战工作的最新重要讲话和重要指示批示精神，进一步深刻理解习近平总书记关于经济工作和统战工作的重要论述，加强学习成果消化转化，在新起点上更高质量促进“两个健康”。

（二）持续推进整改落实

始终坚持问题导向，围绕党中央决策部署、民营企业的发展需求和企业家的关切，严格对标对表，对主题教育中需要长期解决的问题做好继续整改的“后半篇文章”，定期查看进展，挂账销号，做到改一件、巩固一件，努力转化为工作推进落实机制固定下来。坚持开门搞整改，善于集思广益、群策群力，提高整改质量，确保问题整改不留死角。对整改结果，在一定范围内公开，接受大家监督、评议。

（三）切实抓好党建工作

深入贯彻落实中央和国家机关党的建设工作会议、中央统战部党的建设工作会议精神，以党的政治建设为统领，着力打造党建“六好”品牌，加强分类指导，推动机关部门和直属单位党组织提升标准化规范化建设水平，推进党建工作与业务工作深度融合，创建“让党中央放心、让人民群众满意的模范机关”。继续深入开展“商会党建与会员企业高质量发展”课题研究，稳步推进试点试验，在部分直属商会试点成立党委、党建工作委员会的基础上，总结经验、形成制度，逐步推动其他直属商会成立党委或党建工作委员会；成立全国工商联直属商会综合党委，健全机制、完善制度，逐步承接起31家直属商会党建工作的管理职责，捋顺不同类型党组织管理体制，提升管理效能，推动商会党建"破题"。

（四）驰而不息抓好作风改进

认真学习贯彻习近平总书记关于加强作风建设要"继续在常和长、严和实、深和细上下功夫"的要求和中央机关"走在前、作表率"的指示，严格深入抓好机关作风建设，自觉反对形式主义、官僚主义，高标准践行"亲""清"政商关系。按照思想建党、理论强党的要求，打造作风一流的政治作风。抓好领导带头，抓早、抓小、抓经常，高站位谋划，高起点推进，高质量落实，努力培养出一批优秀干部，更好推进各项任务圆满完成。

（黄卫）

举办2019中国民营企业500强峰会

2019年8月22日，2019中国民营企业500强峰会在西宁举办。峰会以"不忘创业初心 坚定报国之志"为主题，由全国工商联、青海省人民政府共同主办，工业和信息化部、国家市场监督管理总局和国务院扶贫办支持。

全国政协副主席、全国工商联主席高云龙，青海省委书记、省人大常委会主任王建军，国家市场监督管理总局副局长、党组成员唐军，国务院扶贫办党组成员、副主任洪天云，工业和信息化部中小企业局局长马向晖分别致辞。中央统战部副部长，全国工商联党组书记、常务副主席徐乐江发表主题演讲。青海省委副书记，省政府党组书记、省长刘宁出席峰会。全国工商联党组副书记、副主席樊友山主持峰会，并发布"2019中国民营企业500强"系列榜单，全国工商联副主席黄荣发布《2019中国民营企业500强分析报告》。

高云龙在致辞中指出，过去一年，民营经济发展备受关注、大事不断。习近平总书记主持召开民营企业座谈会，提出民营经济是我国经济制度的内在要素，民营企业和民营企业家是我们自己人；一批优秀民营企业家在庆祝改革开放40年大会上被授予改革先锋称号；习近平总书记亲自给"万企帮万村"行动中受表彰的民营企业家回信。这些关爱之举为民营经济健康发展注入了新的活力，广大民营企业倍感振奋、深受鼓舞。

高云龙强调，建成社会主义现代化强国，实现中华民族伟大复兴，需要各行各业共同发力。广大民营企业要坚定发展信心，自觉把企业发展同国家民族命运结合起来。民营企业只有扎根于国家、民族的土壤中，才能根深叶茂屹立不倒，只有参与到国家、民族的发展中，才能彰显自己和企业的价值。要坚持做精主业，加快推动民营企业高质量发展。民营企业只有实实在在、心无旁骛做好主业，才能在激烈的市场竞争中保持优势、长盛不衰。要加大技术创新，努力增强民营企业核心竞争力。核心技术是国之重器，是要不来、买不来、讨不来的。我们既要用好引进消化吸收再创新的成功经验，更要有自主创新的骨气和志气。要努力回报社会，积极践行社会主义核心价值观。民营企业作为社会财富的创造者和集聚者必须做出应有的贡献。

高云龙指出，今年是决胜全面建成小康社会的关键之年。在青海举办中国民营企业500强峰会，其中一个目的就是助推青海等西部地区加快发展。希望企业家朋友们走进青海、认识青海，以加大对青海的投资，促进国家西部大开发战略的实施。民营经济是推动社会进步发展的重要力量，是推进供给侧结构性改革、推动高质量发展、建设现代化经济体系的重要主体，广大民营企业家要更加紧密地团结在以习近平同志为核心的党中央周围，不忘初心、牢记使命，奋力创造出无愧于历史、无愧于时代的新业绩，为决胜全面建成小康社会，夺取新时代中国特色社会主义伟大胜利，实现中华民族伟大复兴的中国梦做出新的更大贡献。

王建军在致辞中代表青海省委省政府对出席峰会的嘉宾表示欢迎。他说，这次峰会筹备时间长，组织领导有力量，顶层设计好，活动亮点多。大家为了一个共同的目标走到一起，商量大事、讨论新事、研究难事、交流好事、办出实事，充分彰显了全国工商联和各位企业家为祖国强盛、民族复兴的担当精神和工匠精神。

王建军表示，峰会系列活动在青海举办，对青海是信任和荣光，更是机遇和动力。青海珍惜传递发展信心的群英盛会，珍惜高朋满座的相识缘分，珍惜智慧碰撞的学习良机，珍惜与会企业家发出的“青海倡议”，也珍惜携手前行的美好愿景。他希望，与会企业家既要认真开会，把头脑武装好，也要多走走，给心灵放个假，让精神更加愉悦，更要放开眼量，寻找未来潜在的无限发展商机。

徐乐江指出，面对发生深刻而复杂变化的国际环境和国内条件，以中国民营企业500强为代表的广大民营企业认真贯彻落实新发展理念，坚持走高质量发展道路，在应对各种风险挑战中实现了总体向好、稳中有进。与2018年相比，今年入围企业的资产和规模进一步提高，企业的质量效益和产业结构持续改善，“走出去”的步伐加快且更加稳健，自主创新能力、产业融合深度、遵规守法意识不断增强，一些超大型企业继续保持良好发展势头，很多企业更加注重承担社会责任，为实现“六稳”做出了积极贡献。

徐乐江强调，放眼世界，当今正处于百年未有之大变局；着眼中国，新形势对民营企业提出了新要求；检视自身，民营企业要有强烈的忧患意识；展望未来，我们要充满自信满怀希望。希望广大民营企业坚定理想信念，听党话、跟党走；坚持创新发展，加快转型升级；严格守法诚信，加强内部治理；践行生态文明理念，实现绿色发展；强化品牌意识，提升质量效益；推进开放融通，实现共赢发展；积极回报社会，履行社会责任。把自己的梦想、企业的梦想融入人民实现中国梦的壮阔奋斗之中，让企业“由大到强”与国家“由富到强”实现同频共振。

樊友山发布了“2019中国民营企业500强”“2019中国民营企业制造业500强”和“2019中国民营企业服务业100强”榜单。榜单显示，华为投资控股有限公司、海航集团有限公司、苏宁控股集团位列2019中国民营企业500强前三名；华为投资控股有限公司、正威国际集团有限公司、恒力集团有限公司位列2019中国民营企业制造业500强前三名；海航集团有限公司、苏宁控股集团、恒大集团有限公司位列中国民营企业服务业100强榜单前三名。

黄荣发布《2019中国民营企业500强分析报告》（以下简称《报告》）。《报告》显示，2018年，民营企业500强入围门槛持续提升、超大型企业继续增长、利润水平有所提升、社会贡献持续加大、产业结构持续优化、走出去步伐加快，出口总额实现较大增长。2018年，民营企业500强聚焦实业、做精主业，坚持自主创新，提升核心竞争力，加强质量品牌建设，主动参与国家重大战略，打好“三大攻坚战”，推动企业实现高质量发展。

新希望集团董事长刘永好，全国工商联副主席、三一集团有限公司董事长梁稳根，中国民间商会副会长、奥克控股集团董事局主席朱建民，万博新经济研究院院长、万博兄弟资产管理公司董事长滕泰等也围绕峰会主题发表了演讲。

全国工商联副主席、浙江吉利控股集团有限公司董事长李书福代表与会500强企业宣读中国民营企业500强倡议书。

除主论坛外，峰会设置了生态环境保护与绿色发展、东西部扶贫协作、构建和谐劳动关系、金融服务民营经济发展等平行专场和助推青海“一优两高”发展大会。

全国工商联和青海省委省政府有关领导同志，中央统战部、工业和信息化部、市场监管总局、国务院扶贫办、全国工商联有关部门负责人，中国民营企业500强代表参加活动。

（孙昱）

举办第二届全国工商联主席高端峰会

2019年10月9日下午，2019全国工商联主席高端峰会恳谈会在四川省成都市召开，全国工商联、四川省政府有关负责人出席并与民营企业家代表们深入学习交流，共话优化营商环境，助推民营企业高质量发展。全国政协副主席、全国工商联主席高云龙，中共中央统战部副部长、全国工商联党组书记、常务副主席徐乐江，中共四川省委书记、省人大常委会主任彭清华出席会议并讲话。恳谈会上，李湘平、南存辉、朱建民、王文彪、傅军5位企业家代表围绕把握时代大势、坚定发展信心、优化营商环境、培育壮大产业和推动四川民营经济发展再上新台阶等方面内容发言。

2019年10月10日上午，以“把握时代大势·坚定发展信心”为主题的2019全国工商联主席高端峰会在成都举行。全国政协副主席、全国工商联主席、中国民间商会会长高云龙出席峰会并讲话，中共四川省委书记、省人大常委会主任彭清华致辞，中央统战部副部长、全国工商联党组书记、常务副主席徐乐江主持峰会。四川省政协主席柯尊平出席。会上，国家发展改革委、司法部、国家税务总局有关司局负责同志作政策解读。新希望集团董事长、中国民生银行副董事长刘永好，百步亭集团董事局主席茅永红，武汉高德红外公司董事长黄立，红豆集团总裁周海江，盘石集团董事长兼首席执行官田宁，华夏新供给经济学研究院首席经济学家贾康做演讲。副省长李云泽介绍四川省投资环境，推介投资合作机遇和重点合作领域。本次峰会正式签约项目162个、金额1588亿元，其中一产业项目11个、金额65.9亿元，二产业项目79个、金额512.21亿元，三产业项目72个、金额1009.89亿元；省外投资项目153个、金额1397.37亿元。现场的项目合作签约仪式上，共有10个项目进行集中签约，签约金额达333亿元，涉及现代农业、航天航空、智能制造、文旅融合等领域。

（安静）

牢把政治方向，2019年德胜门大讲堂精彩纷呈

在会党组领导下，在机关各部门、直属单位、直属商会和地方工商联的大力支持下，2019年我会成功举办了13期德胜门大讲堂，分别聚焦新经济发展、防范化解重大风险、区块链前沿与创新、人工智能与产业融合、推进民营企业高质量发展、国家人才战略、民企诚信与法治建设、环境保护与生态文明、乡村振兴战略与特色小镇建设、国家治理体系和治理能力现代化、助推地方特色产业发展等热点重点话题，邀请有关国家领导人、部委领导、专家学者、知名企业家登台演讲，组织嘉宾进行圆桌对话分享观点。经初步统计，有1位国家级领导人（辜胜阻）、8位省部级领导、26位专家学者、88位知名企业家登台演讲分享观点，有4000余位民营企业、商会负责人及机关干部参会受益。高云龙主席、徐乐江书记等会领导非常重视大讲堂工作，对每期大讲堂的主题和内容都亲自审定把关，每期活动均有会领导莅临现场，与演讲嘉宾、有关部委领导和商会负责人亲切交谈，合影留念，聆听嘉宾演讲。

2019年大讲堂内容精彩纷呈，形式有所创新，主要特点如下：一是坚持政治引领，助推民营经济服务国家战略。每期大讲堂选题都注重强化政治引领，围绕国家战略部署，聚焦民营经济发展，力争让大讲堂成为宣传党和国家重大方针政策、促进民营企业与政府部门沟通交流的平台。为学习贯彻习近平总书记在省部级主要领导干部坚持底线思维着力防范化解重大风险专题研讨班上的重要讲话精神，3月份大讲堂的主题为“防范化解风险、助推高质量发展”，全国政协经济委员会副主任林毅夫、中国国际经济交流中心总经济师陈文玲、工信部信息化和软件服务司巡视员李颖、中国人民银行金融稳定局副局长孟辉等领导和专家做解读分析。10月24日习近平总书记在中央政治局第十八次集体学习时发表了关于区块链技术的重要讲话，为切实推进区块链技术融合发展，德胜门大讲堂在“数字中国”建设峰会永久会址所在地福州举办，主题为“区块链与创新——以区块链技术推动数字中国发展”。为贯彻十九届四中全会精神，11月末大讲堂以“深化商会改革，助推国家治理体系和治理能力现代化”为主题收官，国办秘书三局一级巡视员王政敏兴奋地对中华工商时报的记者说，本次大讲堂紧扣习近平总书记讲话精神和中央要求，主题好、形式新、讲得好，传递出满满的正能

量，充分展现了工商联的统战引领作用和效果。中央和国家机关协会党建部副部长曹志平也对德胜门大讲堂大加赞赏，一直认真聆听并做记录。

二是坚持企业家站前台、唱主角，弘扬优秀企业家精神。每次大讲堂，都有来自不同地域、不同行业的优秀企业家登台分享，突出企业家主体作用，弘扬优秀企业家精神，让大讲堂的受众学有榜样、听有所获。6月份大讲堂以“不忘初心、牢记使命，共促民营企业高质量发展”为主题，泰康保险董事长陈东升回顾自己创业历程，强调只有具有家国情怀，坚定核心价值，不断创新，才能保证企业高质量发展。华立集团董事长汪力成表示，企业家与商人不同，企业家不仅要会赚钱，还要肩负起使命，要怀揣产业报国之心，积极参与国家战略，企业稳定健康发展就是对国家最好的支持。7月份大讲堂，以“信誉天下——民企在行动”为主题，新希望集团董事长刘永好回顾1999年7月15日，全国工商联在人民大会堂举行《信誉宣言》发布会的历史场景，他说，当时是我带头宣誓，呼吁民营企业家从自身做起、从现在做起，构建完善的商业道德体系。20年过去了，守信用、讲信誉和重信义依然是我们不变的坚守。8月份大讲堂，聚焦“法治民企”，月星集团董事局主席丁佐宏指出，法治是最好营商环境，是民营企业行稳致远的坚实保障，最高法、最高检和司法部近期出台的法律法规和政策措施，进一步优化了民营企业发展的法制环境和营商环境，极大提振了民营企业家的发展信心。

三是坚持走出机关，助推地方区域经济发展。今年结合联系调研和直属商会会长、秘书长联席会议，德胜门大讲台走出机关大门。6月大讲堂走进云南，陈东升、郑跃文、王均豪、汪力成、阮鸿献等11位知名企业家登台演讲和对话，分享创业经历和收获，对当地民营企业高质量发展提出意见建议。云南省委书记陈豪与德胜门大讲堂演讲嘉宾座谈，对大讲堂走进云南表示感谢。10月大讲堂走进甘肃，大唐西市文化产业投资集团董事长吕建中提出建议，甘肃民营企业应抓住机遇，找准突破点，大力推动文旅产业发展。天士力医药控股集团总经理朱永宏指出，甘肃是中药材优势产区，产量大、面积广、质量高，应着力发展中药材种植，加强国际合作，推动“互联网+中药材”，全力提升“陇上中药材”的核心竞争力。11月大讲堂走进福建，邀请业内专家学者共同探讨区块链技术应用及其产业发展与经济社会深度融合发展的途径。福建省委副书记、福州市委书记王宁对德胜门大讲堂走进福建表示欢迎和感谢，要求福州市有关方面与企业家们做好项目对接，把数字福州做实。

四是坚持聚合力量，发挥系统优势办活动。德胜门大讲堂自开办起始就坚持“集合创新”，充分发挥机关各部门单位、直属商会、地方工商联的综合优势，共同办好大讲堂活动。宣教部、法律部、人才交流服务中心、中华工商时报社、城市基础设施商会、环境服务业商会、全国工商联并购公会，云南省、甘肃省、福建省工商联分别承办大讲堂活动。机关划拨专项经费55万元，保证了大讲堂活动顺利开展；信息中心、人才交流服务中心、机关服务中心负责大讲堂会务保障，周末加班加点倾力工作，为大讲堂顺利举办做了大量幕后工作。经过各方共同努力，德胜门大讲堂越办越好，成为工商联一个著名品牌。

（刘云莲）

第二部分　工作成果

开展非公有制经济人士理想信念教育

【综述】2019年，全国工商联认真贯彻落实习近平总书记在民营企业座谈会上的重要讲话精神，落实全国工商联十二届二次执委会议工作部署，以“守法诚信经营，坚定发展信心”为重点，深入开展非公有制经济人士理想信念教育，引导广大非公有制经济人士坚定理想信念、增强发展信心，不断增强对党和国家的政治认同、思想认同、情感认同。

一、加强组织领导

全国工商联党组高度重视非公有制经济人士理想信念教育。2019年3月18日，全国工商联下发《关于印发〈全国工商联深入开展理想信念教育2019年度工作推进方案〉的通知》（以下简称通知）。通知从总体要求、重点项目和分工以及组织协调等三个方面对深入开展理想信念教育进行了总体部署。通知要求2019年的非公有制经济人士理想信念教育实践活动要深入学习贯彻习近平总书记在民营企业座谈会上重要讲话精神，紧密结合庆祝新中国成立70周年，紧扣树牢“四个意识”，坚定“四个自信”，坚决做到“两个维护”，运用“正面引导、培训互动、强化服务、协调推进”等长效机制，不断丰富教育内容、创新教育方式、提高工作实效，教育引导民营企业家坚定理想信念，增强发展信心，自觉听党话、跟党走，做爱国敬业、守法经营、创业创新、回报社会的表率和践行“亲”“清”新型政商关系的典范，为决胜全面建成小康社会做出积极贡献。通知的印发为各地进一步深入开展非公有制经济人士理想信念教育实践活动提供了指导。为更好地交流各地工商联和各级商会组织开展活动的好经验、好做法，2019年编发了15期《工商联信息——非公有制经济人士理想信念教育专刊》。

为进一步强化意识形态工作领导，履行好意识形态主体责任，2019年出台了《全国工商联舆情工作实施方案（试行）》，定期召开舆情会商研判会议。建立了一支约4500人的宣传员（舆情员）队伍，组织召开非公有制经济领域舆情工作座谈会及网络传播实务培训班，举办全国工商联执常委企业宣传员培训班，编印《舆情管理与危机应对手册》。持续开展非公有制经济领域舆情分析、研判与应对研究，定期上报舆情报告，2019年共编发非公有制经济领域舆情报告90期。

二、做好教育培养

教育培训是开展非公有制经济人士理想信念教育的重要手段。全国工商联以贯彻落实习近平新时代中国特色社会主义思想为核心，突出思想政治教育，以推动高质量发展为目标，服务民营企业能力素质提升，从培训内容、对象、任务及班次安排、加强组织领导等方面进行系统谋划，不断提升培训工作质量。

为拓宽教育培训渠道，丰富教育培训内容，增强教育培训效果，2019年3—6月，全国工商联先后在井冈山、延安、西柏坡、红豆集团、浙江大学、叶青大厦挂牌设立“全国非公有制经济人士理想信念教育基地”，并与地方政府、教育培训机构、民营企业签署合作共建协议，共同开展教育基地建设。印发《关于用好“全国非公有制经济人士理想信念教育基地”的通知》，鼓励各地工商联、商会组织利用教育基地的各类资源，组织非公有制经济人士、商会负责人、工商联干部前往教育基地开展教育培训，发挥好教育基地作用。

为指导帮助各地工商联提高教育培训工作的针对性、规范性，委托浙江大学继续教育学院对工商联系统教育培训工作进行系统研究，编制了《全国工商联教育培训大纲》，于2019年7月印发各省级、地市级工商联和全国工商联各直属商会。

就具体培训班次而言，一是举办全国年轻一代民营企业家理想信念教育培训班。以年轻一代为着力点重点开展理想信念教育，在井冈山、延安、西柏坡组织举办理想信念教育培训班，通过开展革命传统教育，帮助年轻一代深刻理解只有中国共产党才能领导中国、只有坚持和发展中国特色社会主义才能实现中华民族伟大复兴的历史必然，350名年轻一代民营企业家参训。

在中央统战部、全国工商联联合实施的两期新时代民营企业家培养计划中设置新时代青年民营企业家成长计划，组织近百名年轻一代民营企业家参加为期一年的系统学习，开展理想信念、政策宣讲、管理能力等多方面培训，着力培养一批政治素质过硬、经营管理能力强、具有战略眼光的民营经济后备人才。

二是以中华文化为主线，增强民营企业家文化自信。全国工商联与中央社会主义学院首次共同举办中华文化传承与创新研修班，来自全国各地的90名年轻一代民营企业家就中华儒商传统与企业家精神、中华文化与文化自信、中西文明的交融互鉴等课程进行集中学习，并前往北京展览馆、国家典籍博物馆开展现场教学。研修班通过加强中华优秀传统文化教育，助力民营企业家增强文化自信、提振发展信心，培育优秀企业文化。

三是与相关部委和教育机构开展培训合作。与中组部、中央统战部、中央社会主义学院、中国科协、清华大学经管学院、浙江大学继续教育学院等单位开展深入合作，举办各类培训、开展教育培训基础性研究。与中央统战部、民政部社会组织管理局合作举办培训班。与中国科协合作开展2019年企业自主创新研讨系列活动。举办民营企业法律风险防范与合规管理培训班。持续与国家林业局和中国光彩会合作举办全国民营企业及管理干部林业培训班。与商务部合作举办民营企业对外投资合作业务和风险防范培训班。

三、正面宣传引导

广泛收集宣传民营经济人士对习近平总书记在庆祝新中国成立70周年大会重要讲话和国庆系列庆祝活动的反响。积极推荐优秀民营企业家参与中央宣传部等部门举办的庆祝中华人民共和国成立70周年系列论坛活动。积极提供庆祝新中国成立70周年大型成就展参展素材。协调落实新华社、中央广电总台、人民政协报、中国政协杂志等媒体关于庆祝新中国成立70周年主题向我会约稿、采访、收集反响等任务。以第五届全国非公有制经济人士优秀中国特色社会主义事业建设者评选表彰活动为契机，大力宣传非公有制经济人士中的先进典型。8月29日，第五届全国非公有制经济人士优秀中国特色社会主义事业建设者表彰活动在北京举行。在会议前后组织人民日报、新华社、中央广电总台、光明日报、经济日报等中央主要媒体和各省级主要媒体，对优秀建设者评选表彰活动及受表彰的优秀建设者典型作了集中充分报道。与中宣部宣教局合作，以2018年11月1日习近平总书记在民营企业座谈会上重要讲话、相关新闻报道和部分会议代表撰写的学习体会文章为主要内容，委托人民出版社编辑出版《凝聚思想共识、践行核心价值——学习贯彻民营企业座谈会精神》。

推动非公有制经济人士诚信守法。2019年首次实现对32个省级工商联执委企业与全国公共信用信息平台黑名单数据库进行技术比对全覆盖。实施对全国工商联执委企业，直属商会会长、副会长企业和省级工商联执委企业进行黑名单比对，同时下发通知要求各省级工商联帮助执委企业做好信用修复工作。在苏州首次举办工商联系统诚信建设工作培训研讨班。举办第15期德胜门大讲堂活动，大讲堂以“信誉天下——民企诚信在行动”为主题，通过知名民营企业家和专家分享诚信故事等方式就加强民营企业诚信建设等进行交流研讨。

四、抓好非公有制企业党建工作

以党建为抓手，引导非公有制经济人士不断树牢“四个意识”，坚定“四个自信”，坚决做到“两个维护”。联合中组部、中央统战部在黑龙江大庆铁人学院举办全国民营企业党组织书记培训示范班。来自各省（区、市）和新疆生产建设兵团的民营企业党组织书记、负责民营经济组织党建工作相关业务部门观摩人员等共190余人参加了培训。在红豆集团举办全国非公有制经济人士理想信念教育基地授牌仪式并召开民营企业党建工作现场会。与会人员围绕“党建引领企业高质量发展”展开深入研讨并参观学习了红豆集团、无锡市锡山区三建实业有限公司党建工作经验。在青海省海北藏族自治州原子城爱国主义教育基地举办理想信念教育活动。活动组织参观了原子城纪念馆、原子城爆轰试验场原址，并听取了“两弹一星”精神宣讲。五位党员企业家进行了主题演讲。出席全国工商联十二届三次常委会议的全国工商联副主席、中国民间商会副会长、全国工商联常委，中央统战部、全国工商联和青海省有关方面负责同志，青海省民营企业代表共约300人参加了活动。按照全国工商联党组领导关于全国工商联执常委企业全部做到党建“两个覆盖”的要求，在前期摸排出未建立党组织的13家执委企业的基础上，采取专门约谈、定期督促等方式，帮助指导尽快实现“两个覆盖”。截至2019年年底，全国工商联执委企业党建工作“两个覆盖”基本完成。

（肖扬）

【在井冈山、延安、西柏坡及红豆集团、浙江大学、叶青大厦挂牌设立“全国非公有制经济人士理想信念教育基地”】为推动全国非公有制经济人士理想信念教育深入开展，2019年3—6月，全国工商联先后在井冈山、延安、西柏坡、红豆集团、浙江大学、叶青大厦挂牌设立“全国非公有制经济人士理想信念教育基地”。全国政协副主席、全国工商联主席高云龙，中央统战部副部长、全国工商联党组书记、常务副主席徐乐江，全国工商联党组副书记、副主席樊友山，全国工商联党组成员、副主席李兆前、鲁勇分别出席授牌仪式。教育基地的设立为各级工商联、商会和民营企业开展理想信念教育提供了平台。通过与当地政府、教育培训机构、民营企业签署合作共建协议，共同开展教育基地建设，增强理想信念教育工作实效。

2019年7月，全国工商联印发《关于用好“全国非公有制经济人士理想信念教育基地”的通知》，鼓励各地工商联、商会组织利用教育基地的各类资源，组织非公有制经济人士、商会负责人、工商联干部前往教育基地开展教育培训，发挥好教育基地作用。

（吴巍）

【在井冈山、延安、西柏坡举办全国年轻一代民营企业家理想信念教育培训班】2019年3—5月，全国工商联分别在井冈山、延安、西柏坡组织举办年轻一代民营企业家理想信念教育培训班。全国政协副主席、全国工商联主席高云龙，中央统战部副部长、全国工商联党组书记、常务副主席徐乐江，全国工商联党组副书记、副主席樊友山分别出席三期培训班并为学员授课。350名来自全国31个省（区、市）和新疆生产建设兵团的年轻一代民营企业家参加培训班。全国工商联机关的11名年轻干部随班参加了学习。

培训班通过专题讲座、现场教学、人物访谈、交流研讨、观看实景演出等多种形式开展革命传统教育，引导年轻一代民营经济人士增强对中国特色社会主义的信念，深刻理解只有中国共产党才能领导中国、只有坚持和发展中国特色社会主义才能实现中华民族伟大复兴的历史必然性，在实践中激发爱国之情、强化报国之志，在奋力实现中华民族伟大复兴中国梦的征程上贡献青春力量。

参训学员对培训班给予高度评价，认为活动内容丰富、教学形式多样，对年轻一代企业家是一次荡涤心灵的体验。大家一致认为，通过学习，进一步增强了学习贯彻习近平新时代中国特色社会主义思想的自觉性，强化了政治意识，坚定了发展信心。

（吴巍）

【与中央社会主义学院共同举办“中华文化传承与创新研修班”】2019年10月底至11月初，全国工商联与中央社会主义学院共同举办“中华文化传承与创新研修班”。这是两家单位首次对年轻一代民营企业家开展中华优秀传统文化培训，来自全国各地的90名年轻一代民营企业家参加。此次研修班为期5天，设置了中华儒商传统与企业家精神、中华文化与文化自信、中西文明的交融与互鉴、“一带一路”与人类命运共同体、当前宏观经济形势等课程，并前往北京展览馆、国家典籍博物馆开展现场教学。研修班通过加强中华优秀传统文化教育，助力民营企业家增强文化自信，培育优秀企业文化。

（吴巍）

【与中央统战部合作，委托清华大学经管学院组织实施“新时代民营企业家培养计划”】自2018年9月开始，中央统战部与全国工商联合作在清华大学经管学院实施“新时代民营企业家培养计划”。“培养计划”分为“新时代知名民营企业家发展计划”和“新时代青年民营企业家成长计划”，每年选调近百名知名企业家和年轻一代民营企业家，以集中教学与日常教学相结合的方式，着力培养一批政治素质过硬、经营管理能力强，视野开阔、具有战略眼光的非公有制经济人才。第一期已于2019年7月底顺利结业，第二期在2019年8月底正式开学，并组织开展相关培训活动，将于2020年8月结业。

（吴巍）

【与中国科协共同举办2019企业自主创新研讨系列活动】2019年6—9月，全国工商联与中国科协共同举办“2019企业自主创新研讨系列活动”。针对民营企业在新时代发展中的痛点难点，邀请相关领导、专家做国际科技形势发展报告、国内外经济形势分析、企业家人才战略等专题报告，对面向民营企业的创新激励政策和税务政策进行解读，帮助民营企业增强创新意识、活跃创新思想、提升创新能力，推动民营企业加大科技创新力度，实现高质量发展。活动分别在北京、宁夏、江西、浙江、吉林、江苏6省（区、市）举办，共689名民营企业家和分管科技研发创新的企业负责人参加活动。

（吴巍）

【举办全国工商联执委企业宣传员培训班】10月28—29日，全国工商联执委企业宣传员培训班在北京举办。培训旨在贯彻落实习近平总书记在民营企业座谈会和全国宣传思想工作会议上的重要讲话精神，帮助民营企业更好适应全媒体和5G网络下的舆论环境，提高新闻宣传和舆情应对能力，营造促进“两个健康”的良好社会氛围和舆论环境。

此次培训采取专题授课、模拟演练、分组研讨相结合的形式。全国工商联办公厅、宣教部和中华工商时报社有关领导分别授课，中国传媒大学媒介与公共事务研究院、政府与公共事务学院等有关专家分别就全媒体时代的公共传播、迎接5G融媒挑战、网络评论工作进行授课。培训班还设置案例，采取一对一采访、拦截式采访、新闻发布会策划、舆情研判等4种演练形式，分四个小组开展了模拟演练。

全国工商联执委企业宣传员、省级副省级城市工商联宣传员、全国工商联直属商会宣传员、全国工商联直属新闻单位采编人员等共300余人参加了本次培训。

（刘晶晶）

【举办第五届全国非公有制经济人士优秀中国特色社会主义事业建设者评选表彰活动】8月29日，第五届全国非公有制经济人士优秀中国特色社会主义事业建设者表彰活动在北京举行。中共中央政治局常委、全国政协主席汪洋出席大会并讲话。他强调，要高举习近平新时代中国特色社会主义思想伟大旗帜，毫不动摇坚持基本经济制度，大力弘扬优秀建设者精神，不断促进非公有制经济健康发展和非公有制经济人士健康成长，为实现中华民族伟大复兴的中国梦汇聚磅礴力量。

汪洋指出，广大非公有制经济人士的成功源于自身努力，更得益于党的领导和改革开放的伟大时代，要在实践中认识到增强“四个意识”、坚定“四个自信”、做到“两个维护”的重要性。他勉励受表彰者努力做爱国敬业的典范，坚定理想信念，坚守正确政治方向，增强家国情怀，把企业发展与国家发展结合起来，把个人梦与中国梦结合起来。要努力做守法经营的典范，自觉学法懂法知法守法，带头遵循市场规则和行业规范，积极践行新型“亲”“清”政商关系。要努力做创业创新的典范，坚定走高质量发展之路，聚焦主业、坚守实业，发扬工匠精神，推动实现中国制造向中国创造转变、中国速度向中国质量转变、中国产品向中国品牌转变。要努力做回报社会的典范，坚持义利兼顾、以义为先，重信誉、守信用、讲信义，塑造富而有德、富而有爱、富而有责的良好形象。

汪洋强调，党和政府鼓励、支持、引导非公有制经济发展的大政方针十分明确，政策措施也日益完善，关键是抓好落实。各地区各部门要想企业之所想、忧企业之所忧、急企业之所急，积极作为、靠前服务，打通政策落实的“最后一公里”，让企业真正获益、切实有感。各级统战部门、工商联组织要结合“不忘初心、牢记使命”主题教育，持续改进作风，加强非公有制经济人士和新的社会阶层人士队伍建设，积极反映他们的诉求，为他们更好发挥作用营造良好环境。

中共中央政治局委员、国务院副总理刘鹤，全国人大常委会副委员长、民建中央主席郝明金，全国政协副主席、全国工商联主席高云龙出席表彰大会。中共中央书记处书记、中央统战部部长尤权主持大会。

表彰大会由中央统战部、工业和信息化部、人力资源和社会保障部、国家市场监督管理总局和全国工商联联合举办。100名非公有制经济人士和新的社会阶层人士获得“优秀中国特色社会主义事业建设者”称号。人力资源和社会保障部负责同志宣读表彰决定。优秀建设者代表在大会上发言，并宣读《弘扬优秀建设者精神，争做新时代“四个典范”》倡议书。我会及各主办方有关领导，中央和国家机关有关部门负责同志，各省、自治区、直辖市和新疆生产建设兵团党委统战部、工商联负责同志等参加大会。

会议前后，人民日报、新华社、广播电视总台、光明日报、经济日报等中央主要媒体和各省级主要媒体，对优秀建设者评选表彰活动及受表彰的优秀建设者典型作了集中充分报道。

（刘晶晶）

【推动全国工商联执委企业党建工作“两个覆盖”】按照全国工商联党组领导关于全国工商联执常委企业全部做到党建“两个覆盖”的要求，在前期摸排出未建立党组织的13家执委企业的基础上，全联宣教部于2019年2月向其中11家执委企业所在省级工商联发函，要求他们指定工作部门，与企业联系进一步核实情况，提出具体工作措施，同时全国工商联宣教部直接联系了其他两家全国工商联直属商会会长企业，采取专门约谈、定期督促等方式，帮助指导尽快实现“两个覆盖”。

（肖扬）

【举办全国民营企业党组织书记培训示范班】5月13日，全国工商联、中央组织部、中央统战部在大庆联合举办全国民营企业党组织书记培训示范班。各省（自治区、直辖市）和新疆生产建设兵团推荐的民营企业党组织书记及各省（自治区、直辖市）和新疆生产建设兵团负责非公有制经济组织党建工作相关业务部门的观摩人员等共190余人参加。全国工商联党组成员、秘书长赵德江，中央组织部党员教育中心主任李博出席开班式。

举办全国民营企业党组织书记培训示范班，是促进民营经济高质量发展、加强民营企业党组织带头人队伍建设的重要举措，为全国各地抓好全国民营企业党组织书记培训工作提供了样板、做出了示范。学员们努力将所学的知识运用于实际工作，把企业党组织的组织资源转化为发展资源、组织优势转化为发展优势、组织活力转化为发展活力，为促进民营经济健康发展和民营企业家健康成长提供坚强的政治保障、思想保障和组织保障。

（罗雎）

【举办理想信念教育活动（民营经济领域党建专场）】8月24日，全国工商联在青海省海北藏族自治州原子城爱国主义教育基地举办理想信念教育活动。全国政协副主席、全国工商联主席高云龙出席活动，中央统战部副部长、全国工商联党组书记、常务副主席徐乐江出席并讲话。全国工商联党组成员、副主席李兆前主持活动。

徐乐江在讲话中指出，“两弹一星”精神与企业家精神有着极高的内涵契合度，是鼓舞和激励广大企业家投身建设社会主义现代化强国伟大事业的强大精神力量。面对严峻复杂的国际环境和各方面的风险挑战，广大民营企业家要时刻牢记自己的责任和使命，学习和弘扬“两弹一星”精神，心有大我、至诚报国，自觉把个人理想与祖国命运、企业发展与民族复兴紧密联系起来，把爱国之情、报国之志融入建设社会主义现代化强国的伟大事业中，融入不断创造辉煌历史的奋斗历程中。

活动组织参观了原子城纪念馆、原子城爆轰试验场原址，并听取了“两弹一星”精神宣讲。武汉高德红外股份有限公司党委书记、董事长黄立，江苏沙钢集团党委书记、董事长沈彬，红豆集团党委书记、董事局主席周海江，华讯方舟集团董事长吴光胜交流了体会。出席全国工商联十二届三次常委会议的全国工商联副主席、中国民间商会副会长、全国工商联常委，中央统战部、全国工商联和青海省有关方面负责同志，青海省民营企业代表共约300人参加了活动。

（罗雕）

【推动工商联组织参与社会信用体系建设，引导民营企业守法诚信经营】以加强诚信守法教育、做好黑名单管理运用为重点，在加强教育引导、形成系统合力上下功夫。黑名单比对范围不断扩大、实现比对及指导信用修复常态化。在指导各地做好2018年全国工商联、省级工商联执委企业黑名单信用修复的基础上，将黑名单技术比对范围由全国工商联执委及省级工商联副主席企业，进一步扩大至全国工商联31家直属商会会长副会长、省级工商联执委企业。逐步推动省级工商联开展黑名单比对工作，对进入黑名单的执委企业实施“一企一策”，指导帮助开展信用修复。系统合力初步形成。4月在苏州举办工商联系统首次诚信建设工作培训研讨班，李兆前副主席做开班动员讲话。国家发改委、最高法院执行局、国家市场监管总局有关负责同志做政策辅导，江苏省工商联五金机电商会等进行交流分享，各省级工商联及部分商会负责100人参会，起到了宣讲政策、熟悉业务、理清思路的效果。推动尚未加入省级社会信用体系联席会议的省级工商联及时加入，32个省级工商联全部成为省级信用体系建设联席会议成员单位或参与相关工作。指导广西、贵州两家省级工商联开展商会诚信建设试点工作，调研汽摩配、金银珠宝、并购公会等商会，推动开展诚信建设。努力开展专题活动、扩大工作影响。以“信誉天下——民企诚信在行动”为主题，举办第15期德胜门大讲堂活动，刘永好、王均豪、程维等企业家站前台分享诚信故事，并就加强民营企业诚信建设等交流研讨。全国工商联党组成员、副主席李兆前，全国工商联党组成员、副主席邱小平，全国工商联党组成员、副主席鲁勇参加活动，中国民间商会副会长、奥盛集团有限公司董事长汤亮主持活动，全国工商联并购公会创始会长、中国金融博物馆理事长王巍主持高峰对话。全国工商联机关干部、各直属商会以及企业家代表等200余人出席活动。

（罗雕）

【协调推进非公有制经济领域舆情工作】2019年在全国工商联党组的领导下，围绕非公有制经济领域舆情，我们进一步完善舆情工作机制，出台《全国工商联舆情工作实施方案（试行）》，定期召开舆情会商研判会议，明确各部门职责分工，形成工作合力，推动舆情工作的制度化、规范化。推进宣传员队伍建设，组织召开非公有制经济领域舆情工作座谈会及网络传播实务培训班，举办全国工商联执常委企业宣传员培训班，编印《舆情管理与危机应对手册》，进一步提高了各级工商联、民营企业舆情危机意识，加强了应对能力。在所有省级和副省级城市工商联、全国工商联直属商会和300余家全国工商联执常委企业，以及4200余家省级工商联执常委企业中设立宣传员。建立常态化的舆情工作机制，持续开展非公有制经济领域舆情分析、研判与应对研究，定期上报舆情报告，2019年共编发非公有制经济领域舆情报告90期。就民营经济领域新闻宣传、舆情引导等工作，加强与中央宣传部、中央统战部、中央网信办等部门的沟通，逐步建立稳定的工作联系，及时汇报近期民营经济领域热点敏感舆情，研判相关舆情风险点，就有关重点舆情商请进行处置。加强与中国传媒大学等院校合作，针对民营经济领域舆情现状等内容开展研究，充分利用专业机构的技术力量开展民营经济领域舆情的研判工作，提高舆情工作的时效性，共同做好民营经济领域舆情工作。

（李奇涛）

理论研究和建言献策

【综述】

一、勤抓理论学习

一是加强思想政治学习。全年召开23次支委会、20次全体干部会，认真学习习近平新时代中国特色社会主义思想，学习领会习近平总书记关于两个健康和工商联工作的重要指示批示精神。开展习近平总书记地方民营经济领导实践研究，每名干部撰写1篇民营经济思想研究成果，编印形成《习近平民营经济重要论述学习体会汇编》。二是扎实开展“不忘初心、牢记使命”主题教育。制定20个“一”工作清单，围绕“七有”集中学习研讨，落实“三个结合”开展调查研究，按照“四个自觉”严格检视问题，强化“四个常态”抓整改落实，实现业务工作与党建工作“六同步”、双融合、双促进。开展形式多样的主题党日活动，与青海尼玛龙村委会结对共建，赴红色大庄科开展革命历史教育，与信息中心党支部共同前往国家密码管理局参观学习。结合支部党建实践撰写的《坚持问题导向，探索“六重”党建》文章在中央和国家机关工委主管《旗帜》杂志刊发。

二、勇于深入思考

围绕落实习近平总书记在民营企业座谈会上的重要讲话精神、有效应对中美经贸摩擦、深化理想信念教育、防范化解重大风险、工商联所属商会改革发展、高质量参与共建“一带一路”、直属商会党建与会员企业高质量发展等方面进行深入思考，相关成果集中体现到会领导的重要讲话和重要文稿中。全年，研究室共完成文稿220篇，其中，会领导讲话和署名文章91篇，执委会、常委会及报送中央深改委等部门重要报告21篇，研究成果69篇。此外，我们还积极开展课题研究工作，编写出版《中国民营经济发展报告（2017—2018）》《中国私营企业调查（2008—2018）》。编辑出版4期《工商史苑》。

三、聚力政策完善

认真完成会主要领导参加的6次重大建言活动，参与中央政策文件征求意见13件，直接参与关于营造良好环境促进民营企业改革发展意见、优化营商环境条例、建设现代化市场经济体系等中央文件征求意见和修改工作。组织6家直属商会参加国家发改委召开的优化营商环境条例征求意见座谈会，我们围绕民营企业关切的政策公开透明、政策信息整合共享、企业注销便捷化、发挥商会协会作用等方面提出的意见建议最终在条例中得到体现。参与新时代民营经济统战工作文件的调研和起草，完成分组报告撰写，直接参与总报告和文件的起草及征求意见。组织开展高云龙主席牵头的关键领域民营企业核心技术创新年度重点调研，提出建立举国攻关体制、优先采购民营企业创新产品等政策建议，调研报告报送国务院、中财办、中央统战部，中财办将报告直报中央领导同志。组织开展了中美经贸摩擦对民营企业的影响跟踪调研以及拖欠民营企业账款调研，形成工商联专报报送中办、国办。

四、广泛开展协作

一是与全国政协有关部门的工作合作。与全国政协提案委密切合作，圆满完成团体提案工作。2019年提交32件团体提案、8篇大会发言，承办提案29件、人大代表建议58件。与全国政协经济委联合开展促进就业政策情况调研，共同召开双周协商座谈会。与全国政协研究室建立联系，扎实推进社情民意信息工作，截至2019年11月，有17篇稿件被社情民意信息采纳，43篇稿件被每日社情采纳。配合做好全国政协专题协商会、双周协商会和远程协商会相关发言人选推荐、文稿修改等工作。二是与中财办、国研室等中央国家部委有关司局的沟通合作。与国研室综合一司联合召开涉企政策制定问题与建议研讨会，与中财办一局联合召开民营企业座谈会精神落实情况商会座谈会，与国研—斯坦福商学院组织两次企业座谈会，3次参加国研室综合一司访谈。与中财办一局、三局、四局，国研室综合一司等经济决策部门围绕推动信息共享、联合走访调研等方面开展了合作。三是与专家、社会研究机构、企业研究机构等智库、民研会的联系合作。打造开放型研究平台，推动全国工商联智库进一步扩围，新发展7个团体委员单位，智库委员扩展到51名。发包研究课题23项，上报全国工商联智库专报6篇，文津圆桌论坛报告3篇，编印《全联智库研究》5篇。全国工商联智库专报《支持民企政策效应初显，突出问题仍待加力解决》被中办全文采用并获得中央领导同志批示，国家发改委综合司负责同志就落实领导批示专门来我会听取意见。文津圆桌论坛报告《专家学者和企业代表建言“放管服”改革》得到国务院领导同志批示。圆满完成民研会换届工作，12月23日换届大会在北京国二招宾馆召开，高云龙主席接见代表，徐乐江书记作重要讲话，李兆前副主席当选会长。

五、塑造务实作风

一是全员参与联系调研。按照联系调研安排，认真组织徐乐江书记牵头的浙江、青海、新疆及兵团的联系调研工作，圆满完成调研方案和宣讲稿起草、企业家邀请、协商地方对接、调研报告撰写等工作。四地的联系调研共有包括32家执委常委企业家在内的103位企业家参与，走访69家县级工商联和218家民营企业，组织座谈会和宣讲会55场，执常委企业家全部参与宣讲。二是分工走访直属商会。以处党小组为单位调研走访全国工商联直属商会，全年走访14家商会，就做好商会提案和社情民意工作、了解行业诉求等方面进行座谈交流。三是灵活机动安排调研。处级负责人、一般干部结合工作安排自主组建小分队，灵活安排时间，深入基层、企业、商会开展短平快式的插空调研，补足地气、密切联系。全年研究室3个处自主参加调研48人次，共52天。四是推动工作规范化建设。全年制定《全国工商联调查研究工作制度》《全国工商联提案工作办法（试行）》《全国工商联优秀调研成果评选办法》《关于做好工商联参与政协工作的意见（试行）》等6项制度。

六、激发系统活力

一是持续推进民营企业调查点建设。全年开展4次民营企业季度运行状况调查，每次超3万家企业参与调查，撰写的11期数据分析报告直报中办、中财办、国研室。依托地方培训工作代培22个省的工作人员超过200人。李兆前副主席出席在广西召开的民营企业调查点工作总结活动，对工作提出明确要求。二是创新开展万家民营企业评营商环境工作。31个省（区市）、200多个城市的4.1万家民营企业通过民营企业调查系统参加问卷填报。评价报告在11月2日温州“两个健康”论坛上发布，获得较好反响。报告直报中办、中财办和国研室。三是组织召开推动构建“亲”“清”新型政商关系工作会。高云龙主席和徐乐江书记出席会议，对推动系统政商关系建设提出明确要求。四是组织开展优秀调研成果评选。通过初筛、专家评审、公示，共有31家省级工商联和6家直属商会的140篇成果获奖。

全年研究室计评对共获得会主要领导表扬批示35次。

（房安文）

【召开年度调查研究工作会议】为深入学习贯彻习近平总书记在庆祝改革开放40年大会上的重要讲话精神、中央经济工作会议精神和习近平总书记在民营企业座谈会上的重要讲话精神，落实全国工商联十二届二次执委会议部署，进一步提高调查研究和参政议政水平，总结2018年并部署2019年相关工作，全国工商联研究室于2019年2月26日在北京国际会议中心召开2019年工商联系统调查研究工作会议。全国工商联黄荣副主席和李兆前副主席出席会议并讲话。

黄荣副主席以“高度重视、提高质量做好工商联提案和社情民意信息工作”为题做了重要讲话，总结了近两年来全国工商联提案和反映社情民意信息工作的成绩，指出了存在的问题，并对2019年工作提出了要求。黄荣副主席强调，做好2019年提案工作，一要进一步提高对做好提案工作重要性的认识，二要进一步围绕中心服务大局做好提案工作，三要进一步提高提案工作质量；做好2019年反映社情民意信息工作，一要高度重视，二要明确目标任务，三要掌握要求和标准，四要发挥组织优势，五要加强考核监督。

李兆前副主席对做好调查研究工作做出重要指示，要求要切实提高对做好调查研究工作重要性的认识，把做好调查研究工作作为贯彻落实习近平新时代中国特色社会主义思想，开创新时代工商联事业新局面，推动民营经济高质量发展的重要举措。李兆前副主席强调，扎实做好2019年调查研究工作，要围绕深入贯彻落实总书记重要讲话精神和中央决策部署、优化民营企业营商环境、中国特色现代商业文明和商业伦理构建、关键领域民营企业核心技术创新情况、中国特色商会组织改革发展、非公有制经济领域党建工作、民营企业参与“一带一路”建设、民营企业参与打好“三大攻坚战”开展调研等八个方面开展调研。李兆前副主席指出，要从加强力量、找准选题、提高深度等方面创新举措切实提高工商联系统调查研究能力。

会上，6家省（市）工商联、4家商会负责人发言介绍工作经验并提出意见建议。会议还邀请全国政协领导做了提案工作和反映社情民意信息工作培训，邀请专家介绍了经济形势。

（吕春雪）

【召开推动构建“亲”“清”新型政商关系工作会议】2019年9月2日，全国工商联与河南省人民政府在河南省郑州市举办“全国工商联推动构建‘亲’‘清’新型政商关系工作会议”。各省、自治区、直辖市和新疆生产建设兵团工商联有关负责人，各副省级城市工商联有关负责人，专家，民营企业家代表，全国工商联机关各部门负责人共400余人参加会议。全国政协副主席、全国工商联主席高云龙出席会议并讲话。中央统战部副部长，全国工商联党组书记、常务副主席徐乐江出席会议并作主旨发言。

高云龙在讲话中指出，优化营商环境有利于解放生产力、提升竞争力。我们必须用开放、包容的心态，对标国际标准、对标市场需求、对标企业家期待，下大力气、啃“硬骨头”。希望政府继续发力改革，牢固树立攻坚意识、规则意识、服务意识。企业要坚持守法经营、洁身自好，自主创新、做精主业，主动同各级党委政府部门沟通交流，积极履行社会责任，协助政府把改善营商环境工作做细做实，以企业现代化管理理念的成效促进社会现代化管理水平的提升。社会要合力促进，对企业家多一些信任和理解，加强正向舆论引导，积极宣传民营经济的突出贡献和民营企业家的先进事迹，形成促进干事创业的良好氛围。各级工商联要充分发挥桥梁纽带作用和助手作用，切实帮助民营企业家解疑释惑、排忧解难，促进企业改革发展，同时积极发挥商会作用，创新搭建政企沟通平台和企业服务平台，使工商联真正成为推动社会文明进步、促进法治生态改善的中坚力量。

徐乐江在讲话中指出，推动构建“亲”“清”新型政商关系，是工商联围绕中心、服务大局，发挥优势、积极作为的重要工作内容。各级工商联要坚持以习近平新时代中国特色社会主义思想为指导，立足工商联职责定位和使命任务，继续加强调查研究，持续推动优化民营经济营商环境；继续推进政企沟通机制建设，进一步完善政商交往规范；创新推进守法诚信教育，持续加强和改进法律服务；积极探索发挥商会作用，进一步扩大工作覆盖面，以攻坚克难的精神推动工作再上新台阶，努力为民营经济发展营造良好的环境。

会上，河南省委书记、省人大常委会主任王国生出席会议并致辞；河南省委常委、统战部部长孙守刚，安徽省政府副省长、省工商联主席王翠凤分别介绍了两省优化营商环境、加快构建“亲”“清”新型政商关系的相关情况。正和岛研究院执行院长施星辉，正泰集团董事长南存辉等专家和民营企业家代表分别作主旨发言，来自北京市、天津市、上海市等16位工商联代表也围绕主题作交流发言。

（高阳）

【开展2019年度团体提案工作】全国工商联2019年团体提案工作，认真贯彻落实习近平总书记关于提案工作的重要指示精神，严格按照全国政协第七次提案工作座谈会要求，认真组织，从源头上就用心用力，目前已经圆满完成。总体来看，今年的团体提案提交工作主要有三个明显特点：一是领导要求高。高云龙主席、徐乐江书记多次强调，要发挥机关各部门、系统单位和所属商会的力量，聚焦两个健康，坚持“精”和“严”的原则，严格审核程序，提高提案质量。二是提交热情高。全国工商联今年共收到提案初稿247件，相比去年137件增长80%。其中，地方工商联148件、直属商会81件、机关部门9件、企业9件。三是提案质量高。全国工商联坚持“提案不在多而在精”的原则，按照“反映情况真实，分析问题深入，提出建议具体”的标准，对提案初稿深入研究、甄选、修改，将32件提案作为我会团体提案，其中全国工商联机关3件，地方工商联12件，直属商会11件，企业6件；拟推荐2件提案为重点督办提案；7件提案初稿修改为大会书面发言。其他提案初稿将修改为社情民意信息报送全国政协。

当前，贯彻落实习近平总书记在民营企业座谈会上重要讲话精神是促进“两个健康”工作的重要任务，推动制造业高质量发展是2019年中央经济工作会议确定的七项任务之一，全国工商联将《关于进一步将习近平总书记民营企业座谈会重要讲话精神落到实处的提案》和《关于推动制造业高质量发展的提案》推荐为全国政协重点督办提案。

下一步，全国工商联将积极推动提案办理工作，加强提案服务工作，着力提高提案工作质量，充分发挥提案在工商联参政议政、促进“两个健康”工作中的重要作用。

（徐海波）

【承办2019年度全国政协团体提案和全国人大代表建议工作】2019年3月26—27日，研究室参加了全国政协十三届二次会议提案交办会，就我会承办的全国政协提案与有关单位进行协调。2019年我会共承办全国政协提案共29件，其中，主办7件、分办1件、会办21件，另有6件《意见和建议》供参阅。会后，制定了《全国工商联承办全国政协十三届二次会议提案分工表》，起草了关于办理全国政协十三届二次会议提案的通知，明确工作要求。

2019年4月23日，研究室参加了十三届全国人大二次会议代表建议交办会，就我会承办的全国人大代表建议与有关单位进行协调。2019年我会共承办全国人大代表建议共58件，其中，主办14件、分办3件、协办28件，另有13件参阅办理。会后，制定了《全国工商联办理十三届全国人大二次会议代表建议分工表》，起草了关于办理十三届全国人大二次会议代表建议的通知，明确工作要求。

我会承办的全国政协提案和全国人大建议，在规定时间内全部高质量完成，回复意见得到政协委员和人大代表的高度认可。

（徐海波）

【组织协助政协委员参加全国政协各类议政性会议】2019年全国两会期间，陈志列委员代表全国工商联作《贯彻习近平总书记讲话精神，推动民营企业走向更加广阔的舞台》大会发言；在李克强总理参加的民建工商联界联组会上，王建沂、丁佐宏、杨正国三位委员代表工商联发言；全国政协十三届第七次常委会，常兆华委员做《化极限压力为无穷动力在高质量发展道路上砥砺前行》口头发言，南存辉委员做《加快工业互联网创新发展，促进制造业数字化转型》书面发言；全国政协十三届第九次常委会，黎昌晋委员做《学习贯彻中央决策部署，发挥工商联所属商会作用，助力国家治理体系和治理能力现代化》口头发言，郝远委员做《充分发挥工商联界别作用科学引导民营经济健康发展》书面发言。多次组织工商联界政协委员参加远程协商议政会、双周协商会、专题协商会，认真履行参政议政职能，为推进党和政府科学决策发挥了积极作用。

（徐海波）

【组织开展反映社情民意信息工作】发挥全系统合力，积极做好反映社情民意信息工作。2019年向全国政协报送反映社情民意信息315篇，根据全国政协1—11月份采纳情况通报，已有17篇稿件被反映社情民意信息采纳，43篇稿件被每日社情采纳（全国政协12月份采纳情况通报尚未下发）。先后赴上海、云南、广东、西藏、南京、济南等地开展社情民意信息培训工作。

（张明凡）

【开展各地贯彻落实总书记民营企业座谈会重要讲话精神情况梳理总结】2019年10—12月，全国工商联在习近平总书记主持召开民营企业座谈会并发表重要讲话一周年之际，向各省区市工商联征集当地开展贯彻落实讲话精神相关工作，特别是落实六个方面重要举措的有关情况。经梳理总结后形成专题报告。

报告认为，2018年11月1日至今，全国各地结合各自实际情况深入贯彻落实习近平总书记重要讲话精神，都针对支持民营经济发展的6个方面制定了具体措施。一是减轻企业税费负担。各地通过推进实质性减税工作，对小微企业、科创型初创企业实施普惠性税收免除，降低企业的用工、用能、用地、物流成本，清理、精简涉及民间投资管理的行政审批事项和涉企收费，规范中间环节、中介组织行为等举措，积极落实国家减税降费政策。二是缓解民营企业融资难融资贵问题。各地通过搭建银政企交流对接平台，因地制宜开展特色金融服务，把银行业绩考核、产品和服务创新同支持民营经济发展挂钩，扩大金融市场准入和拓展融资途径，建立健全政府性融资担保体系、对危难企业采取特殊措施，开展清理拖欠民营企业款项工作、建立信用增进机制等举措破解企业融资难融资贵、银行不敢贷不愿贷的问题。三是营造公平环境。各地通过放宽市场准入，优化审批许可，鼓励民营企业参与国有企业改革，推进产业政策由差异化、选择性向普惠性、功能性转变，清理违反公平、开放、透明市场规则的文件，推进反垄断、反不正当竞争执法等举措，打破各种形式的“卷帘门”“玻璃门”“旋转门”。四是完善政策执行方式。各地通过提高工作艺术和管理水平，加强政策协调性、细化量化政策措施、制定配套政策、推动政策落地落实落细，规范安监、环保等领域微观执法，开展专项督查等举措，进一步完善政策执行方式。五是构建“亲”“清”政商关系。各地通过优化政策供给，结合地方实际开展特色服务，进一步畅通沟通渠道等举措，做到“亲”而有度、“清”而有为。六是保护企业家人身财产安全。各地通过建立健全民营企业维权制度，营造良好的法治环境，甄别冤假错案等举措优化民营经济发展的法治环境。

（高阳）

【开展民营企业季度运行调查工作】按照全国工商联年度工作要点以及2019年全国工商联民营企业调查工作方案要求，研究室全年共组织开展了四次季度运行调查工作，每次调查参与填报企业均在3万家以上，调研企业的区域、产业、规模及盈利状况分布与全国民营企业总体分布保持基本同构。以四次季度运行调查所得数据为依托，我们共形成11期季度运行调查分析报告，报告均获得高云龙主席、徐乐江书记的重要批示，得到中办、中财办、国务院研究室、中央统战部、国家发展改革委等多个部门的认可。国务院研究室《送阅件》全文采纳我们的数据，中财办要求第一时间报送供其参考，关于融资的情况报告获得尤权部长重要批示。3篇数据分析报告被中办信息专报采用。目前季度运行调查工作已经成为工商联系统的十大品牌之一。

（幺惠迪）

【持续加强民营企业调查点建设】民营企业调查点工作是由研究室负责的全国工商联开展调查研究工作的基础性工程。加强工作统筹。在年初印发年度工作计划以及推动各级执常委企业参加调查点建设工作的通知，带动地方共同推动工作。32个省级工商联均将调查点工作纳入年度工作要点，超过15个省制定本省的调查点工作制度。加强培训交流。进一步完善了全国工商联组织全国性培训和委托地方召开片区交流会，省工商联组织省内培训并为全国其他兄弟省份进行代培的多层次培训体系。今年有20个省级工商联组织培训，培训本省人数超过1200人次，代培其他省份200人次，全国工商联派人参加指导地方培训12次。加强工作督导。7月底在安徽召开片区交流会。年末组织12个省级工商联调查点工作人员赴四个省份进行调查点工作互评工作，组织31个省级工商联进行调查点自评工作，根据各省全年工作情况，各省互评、自评情况，评选出省级先进单位18家，基层示范单位672家。组织召开全国性的年度总结活动，对获奖单位进行了通报、表彰，颁发了荣誉证书，李兆前副主席出席会议并讲话。经过各级工商联的共同努力，2019年民营企业调查系统就新增入库企业20186家，同比增长43%。截至2019年年底，民营企业调查点入库企业量达到67995家。全年运用调查点系统开展4次调研，填报率均在50%以上。

（幺惠迪）

【开展万家民营企业评价营商环境工作】2019年，全国工商联依托民营企业调查系统组织开展了万家民营企业评价营商环境工作。该项工作主要是从民营企业家的视角出发，以企业家的获得感进行评价。整个工作历时近3个月，全国31个省区市的200多个地级以上城市的41275家企业参与网络问卷填报，其中有效问卷达35500份，各类数据超过1600万个。参评企业数量在国内同类研究中最多，有17个省的有效问卷超过1000份、129个城市的有效问卷超过100份；参评企业行业覆盖广，涉及25个行业；参评的大型企业占17.7%，中型企业占9.7%，小型企业占72.6%；参评企业中，2018年盈利的占46.1 %，盈亏平衡的占24.2%，亏损的占29.7%。参评企业的区域、行业、规模、盈利状况等结构特征，与全国企业总体情况基本同构，确保了评价结论的相对合理性。撰写形成的《2019年全国工商联万家民营企业评价营商环境报告》对31个省（区、市）和60个城市营商环境进行了量化排序，并对当前营商环境情况做出了总体评价，对优化营商环境的亮点和成效进行了深入总结，分析了存在的一些问题，提出了具体建议。报告在11月2日召开的2019年中国（温州）新时代“两个健康”论坛上正式发布，中央主要媒体和地方媒体跟进报道，产生了积极的社会影响。报告发布后，主要内容和结论同步报送了各级党委政府主要负责同志和各省级工商联。

（陈明琪）

【开展关键领域民营企业核心技术创新调研】2019年3—5月，全国工商联与各省区市工商联共同开展关键领域民营企业核心技术创新调研。期间，9名会领导带队赴11个省市进行重点调研，召开企业座谈会22场，走访、座谈企业和商会182家、高校及科研院所26家，梳理、比较、分析了54家拥有核心技术的A股上市公司、中关村地区9家高新技术企业、科技部认定的164家“独角兽”企业以及其他180家拥有关键领域核心技术民营企业的基本情况。在此基础上，围绕建立核心技术举国攻关体制、加强对民营企业创新产品和服务的采购支持力度等内容提出8个方面的意见建议并撰写调研报告。报告报送国务院、中财办、中央统战部。国办来函要求提供报告供国务院领导同志参阅。中财办整理形成信息专报直报中央主要领导同志。会主要领导在中央召开的调研协商座谈会的专题发言得到中央领导同志肯定。

（陈明琪）

【编辑出版《中国民营经济发展报告No.15（2017—2018）》】该书以习近平新时代中国特色社会主义思想为指导，深入贯彻党的十九大精神，紧紧围绕促进非公有制经济健康发展和非公有制经济人士健康成长主题，力图真实、全面反映我国民营经济在新时代的发展现状和特点，对存在的问题进行深入分析并提出对策建议。全书分为两个部分。一是专题报告。5份专题报告分别由国家市场监督管理总局、商务部、中国人民银行、国家税务总局和中国证券市场研究设计中心的有关专家执笔，对我国个体私营经济发展、民营进出口、融资、税收及上市公司的状况进行了深入分析与研究。二是区域报告。包括7份区域报告和5份省区报告，分别由省级工商联组织力量对京津冀、东北及内蒙古、中部6省、西南4省、西北地区、粤港澳大湾区、长三角等区域和福建、山东、海南、广西、西藏等省、自治区的民营经济发展状况撰写的综合报告。

（马梁耘）

【组织开展2019年工商联系统优秀调研成果评选】制定下发《全国工商联办公厅关于开展2019年工商联系统优秀调研成果评选活动的通知》，部署各省级工商联、各直属商会开展评选推荐工作。31家省级工商联（不含新疆生产建设兵团工商联）和6家直属商会（民营经济国际合作商会、石油业商会、汽车经销商商会、房地产商会、城市基础设施商会、科技装备业商会）共推荐报送调研报告（理论文章）115篇、民营企业调查系统数据分析报告49篇、政协团体提案70篇、社情民意信息55篇。推荐提名结束后，根据《全国工商联优秀调研成果评选办法》，经初步筛选、专家评审、会议审定、网上公示等程序，评出调研报告和理论文章一等奖14篇、二等奖20篇、三等奖16篇，民营企业调查系统数据分析报告一等奖8篇、二等奖12篇、三等奖8篇、优秀奖7篇，政协提案一等奖6篇、二等奖10篇、三等奖14篇，社情民意信息一等奖5篇、二等奖8篇、三等奖12篇。

（叶涛）

【与国办信息公开办建立协作共同组织“文津圆桌”闭门研讨会】与国办信息公开办建立协作关系，国办信息公开办将我会作为文津圆桌闭门研讨会合作单位，双方不定期共同组织有关会议活动。组织方式上，可由国办信息公开办提出课题，委托我会联系人员、双方共同筹办，我会也可以根据工商联工作和民营经济发展情况提出课题建议，经报国务院有关领导批准后双方以文津圆桌闭门研讨会的形式共同组织活动，会后形成材料专门报送国务院领导同志参阅。今年以来，双方围绕打通“放管服”改革最后一公里、地方政府债务问题、缓解民营中小企业融资难融资贵政策落实情况等，组织召开三期闭门研讨会，邀请30多名企业家和专家学者进行专题研究，会后分别撰写形成发言实录和专题报告。4月份，国务院领导同志对“放管服”改革专题报告做出批示。高云龙主席对此项工作批示“很好”。

（秦宏伟）

【开展中美经贸摩擦对民营企业影响专题调研】为比较完整地摸清中美经贸摩擦对出口型企业的影响、受影响企业的预期与计划、政策应对的效果及企业的诉求，提出切实可行的针对性对策建议，我们制定印发了《中美经贸摩擦对民营企业影响跟踪研究工作方案》，设计制作了调研问卷，部署广东省、江苏省、浙江省、上海市、山东省和福建省工商联分别开展了调研工作。9—10月份，徐乐江书记组织带领研究室、经济部有关人员先后赴广东省广州市、深圳市和江苏省无锡市开展专题调研。期间召开两场民营企业家座谈会、一场商会负责人座谈会，走访了17家民营企业、两家商协会。根据调研情况撰写形成报告，从需要注重处理好的五个关系角度分析了民营企业面临的现实困难和问题，提出了六条具体的政策建议，以专报形式报送中办、中财办和中央统战部。

（秦宏伟）

【组织开展青海、新疆、浙江联系调研工作】

1．组织开展青海联系调研工作。青海是第二联系调研组开展联系调研的第一站，研究室精心制订调研方案，精准对接青海方面，于6月19—24日，由徐书记率队顺利完成青海联系调研。期间，分为4个小组7个小分队前往5个市州10个市县，共有19位企业家和商会负责人参加调研（其中执常委企业家8人），实现了市州全覆盖，累计走访7个市州级工商联、11个县级工商联，调研了2家商会、29家民营企业，召开各级座谈会12场，了解青海民营经济发展情况、工商联和商会工作情况，与相关党委政府洽谈了产业合作意向。完成调研报告，并反馈青海省委统战部和工商联。

（马梁耘）

2．组织开展新疆联系调研工作。2019年8月2—7日，全国工商联第一联系调研组深入新疆维吾尔自治区和新疆生产建设兵团，集中调研民营企业在促进南疆稳定发展中发挥作用情况，组织引导工商联执常委企业家投身新疆经济社会发展，为新疆长治久安做贡献。第一联系调研组分为5个小组，共有46位企业家和各级工商联干部参与调研，其中全国工商联副主席、副会长企业家2人，其他执委常委企业家11人。5个调研小组分赴新疆维吾尔自治区阿克苏地区、喀什地区、和田地区、巴音郭楞蒙古自治州、克孜勒苏柯尔克孜自治州，以及新疆生产建设兵团一师阿拉尔市、二师铁门关市、三师图木舒克市、十四师昆玉市，累计走访9个市州级工商联、22个县级工商联，调研了12家商会、65家民营企业和个体工商户，组织开展政策宣讲11场，与政府部门、工商联商会组织、民营企业举办座谈会21场，看望13户贫困家庭。

（张明凡）

3．组织开展浙江联系调研工作。2019年12月6—10日，中央统战部副部长，全国工商联党组书记、常务副主席徐乐江带领全国工商联第一联系调研组，赴浙江省开展联系调研工作。以了解基层工商联及所属商会建设情况为出发点，以增进东西部企业及工商联干部交流为切入点，以下沉区县全覆盖式走访调研和宣讲民营经济领域政策为着力点，以促进民营经济高质量发展为落脚点，邀请1位企业家副主席、10位执常委企业家、29位青海省和新疆维吾尔自治区的企业家及工商联干部共同参与调研。本次联系调研活动分为8个小组，共走访浙江省11市37个下辖县及所属商会，召开16场政策宣讲会，32场座谈会。

（陈明琪）

【编辑出版《中国私营企业调查（2008—2018）》】中国私营企业调查目前由中央统战部、全国工商联、国家市场监管总局、中国社会科学院、中国民营经济研究会共同组织，自1993年以来连续开展了27年，基本上每两年组织一次，共组织了13次，是国内持续时间最长的大型全国性抽样调查之一。2007年，全国工商联曾出版过一本《中国私营企业大型调查》，汇集了1993年至2006年共7次调查的有关数据分析报告。近10多年来，中国私营企业发展取得重大进步。为满足社会各界对中国私营企业发展进程的了解和研究，我们将2008年以来的多篇综合性和专题性数据分析报告，汇编成册再次出版。《中国私营企业调查（2008—2018）》共分为上、下两册，该书的出版对统战部、工商联系统工作人员和民营经济领域研究工作者全面了解我国民营企业发展情况有较大帮助。

（秦宏伟）

【制定完善5份制度性文件】为深入学习贯彻中央最新有关精神和要求，适应工作形势发展变化，持续推进落实工商联改革发展任务，2019年共制定和修订5份制度性文件。

制定印发《关于做好工商联参与政协工作的意见》（试行）。工商联是中国人民政治协商会议的重要组成部分，工商联工作是党的统一战线工作和经济工作的重要内容，党和国家赋予了工商联参加政治协商、参政议政、民主监督的重要职能。为进一步学习贯彻中央政协工作会议暨庆祝中国人民政治协商会议成立70周年大会精神，制定印发《关于做好工商联参与政协工作的意见》（试行），围绕做好参加政协相关会议工作、做好工商联提案工作、做好反映社情民意信息工作、加强工商联界别政协委员参政议政能力建设、加强工作成果转化和宣传五个方面的职能任务，提高工作标准和要求，做出工作部署。

修订《全国工商联调查研究工作制度》。为了更好贯彻党中央、全国政协、中央统战部对调查研究工作的指示精神和要求，更好发挥调查研究对各项业务工作的促进作用，对2014年制定实施的《全国工商联调查研究工作制度》进行修订。本次修订过程中，认真贯彻中央的精神和要求，把学习贯彻党中央、全国政协、中央统战部对调研工作的指导精神和要求作为首要任务；紧扣工作实际，针对近年来全国工商联工作的新变化，进一步理顺了调研工作机制，丰富了调研工作方法，完善了对调研成果的质量、调研过程中的政治纪律等内容；强化政治引导，明确提出要寓教育引导于调研活动之中，在实地调研中提高政治站位，既要注重收集民营企业的困难问题、意见建议，又要注重加强对党和国家方针政策的宣传，坚持建言献策和凝聚共识双向发力，强化思想政治引领，打牢共同思想政治基础；提高工作要求，根据中央的最新要求进一步提高了对课题选择、调研组织、报告撰写、政治纪律等方面的工作标准和要求。

修订《全国工商联优秀调研成果评选办法》。根据工作的发展要求和各省级工商联、直属商会的意见建议，为进一步规范和改进评选工作，对2017年5月印发的《全国工商联优秀调研成果评选办法》进行了修改。在"评选范围"中增加"向全国工商联报送的社情民意信息"和"基于全国工商联民营企业调查系统在线调查形成的数据分析报告"两项内容；在"评选标准"部分增加一条"政治性"标准，并将顺序调整为"政治性、理论性、实践性、规范性"；在"评选程序"部分，推荐单位中增加"全国工商联智库办公室"；在"评选机构"部分，对专家评审组的人员组成做出明确规定；在"评选程序"中增加"初步筛选"环节，并将评选程序修改为"单位推荐、初步筛选、专家评审、会议审定和公示监督"等环节；在"评选安排"中将原来的"每两年进行一次"修改为"每年进行一次""评选结果以全国工商联办公厅的名义下发评选决定，并视情在执委会议期间予以通报"的有关规定。

制定印发《全国工商联重要文稿起草工作分工和流程规定》。为进一步规范全国工商联重要文稿起草工作，制定印发《全国工商联重要文稿起草工作分工和流程规定》。该工作分工和流程，将重要文稿分为综合类重要文稿和领域类重要文稿两大类，在各类文稿中根据上报或对外重要文稿、主要会领导重要文稿、专职副主席重要文稿三个层次厘定责任分工和文稿起草流程，进一步提高了全国工商联文稿起草工作的规范性和工作效率。

制定印发《全国工商联提案工作办法》（试行）。为深入贯彻落实习近平总书记关于加强和改进人民政协工作的重要思想和对提案工作的重要指示，切实提高工商联提案（以下简称提案）质量和水平，根据《中共中央办公厅、国务院办公厅关于进一步加强人民政协提案办理工作的意见》《中国人民政治协商会议全国委员会提案工作条例》《中国人民政治协商会议全国委员会提案办理协商办法》，制定全国工商联提案工作办法（试行）。

（王树金）

【持续加强全国工商联智库建设】

1．积极整合资源，努力搭建开放性研究平台。年初，赴阿里研究院、恒大研究院等企业研究机构走访调研，邀请部分研究机构负责人召开全国工商联智库工作恳谈会，就智库的职能定位、课题研究和会议活动进行探讨。在调研基础上增补智库委员达到51名，吸收阿里研究院、恒大研究院、民生银行研究院等7家企业研究机构作为团体委员单位。

2．认真组织会议活动。筹备召开2019年度全国工商联智库委员会全体委员会议，高云龙主席、徐乐江书记出席并讲话，6名委员和团体委员单位代表在会上作了主题发言。两次组织召开闭门会议，围绕宏观经济形势和阶段性经济展望、民营经济发展现状及问题开展讨论。支持民生银行研究院举办"金融科技助力实体经济高质量新发展青年论坛"，着力扩大智库影响力。就银行业理财登记托管中心董事长梅世云提交的《落实国家关于金融服务民营企业政策的三点具体建议》，邀请智库相关领域专家，组织召开专题论证会。

3．推进民营经济和工商联工作相关理论研究。围绕习近平总书记重要讲话精神、中央有关会议精神和民营经济领域重点热点问题，上半年开展了经主席办公会议确定的“民营企业防范化解金融风险研究”“新时代加强商会建设与发挥商会作用研究”等9个2018年度智库重点课题研究；下半年开展了经主席办公会议确定的“习近平总书记关于非公有制经济重要思想的理论解读”“新时代中国特色现代商业文明研究”“民营经济发展重要数据分析”等12个2019年度智库重点课题研究。为做好十九届四中全会精神的研究阐释工作，经智库办公室请示会领导同意，及时将“健全以公平为原则的产权保护制度研究”和“支持中小企业发展制度研究”立项作为智库专项课题，委托智库委员和相关领域专家学者开展研究。按照会主要领导指示要求，组织智库团体委员单位开展了房地产税、互联网平台发展等专题研究等。2018年重点研究课题形成逾30万字的《全国工商联智库2018年度重点研究课题成果汇编》报会领导、送机关各部门、发各省级工商联作为工作参考。部分课题研究成果，还及时摘编为智库专报、智库研究报有关方面参阅。

4．注重抓好成果转化运用，提升研究效能。结合闭门会议和相关研究开展，组织撰写智库专报6期，均以全国工商联信息专报形式上报中办、国办、中财办。

5．推进相关制度建设。制定印发《关于充分发挥全国工商联智库委员、团体委员作用的办法》《全国工商联智库课题管理办法（试行）》；制定《中国民营经济研究会（全国工商联智库办公室）人员聘用及管理办法（试行）》。

6．发挥智库委员优势作用，服务我会重点会议活动。全年邀请智库委员参与我会主办和与地方合办的各项重要会议活动6次，参会人员20余人次，做各类主题演讲9人次。

（房安文）

【筹备组织中国民营经济研究会第五次会员代表大会】根据中央统战部《中国民营经济研究会第五次会员代表大会工作方案》，集中精力做好中国民营经济研究会第五次会员代表大会筹备组织工作。

综合工作由全国工商联研究室牵头，中央统战部四局同志参与，共同完成筹备工作统筹、人员邀请联络、组织调度会议和其他杂项筹备工作。

文稿工作由全国工商联研究室牵头，研究室和研究会共同起草《在中国民营经济研究会第五次会员代表大会上的工作报告》；研究室起草高云龙主席在接见参会代表时的即席讲话、徐乐江书记在第二次全体会议上的讲话、李兆前副主席在第二次全体会议上的讲话和在五届一次理事会上的讲话，李兆前副主席在会员代表大会上的主持讲话，起草《中国民营经济研究会第五次会员代表大会关于变更业务主管单位的决议（草案）》《中国民营经济研究会章程（修改草案）》《中国民营经济研究会第五次会员代表大会选举办法（草案）》，起草变更业务主管单位、章程修改、人事事项有关说明文本。

人事工作由中央统战部干部局牵头，中央统战部四局向中央各有关部门和各省（区、市）发出了推荐中国民营经济研究会理事、会员人选的通知。各方面经认真物色和把关，向全国工商联研究室报送会员人选名单，全国工商联研究室推荐部分专家学者和民营经济人事代表，全国工商联会员部、宣教部分别推荐部分商会代表和中央媒体代表，全国工商联研究室会员代表中从中提出理事会和常务理事会人选建议名单，中央统战部干部局、四局会同全国工商联研究室，在常务理事会人选中提出会长、副会长人选建议名单。本次会议，共吸收会员370名，选举产生理事197名、常务理事46人、执行副会长兼秘书长1人、副会长16人、会长1人。

章程修改工作由全国工商联研究室牵头，在赴民政部社会组织管理局充分沟通的基础上，充分征求中央统战部四局意见，完成《中国民营经济研究会章程》修改。

宣传报道工作由全国工商联宣教部牵头，组织30多家媒体参与大会的新闻报道工作。全国工商联研究室负责完成新闻通稿和研究会概况的起草工作。

12月23日，中国民营经济研究会第五次会员代表大会在北京国二招宾馆召开，代表大会应到会人数315人，实到266人，加上工作人员和新闻媒体，会议规模超过300人。

（房安文）

经济服务

【综述】2019年，在全国工商联会党组领导下，经济部以习近平新时代中国特色社会主义思想为指导，深入学习贯彻党的十九大精神，学习贯彻总书记在民营企业座谈会上重要讲话精神和中央经济工作会议精神，围绕支持民营企业发展的六方面政策举措，聚焦“两个健康”主题，立足发展实际，提升工作质量，靠前服务，积极作为，圆满完成了全年任务。

一、着力推动总书记在民营企业座谈会上重要讲话精神贯彻落实

贯彻落实习近平总书记在民营企业座谈会上提出的六个方面政策举措。《全国工商联关于贯彻落实习近平总书记在民营企业座谈会上重要讲话精神的工作方案》提出了16项任务分工和48项举措，跟踪了解各部门各地区对六个方面政策要求的落实举措和进展情况，对标对表，督责推进总书记重要讲话精神落地落细落实。参与推动改善民营经济发展环境政策文件的起草修改和意见回复。2019年回复国务院、国家发改委科技部、工业和信息化部、中央依法治国办等政策征求意见54件，提出意见建议近 90 条，绝大部分被采纳。针对缓解融资难融资贵问题、减轻企业税费负担、支持科技创新型企业发展等问题办理人大建议、政协提案9件。组织召开和参加民营企业座谈会，了解情况反映问题。召开两次民营企业中美经贸摩擦座谈会，听取民营企业对中美经贸摩擦的影响和看法，形成《全国工商联关于民营企业中美经贸摩擦专题座谈会有关情况的报告》。与国家发改委价格司共同召开光伏发电上网电价政策民营企业座谈会，就建立健全光伏上网电价退坡机制达成共识。参加人大财经委、国务院办公厅、国家发改委、科技部、工信部等单位召开的座谈会37场，提出的意见建议涉及民营经济发展、减税降费、社会信用体系建设等内容。报送调研报告、信息专报为党和国家重大决策提供参考。定期撰写宏观经济及民营经济运行情况简报。及时向中央反映民营企业关心关注的重点难点问题。报送专报信息20篇，9篇被中办、国办、中央统战部采用，其中民营企业拖欠账款清欠情况分析得到党和国家领导人重要批示。深化部际合作机制。结合促进非公有制经济发展新形势、新要求，与工业和信息化部签署全面深化部际合作机制；继续加强与国家税务总局部际合作，加强与一行两会金融机构的沟通协作。开展民营经济统战工作专题调研。为落实好党中央为民营经济营造更好发展环境，支持民营企业改革发展，赴江苏、安徽开展促进民营经济发展专题调研，形成民营经济健康发展课题分报告，并报送中央统战部。

二、着力开展民营企业防范化解风险工作

部署工商联系统防范化解民营企业风险工作。召开全国工商联民营企业防范化解风险工作会议，明确任务，落实责任，建立防范化解风险的长效机制，切实提高工商联引导服务民营企业防范化解风险的能力。开展防范风险专题调研，及时了解民营企业重大风险情况。开展民营企业运行情况摸底调研，跟踪了解民营企业生产运行情况；组织各省级工商联开展民营企业防范化解风险摸底调研；定期对上市民营公司股票质押情况、债券融资情况进行分析；对近年来海外中国概念股被做空情况进行了解分析；对美国商务部公布的未经核实清单（UVL）中24家内地企业进行调查核实，并跟踪了解情况；开展互联网民营企业裁员情况研究，就着眼防范化解重大风险，紧盯重点地区、重点行业和重点企业用工情况提出建议。

开展大企业融资纾困、缓解流动性风险工作。积极开展化解中民投流动性危机和整体重组有关工作；推动解决三胞集团、桑德集团、庆华能源、金浦投资控股集团等一系列大型民营企业反映的融资困难问题，积极沟通协调有关监管部门、金融机构进行解决。推动解决头腾公司有关争议工作。

三、着力推动金融服务实体企业工作

制定印发《全国工商联关于贯彻落实〈关于加强金融服务民营企业的若干意见〉的工作方案》，推动4个方面任务、24项具体举措落实。①开展民营企业拖欠账款情况摸底调研。1—4月组织各省级工商联、直属商会开展民营企业拖欠账款情况调研，进一步了解民营企业拖欠账款情况，并会同有关部门共同推动做好清欠工作。②开展互联网小贷助力小微企业融资情况调研。对美团点评、网商银行、苏宁金融、微众银行等四家单位开展调研。了解互联网小贷在缓解小微企业融资难融资贵方面发挥的积极作用。③开展大型民营企业资金链情况专项调研。针对部分大型民营企业资金链趋紧、债务刚性兑付压力较大，甚至出现资金链断裂、濒临破产等问题，开展大型民营企业资金链调研，摸清企业面临的实际困难。④开展民营环保上市公司发展情况专项调研。针对民营环保行业发展中面临的所有权变更、资金链紧张等突出问题，开展了民营环保上市公司发展情况专项调研。⑤举办债券融资专题培训。与中国银行间市场交易商协会共同举办了面向广大民营企业的债券融资业务知识培训班，引导民营企业通过发行债券实现直接融资。⑥举办金融专场活动。在青海西宁召开的2019中国民营企业500强峰会期间，举办金融服务民营经济发展专场，探讨解决民营企业“融资难、融资贵”问题，促进金融服务民营经济实现高质量发展。参与大督查工作。⑦参加工信部在内蒙古、宁夏组织开展的清理拖欠民营企业中小企业账款工作实地督查。

四、不断探索服务民营企业科技创新的工作方式

推动《关于推动民营企业创新发展的指导意见》落地落实。与科技部加强合作，积极推动联合印发的《关于推动民营企业创新发展的指导意见》的落地落实。与科技部签署战略合作备忘录，在引导支持民营企业强化关键核心技术攻关、创新能力建设、民营企业科技创新人才引进与培养等9个方面开展战略合作。加强与中国科协合作，积极推动双方建立部际合作机制有关工作，共同主办新时代技术服务体系建设论坛，协办“青年科学家与中小企业成长”论坛活动。开展2019年科技综合服务工作，积极推荐10位民营企业科技创新人才参加国家科技创新创业人才评选，组织推荐民营企业参加2020年度国家科技奖评选。组织参加相关会议及活动。参加第六届世界互联网大会企业家高峰论坛、国际工业与能源物联网创新大会等活动。积极推进前沿技术与产业的对接融合，与北京石墨烯研究院探讨深化合作。

五、积极推动民营企业聚焦高质量发展

开展上规模民营企业调研，举办500强峰会。组织开展了第21次上规模民营企业调研，完成《2019中国民营企业500强调研分析报告》和《2018年度上规模民营企业调研分析报告》。8月22日在青海西宁举办2019中国民营企业500强峰会系列活动，发布500强榜单和分析报告，举办系列专场活动。撰写500强专项调研分析报告。在500强分析报告基础上，撰写中美经贸摩擦对民营企业500强的影响面广、民营企业500强注重发挥党建引领作用、民营企业500强积极投身“三大攻坚战”、民营企业500强参与乡村振兴的热情高涨、民营企业500强投资“一带一路”的热情持续提升、民营企业500强营商环境不断改善等6篇专题信息，上报中办、国办。推动温州市创建新时代“两个健康”先行区工作。制定印发全国工商联《推进温州市新时代“两个健康”先行区创建工作计划（2019—2022年）》和《2019年推进温州市新时代“两个健康”先行区创建的重点工作》。向中办、国办报送《温州市打造惠企政策“直通车”》信息专报。11月2日在温州召开以“不忘创业初心、践行‘两个健康’”为主题的2019中国（温州）新时代“两个健康”论坛。同步举办了长三角一体化论坛、“两个健康”研讨会、新生代“两个健康”论坛、中国（温州）新时代“两个健康”先行区创建成果展示会等专场活动。推动民营企业信用体系建设工作。完成《关于工商联加强民营企业信用体系建设的工作思路》，印发《全国工商联关于加强民营企业信用体系建设的实施意见》。开展民营企业参与奶业振兴情况调研。赴河北、黑龙江开展民营企业参与奶业振兴情况调研，了解掌握民营乳品企业贯彻落实《国务院办公厅关于推进奶业振兴保障乳品质量安全的意见》情况，形成调研报告。推动民营企业参与混合所有制改革。支持举办中央企业混合所有制改革项目专场推介会，协调协鑫集团与华能集团混改合作。

六、服务民营企业参与区域协调发展战略

全年参与主办9次国家级重点经贸活动，支持地方政府举办7次经贸活动，有力支持了区域经济发展。与青海省人民政府共同主办民营企业助推青海“一优两高”发展大会，签约项目50个，签约金额670.84亿元。在成都举办的2019全国工商联主席高端峰会期间，签约项目162个，签约金额1588亿元。与江西省人民政府共同主办全国知名民营企业助推江西跨越式高质量发展大会，36个项目进行了现场签约，签约金额1142.3亿元。积极组织民营企业和商会参与我会主办的2019世界制造业大会、第十一届中国中部投资贸易博览会、第六届世界闽商大会、第二十届中国青海绿色发展投资贸易洽谈会、中西部和东北地区承接东部产业转移精准对接现场会等一系列大型经贸活动；支持地方政府举办2019年世界桂商暨商会经贸文化交流合作大会、第四届全球吉商大会、第三届蒙商大会、海南自贸区（港）产业园区投资合作大会等，积极组织企业参加第三届海外院士青岛行暨青岛国际院士论坛、2019小镇中国（湘潭）发展大会、中国企业国际融资洽谈会暨民企投融资洽谈会等活动。

七、加大联系调研工作力度和覆盖面

2019年，第四联系调研组共调研走访天津市、内蒙古自治区、辽宁省、陕西省72个市县区工商联（其中64个县级工商联）、19家商会，调研及座谈企业152家，召开大小座谈会68场，与当地党政部门负责人、工商联负责人和民营企业家等座谈交流。举办政策宣讲会18场，受众1500余人。举办了“全国知名民营企业助推东北全面振兴营口行”活动及“民营经济助推鄂尔多斯绿色发展论坛”。同时，围绕民营企业运行情况、民营企业清欠、防范化解风险、关键领域民营企业核心技术创新情况、民营企业参与“一带一路”建设等专题开展重点调研。

（沙霖）

【推动习近平总书记在民营企业座谈会上重要讲话精神落地落细落实】我会制定了《关于贯彻落实习近平总书记在民营企业座谈会上的重要讲话精神工作方案》，形成16项任务分工、48条具体举措，明确了责任部门和完成时限。同时，要求各地工商联参照全国工商联的方案，结合实际抓好贯彻落实。持续跟踪有关部委及地方政府出台支持民营企业发展壮大的有关政策举措，深化部际合作，推动政策落地、落细、落实。

（葛军）

【深化与工信部部际合作机制】为促进非公有制经济健康发展和非公有制经济人士健康成长，进一步深化全国工商联与工业和信息化部的工作联系，共同推动中小企业发展和民营企业参与制造强国、网络强国建设及关键领域自主创新等工作，2019年8月，全国工商联与工业和信息化部在2013年建立部际合作机制的基础上，结合促进非公有制经济发展新形势、新要求，进一步深化部际合作机制。

（葛军）

【召开2019年全国工商联经济服务工作会】1月16日，全国工商联经济服务工作会议在京举行。会议的主要任务是：深入学习贯彻习近平新时代中国特色社会主义思想和党的十九大精神，贯彻落实习近平总书记在民营企业座谈会上的重要讲话精神和中央经济工作会议精神，落实全国工商联十二届二次执委会议和全国工商联2019年工作要点的工作部署，总结2018年工作，对2019年开展经济服务工作进行全面布置。全国工商联副主席黄荣出席会议并讲话。

黄荣同志指出，要认真学习并抓好庆祝改革开放40年大会和中央经济工作会议精神的贯彻落实，学习和领会中央坚定不移深化改革、扩大开放的决心，学习和领会“五个坚持”“六稳”“七项重点任务”“八字方针”的丰富内涵。他强调，各地工商联要以全国工商联贯彻落实总书记民营企业座谈会上重要讲话精神的工作方案为抓手，重点推动各地政府出台贯彻讲话精神的有关政策举措的落地落实。他要求，各地工商联要召开主席办公会议、党组会议，对贯彻落实全国工商联民营企业防范化解风险工作会议、军民融合发展工作会议有关精神进行研究部署。最后，他要求各地工商联要抓住重心、聚力重点、明确目标、细化措施、真抓实干、务求实效，推动经济服务重点工作落实，特别要重点关注民营企业就业情况、民营企业发展的困难和有关政策措施的落实情况。

会上，全国工商联经济部巡视员、副部长罗力对2018年经济服务工作进行了总结，从学习贯彻总书记民营企业座谈会上重要讲话精神，推动六项政策举措落地落细落实；着力推动解决实体经济实际困难；继续推动民营企业高质量发展；推动民营企业科技创新；推动民营企业参与军民融合深度发展；积极助推区域经济协调发展等六个方面对2019年重点工作进行了部署。河北省、湖北省、广东省、哈尔滨市、西安市的工商联代表就各自在经济服务方面的创新工作、特色工作以及取得的成果进行了交流发言。

中央统战部非公有制经济局副局长胡林辉参加会议，全国工商联经济部副部长袁媛主持会议。各省、自治区、直辖市和新疆生产建设兵团工商联，各副省级城市工商联分管经济工作的负责同志，全国工商联各直属商会负责同志，全国工商联经济部有关同志140余人参加了会议。

（孙昱）

【召开全国工商联民营企业防范化解风险工作会议】1月15日，我会在京召开民营企业防范化解风险工作会议。全国政协副主席、全国工商联主席高云龙出席会议并作重要讲话。中央统战部副部长，全国工商联党组书记、常务副主席徐乐江主持会议并讲话。全国工商联副主席黄荣出席会议。中央统战部、工信部、全国工商联有关部门负责同志，各省级和副省级城市工商联主要负责同志，部分直属商会负责同志，部分民营企业和金融机构代表参会。

高云龙指出，做好民营企业防范化解风险工作才能为决胜全面建成小康社会做出更大贡献，才能为建设现代化经济体系发挥更大作用，才能进一步推动民营经济实现高质量发展。他强调，要增强风险意识，提高民营企业防范化解风险能力；要主动降低负债，科学投资，有效投资；要做强主业，降低多元化经营风险；要坚持“房子是用来住的，不是用来炒的”定位，促进民营房地产企业健康发展；要提高专业能力，促进民营金融机构健康发展。他指出，各级工商联要高度重视防范化解风险工作，把重点放在推进落实上，全面开展民营企业防范化解风险摸底调研，切实摸清风险底数；加强与当地政府监管部门的合作，注重发挥商会在防范化解风险工作中的积极作用，做好对民营企业和工商联干部的培训工作。

徐乐江在讲话中指出，做好民营企业防范化解风险工作意义重大。一要高度重视。各级工商联要把民营企业防范化解风险工作列入重要议事日程，主要领导要亲自抓、带头做，做好周密工作部署。民营企业要切实增强风险意识，主动防范化解风险。二要强化责任。既要形成合力，“上下一盘棋”，也要严格落实责任分工，确保工作落到实处。三要狠抓落实。各级工商联既要加强与民营企业的经常性联系，积极配合有关部门帮助和引导民营企业处置化解现有风险，也要加强跟踪调研，推动构建防范化解风险的长效机制，做到久久为功。

中国人民银行副行长、国家外汇管理局局长潘功胜，中国证监会副主席阎庆民，中国银保监会统计信息与风险监测部副主任王蔚作为监管部门代表先后讲话。浙江省工商联党组书记徐旭、深圳市工商联党组书记蔡立、全联并购公会会长尉立东、三一集团副总裁周会东、万科集团董事会主席郁亮、蚂蚁金融服务集团副总裁徐浩、深圳前海微众银行风险部总经理刘堃分别发言。

当天，还召开了全国工商联民营企业防范化解风险座谈会。北京市工商联党组书记赵玉金、江苏省工商联副主席李晓林、全国工商联城市基础设施商会会长李占通、全国工商联房地产商会秘书长赵正挺，恒大集团研究院院长任泽平、江苏苏宁银行首席风险官王景斌、均瑶集团董事长王均金、民生银行副行长石杰、温州民商银行董事长陈筱敏等16家单位代表在会上作交流发言。

（葛军）

【召开民营企业中美经贸摩擦座谈会】2019年6月5日，为听取民营企业对中美经贸摩擦的影响和看法，引导民营企业坚定信心，积极应对最新形势，全国工商联在机关召开中美经贸摩擦专题座谈会，会议邀请16位企业家参会并围绕中美经贸摩擦问题做重点发言。中央统战部副部长、全国工商联党组书记徐乐江书记主持会议，全国政协副主席、全国工商联主席高云龙出席会议并作讲话。会后，全国工商联对民营企业的主要观点和反映的问题建议进行整理，形成《全国工商联关于民营企业中美经贸摩擦专题座谈会有关情况的报告》，并上报中央统战部。

（段伟）

【贯彻落实《关于加强金融服务民营企业的若干意见》】我会制定了《关于贯彻落实〈关于加强金融服务民营企业的若干意见〉的工作方案》，分解形成4个方面任务、24项具体举措，明确了责任部门和完成时限，办公厅将各部门贯彻落实情况列入督查范围，定期开展督促检查。

（葛军）

【开展民营企业运行情况摸底调研】为及时跟踪了解民营企业生产运行情况，特别是春节后的开工用工、生产订单和经营状况，2019年2—3月，全国工商联在系统内开展民营企业运行情况调研。调研采取全面调研和重点调研结合的形式开展，各省级工商联在属地范围进行调研走访，对民营企业实际开工运营情况进行摸底。全国工商联组成专题调研组，赴上海、江苏、福建等10个省份开展实地调研。调研期间，共发放并回收调查问卷1.2万份，走访企业733家，走访商会47家，召开企业座谈会107场。调研形成《关于今年一季度民营企业运行情况的报告》，并以信息形式报中办、国办和中央统战部。

（段伟）

【开展民营企业防范化解风险摸底调研】为进一步摸清民营企业总体风险状况，全国工商联于2019年4—5月在系统内开展了民营企业防范化解风险摸底调研。调研由各省级工商联组织开展，挑选本地区重点企业进行调研，包括大型民营实体企业（以参与公开市场发债企业和上市公司为主），金融控股集团、民营金融机构（以银行、证券、保险、互联网金融机构为主），大型民营房地产企业等，通过走访调研、召开座谈会等形式，对潜在风险点进行全面摸底调研，分析风险形成原因，研究防范化解策略。调研形成《关于民营企业防范化解风险调研情况的报告》，并上报中办、国办。

（段伟）

【持续跟踪民营上市公司股票质押情况和民营企业债券融资情况】为进一步防范化解民营企业金融风险，特别是民营上市公司股票质押平仓风险和民营企业债券市场违约风险，在万得资讯公司配合下，全国工商联从2019年一季度开始，按季度定期梳理分析民营上市公司股票质押情况和民营企业债券融资情况，从融资规模、质押比例、隐含违约率等方面，持续跟踪民营企业风险状况，提前防范及时化解。该项工作持续推进，每季度形成《关于民营上市公司股票质押情况和民营企业债券融资情况的报告》，以工商联信息形式报送中办、国办；以专题报告形式报送中央统战部、中国人民银行、银保监会、证监会、国务院金融稳定发展委员会；将各省企业数据分送省级工商联，并安排省工商联及时跟进了解属地企业情况。

（段伟）

【参与中央统战部“民营经济统战工作专题调研”】为深入学习贯彻习近平总书记关于非公有制经济统战工作的一系列重要指示精神，落实好党中央为民营经济营造更好发展环境，帮助民营经济解决发展中的困难，支持民营企业改革发展等要求，进一步发挥统战部门的作用，按照中央统战部统一部署，全国工商联党组成员、副主席李兆前带领第四调研组，于2019年4月10—15日赴江苏、安徽两省围绕促进民营经济健康发展问题开展专题调研。调研组先后与两省省委常委、统战部部长深入交换意见，分别召开省级党政部门座谈会、民营企业和商会组织座谈会，与近30位民营企业家、商会会长、基层统战部和工商联负责同志、专家学者进行深度访谈。中央统战部四局、国家发改委体改司、全国工商联经济部和法律部有关同志参加调研。调研结束后，调研组起草了《把支持民营企业改革发展作为新时代促进“两个健康”新的着力点——促进民营经济健康发展课题分报告》。

（王显）

【开展海外中国概念股被做空情况分析研究】为进一步做好民营企业防范化解风险工作，妥善应对海外中国概念股做空危机，推动海外上市民营企业健康发展，按照中央领导同志有关批示精神，2019年3—5月，全国工商联联合万得信息技术公司，共同对近年来海外中国概念股被做空情况进行了分析研究，总结了中国概念股被做空的主要因素，从国家层面和企业自身提出了防范中国概念股被做空的对策建议，并收集汇总了近年来海外中国概念股被做空案例和主要做空机构及其盈利模式，在此基础上形成了《海外中国概念股被做空情况分析报告》。经报请中央统战部同意后，此报告分别报送中央政治局常委，全国政协主席汪洋、中央书记处书记，中央统战部部长尤权审阅。此外，此报告还以《工商联信息》专报形式报送有关部门。

（王显）

【开展拖欠民营企业账款情况摸底调研】为贯彻落实习近平总书记在民营企业座谈会上重要讲话精神和国务院常务会议有关决策部署，全国工商联于2018年年底至2019年3月在系统内开展了拖欠民营企业账款情况摸底调研。在各省级工商联和直属商会反映调研情况的基础上，全国工商联形成《关于清欠摸底调研情况的报告》，以工商联信息形式报中办、国办，同时报送国务院减轻企业负担部际联席办公室。2019年11月，为进一步推动做好清欠工作，全国工商联下发《全国工商联办公厅关于进一步做好清理拖欠民营企业账款有关工作的通知》，要求各省级工商联和直属商会将清理民营企业拖欠款工作的最新情况及时上报，全国工商联持续跟踪推进有关清欠情况。

（陆军）

【开展互联网小贷助力小微企业融资情况调研】小微企业融资问题一直是困扰企业发展的难题。近年来，伴随着互联网和金融的深度融合发展，主流互联网企业借助于大数据、精准算法、线上服务等优势开展网络小贷业务，服务于大量小微企业，对缓解企业融资难题、优化金融服务方式、支持实体经济发展起到了积极作用。2019年8月份，全国工商联对美团点评、网商银行、微众银行、苏宁金融四家机构进行了书面调研，重点了解通过互联网小贷业务助力小微企业发展的情况。在调研基础上，起草《关于互联网小贷助力小微企业融资有关情况的报告》，并以工商联信息报中办、国办。

（段伟）

【举办民营企业债券融资专题培训班】2019年7月10日，为进一步向民营企业宣贯债券融资业务知识，引导民营企业通过公开市场发行债券融资，全国工商联与中国人民银行、中国银行间市场交易商协会共同举办民营企业融资专题培训。培训采取视频会议形式，在全国工商联机关设主会场，各省、自治区、直辖市和新疆生产建设兵团工商联设分会场。中国银行间市场交易商协会注册办公室助理主任韩宁、中国银行间市场交易商协会后督中心高级主管申世军分别就债务融资工具市场服务实体经济、信息披露和自律处分实践等课题进行培训解读。本次培训得到了各地工商联的高度重视和广大民营企业的积极响应和一致认可，各级工商联干部、民营企业代表、全国工商联直属商会代表约一千人参加本次培训。

（段伟）

【加强对500强企业的调研分析】深入分析上规模民营企业调研数据，撰写了《2019中国民营企业500强调研分析报告》《2018年度上规模民营企业调研分析报告》《2019中国民营企业500强发布报告》。在此基础上，编写了《民营企业500强注重发挥党建引领作用》《民营企业500强积极投身“三大攻坚战”》《民营企业500强营商环境不断改善》等6篇专题信息，通过工商联信息专报中办、国办，供领导决策参考。

（葛军）

【举办2019中国（温州）新时代“两个健康”论坛】11月2日，由全国工商联和浙江省人民政府共同主办的2019中国（温州）新时代“两个健康”论坛在温州召开。论坛以“不忘创业初心　践行‘两个健康’”为主题。全国政协副主席、全国工商联主席高云龙讲话，中央统战部副部长、全国工商联党组书记、常务副主席徐乐江作主旨演讲，浙江省委副书记、省长袁家军讲话。

高云龙指出，过去的一年，各级党委政府和相关部门深入贯彻落实习近平总书记在民营企业座谈会上重要讲话精神，一系列鼓励、支持、引导民营经济发展政策措施接续出台、推动落地；民营企业高质量发展转入新阶段，在促进国民经济结构优化上发挥了重要作用；民营企业家群体面貌呈现新气象，充分体现了新时代民营企业家应有的执着信念和坚强定力。全国工商联一直高度重视先行区建设，将进一步加强对创建工作的指导提升、经验推广，进一步发挥先行区的示范带动作用。希望浙江省、温州市再接再厉，继续打造全面深化改革的样板、民营经济统战的示范、优化营商环境的高地。温州市各级工商联要继续深入企业调研，及时了解反映企业存在的问题和诉求，促进企业改革发展。全国各级工商联要认真学习、推广温州的经验，结合实际，积极探索，更加高效地促进新时代“两个健康”事业发展。

徐乐江指出，通过一年来的创建工作，温州促进“两个健康”的理念更加开放、制度更加完善、措施更加务实、组织更加有力，民营经济活力和创造力进一步激发，民营企业家创业创新热情进一步高涨，取得了阶段性成果。新时代促进“两个健康”要统筹做好民营经济统战工作。要把习近平总书记在民营企业座谈会上的重要讲话精神作为促进“两个健康”的行动指南，把建设现代化经济体系、实现高质量发展作为促进“两个健康”的重要基础，把弘扬优秀企业家精神、发挥企业家作用作为促进“两个健康”的重要任务，把打造良好营商环境、构建“亲”“清”新型政商关系作为促进“两个健康”的重要保障。

袁家军在致辞时说，过去一年，浙江对标落实习近平总书记在民营企业座谈会上提出的“六个方面政策举措”，坚持一张蓝图绘到底和“新官要理旧账”，深化“三服务”活动，保持各项惠企政策的连续性和兑现刚性，推动各项惠企政策落地、落细、落实，让民营企业从政策中增强获得感。他表示，要认真学习贯彻党的十九届四中全会精神，坚持“两个毫不动摇”，聚焦促进“两个健康”，打造新时代浙江民营经济高质量发展“金名片”。

论坛由全国工商联副主席黄荣主持，浙江省委常委、温州市委书记陈伟俊，国家发展改革委体改司司长徐善长，《求是》杂志社副总编辑张宇分别致辞，全国工商联党组成员、副主席李兆前发布《万家民营企业评价营商环境报告（2019）》，温州市委副书记、市长姚高员发布《新时代“两个健康”先行区创建工作报告》。全国工商联副主席、正泰集团有限公司董事长南存辉，亚布力中国企业家论坛理事长、泰康保险集团股份有限公司董事长兼CEO陈东升，全国工商联执委、全国工商联五金机电商会会长、亿联控股集团董事长严立淼作主题演讲。

全国工商联党组副书记、副主席樊友山，浙江省委常委、统战部部长熊建平，浙江省政协副主席周国辉，全国工商联党组成员、秘书长赵德江，部分全国工商联企业家副主席、副会长、常委，中央有关部委相关部门负责同志，各省、自治区、直辖市和新疆生产建设兵团工商联负责同志，中央统战部、全国工商联有关部门和各省级工商联负责同志，全国工商联青年企业家委员会成员，部分亚布力中国企业家论坛的企业家，浙江省和温州市有关方面负责同志，来自全国各地的民营企业代表、商会代表等约900人参加论坛。

本次论坛还同步举办了长三角一体化论坛、“两个健康”研讨会、新生代“两个健康”论坛、中国（温州）新时代“两个健康”先行区创建成果展示会等专场活动。

（葛军）

【开展民营企业信用体系建设工作】 制定印发《全国工商联关于加强民营企业信用体系建设的实施意见》。为推动工商联系统更好参与社会信用体系建设，我会结合工商联工作实际和民营企业特点，于11月制定印发了《全国工商联关于加强民营企业信用体系建设的实施意见》（以下简称《实施意见》）。《实施意见》要求工商联、商会和民营企业充分认识加强民营企业信用体系建设的意义，并从民营企业、商会和工商联三个方面提出民营企业信用体系建设的主要任务，要求民营企业充分发挥主体作用、商会充分发挥积极作用、工商联充分发挥引导教育作用。

向省级工商联和直属商会通报黑名单比对情况。在开展全国工商联执委企业、省级工商联执委企业同公布的失信黑名单进行比对工作基础上，将比对范围拓展涵盖了全国工商联31家直属商会会长、副会长企业，并将比对结果向省级工商联和各直属商会通报，要求省级工商联和直属商会摸清企业列入黑名单原因，指导督促企业做好信用修复。同时对今年开展的两次比对工作情况进行了对比，提出存在的问题，提出工作建议。

（章小东）

【开展大型民营企业资金链情况专项调研】2019年以来，部分大型民营企业出现资金链趋紧、债务兑付压力较大等问题。为摸清企业面临的实际资金困难，全国工商联于10—11月在系统内组织开展了大型民营企业资金链情况专项调研。北京、山东、江苏、浙江、福建、广东等6个省（市）工商联在属地范围内开展调研，全国工商联调研组选择部分企业开展重点调研。调研形成题为《部分大型民营企业资金链趋紧状况仍未有效缓解》的报告，对企业集中反映的问题进行了汇总，并提出政策建议，以专题信息的形式报送中办、国办。

（段伟）

【开展民营环保上市公司发展情况专项调研】按照徐乐江书记及黄荣副主席批示要求，为进一步了解当前民营环保行业总体情况，引导民营环保企业防范化解债务风险，在万得信息技术公司提供数据支持的基础上，全国工商联于2019年10—12月，对民营环保上市公司发展状况进行了专题研究，并赴北京市有关民营环保企业进行实地调研，分析了当前民营环保上市公司面临的突出问题及主要原因，从强化金融服务、推动市场化改革、加强企业自身建设等方面提出相关对策建议，在此基础上形成了《民营环保上市公司发展状况调研报告》。此报告以《工商联信息》专报形式报送有关部门。

（王昱）

【服务民营企业科技创新】2019年4月，全国工商联与科技部召开会商会议，双方签署了战略合作备忘录，商定在引导支持民营企业强化关键核心技术攻关、引导支持民营企业加强创新能力建设、深入推进科技创新政策的宣传普及、加强民营企业科技创新人才引进与培养等9个方面开展战略合作，进一步提升民营企业创新能力，为经济高质量发展提供强有力的科技支撑。2019年，双方加强互动合作，深入了解当前我国在吸引外国人才来华创新创业等体制机制方面存在的突出问题、国家技术创新工程实施进展，并对基础研究、应用研究等事宜进行交流探讨，同时我会就《国家科学技术奖励条例（修订草案修改稿）》《2019年国家创新调查工作要点（征求意见稿）》等文件研提意见，积极推动联合印发的《关于推动民营企业创新发展的指导意见》的落地落实。此外，全国工商联加强与中国科协合作，积极推动双方建立部际合作机制有关工作，共同主办新时代技术服务体系建设论坛，协办“青年科学家与中小企业成长”论坛等活动。

（安静）

【2019科技综合服务工作】2019年3月，向各省工商联、全国工商联各直属商会印发《全国工商联办公厅关于开展2019年科技综合服务的通知》（全联厅字〔2019〕20号），请各地组织推荐科技创新创业人才、民营企业项目类科技成果。关于科技创新创业人才，共征集到251位推荐人选，其中146位人选通过形式审查，进入专家评审环节，评出A级人才11位，B级人才71位，C级人才64位，最终经会领导传签同意，推荐段琦、黄文宝等10位科技创新创业人才参加科技部科技创新创业人才评选。关于民营企业项目类科技成果，共征集到170个项目，其中81个项目通过形式审查，进入专家评审环节，评出A+级项目3个，A级项目13个，B级项目28个，C级项目31个，D级项目6个，最终经主席办公会审定，推荐提名武汉高德红外股份有限公司“红外焦平面阵列探测器关键技术开发与应用”项目参加2020年度国家科技奖项目评选。

（安静）

【联合举办经贸活动】全年参与主办9次国家级重点经贸活动，支持地方政府举办7次经贸活动，有力支持了区域经济发展。与青海省人民政府共同主办民营企业助推青海“一优两高”发展大会，签约项目50个，签约金额670.84亿元。在成都举办的2019全国工商联主席高端峰会期间，签约项目162个，签约金额1588亿元。与江西省人民政府共同主办全国知名民营企业助推江西高质量跨越式发展大会，签约项目36个，签约金额1142.3亿元。

积极组织民营企业和商会参与全国工商联主办的2019世界制造业大会、第十一届中国中部投资贸易博览会、第六届世界闽商大会、第二十届中国青海绿色发展投资贸易洽谈会、中西部和东北地区承接东部产业转移精准对接现场会等一系列大型经贸活动。

支持地方政府举办2019年世界桂商暨商会经贸文化交流合作大会、第四届全球吉商大会、第三届蒙商大会、海南自贸区（港）产业园区投资合作大会、第三届西商大会等，积极组织企业参加第三届海外院士青岛行暨青岛国际院士论坛、2019小镇中国（湘潭）发展大会、中国企业国际融资洽谈会暨民企投融资洽谈会等活动。

（安静）

法律服务

【综述】2019年，法律部认真领会习近平总书记关于“法治是最好的营商环境”的重要论断，围绕“完善法治建设、优化营商环境”，在会党组的统一部署下，履职尽责，较好地完成了各项任务。

一、参与立法协商，推动优化制度环境

参与制定修订资源税法、专利法、外商投资法、土地管理法、审计法、证券法、城市房地产管理法、安全生产法、民办教育促进法、生物技术研究开发安全管

理条例、关于规范商标申请注册行为的若干规定等法律法规84部，推动有关法律法规立改废释，通过参与立法协商、反映民营企业立法诉求，努力降低民营企业制度性交易成本，积极争取普惠性法律政策支持。参与全国人大常委会中小企业促进法、科技进步法等执法检查工作，关注并反映法律政策“最后一公里”落地情况。

二、推进法治民企建设，引导企业练好内功

在中央统战部、中央政法委大力支持、公检法司机关积极参与下，5月17日，首届民营经济法治建设峰会在北京成功举办。峰会以习近平新时代中国特色社会主义思想和党的十九大精神为指导，深入贯彻落实习近平总书记在民营企业座谈会上的重要讲话精神，聚焦法治民企建设和营造良好法治环境，各方协同，共话共议。高云龙主席在峰会上提出的“法治观念立起来”“法治民企建起来”“法律服务强起来”“营商环境靓起来”，赢得广泛共识，带动一大批企业眼睛向内、查体补缺。聚焦“法治民企”建设，与司法部联合推进“法律三进”“法治体检”“法律援助”，加强企业法律风险防范培训力度，引导越来越多的民营企业家认识到：谋发展，必须有法治思维；建诤言，必须有法理思考；搞经营，必须有守法意识；谈诉求，必须有用法能力。

三、发挥法律维权作用，依法维护企业合法权益

始终把维护权益，切实帮助企业解决现实和紧迫问题作为维权工作出发点。截至目前，已研究办理企业反映案件90余件，分别涵盖刑事、民商、知识产权、行政诉讼类案件和部分非诉案件调处，并多次派员实地调查了解情况，提出决策参考依据，指导企业纠纷处置。与最高人民法院、最高人民检察院、公安部经侦局单位联系责任部门保持沟通联系，通过面商、转函等多种方式帮企业转达维权诉求。在各部门和各级工商联组织的大力支持下，部分案件取得较好效果，企业对工商联维权工作成果给予了高度认可，有的亲自送来锦旗表示感谢。

四、发挥部际合作机制作用，推动形成服务保障民营经济健康发展的工作合力

与最高人民法院联合出台《关于发挥商会调解优势，推动民营经济领域纠纷多元化解机制的意见》；与最高人民检察院联合印发《关于建立健全检察机关与工商联沟通联系机制的意见》，要求有关部门在办理涉及民营企业和民营企业家的案件中，坚决防止将涉企经济纠纷当作犯罪处理；与司法部联合推出《关于深入开展民营企业“法治体检”活动的意见》。与公安部共同推进公安机关与同级工商联沟通联系机制建设。与高检院共同举办了高层会商座谈会和检察开放日。与人力资源社会保障部、全国总工会和中国企联共同召开构建和谐劳动关系表彰大会、开展全国模范劳动关系和谐企业巡回演讲活动。与国家发改委共同印发《关于开展产权保护领域政务失信专项治理行动的通知》。参与非法集资部际联席会议，推动加强所属商会对打击非法集资的宣传工作。

五、大力推动标准化工作和商会调解工作，积极为商会赋能

为贯彻落实两办关于促进工商联所属商会改革和发展的文件精神，法律部从丰富完善商会标准化职能入手，积极培育和发展中国特色商会组织。提交了《关于大力发挥行业协会商会和民营企业在标准化工作中积极作用的提案》，被采用为今年政协会议发言。鲁勇同志率法律部拜访市场监督管理总局，与田世宏副局长及相关司局负责同志深入沟通交流，就联合出台指导意见、建立全国工商联标准化工作管理协调机制、双方建立常态化合作机制等事项达成共识，经主要会领导同意，形成会议纪要，与国家市场监督管理总局（国家标准化管理委员会）建立了合作关系。根据会议纪要，在深入实地调研和专家论证研讨基础上，起草了《全国工商联 国家标准化管理委员会关于鼓励、引导和规范工商联所属商会开展团体标准化工作的意见（试行）》，目前已征求过各方意见建议，正在走联合发文程序。继续推动完善商会调解职能，已成立调解组织1520个，商会平息矛盾争议的工作成效逐步显现。

（毛红杏）

【坚持源头参与，有效开展立法协商】鲁勇副主席参加国务院第40次常务会议审议《关于在制定行政法规规章行政规范性文件过程中充分听取企业和行业协会商会意见的通知》，3月该通知正式印发。

一年来，参与制定修订《资源税法》《专利法》《外商投资法》《土地管理法》《审计法》《证券法》《城市房地产管理法》《安全生产法》《民办教育促进法》《生物技术研究开发安全管理条例》《关于规范商标申请注册行为的若干规定》等法律法规80余部，推动有关法律法规立改废释，通过参与立法协商、反映民营企业立法诉求，努力降低民营企业制度性交易成本，积极争取普惠性法律政策支持。参与全国人大常委会中小企业促进法、科技进步法等执法检查工作，关注并反映法律政策“最后一公里”落地情况。

（刘晓琳）

【举办首届民营经济法治建设峰会】2019年5月17日，全国工商联举办首届民营经济法治建设峰会。峰会的举办得到了中央政法委、最高人民法院、最高人民检察院、公安部、司法部、人力资源和社会保障部的大力支持和中央统战部非公有制经济工作局的有力指导，全国工商联全力以赴、精心筹备。郭声琨同志就办好峰会、加强政法机关支持民营经济发展工作做出批示，全国政协副主席、全国工商联主席高云龙发表主旨演讲，全国工商联党组书记、常务副主席徐乐江主持峰会并宣读郭声琨同志批示。司法部部长傅政华、最高人民法院副院长杨万明、最高人民检察院检察委员会副部级专职委员万春和公安部副部长孟庆丰分别发表主题演讲，人力资源和社会保障部有关司局领导参与互动交流。会上，15位知名民营企业家，向广大民营企业家发出“崇尚法治精神，坚守诚信守法经营之道，增强法治素养，大兴尊法学法用法之风，厚植法治文化，凝聚企业发展价值认同，共担主体责任，共建‘亲’‘清’新型政商关系”的倡议。司法部在峰会上发布的民营企业“法治体检”活动成果报告，赢得好评。

（毛红杏）

【召开全国工商联法律服务工作会议】2019年5月17日，为深入贯彻落实习近平总书记在民营企业座谈会上重要讲话精神，扎实推进工商联法律服务工作，全国工商联在京召开工商联系统法律服务工作会议。中央统战部副部长，全国工商联党组书记、常务副主席徐乐江出席会议并讲话，全国工商联副主席鲁勇主持会议，全国工商联副主席、正泰集团董事长南存辉，中国民间商会副会长、陕西荣民控股集团董事长史贵禄出席会议。

徐乐江书记在会议上指出，去年以来，在以习近平同志为核心的党中央坚强领导下，通过各级工商联的共同努力，工商联法律服务工作稳步推进，参与立法取得新进步，法治宣传展现新作为，法律维权迈上新台阶，商会调解打开新局面，协调劳动关系实现新突破，取得了积极成效。习近平总书记关于营造法治化营商环境、保护企业家人身和财产安全等重要指示精神为做好“两个健康”工作提供了重要遵循，贯彻落实全面依法治国新战略、推动民营企业高质量发展对工商联法律服务工作提出了更高要求。要深化认识，准确把握工商联法律服务工作面临的新形势新任务新要求，增强做好工商联法律服务工作的使命感责任感。做好法律服务工作是工商联的职责所系，是广大民营企业和民营企业家的热切期盼。要以习近平新时代中国特色社会主义思想为指导，进一步增强参与立法的深度，加大依法维权力度，启动“法治民企”工程，提高法治宣传有效性，做实做强商会调解，探索推进涉外法律服务，参与协调劳动关系，为营造法治化营商环境、推动民营经济法治建设做出积极贡献。要提高政治站位，推动各项工作落实；要突出工作重点，努力做出特色、做出品牌；要加强自身建设，健全法律服务机构，发挥商会独特作用，整合社会资源，形成服务两个健康的工作合力。

会议还进行了交流发言，各省级工商联领导和法律工作负责同志，全国工商联法律服务和劳动关系委员会委员，以及全国工商联直属商会有关同志，共140余人参加会议。

（李强）

【开展“法治民企”工程研究】为深入贯彻习近平总书记在民营企业座谈会上的重要讲话精神，持续落实“要为民营企业发展营造良好的法治环境和营商环境，依法保护民营企业权益”重要任务，法律部与中国人民大学联合开展法治民企工程研究，2019年11月课题组召开专家研讨会对报告初稿进行答辩，经修改后形成《2019法治民企年度报告》。

（刘晓琳）

【与司法部联合印发《关于深入开展民营企业“法治体检”活动的意见》】2019年3月，高云龙主席会见司法部傅政华部长一行并召开座谈会，双方围绕深入贯彻落实习近平总书记在民营企业座谈会上的重要讲话和关于民营企业发展的重要指示批示精神，推动司法行政系统与工商联务实合作，共同为民营企业发展营造良好的法治环境和营商环境进行座谈。高云龙主席、傅政华部长做重要讲话。全国工商联副主席鲁勇、秘书长赵德江，司法部副部长熊选国、刘炤及双方相关司局主要负责同志参加会议。随后，与司法部联合印发《关于深入开展民营企业“法治体检”活动的意见》，通过广泛开展法治宣传、防范处置法律风险、妥善化解矛盾纠纷、健全完善公司治理、研究提出政策建议等方式为民营企业提供法律服务，引导其守法诚信经营，坚定发展信心，促进两个健康。

（吕菊萍）

【探索建立民营企业标准化工作机制】为贯彻落实两办关于促进工商联所属商会改革和发展的文件精神，法律部从丰富完善商会标准化职能入手，积极培育和发展中国特色商会组织。提交了《关于大力发挥行业协会商会和民营企业在标准化工作中积极作用的提案》，被采用为今年政协会议发言。鲁勇同志率法律部拜访市场监督管理总局，与田世宏副局长及相关司局负责同志深入沟通交流，就联合出台指导意见、建立全国工商联标准化工作管理协调机制、双方建立常态化合作机制等事项达成共识，经主要会领导同意，形成会议纪要，与国家市场监督管理总局（国家标准化管理委员会）建立了合作关系。根据会议纪要，在深入实地调研和专家论证研讨基础上，联合制定《全国工商联国家标准化管理委员会关于鼓励、引导和规范工商联所属商会开展团体标准化工作的意见》。积极推进我会参加国务院标准化协调推进部际联席会议机制。

（毛红杏）

【举办“宪法宣传周”主题活动】 2019年全国“宪法宣传周”主场活动在上海举办，全国工商联法律服务和劳动关系委员会委员、上海市工商联副主席杨茜出席活动。12月4—10日，在我会机关开展相关宣传活动，将中国普法网发布的2019年国家宪法日宣传海报（以下简称“宣传海报”）以及地方工商联开展宪法周活动的照片（视频）在机关电子显示屏滚动播放，进一步营造尊崇宪法、学习宪法、遵守宪法、维护宪法、运用宪法的浓厚氛围。向省级工商联法律工作部门、我会直属商会和直属单位发送《方案》和宣传海报，指导其在“宪法宣传周”期间开展内容充实、形式多样、载体丰富、可操作性强的系列普法宣传活动，突出宣传“法治是最好的营商环境”、优化营商环境系列法律法规、法治民企建设以及宪法法律对非公有制经济的保障和规范等。全国工商联还向部分省级工商联共发送850册《非公有制企业经营管理法律知识及风险以案释法读本》（以下简称《读本》），供开展普法宣传之用。

（刘登森）

【发挥合作机制作用保持与司法机关密切联系】 2019年，为促进非公有制经济健康发展和非公有制经济人士健康成长，结合促进非公有制经济发展新形势、新要求，法律部进一步完善和深化部际合作机制，与最高人民法院联合印发《关于发挥商会调解优势 推进民营经济领域多元纠纷解决机制的建设意见》；与最高人民检察院联合印发《关于建立健全检察机关与工商联沟通联系机制的意见》，要求所有省级检察机关和工商联建立相关机制，推动地市县区级检察院和工商联结合实际建立满足需求的交流沟通机制。在双方会领导带领下，赴浙江、山西、甘肃等多地就检察机关服务和保障民营经济发展情况进行联合调研，形成调研报告。与最高人民检察院共同举行高层会商会议，召开服务保障民营经济健康发展座谈会，双方主要领导共同听取企业家意见建议，推动对民营企业的平等保护，依法保障和促进非公有制经济发展。与公安部加强联系，鲁勇副主席带队走访公安部并座谈，形成会议纪要；在国家发改委牵头下，共同下发《关于开展涉政府产权纠纷问题专项治理行动的通知》，报送部分相关案例，持续跟踪行动进展。

（冯笑英）

【举办工商联民营企业法律风险防范与合规管理培训班】 2019年7月9—12日，全国工商联民营企业法律风险防范与合规管理培训班在成都举办。四川省工商联党组书记陈泉为培训班致辞，全国工商联法律部部长白莲湘讲话，法律部副部长王洪武作培训班总结。部分全国工商联执委企业的法务工作负责人、各省级工商联和全国工商联直属商会的法律工作人员等160余人参加培训。培训班邀请了最高人民法院、最高人民检察院、处置非法集资部际联席会议办公室、中国企业家刑事犯罪预防研究中心等有关业务部门同志和有关专家学者为学员进行授课。针对企业法律风险易发多发的薄弱环节，培训班设置了企业法律风险管理体系架构、合同纠纷、企业家刑事风险等课程，引导民营企业完善内部治理结构，建立健全法律风险防控和预警机制。其间，培训班还召开了法律服务座谈会，征求了学员对工商联法律服务的意见建议。本次培训提升了民营企业法律风险防范与合规管理水平，助力了“法治民企”建设，同时也是工商联认真落实习近平总书记在民营企业座谈会上的重要讲话精神的具体实践。

（冯笑英）

【与最高人民检察院联合印发《关于建立健全检察机关与工商联沟通联系机制的意见》】为更好地贯彻落实党中央关于服务保障民营经济发展的精神，建立健全检察机关与工商联沟通联系机制，2019年2月28日，最高人民检察院、全国工商联共同出台《关于建立健全检察机关与工商联沟通联系机制的意见》，强调检察机关在办理涉及民营企业和民营企业家的案件中，坚决防止将经济纠纷当作犯罪处理，保护好民营企业财产权及其经营者的合法权益。意见全文共13条，主要包括日常联系机制、联合调研机制、民主监督机制、信息互通共享机制、联合开展宣传培训和明确责任部门等六个部分，明确了最高检与全国工商联每年举行高层会商，围绕检察机关如何更好地服务保障民营经济发展进行交流；每年围绕民营经济发展的司法保障，确定主题联合开展调研；推动民营企业家中的党外人士和工商联、商会工作人员担任特约检察员；检察机关在办理涉及民营企业和民营企业家的案件中坚持“三个没有变”；共享涉民营企业保护的典型案例、执法司法标准以及调研成果，有效使用检察建议等多条具体举措。2019年，所有省级检察机关和工商联都已建立相关机制，在联动机制保障下依法公平解决了一批涉及民营企业的平等保护问题。

（冯笑英）

【开展个案维权援助】多年来，法律部始终将产权保护作为维护企业合法权益的一项重要工作，切实帮助企业推动解决法律问题，引导企业守法经营、依法维权、理性表达诉求。2019年，研究办理企业反映案件近百件，分别涵盖刑事、民商、知识产权、行政诉讼类案件和部分非诉案件调处，重点参与了中民投、苏宁、红豆、江小白等知名公司反映案件的调处工作，多次派员实地调查了解情况，借助法律维权服务中心律师团的专业力量，提出法律意见，供领导决策参考。根据案件需要依托属地工商联，指导企业纠纷处置。同时与最高人民法院、最高人民检察院、公安部经侦局单位联系责任部门保持沟通联系，通过面商、转函等多种方式帮企业转达维权诉求。部分案件得以解决，取得较好效果。

（冯笑英）

【完成《民营企业高管犯罪分析报告》《民营经济诉讼风险分析报告》】为深入研究民营企业高管犯罪的基本状况，推动企业构建和完善刑事合规机制，为制定相关政策提供参考，更好服务两个健康，2019年法律部与北京师范大学中国企业家犯罪预防研究中心共同完成了《民营企业高管犯罪分析报告》，在2018年公开的裁判文书范围内，对所有民营企业涉刑案件中刑事风险的主要形态和刑事风险的高发岗位、人群和罪种结构、空间、环节等要素进行对比分析，提出防控民营企业及高管刑事风险的针对性对策建议。

为了研究掌握我国民营企业涉诉情

况，评估民营企业涉诉风险特点和趋势，找准风险管理盲区和痛点，引导帮助民营企业完善自身涉诉风控体系，提升防范、应对和化解法律风险的意识和能力，鼓励支持民营企业转型升级，2019年全国工商联法律部联合中国司法大数据研究院，依托人民法院大数据管理平台和服务平台，就2018年全国各级人民法院一审新收和审结涉民营企业的案件和判决文书进行了专项深入研究，形成《民营企业全国诉讼风险评估报告》。报告显示，涉民营企业案件总量增速较快，但民企涉诉风险总体可控，企业合规经营意识增强。

（冯笑英）

【联合举办最高人民检察院、全国工商联服务保障民营企业发展会商座谈会】2019年11月11日，最高人民检察院与全国工商联共同举办服务保障民营经济发展座谈会，最高人民检察院党组书记、检察长张军主持座谈会，全国政协副主席、全国工商联主席高云龙出席座谈会并讲话，中央统战部副部长、全国工商联党组书记、常务副主席徐乐江出席座谈会，共同听取包括全国人大代表、政协委员在内的民营企业家对检察机关服务保障民营经济健康发展的意见建议。张军指出，依法保障非公有制经济健康发展，不仅是检察机关贯彻落实党的十九届四中全会精神的一个重大课题，更是义不容辞的法律责任。检察机关要深入学习贯彻习近平总书记的重要讲话精神，切实增强服务保障民营经济发展的责任担当。认真领会和落实“两个毫不动摇”“三个没有变”的战略部署，真正把平等保护民营企业作为检察工作服务大局的重要着力点，充分履行“四大检察”职责，依法保障和促进非公有制经济发展。高云龙指出，在中国共产党十九届四中全会胜利闭幕和习近平总书记主持召开民营企业座谈会一周年之际，最高检、全国工商联就服务保障民营企业发展进行交流，既是持续贯彻习近平总书记重要指示精神的联合行动，也是落实双方定期交流机制的重要体现，将进一步加强与最高检的协调联动，坚持问题导向，联手同向发力，着力填补短板、改善弱项，切实服务保障好民营企业的高质量发展。

（冯笑英）

【发布《中国民营企业劳动关系报告（2018）》】8月23日，在全国工商联十二届三次常委会议上，全国工商联鲁勇副主席发布了2018年民营企业劳动关系报告。报告显示：上年度民营企业劳动关系总体和谐稳定，与往年相比呈现“两升两降”，即认为非常和谐和比较和谐的两个比例在上升，认为和谐程度一般和不和谐的两个比例在下降，同时劳动用工的基本面规范稳定、工资支付的基本面规范稳定、落实带薪休假制度稳中有升。

报告强调，要重点关注民营企业在劳动合同签订、社会保险缴纳、企业经营管理等方面存在的弱项不足，以及新技术替代人工、新业态灵活就业、新常态转型发展、中美经贸摩擦影响等新课题新情况。报告指出，要以习近平新时代中国特色社会主义思想为指导，全面贯彻党中央、国务院决策部署，宣传好全国构建和谐劳动关系先进表彰会精神，推动创新三方协调机制，把构建和谐劳动关系的共同要求与不同类型企业的差异性措施有效结合，着力补短板强弱项，加强劳动关系矛盾纠纷的预警、化解和处置，持续开展动态监测，夯实劳动关系工作基础，为引导民营企业构建和谐劳动关系、服务促进两个健康贡献力量。

（袁堂军）

【共同召开全国构建和谐劳动关系先进表彰会】2019年7月11日，全国构建和谐劳动关系先进表彰会在京召开。中共中央政治局委员、国务院副总理胡春华出席会议并讲话。他强调，要深入贯彻落实习近平总书记重要指示精神，按照党中央、国务院的决策部署，扎实推动构建中国特色和谐劳动关系，促进经济增长、就业和劳动关系稳定，增进社会和谐，更好服务经济社会发展大局。

胡春华指出，劳动者既是经济社会的建设者，也是发展成果的共享者，要把解决广大职工最关心、最直接、最现实的利益问题作为根本出发点和落脚点，切实保障好劳动者在劳动报酬、职业培训、职业安全卫生保护、休息休假等各方面的基本权益，特别要切实解决拖欠农民工工资等问题。要充分发挥劳动关系协商协调机制的作用，不断扩大集体协商和集体合同制度的覆盖范围，推广职工代表大会、厂务公开等做法，创新协调劳动关系三方机制，增强协商协调的实效性、权威性。要加强劳动关系矛盾纠纷事前预防、事中化解和应急处置，有效防范化解劳动关系矛盾和风险。政府、群团组织、企业、劳动者等各方面要共同努力，以受表彰单位为榜样，形成共建和谐劳动关系的强大合力。

会议由全国人大常委会副委员长、中华全国总工会主席王东明主持，全国政协副主席、全国工商联主席高云龙出席会议。

（魏丹）

【开展全国模范劳动关系和谐企业巡回演讲活动】为深入宣传贯彻表彰会议要求，大力弘扬企业关爱职工、职工热爱企业的“双关爱”和谐文化，进一步激励广大企业和工业园区深入开展和谐劳动关系创建活动，国家协调劳动关系三方决定选拔部分受表彰企业分四组在全国16个省区市开展“全国模范劳动关系和谐企业巡回演讲活动”。10月9—16日，法律部白莲湘部长、王洪武副部长分别带队赴江西、福建、湖南、云南四省巡回演讲。

共有来自河南圆方物业管理有限公司、北京牡丹电子集团有限责任公司、广东珠海泰坦新动力电子有限公司、江西三川智慧科技股份有限公司、长虹华意压缩机股份有限公司、江铃汽车集团有限公司、江西燕京啤酒有限责任公司、福建祥鑫股份有限公司、长乐恒申合纤科技有限公司、紫金矿业集团股份有限公司、湖南奥士康科技股份有限公司、株洲联诚集团控股股份有限公司、康普药业股份有限公司、云南理世实业（集团）有限责任公司、云南电网有限责任公司红河屏边供电局、南华茂森再生科技有限公司等16家企业代表，分别参加了4个省的演讲活动，每场演讲活动由6～7人进行演讲，他们以自己的身边人、身边事，以生动的语言、鲜活的事例和真挚的感情，讲述企业的和谐故事，分享企业在构建和谐劳动关系的经验做法。

党和国家历来高度重视构建和谐劳动关系，特别是党的十八大以来，各级协调劳动关系三方以习近平新时代中国特色社会主义思想为指导，把和谐劳动关系创建活动作为构建和谐劳动关系的一个重要载体，在全国各类企业和工业园区广泛开展和谐劳动关系创建活动。广大企业和工业园区积极响应、深入参与，在全面保障职工共享权益、完善协商协调机制、推动企业和职工共建共享等方面取得了积极成效，涌现了一批创建典型，有力推动了构建中国特色和谐劳动关系实践。此次巡回演讲活动旨在贯彻落实第四届全国构建和谐劳动关系先进表彰会议要求，大力弘扬企业关爱职工、职工热爱企业的“双关爱”和谐文化，进一步激励广大企业和工业园区深入开展和谐劳动关系创建活动，共同在新时代新起点上把和谐劳动关系创建活动引向深入，为经济发展和社会和谐稳定做出积极贡献。

江西、福建、湖南、云南等地企业代表、工业园区代表、职工代表共约1200人现场聆听演讲，有30多家中央和省级媒体对此次活动进行了宣传报道，活动还通过新媒体在线直播和视频会议等方式扩大宣传影响，累计在线观看人数约74万人次，社会反响强烈，许多民营企业表示要以受表彰的企业为榜样，始终坚持在合法合规中谋发展，严格遵守劳动保障法律法规规定，大力弘扬企业自觉践行社会责任的新时代精神，团结凝聚职工建功立业新时代，在新时代新起点上把和谐劳动关系创建活动引向深入，为构建中国特色和谐劳动关系做出更大贡献。

（袁堂军）

【举办工商联劳动关系协商协调能力建设暨劳动争议预防调解培训班】2019年6月25—27日，全国工商联法律部在司法部司法行政学院举办了工商联劳动关系协商协调能力建设暨劳动争议预防调解培训班。

此次培训班是工商联系统首次组织劳动关系业务综合培训。培训班以工商联劳动关系工作实际需求出发，聚焦重点难点，安排了6场专题辅导、1场座谈交流、1场学员大会发言，分别邀请中国劳动法学会苏海南副会长讲授企业薪酬完善问题、中国人民大学程延园教授和黄伟副教授讲授工资争议和三方机制建设问题、中央财经大学沈建峰教授和首都经贸大学范围教授讲授劳动合同和社会保险问题、人社部调解仲裁管理司领导介绍新时代我国企业劳动争议预防调解形势任务等，基本涵盖了劳动关系领域的主要内容。教学中既有基础知识辅导，有实战案例解析；既有前沿热点介绍，也有现场互动答疑。

部分省市工商联劳动关系业务负责同志共130余人参训。教学评估显示，学员对课程安排满意率99.1%，培训效果满意率98.2%，班务保障满意率98.1%。学员表示，此次培训内容丰富，师资水平高，教学管理严，通过学习使自己思想有了新认识，实践有了新参照，能力有了新提升，实现了理论、实践、作风的“三丰收”。

（魏丹）

【与最高人民法院联合印发《关于发挥商会调解优势推进民营经济领域多元纠纷解决机制的建设意见》】为发挥商会调解优势，有效化解民营经济领域矛盾纠纷，促进诉调对接，优化法治营商环境，最高人民法院、全国工商联于2019年1月联合印发《关于发挥商会调解优势 推进民营经济领域纠纷多元化解机制建设的意见》（以下简称《意见》）。

《意见》指出，要充分认识推进民营经济领域矛盾纠纷多元化解机制建设的重要意义，培育和发展中国特色商会调解组织，发挥司法在商会化解纠纷中的引领、推动、保障作用，建立健全商会调解机制与诉讼程序有机衔接的纠纷化解体系，促进民营经济健康发展。

《意见》要求，各级工商联加强商会调解组织建设，规范调解组织运行，使调解成为化解民营经济领域矛盾纠纷的重要渠道。各级人民法院要完善诉调对接机制，吸纳符合条件的商会调解组织或者调解员加入特邀调解组织或者特邀调解员名册。引导当事人优先选择商会调解组织解决纠纷。对调解不成的，依法及时导入诉讼程序，切实维护当事人的诉权。

《意见》强调，人民法院与工商联建立联席会议机制，加强沟通交流，加强商会调解员培训，制定调解员职业道德规范，促进调解员素质不断提高，促进民营经济领域矛盾纠纷多元化解机制不断取得新的成效。

（李强）

扶贫与社会服务

【综述】2019年，扶贫与社会服务部在会党组和会领导的正确领导下，深入学习贯彻习近平新时代中国特色社会主义思想和党的十九大和十九届二中、三中、四中全会精神，认真落实习近平总书记关于扶贫工作的重要论述精神和对“万企帮万村”行动的系列重要指示精神，以引导民营企业履行社会责任为主线，以精准扶贫和污染防治为重点，形成“一体两翼”工作新格局，取得了显著工作成效。

一、深入推进“万企帮万村”精准扶贫行动

中央领导同志高度重视“万企帮万村”行动，习近平总书记在同各民主党派中央、全国工商联负责人、无党派人士代表共迎佳节和参加十三届全国人大二次会议甘肃代表团审议时，给予行动充分肯定。截至2019年12月底，进入“万企帮万村”精准扶贫行动台账管理的民营企业有9.99万家，精准帮扶11.66万个村（其中建档立卡贫困村6.56万个）；产业投入819.57亿元，公益投入149.22亿元，安置就业73.66万人，技能培训111.33万人，共带动和惠及1434.42万建档立卡贫困人口。

1．深入学习贯彻习近平总书记重要回信精神。10月17日，召开贯彻落实习近平总书记重要回信精神一周年座谈会暨“万企帮万村”行动先进民营企业表彰会，围绕习近平总书记给“万企帮万村”行动中受表彰民营企业家的重要回信精神，交流经验体会，部署工作任务，并对99家民营企业进行表彰。中央政治局委员、国务院副总理胡春华同志接见了与会代表。

2．推进行动向深度贫困地区倾斜。贯彻习近平总书记“‘万企帮万村’行动要向深度贫困地区倾斜”重要指示。召开“三区三州”深度贫困地区“智慧村医”健康扶贫工作研讨会，在甘肃临夏召开全国“万企帮万村”教育扶贫座谈会，举办“民族地区小微企业经营者（临夏州）培训班”。“中国光彩事业临夏行”活动共对接洽谈项目196个，投资金额490.85亿元。在浙江安吉召开援藏援疆任务清单落实推进会。“民营企业南疆行”活动共签订招商引资项目176个，总投资317亿元。引导传化集团、复星集团、医药商会、万科集团、均瑶集团、泛海集团、恒大集团、中国光彩基金会等切实解决“三保障”突出问题。

3．大力组织民营企业踊跃参与消费扶贫。指导企业完善供应链和服务体系，申请注册“万企帮万村”商标，召开消费扶贫工作推进会议，推动全国工商联直属商会积极参与采购，慈展会期间举办“万企帮万村”消费扶贫展销活动，积极推动“万企帮万村”企业生产扶贫产品纳入预算单位采购目录。召开“万企帮万村”消费扶贫对接会，举办“舌尖上的扶贫”直通车发布会暨签约仪式，活动共签订扶贫产业投资18亿元、商贸扶贫28.2亿元、消费扶贫订单150万元。在全国工商联官方APP“联成e家”上开辟“万企帮万村”消费扶贫专区，截至2019年6月底，已动员32家商会、468家企业，累计帮助280个贫困县销售3168个产品（其中三区三州地区产品755个），消费扶贫总金额达3350万元。

4．持续加强对参与扶贫企业的支持服务。推荐民营企业纳入中国农业发展银行“万企帮万村”精准扶贫行动项目库并提供优惠融资服务。截至2019年12月底，入库企业1600家，帮扶贫困人口76.9万人，已支持企业1203家，贷款余额884.65亿元。加大典型宣传力度，中央主流媒体对先进典型予以宣传报道；通过官网专区发布信息200多篇、印发《行动动态》15期。联合中国农业大学开展“万企帮万村”行动成效、影响及经验的课题研究。

5．持之以恒抓好扶贫领域作风建设。按照台账数据省内自查、省际交叉检查、全国抽查的方式，对企业帮扶项目“走到、补齐、纠错”。接受第三方对我会落实《中央办公厅 国务院办公厅关于贯彻实施〈中共中央、国务院关于打赢脱贫攻坚战三年行动的指导意见〉重要政策措施分工方案分工方案》任务情况进行评估调研。

6．压茬推进乡村振兴战略。3月，在浙江安吉召开推进乡村振兴战略现场会，到“两山”理念的发源地余村实地观摩，并就下一步落实乡村振兴战略做出部署。

二、深入推进民营企业绿色发展

1．加强顶层设计和整体谋划。1月11日，与生态环境部联合印发《关于支持服务民营企业绿色发展的意见》，从6个方面提出了18项支持服务民营企业绿色发展的重点举措；2月19日，与生态环境部签署关于共同推进民营企业绿色发展打好污染防治攻坚战合作协议。

2．加强系统协同和推进落实。3月，在浙江安吉系统座谈会上，对各省工商联提出污染防治工作要求。4月4日，印发《贯彻实施生态环境部 全国工商联关于支持服务民营企业绿色发展的意见重点任务分工方案》。

3．加强工作交流。8月，举办生态环境保护与绿色发展专场活动，聚焦“坚持生态保护优先、推动高质量发展”主题；11月，召开支持服务民营企业绿色发展交流推进会，进一步推动落实与生态环境部联合印发的《关于支持服务民营企业绿色发展的意见》，合力打好污染防治攻坚战，协同推进经济高质量发展和生态环境高水平保护。

4．加强服务支持。在省（区、市）工商联及有关重点行业商会推荐基础上，邀请生态环境部专家、绿色金融专家、环境法专家等组建全国工商联绿色发展委员会，11月召开成立大会。形成《中国民营企业参与污染防治攻坚战状况调查分析报告》，得到高云龙主席、徐乐江书记批示肯定。与中国民生银行签署《共同推进绿色金融支持服务民营企业绿色发展战略合作协议》。举办第一期“全国民营企业及工商联干部污染防治专题培训班”。

三、扎实有序推进定点扶贫工作

1．强化政治站位，加强组织领导。5月，召开全国工商联扶贫工作领导小组会议，总结部署定点扶贫工作。7月，在织金召开全国工商联扶贫工作委员会第二次全体会议。其间，会领导深入一线慰问贫困户、走访扶贫企业。我会定点扶贫联络小组赴织金全面检查帮扶项目。新选派2名挂职干部。

2．增加资金投入，补齐脱贫短板弱项。“五个一”扶贫项目我会执委捐赠5313.49万元，机关干部职工捐赠14.65万元；7月，我会捐赠300万元，为贫困家庭学生647人发放助学补贴；11月，我会捐赠800万元，拟用于发展扶贫产业。郑州医美集团捐赠200套价值596万元的慢病物理治疗器械，北京天九共享控股集团捐赠精准扶贫资金200万元，波司登集团捐赠价值200万元的4000件羽绒服，北京碧桂园集团捐赠100万元资助贫困家庭学生527人，上海复星公益基金会捐赠价值100万元的乡村医生健康保险，明日之星教育基金会捐建价值100万元的人工智能创新教育示范中心。

3．加大智力帮扶，培养基层人才队伍。先后举办毕节市乡村中医适宜技术培训班、全国工商联第17期乡镇干部培训班、织金县农民专业合作社理事长培训班。捐资开展织金县绣娘培训班4期，培训绣娘808人，并联引依文集团和唯品会订单提供就业保障。

4．开展消费扶贫，打造扶贫产业闭环。会机关、干部职工、“联成e家”消费扶贫专区共购买贫困地区农产品162.09万元。常委企业千喜鹤集团帮助毕节市贫困地区销售农产品1.99亿元，其中织金县3139.53万元。

四、编制发布《中国民营企业社会责任报告（2019）》（蓝皮书）和《中国民营企业社会责任优秀案例（2019）》

编制、出版《中国民营企业社会责任报告（2019）》和《中国民营企业社会责任优秀案例（2019）》，并在全国工商联十二届三次常委会上进行了发布。报告全面展示了2018年中国民营企业社会责任发展到新的阶段，履行社会责任主体内容由追求守法合规上升到创造经济社会和环境综合价值，集中表现在围绕统筹推进“五位一体”总体布局和协调推进“四个全面”战略布局，贯彻落实新发展理念，着眼于党和国家工作大局，积极开展“万企帮万村”精准扶贫行动、主动实施创新驱动高质量发展、坚持绿色发展理念、为构建和谐社会主动作为、与利益相关方共享发展成果等多个方面。

《中国民营企业社会责任报告（2019）》发布后，人民日报、光明网、人民政协报、中国新闻网、新华网、中国工商时报、中国房产网、环球网、中国统一战线网、网易新闻、搜狐网、新浪网等媒体详细转载了《中国民营企业社会责任报告（2019）》蓝皮书发布信息。《中国民营企业社会责任报告（2019）》的发布得到全国各省市工商联重视，据不完全统计，河南、河北、江西、重庆、山西、江苏、安徽和内蒙古等省（区、市）工商联随后发布各省（区、市）2019年民营企业社会责任报告。《中国民营企业社会责任优秀案例2019》成为媒体和企业关注的重点，企业的主动推广和传播是主因。入选《中国民营企业社会责任优秀案例2019》的企业，纷纷通过各大互联网媒体积极宣传本企业社会责任履责事迹。和讯网财经频道转发君乐宝乳业集团入选优秀案例先进事迹；宏胜集团第一时间在集团官网发布入选优秀案例相关新闻；蓝光集团通过中国房地产网、网易新闻等媒体传播，并于2019年10月31日发布《2018年蓝光发展社会责任报告》。

五、共同主办第七届中国公益慈善项目交流展示会

9月20—22日，民政部、全国工商联等单位主办了主题为“聚焦脱贫攻坚，共创美好生活”的第七届中国公益慈善项目交流展示会。慈展会共吸引791个机构、896个项目和917种消费扶贫产品参展，133个扶贫项目实现资源对接，项目对接金额达58.4亿元。本届慈展会突出消费扶贫展销，各类消费扶贫产品实现订单采购16.3亿元。

其间，全国工商联举办全国“万企帮万村”消费扶贫专题展销活动，组织22个脱贫任务重的省区市工商联组织140余家企业参与扶贫产品展销。民营企业积极参与采购，仅深圳鑫辉餐饮集团就订单采购5000吨大米，统购“万企帮万村”展销会现场扶贫产品。全国工商联及全国工商联家具装饰业商会设置“精准扶贫精选画展”，生动形象地展示了“万企帮万村”行动中涌现出的民营企业优秀代表和示范项目，得到了参观者的好评。

六、鼓励引导民营企业参与其他社会服务事业

组织开展2019年全国民营企业招聘周活动、金秋招聘月活动，公布第二批就业扶贫基地和典型企业。开展互联网企业就业情况调查，参与国务院就业工作领导小组稳就业专题调研。与国家林业和草原局、中国光彩会联合开展工作，推荐企业参加关注森林活动20周年总结表彰，举办“第十五期全国民营企业家及管理干部林业草原专题培训班”。开展防治艾滋病等长项工作。

（林原羽）

【与生态环境部联合印发《关于支持服务民营企业绿色发展的意见》】2019年1月11日，生态环境部、全国工商联联合发布了《关于支持服务民营企业绿色发展的意见》（以下简称《意见》），旨在支持服务民营企业绿色发展、打好污染防治攻坚战。

《意见》要求，以习近平新时代中国特色社会主义思想为指导，全面贯彻党的十九大和十九届二中、三中全会精神，深入贯彻习近平生态文明思想，认真落实全国生态环境保护大会、中央经济工作会议和中央民营企业座谈会决策部署，协同推进经济高质量发展和生态环境高水平保护，综合运用法治、市场、科技、行政等多种手段，严格监管与优化服务并重，引导激励与约束惩戒并举，鼓励民营企业积极参与污染防治攻坚战，帮助民营企业解决环境治理困难，提高绿色发展能力，营造公平竞争市场环境，提升服务保障水平，完善经济政策措施，形成支持服务民营企业绿色发展长效机制。

《意见》提出，积极引导有条件的民营企业引入第三方治理模式，降低环境治理成本，提升绿色发展水平。通过第三方专业化市场服务，为有环境治理和低碳发展需求的民营企业提供问题诊断、治理方案编制、污染物排放监测以及环境治理设施建设、运营和维护等综合服务。

《意见》提出，做好生态环境项目规划储备，及时向社会公开项目信息与投资需求。建立环保产业供给方与需求方交易信息平台，推动生态环保市场健康发展。培育壮大一批民营环保龙头企业，提高为流域、城镇、园区、企业提供系统解决方案和综合服务的能力。创新环境治理模式，培育新业态，提高服务专业化水平。探索生态环境导向的城市开发（EOD）模式和工业园区、小城镇环境综合治理托管服务模式。规范环保产业发展，指导招投标机构完善评标流程和方法，加强行业和企业自律，避免恶意“低价中标”。

《意见》提出，加快推动设立国家绿色发展基金，鼓励有条件的地方政府和社会资本共同发起区域性绿色发展基金，支持民营企业污染治理和绿色产业发展。完善环境污染责任强制保险制度，将环境风险高、环境污染事件较为集中的行业企业纳入投保范围。健全企业环境信用评价制度，充分运用企业环境信用评价结果，创新抵押担保方式。鼓励民营企业设立环保风投基金，发行绿色债券，积极推动金融机构创新绿色金融产品，发展绿色信贷，推动解决民营企业环境治理融资难、融资贵问题。

（赵冬民）

【启动“舌尖上的扶贫”直通车】 2019年1月12日，“万企帮万村”农业产业扶贫论坛暨消费扶贫对接会在全国工商联举办。全国工商联副主席谢经荣出席并致辞。

本次活动以帮助“三区三州”深度贫困地区打通特色农产品产供销体系，利用龙头企业带动和供应链、金融、渠道的配套打造扶贫产业链闭环，构建贫困群众建立脱贫长效机制为主题。活动由中央统战部光彩事业指导中心、全国工商联扶贫与社会服务部、全国工商联农业产业商会主办。来自全国工商联、农业农村部、商务部、国务院扶贫办、中央统战部光彩事业指导中心有关部门领导，以“三区三州”等深度贫困地区为重点的政府部门、工商联和当地民营企业代表，全国多家渠道采购商、农业龙头企业、农业金融机构等300余人出席活动。

谢经荣在致辞中指出，产业扶贫是构建脱贫长效机制的治本之策，消费扶贫是打通产业扶贫最后一公里的必经之路。全国“万企帮万村”消费扶贫行动自启动以来，通过下发专门指导文件、集中展销活动、搭建电商平台、机关工会统一采购等多种方式推动落实。仅在“联成E家”APP上的“万企帮万村”消费扶贫专区，就有377家民营企业、25家商会参与消费扶贫，总交易额突破2815万元。上线扶贫产品1673个，来自全国10个省，直接受益贫困群众9755人，间接带动贫困群众5万多人。他表示，消费扶贫要做到行稳致远，必须确保产品的扶贫属性，确保质量安全，确保尊重市场规律。他希望，消费扶贫坚持政府引导、社会参与、市场运作、创新机制，凝成合力提升贫困地区产品供应水平和质量，打通在生产、流通、消费各环节制约消费扶贫的痛点、难点和堵点，推动贫困地区扶贫产品和服务融入全国大市场。

国务院扶贫办社会扶贫司司长、商务部市场体系建设司副司长曹德荣分别作主旨报告。

随后举办“舌尖上的扶贫”直通车发布会暨签约仪式。“舌尖上的扶贫”直通车是由全国工商联农业产业商会发起，针对不同农业领域，由农业产业化龙头企业带动形成的农业产业化联合体，重点解决贫困地区农业发展面临的农业生产技术落后、产销信息不畅、直采直销少、商品转化率低、无法形成产业化等问题。活动期间还举办了打造一站式产业扶贫模式圆桌论坛以及消费扶贫对接会。

据悉，本次活动共签订扶贫产业投资金额18亿元，商贸扶贫金额28.2亿元，消费扶贫订单150万元。

（左田文）

【召开全国“万企帮万村”精准扶贫行动领导小组第九次会议】 2019年2月2日，全国“万企帮万村”精准扶贫行动领导小组第九次会议在全国工商联机关召开。中央统战部副部长、全国工商联党组书记、常务副主席、中国光彩会会长徐乐江，国务院扶贫开发领导小组副组长、国务院扶贫办主任刘永富出席会议并讲话。会议由全国工商联副主席谢经荣主持。国务院扶贫办副主任洪天云，中国农业发展银行副行长殷久勇，中央统战部四局局长张天昱出席会议。

会议听取了全国“万企帮万村”精准扶贫行动领导小组2018年度工作总结，研究了2019年度全国“万企帮万村”行动先进民营企业表彰活动方案、“万企帮万村”行动产业扶贫项目金融支持供需对接系列活动方案，审议了2019年工作要点。

徐乐江指出，“万企帮万村”行动启动三年来，已有7.64万家民营企业帮扶到8.51万个村，带动和惠及973.04万建档立卡贫困人口，取得了显著的帮扶成效，得到了习近平总书记高度肯定，也为工商联服务两个健康提供了有效载体和良好工作平台。这是“万企帮万村”行动领导小组四方单位共同努力的结果，成绩得来实属不易。下一步，“万企帮万村”行动要继续巩固工作成效、进一步突出重点，聚焦三区三州、因病返贫人口等重点难点，组织引导民营企业将帮扶资源用在刀刃上，切实助力党委政府攻坚克难。

刘永富指出，“万企帮万村”行动已经成为民营企业参与扶贫的大平台和脱贫攻坚的大品牌，成效卓著。下一步要聚焦深度贫困地区，坚持精准扶贫、精准脱贫基本方略， 以产业、就业、公益帮扶为重点，进一步加大动员力度，着力引导东部地区民营企业助力中西部贫困地区脱贫攻坚，加大对参与行动民营企业的政策和金融等支持力度，加强先进典型和经验做法的宣传推广。

洪天云分析了“万企帮万村”行动精准、务实、创新的特点，就如何发挥各级扶贫办积极性服务行动开展作了讲话。殷久勇就进一步发挥农发行优势，加强金融扶贫资源支持“万企帮万村”行动作了讲话。

全国工商联扶贫与社会服务部、国务院扶贫办社会扶贫司、中央统战部光彩事业指导中心、中国农业发展银行有关部门主要负责同志参加会议。

（崔星）

【与生态环境部签署合作协议】2019年2月19日，中央统战部副部长，全国工商联党组书记、常务副主席徐乐江与生态环境部党组书记、部长李干杰在京签署两部门关于共同推进民营企业绿色发展打好污染防治攻坚战合作协议。

在签约仪式上，徐乐江表示，生态环境部和全国工商联加强合作是贯彻落实习近平总书记民营企业座谈会重要讲话精神的具体举措。污染防治攻坚战是一项涉及面广、综合性强、艰巨复杂的系统工程，非一时之功。既要加强监管又要抓好服务；既要发挥好行政、法治的约束作用，又要发挥好经济、市场和技术的支撑保障作用。他指出，中国环保事业的发展，需要依靠技术先进、创新灵活的民营企业。希望会同生态环境部共同探索如何更好地引导帮助民营企业进行污染治理工作，更有力地支持扶植民营治污企业的健康发展。

徐乐江强调，下一步要着力抓好合作协议和《关于支持服务民营企业绿色发展的意见》落实，进一步强化沟通协调机制，搭建各类服务平台，畅通民营企业与生态环境部门的交流渠道，推进污染防治和支持服务民营企业发展的各项政策落地落细；创新工作手段，通过针对污染企业开展教育培训、确定重点民营企业为污染监测点或环境治理示范点等方式，提高企业环保自觉性，营造企业守法氛围，促进企业高质量发展。

李干杰强调，打好污染防治攻坚战，需要全社会力量共同参与。全国工商联和生态环境部签署合作协议，是深入贯彻习近平生态文明思想，全面落实全国生态环境保护大会、中央经济工作会议和中央民营企业座谈会精神的重要举措和具体行动，将有力促进民营企业绿色发展、打好污染防治攻坚战。希望双方以合作协议签署为契机，加强工作沟通协调和组织领导，合作开展调研培训和宣传解读，推进两部门务实合作取得更加丰硕的成果，推动生态环境保护事业和非公有制经济共同发展。

全国工商联副主席谢经荣，党组成员、秘书长赵德江，生态环境部党组成员、副部长赵英民、庄国泰出席签约仪式。两部门有关司局主要负责同志参加签约仪式。

按照协议，两部门将在落实《关于支持服务民营企业绿色发展的意见》以及加强工作沟通协调、调研、培训、宣传等方面深化合作。

（赵冬民）

【召开全国工商联推进乡村振兴战略现场会】2019年3月26—27日，由全国工商联主办，浙江省工商联、湖州市人民政府承办的全国工商联推进乡村振兴战略现场会在安吉县召开。与会人员到“两山”理念的发源地余村实地观摩，重温了习近平总书记“绿水青山就是金山银山”的科学论断。

全国工商联副主席谢经荣出席会议并讲话。他指出，实施乡村振兴战略是党中央顺应民心的伟大历史抉择，具有重大而深远的意义。习近平总书记一年多来对推进实施乡村振兴战略发表系列重要讲话，提出一系列新思想新观点新论述。各级工商联和广大民营企业要深入学习领会讲话精神实质，进一步提高政治站位，统一思想、凝心聚力、投身实践。

谢经荣强调，要坚持底线思维、牢牢把握“三个底线”。要守住农业耕地保护底线，确保粮食安全，推动农业供给侧结构性改革；要守住农村生态保护底线，践行“绿水青山就是金山银山”发展理念，促进人与自然的和谐；要守住农民利益保护底线，让农民分享全产业链增值收益，增强农民获得感、幸福感、安全感。

谢经荣指出，希望广大民营企业踊跃投身实践、积极担当作为，推进“万企帮万村”行动与乡村振兴战略有机衔接；希望浙江省、湖州市、安吉县做好民营企业参与乡村振兴战略创新模式的总结提炼，为全国提供有益经验借鉴；希望各级工商联打好“乡情牌”，组织民营企业实施“反哺家乡”振兴行动；希望各级党委强化农村基层党组织建设，做好顶层设计和规划引领，各级政府深化“放管服”改革，优化乡村营商环境，推动人才、土地、资本等要素在城乡间的双向流动和平等交换。

浙江省委统战部副部长、省工商联党组书记、常务副主席徐旭出席会议并致辞。全国工商联扶贫与社会服务部部长王力涛主持会议并做全国工商联扶贫与社会服务工作报告。湖州市人民政府副市长施根宝，中共安吉县委副书记、安吉县人民政府县长陈永华在会上致辞。浙江省工商联、山东省工商联、河南省工商联、四川省工商联、波司登国际控股有限公司、江西恩泉油脂有限公司、湖州市工商联做会议交流。与会领导为入选《中国民营企业社会责任优秀案例（2018）》的民营企业颁发证书。会前，与会代表还实地观摩了黄杜村、鲁家村、余村村和中南百草园乡村振兴模式与成效。会议期间，召开了工商联系统2019年扶贫与社会服务工作研讨会。

各省区市工商联扶贫与社会服务工作分管领导、处室主要负责同志，部分参与乡村振兴战略的民营企业家共150人参加会议。

（崔星）

【召开“三区三州”深度贫困地区“智慧村医”健康扶贫工作研讨会】2019年4月18日，全国工商联在江西抚州召开了“三区三州”深度贫困地区“智慧村医”健康扶贫工作研讨会。中央统战部副部长，全国工商联党组书记、常务副主席徐乐江出席会议。全国工商联副主席谢经荣主持会议。会议传达了习近平总书记在重庆解决“两不愁三保障”突出问题座谈会上的重要讲话精神。

徐乐江表示，要充分认识打好深度贫困地区脱贫攻坚战的重要意义。习近平总书记日前在重庆考察时强调，党中央制定了支持深度贫困地区脱贫攻坚的实施意见，各方面都加大了力度。打赢深度贫困地区脱贫攻坚战，是坚持以人民为中心的发展思想的重要体现，关系到全面建成小康社会目标的实现，也关系到整个社会的和谐稳定，是新时代的一项重大政治任务。

徐乐江指出，健康扶贫是深度贫困地区扶贫工作的一项重要内容，是解决“三保障”薄弱环节的重要手段，是脱贫攻坚的重点和难点。习近平总书记关于推进健康中国建设，增进人民健康福祉的系列重要论述，深刻回答了卫生健康事业长远发展的根本性、方向性问题，是我们做好健康扶贫工作最重要最根本的遵循。我们必须充分认识到，健康扶贫是打赢脱贫攻坚战的关键战役，是实施乡村振兴战略的重要内容，更是贫困地区广大人民群众的切身需要。

徐乐江指出，基于健康扶贫工作的重要性，我们要加大工作力度，拿出过硬的举措和办法。要借助信息技术发展的优势，抓住移动互联网发展的机遇，实现优质医疗资源、人才资源、专业技术知识的下沉和数据提取应用。特别要充分发挥市场配置资源决定性作用，更好发挥政府作用，在确保农村基础医疗设施和人手保障的前提下，转变思维，创新手段，注重发挥技术型企业的优势，提升乡村医疗服务基层群众的效率水平。同时要充分调动工商联和商会作用，协助地方政府部门、专业组织等各方力量，形成工作合力。他要求，民营企业参与健康扶贫工作，要动脑筋、做实事，不断创新思路方法；要聚焦突出问题，切实帮助“三区三州”地区实现脱贫摘帽；各地工商联也应立足协助解决“两不愁三保障”突出问题，根据地区情况选择健康扶贫工作方法。

会上，江西省工商联、抚州市委介绍了“智慧村医”健康扶贫工作情况，“三区三州”代表做交流发言，中国社区卫生协会、北京大学第一医院、国家卫生健康委发展中心等单位的专家们对“智慧村医”项目做了专业、客观的评价，并对深度贫困地区如何更好开展健康扶贫工作提出了有针对性和建设性的建议。万源企业、复星集团、传化集团代表交流了企业实施健康扶贫的项目情况。

（王立吉）

【举办全国工商联第四期民族地区小微企业经营者培训班】2019年 5月14日，全国工商联第四期民族地区小微企业经营者培训班在京开班。

在开班式上，谢经荣副主席强调，党中央、国务院历来高度重视民族地区经济社会发展，在党的十九大上，习近平总书记站在中华民族伟大复兴的时代高度，对新时代民族工作做出全面部署，提出深化民族团结进步教育，铸牢中华民族共同体意识，加强各民族交往交流交融，共同团结奋斗，共同繁荣发展的新思想、新论断，赋予了民族工作新的内涵和重大历史使命，是习近平新时代中国特色社会主义思想在民族工作领域的具体体现。

谢经荣指出，全国工商联作为党领导的人民团体和商会组织，始终围绕中心、服务大局，通过组织光彩行、派驻挂职干部、开展公益项目，指导开展“万企帮万村”精准扶贫行动、加强东西部扶贫协作等多种帮扶路径，不断加大对民族地区的帮扶力度，为西藏、新疆、内蒙古、广西、宁夏以及四省藏区等地的经济社会发展和精准扶贫做出了积极贡献。本次培训，让小微企业经营者们可以接受最前沿的经营管理知识培训和专家政策解读，感受首都的发展，开阔大家的视野，提升大家的管理能力、创新意识和经营素质。

谢经荣对大家提出几点希望，一是希望大家深入学习贯彻习近平总书记关于鼓励支持民营经济发展的系列重要讲话精神，心无旁骛创新创造，踏踏实实办好企业。二是积极参与三大攻坚战，为建成全面小康做出更大贡献。三是自觉转型升级，推动高质量发展，争做带动地方经济发展的排头兵。四是积极投身乡村振兴战略。

培训班的主要任务是促进民族地区小微企业成长壮大和健康发展，增强贫困地区内生发展动力，扩大贫困人口就业、增加贫困群众收入，助推脱贫攻坚步伐。西藏、新疆、新疆生产建设兵团以及四川、云南、甘肃、青海4省藏区、内蒙古、广西、宁夏等10省市自治区，来自12个少数民族的150名小微企业经营者参加了培训。

（赵冬民）

【召开全国“万企帮万村”行动产业扶贫项目金融供需支持对接座谈会】2019年5月17日，首场全国“万企帮万村”行动产业扶贫项目金融支持供需对接座谈会在贵州省贵阳市召开。全国工商联副主席谢经荣、中国农业发展银行副行长殷久勇出席并讲话，贵州省副省长陶长海致辞，贵州省政协副主席、省工商联主席李汉宇出席，中央统战部光彩事业指导中心主任、中国光彩事业促进会副秘书长余敏安主持座谈会，中央统战部、全国工商联、国务院扶贫办、中国农业发展银行、中国建设银行相关部门及部分省市工商联、扶贫办、金融机构和企业代表等参加座谈会。

谢经荣在讲话中强调，要更高质量推进“万企帮万村”行动。在帮扶过程中，要瞄准深度贫困地区和特殊贫困群体继续发力，引导民营企业将帮扶资源聚焦到“三区三州”；要聚焦解决“两不愁三保障”突出问题，充分整合扶贫力量，形成全链条式帮扶;要提高帮扶质量，构建脱贫长效机制；要压茬推进乡村振兴战略实施，对于已经脱贫摘帽的地区，不能马上撤摊子、甩包袱、歇歇脚，要做到摘帽不摘责任、摘帽不摘政策、摘帽不摘帮扶、摘帽不摘监管。

谢经荣希望，民营企业融资要练好内功、实现健康发展。要做精主业，加大科研创新投入，加强产品质量提升；要防范金融风险，更加理性投资，形成合理资产负债结构；要完善治理机构，提升管理规范化、科学化水平；要诚信守法经营，防范各类法律风险。

殷久勇指出，银企供需对接活动是“万企帮万村”行动的路径创新和行动深化，是打通产业扶贫最后一公里的创新举措。作为政策性银行，服务脱贫攻坚是农发行义不容辞的政治责任。

本次活动由全国“万企帮万村”精准扶贫行动领导小组办公室主办，贵州省“千企帮千村”精准扶贫行动领导小组、贵州省地方金融监管局、中国农业发展银行贵州分行、中国建设银行贵州分行承办。旨在通过搭建供需对接平台，引导金融扶贫资源聚焦民营企业精准扶贫项目，促进扶贫企业稳定健康发展，推动形成政府部门、金融机构和民营企业扶贫合力，共同构建扶贫长效机制。

座谈会上，贵州省工商联与农发行贵州省分行、建设银行贵州分行、农行贵州省分行签订《支持民营经济发展合作协议》。农发行贵州省分行与10家企业签订拟授信协议。建行贵州省分行与10家企业签订拟授信协议。多家企业代表和金融机构代表分别作了交流发言。

据悉，会前，经贵州省各级工商联推荐、筛选，农行贵州省分行、建行贵州省分行对370多个产业扶贫项目进行了高效务实对接，形成88个放贷授信意向项目，金额达41.5亿元，并在现场与部分代表企业进行签约。

（左田文）

【召开全国工商联扶贫工作领导小组2019年第一次会议】2019年5月19日下午，全国工商联扶贫工作领导小组2019年第一次会议在机关1005会议室召开。全国政协副主席、全国工商联主席高云龙，中央统战部副部长，全国工商联党组书记、常务副主席徐乐江，全国工商联副主席樊友山、谢经荣、黄荣出席会议并讲话，会议由徐乐江书记主持。会议审议并通过了《全国工商联2018年定点扶贫工作总结和2019年相关工作》《全国工商联十二届执委会捐赠织金县“五个一”产业扶贫资金项目工作方案》和《全国工商联2018年定点扶贫成效考核整改情况报告》。

高云龙主席指出，要深入学习领会习近平总书记关于扶贫工作的重要论述，贯彻落实习近平总书记在解决“两不愁三保障”突出问题座谈会上的重要讲话精神，充分认识开展定点扶贫工作的重要意义。全国工商联各部门要紧紧围绕织金县脱贫攻坚的突出问题和工作短板，开展切实有效的帮扶工作；要进一步理清工作思路，明确工作目标，制定工作措施，推进定点扶贫各项工作，助推织金县2019年如期脱贫摘帽。

徐乐江书记强调，要进一步提高政治站位，牢固树立“四个意识”，坚定“四个自信”，坚决贯彻落实党中央关于脱贫攻坚的决策部署，把定点扶贫作为重要的政治责任抓好落实。在织金县即将脱贫摘帽的关键阶段，全国工商联要切实增强责任感、使命感、紧迫感，各部门要形成工作合力，扎实做好各项定点扶贫工作，为打赢脱贫攻坚战做出更大的贡献。

扶贫工作领导小组成员，扶贫与社会服务部有关负责同志参加会议。

（王立吉）

【召开全国“万企帮万村”教育扶贫座谈会】2019年7月2日，全国“万企帮万村”教育扶贫座谈会在甘肃省临夏回族自治州召开。中央统战部副部长，全国工商联党组书记、常务副主席徐乐江出席并讲话。

徐乐江指出，教育在精准扶贫中发挥着基础性、先导性和根本性作用，教育是阻断贫困代际传递的治本之策。习近平总书记高度重视教育扶贫，提出了“扶贫必扶智，治贫先治愚”等一系列重要论述，为开展教育扶贫指明了方向。今年4月份，习近平总书记还亲自主持召开解决“两不愁三保障”突出问题座谈会并发表重要讲话，对如何实现“两不愁三保障”，包括保障义务教育做了明确指示，为深入推进“万企帮万村”精准扶贫行动取得更大实效，尤其是引导民营企业参与教育扶贫提供了根本遵循。

徐乐江表示，“万企帮万村”精准扶贫行动开展以来，大量民营企业充分利用资金、技术、市场等方面的优势，建立教育基金、捐资助学、捐建学校、资助贫困生等，为贫困地区的教育事业发展做出了突出贡献。徐乐江强调，脱贫攻坚只剩下不到两年的时间,工商联是党领导的人民团体和商会组织，必须牢固树立“四个意识”，将开展“不忘初心、牢记使命”主题教育与打赢脱贫攻坚战结合起来，与实现“两个一百年”奋斗目标任务结合起来，切实增强打赢脱贫攻坚战的使命感和责任感，深入学习贯彻习近平新时代中国特色社会主义思想，团结引领广大民营企业积极投身脱贫攻坚战,坚持目标导向形成合力，坚持问题导向补齐短板，坚持结果导向抓出实效。

徐乐江强调，深度贫困地区是打赢攻坚战最薄弱的环节，是脱贫攻坚的难中之难，硬骨头中的硬骨头，也是工商联组织引导民营企业参与脱贫攻坚的重中之重。要推进“万企帮万村”教育扶贫向深度贫困地区倾斜，支持民营企业和商会组织到深度贫困地区开展教育扶贫，积极帮助这些地区的贫困人口拔穷根、提升扶贫脱贫质量、巩固脱贫成效。要加强各方合力，为民营企业开展教育扶贫提供有效支持。教育部门、企业、工商联、扶贫办等各方要形成合力，为民营企业开展教育扶贫创造良好条件和协调服务。要加强宣传引导，鼓励更多民营企业参与教育扶贫，通过多种形式，推介民营企业参与教育扶贫的好做法好经验。

会议由全国工商联副主席谢经荣主持，甘肃省政协副主席、省工商联主席郝远，中国西部研究与发展促进会理事长程路致辞。江西省工商联、甘肃省教育厅及中国泛海控股集团、宝丰集团、均瑶集团、吉利控股集团、百度公司等5家民营企业代表做了典型发言。各省区市和新疆生产建设兵团工商联党组书记参加会议。

（赵冬民）

【举办全国工商联小微企业经营者（临夏州）培训班】2019年7月5—7日，为支持民族地区小微企业克服发展瓶颈，跟上互联网经济大发展的时代步伐，全国工商联在甘肃省临夏回族自治州举办了全国工商联小微企业经营者（临夏州）培训班。

民族地区小微企业素质能力的提升关系到拉动贫困地区的就业和经济发展，为此全国工商联小微企业经营者（临夏州）培训班着眼于增强地方发展内生动力，积极引导知名民营企业家通过智力帮扶助推小微企业发展，帮助当地小微企业经营者了解小微企业优惠政策，自觉提高品牌意识和创新能力，进而加快临夏州脱贫致富步伐。培训班上，既有工信部中小企业局的宏观政策指导，又有企业家现身说法，讲述企业发展经验。同时开设了数字农业新模式新经济和如何通过新媒体开展网络营销等课程，帮助企业紧跟时代先进技术，实现更好发展。

（赵冬民）

【召开第十二届全国工商联扶贫工作委员会第二次全体会议】为深入贯彻习近平总书记在解决“两不愁三保障”突出问题座谈会上的重要讲话精神，2019年7月13日下午，第十二届中华全国工商业联合会扶贫工作委员会第二次全体会议在贵州省织金县召开。全国政协副主席、全国工商联主席高云龙出席并讲话，全国工商联副主席谢经荣主持会议，贵州省政协副主席、省工商联主席李汉宇致辞。

高云龙强调，广大民营企业要深入贯彻落实习近平总书记关于扶贫工作重要论述精神和给“万企帮万村”行动受表彰民营企业家重要回信精神，在深度贫困地区再下一番苦功夫，通过多种形式积极参与消费扶贫，推动贫困地区产品和服务融入全国市场；要进一步开展产业帮扶，通过“以大带小”的形式，培育扶持深度贫困地区农业产业龙头企业和小微企业，带动贫困群众生产、就业，构建脱贫长效机制；要整合公益帮扶资源，开展全链条帮扶，连点成线，着力提高帮扶质量。

高云龙对织金县脱贫攻坚所取得的成效予以充分肯定。他要求织金县县委县政府结合“不忘初心、牢记使命”主题教育活动，抓好各项工作落实，引导广大干部把“以人民为中心”的发展思想贯彻到一言一行中。既注重聚焦解决“两不愁三保障”突出问题补短板、如期实现脱贫摘帽，也兼顾长远发展、夯实乡村振兴产业基础。

全国工商联副主席、扶贫工作委员会主任、吉利控股集团董事长李书福和部分委员交流发言。会议审议了扶贫工作委员会工作报告，听取了全国工商联定点帮扶织金县脱贫攻坚工作汇报。

会议召开前，高云龙一行先后来到田坝村、中营村、磨大村、红艳村、鸡场村，走访全国工商联“五个一”精准扶贫项目、织金蜡染刺绣、中石化织金60万吨/聚烯烃项目、马场镇鸡场村皂角种植项目、中蔼万家扶贫车间中心基地、织金平远古镇等。深入种植基地、生产车间、项目中心，认真听取企业负责人介绍企业发展情况，详细了解企业的经营模式、市场需求、生产工艺，并看望慰问贫困户，亲切询问群众的生产生活等情况，听取贵阳市工商联帮扶织金情况汇报。此前，高云龙、谢经荣分别带队考察了位于贵阳市的吉利集团“吉时雨”精准扶贫项目和大健康产业园——供港食品联盟。

据不完全统计，第十二届扶贫工作委员会自2018年11月成立以来，围绕助推广西百色市和贵州织金县支柱产业发展，计划投资100多亿元；围绕解决“两不愁三保障”突出问题，公益捐款捐物4336万元。

期间，高云龙会见了贵州省委书记孙志刚、省长谌贻琴和政协主席刘晓凯等，就推进织金县全面打赢脱贫攻坚战、如期顺利实现脱贫摘帽深入交换意见。

（崔星）

【赴湖北十堰调研“万企帮万村”和乡村振兴】2019年7月29—31日，全国工商联副主席谢经荣率队深入湖北省十堰市，就“万企帮万村”精准扶贫行动、乡村振兴战略实施、水质保护等工作进行调研。湖北省委统战部副部长、省工商联党组书记王兆民，湖北省工商联主席刘顺妮，十堰市委副书记、政法委书记王济民，市委常委、统战部长沈学强，市政协副主席、市卫健委主任黄剑云先后陪同调研。调研期间，谢经荣出席湖北省“千企帮千村”精准扶贫行动现场会暨“光彩事业十堰行”活动，会见了湖北省委常委、统战部部长尔肯江·吐拉洪，湖北省政协副主席、十堰市委书记张维国。

谢经荣一行先后到东风越野车有限公司、十堰市驰田汽车股份有限公司、市新丝绸之路交流促进会、郧阳区柳陂镇龙韵村、郧阳区香菇小镇，丹江口市习家店镇农博园、丹江口市润秋生态农业发展有限公司、丹江口工程展览馆、丹江口大坝等地，详细了解十堰市“万企帮万村”精准扶贫行动、乡村振兴战略、水质保护等工作开展情况。

谢经荣要求，工商联系统和广大非公有制企业要发挥优势，积极推进“万企帮万村”精准扶贫行动向深度贫困地区倾斜，聚焦解决“两不愁三保障”突出问题；要以市场为导向，要帮助培育壮大贫困地区支柱产业和龙头企业，提高其带贫能力，带动更多贫困户脱贫致富；要加大典型宣传力度、传递民营企业正能量，加强理论研究提升、丰富中国特色社会主义扶贫开发理论；要做好脱贫攻坚与实施乡村振兴战略的有效衔接，助力实现农业强、农村美、农民富。

谢经荣还对湖北省“千企帮千村”行动成效予以充分肯定。同时，他也希十堰市有关方面坚持不懈抓好水质保护工作，引导民营企业践行绿色发展理念，确保一库净水永续北送。

（左田文）

【举办“民营企业南疆行”活动】为贯彻落实习近平总书记关于扶贫工作的重要指示精神、新时代党的治疆方略和第七次全国对口支援新疆工作会议精神，2019年8月2日，全国工商联、国务院扶贫办和新疆维吾尔自治区人民政府联合在喀什举办“民营企业南疆行”活动。中央统战部副部长、全国工商联党组书记徐乐江，新疆维吾尔自治区主席雪克来提·扎克尔，中央统战部副部长、中央新疆工作协调小组办公室主任侍俊，国务院扶贫办主任刘永富出席会议并讲话。

徐乐江表示，此次活动是民营企业助推南疆脱贫攻坚工作的重要内容。广大民营企业要把参与援疆作为贯彻落实习近平总书记关于“两个健康”重要指示的重要实践，自觉投身南疆脱贫攻坚。充分认识南疆潜力优势，积极到南疆投资产业，实现助力脱贫攻坚和企业更好发展的双赢；坚持民生优先，更多提供就业岗位和技能培训机会，切实提高贫困群众收入水平；充分发挥异地商会优势，抱团发展，以商招商，推动区域协作发展。他强调，工商联作为党领导的人民团体和商会组织，必须牢固树立“四个意识”，将开展“不忘初心、牢记使命”主题教育与打赢脱贫攻坚战结合起来，与实现“两个一百年”奋斗目标任务结合起来，以习近平新时代中国特色社会主义思想为指导，着重推进“万企帮万村”行动向南疆地区重点倾斜，把助推南疆发展尤其是脱贫攻坚作为围绕中心、服务大局的重要任务加以推进。

雪克来提·扎克尔在致辞中表示，新疆脱贫攻坚取得的成绩，得益于以习近平同志为核心的党中央的亲切关怀，得益于国家部委及援疆省市、帮扶企业的无私援助和大力支持，得益于各方扶贫力量和新疆各族群众的共同团结奋斗。刘永富指出，本次活动是助力南疆四地州打赢脱贫攻坚战的一项重要举措。会上，侍俊传达了第七次全国对口援疆工作会议精神。丁佐宏、张华荣、胡文龙和杨同海等4位企业家代表交流发言。

据悉，今年3月以来，南疆四地州与东中部10省市民营企业共签订招商引资项目176个，总投资317亿元，其中在活动大会现场签约的合同项目共74个，合同金额163亿元，项目涉及农副产品加工、纺织服装、电子信息、轻工、商贸物流、特色种植养殖等劳动密集型和涉农产业。

全国工商联副主席谢经荣、新疆维吾尔自治区党委副书记李鹏新、新疆维吾尔自治区党委常委张春林、国务院扶贫办副主任洪天云、新疆维吾尔自治区政协副主席巨艾提·伊明出席会议。中央统战部非公有制经济工作局和东中部10个对口支援南疆省市工商联、扶贫办（对口办）以及全国工商联扶贫与社会服务部、国务院扶贫办社会扶贫司等负责同志参加会议。

（赵冬民）

【召开定点扶贫工作专题会议】2019年8月20日上午，定点扶贫工作专题会议在全国工商联机关八层会议室召开。谢经荣副主席出席会议并讲话。

会议听取了贵州省织金县近期提出的恳请我会帮助协调解决的四个事项、“五个一”扶贫项目推进情况及郭锋同志半年挂职工作情况汇报。会议研究了定点扶贫工作的下一步工作举措。

会议决定，继续推进“五个一”扶贫项目，确定近期帮扶织金县事项，做好“光彩助农滚动帮扶基金”和“光彩助农融资担保基金”两个基金的调整使用，跟进意向企业的后续安排。

（王立吉）

【发布《中国民营企业社会责任报告（2019）》及《中国民营企业社会责任优秀案例（2019）》】2019年8月23日，全国工商联在青海省召开十二届三次常委会，李兆前副主席代表全国工商联发布《中国民营企业社会责任报告（2019）》。

李兆前指出，2018年，民营企业履行社会责任主体内容由追求守法合规，上升到创造经济社会和环境综合价值方面。

在创新驱动高质量发展方面，民营企业已成为我国自主创新和产学研协同创新的重要主体力量。2018年国家科技进步奖获奖单位中，民营企业数量超过了国有企业。国家工信部发布的2018年中国“制造业单项冠军”榜单中，民营企业121家，占比从2017年的55.5%增长到2018年的75.6%。我国65%的专利、75%以上的技术创新、80%以上的新产品开发都由个体、民营企业完成。

在坚持绿色发展理念方面，民营企业成为污染防治攻坚战的重要力量。2018年，被调研企业中有三分之一已经主动淘汰高耗能、高污染的产品。28.3%的民营企业做到了减少运营对生物多样性的影响；22.2%的民营企业建立了生态保护制度。

在构建和谐社会主动作为方面，2018年，民营企业通过精准扶贫、促进就业、贡献税收和支持慈善事业等，为构建和谐社会履行责任和义务。

精准扶贫亮点突出。截至2018年年底，进入全国“万企帮万村”精准扶贫行动台账管理的民营企业有7.64万家，帮扶到8.51万个村；产业投入712.46亿元，公益投入127.74亿元；安置就业67.97万人，技能培训84.60万人，共带动和惠及973.04万建档立卡贫困人口。

促进就业责无旁贷。我国民营企业和个体工商户从业人员目前已有3.74亿人。城镇私营单位就业人员年平均工资为49575元，比2017年增长8.3%，扣除价格因素，实际增长6.1%。

税收贡献稳据半壁江山。民营企业2018年全年累计纳税96465.52亿元，占我国全部税收收入的56.8%，较上年提高4.2个百分点。

支持慈善事业热情高涨。参与调研企业中，2018年共有8493家企业合计捐赠107亿元。分别较2017年增长5.6个百分点、6.7个百分点。

在共享发展成果方面，“共享”作为民营企业的新名片，不仅大大便利了人们的日常生活，惠及了中国13亿多人生活的方方面面，还通过“一带一路”建设走向了世界，为沿线国家和人民带来了福祉。

民营企业已成为对外贸易和“一带一路”建设的主力军。2018年，我国民营企业对外贸易进出口增长的贡献度超过50%，有进出口实绩的民营企业共37.2万家，占同期有进出口实绩企业总数的79.1%，比2017年上升2.0个百分点。民营企业还积极履行社会责任，推动沿线国家的基础设施建设和经济发展，着力消除贫困、增加就业、保护环境、改善民生。

会议发布了《中国民营企业社会责任优秀案例（2019）》，天能集团、波司登等19家企业入选2018年度中国民营企业社会责任优秀案例。

（许婧）

【举办第十五期全国民营企业家及管理干部林业草原专题培训班】2019年9月9日上午，由全国工商联、国家林业和草原局、中国光彩会联合举办的第十五期全国民营企业家及管理干部林业草原专题培训班在内蒙古库布其沙漠亿利生态示范区正式开班。全国工商联副主席、中国光彩会副会长谢经荣出席开班式并讲话。

谢经荣强调，本次培训的主要任务是学习贯彻习近平生态文明思想，研究分析当前林业草原产业发展的形势和任务，探讨交流非公有制林草产业发展的思路和对策，号召广大民营企业家积极参与生态文明建设，为打赢污染防治攻坚战和精准脱贫攻坚战贡献力量。本次培训的地点库布其沙漠亿利生态示范区是全国“绿水青山就是金山银山”实践创新基地之一，不仅是全国首个由民企实施的“两山”理论实践创新基地，也是中国防治荒漠化的“新地标”。谢经荣号召大家要学习亿利人面对困难不低头、敢把沙漠变绿洲的奋斗精神，切实增强责任使命感，努力开创新时代林业草原建设的新局面。

谢经荣希望，民营企业家要积极参加“万企帮万村”精准扶贫行动，为全面建成小康社会做贡献；要积极参与污染防治攻坚战，为建设美丽中国做贡献；要积极发展乡村经济，为乡村振兴做贡献。

国家林业和草原局宣传中心副主任王振在讲话中介绍了全国工商联、国家林业和草原局、中国光彩会三方15年来联合开展工作情况以及今年三方联合开展的重点工作，对下一步国家林业和草原局支持服务民营企业发展提出了初步意见。

内蒙古自治区工商联副主席、亿利集团总裁尹铖国在致辞中介绍了亿利集团30年来的治沙经验，号召广大民营企业家要坚信“绿水青山就是金山银山”发展理念，坚守绿色情怀，勇担党和国家赋予我们的历史使命。

本次培训班课程涵盖“我国草原资源概况及改革保护任务”“生态文明建设与绿色发展”“坚守创业初心、坚定发展理念、勇担社会责任”等内容。各省（区、市）参与光彩事业国土绿化、生态建设项目和林业草原产业的重点民营企业家，各省（区、市）工商联、林业和草原主管部门、光彩会相关单位负责同志共160人参加了培训。

（许婧）

【举办第七届中国公益慈善项目交流展示会】2019年9月20—22日，由民政部、国务院扶贫办、全国工商联等主办的第七届中国公益慈善项目交流展示会在深圳会展中心举行，主题为“聚焦脱贫攻坚，共创美好生活”。民政部副部长王爱文，全国工商联副主席谢经荣，广东省委副书记、深圳市委书记王伟中，深圳市委副书记、市长陈如桂，国务院扶贫办副主任洪天云等同志出席并共同参观慈展会展馆。

谢经荣副主席在“大国攻坚、决胜2020”国际公益主题研讨会上致辞。他指出，“万企帮万村”行动启动四年来，已发展成为新时代民营企业家听党话、跟党走的实际行动，成为民营企业参与扶贫的大平台和脱贫攻坚的大品牌。行动也成为习近平总书记第一个充分肯定成果的行动，第一个提出明确要求的行动，第一个亲自回信勉励的行动。截至2019年6月底，进入“万企帮万村”行动台账管理的民营企业有8.81万家，精准帮扶10.27万个村（其中建档立卡贫困村5.53万个）；产业投入753.71亿元，公益投入139.1亿元，共带动和惠及1163万建档立卡贫困人口。

2017年以来，为贯彻落实习近平总书记关于“万企帮万村”行动要向深度贫困地区倾斜的重要指示精神，先后组织中国光彩事业凉山行、怒江行、宁夏行、南疆行、精准扶贫西藏行、民营企业南疆行，共计投资签约合同项目500多个，合同金额3070.76亿元，捐款捐物5.15亿元。

他强调，“万企帮万村”行动既高效又长效。据初步计算，“万企帮万村”产业扶贫每投入8000～15000元，就可以带动一个贫困户发展产业实现脱贫；行动始终将产业扶贫作为主攻方向，通过发展产业，使企业与贫困户形成利益共同体，实现企业发展、农民致富、集体增收，建立互利共赢长效机制。行动坚持引导公益捐赠聚焦解决“两不愁三保障”突出问题，恒大集团、泛海集团、宁夏燕宝慈善基金会成为典型代表。行动坚持推动消费扶贫落地生根，截至6月底，民营企业采购贫困村农产品已达75.37亿元。

全国工商联举办全国“万企帮万村”消费扶贫专题展销活动，组织22个脱贫任务重的省区市工商联组织140余家企业参与扶贫产品展销。民营企业积极参与采购，仅深圳鑫辉餐饮集团就订单采购5000吨大米，统购“万企帮万村”展销会现场扶贫产品。全国工商联及全国工商联家具装饰业商会设置“精准扶贫精选画展”，生动形象地展示了“万企帮万村”行动中涌现出的民营企业优秀代表和示范项目，得到了参观者的好评。

慈展会共吸引791个机构、896个项目和917种消费扶贫产品参展，133个扶贫项目实现资源对接，项目对接金额达58.4亿元。本届慈展会突出消费扶贫展销，各类消费扶贫产品实现订单采购16.3亿元。

（崔星）

【举办2019年全国“万企帮万村”精准扶贫行动论坛】2019年10月14日，全国“万企帮万村”精准扶贫行动论坛在北京举办。本次论坛是2019年全国扶贫日系列论坛的重要组成部分，由全国“万企帮万村”精准扶贫行动领导小组主办，中国光彩事业促进会和中国光彩事业基金会承办。全国工商联副主席、中国光彩会副会长谢经荣出席并讲话。

谢经荣指出，“万企帮万村”精准扶贫行动开展以来，得到了中央领导的高度重视和广大民营企业的积极响应，彰显了中国特色社会主义政治制度的独特优势，为解决贫困问题提供了中国方案，具有鲜明的时代特征。截至2019年6月底，参与“万企帮万村”精准扶贫行动的民营企业达到8.81万家，精准帮扶10.27万个村（其中建档立卡贫困村5.53万个）；产业投入753.71亿元，公益投入139.1亿元，安置就业66.15万人，技能培训94.1万人，共带动和惠及1163万建档立卡贫困人口。

谢经荣强调，下一步“万企帮万村”行动将深入贯彻落实习近平总书记的指示要求，坚守初心担当使命，继续向深度贫困地区倾斜，继续参与东西部扶贫协作和对口支援，做好消费扶贫工作，做好产业扶贫向乡村振兴的转变过渡，持之以恒，久久为功，为打赢脱贫攻坚战、全面建成小康社会做出更大贡献。

论坛上，国务院扶贫办社会扶贫司副巡视员王大洋介绍了当前脱贫攻坚的形势和相关政策。中国农业发展银行创新部副总经理栗华田围绕金融扶贫，介绍了农发行对参与行动的民营企业提供的金融支持情况。中国农业大学人文与发展学院陆继霞教授重点介绍了脱贫减贫的理论研究成果。河北省工商联、浙江省工商联、重庆陶然居集团、四川易田电子商务有限公司、上海复星公益基金会、海南春姑娘农业发展有限公司、美团点评作经验交流。

参与“万企帮万村”的民营企业家、商会代表、部分地方工商联、光彩会负责人。全国工商联、国务院扶贫办、中国光彩会、中国农业发展银行有关人员参加论坛。

（赵冬民）

【召开习近平总书记给“万企帮万村”精准扶贫行动受表彰民营企业家重要回信一周年座谈会】2019年10月17日，全国工商联、国务院扶贫办、中国光彩会、中国农业发展银行在京举办习近平总书记给“万企帮万村”精准扶贫行动受表彰民营企业家重要回信一周年座谈会。

会议首先传达学习了习近平总书记对脱贫攻坚工作做出的重要指示、李克强总理做出的重要批示。全国政协副主席、全国工商联主席高云龙出席并讲话。中央统战部副部长、全国工商联党组书记徐乐江宣读关于表彰全国“万企帮万村”精准扶贫行动先进民营企业的决定。全国工商联副主席谢经荣主持会议。国务院扶贫办副主任洪天云、中国农业发展银行党委委员徐一丁出席并讲话。

高云龙在讲话中指出，新中国70年创造了人类减贫奇迹，为世界减贫事业贡献了中国力量、中国方案、中国智慧。广大民营企业致富思源、富而思进，与党同心同向同行，与各民族同胞同呼吸共命运，特别是踊跃投身“万企帮万村”精准扶贫行动，取得了骄人成绩。截至2019年6月底，全国已有8.81万家民营企业参与行动，帮扶10.27万个村（其中建档立卡贫困村5.88万个），惠及1163万贫困人口。习近平总书记先后7次对“万企帮万村”行动予以肯定和指导，体现出总书记对民营企业“万企帮万村”行动的亲切关怀和高度肯定。

高云龙指出，习近平总书记亲自给“万企帮万村”行动中受表彰民营企业家回信，激发民营企业家新担当、新作为。一年来，企业家们政治站位显著提高，参与扶贫攻坚的政治、思想、行动自觉明显增强；参与行动企业数、帮扶村数、帮扶贫困人口数大幅增长；行动目标导向更加聚焦，实现“三区三州”帮扶全覆盖；企业帮扶模式不断创新，涌现出很多扶贫新业态；民营企业与贫困群众利益联结越发紧密，构建起稳定的脱贫长效机制。

高云龙强调，“万企帮万村”行动任重道远，需勇毅笃行。要不落一村，不落一人。东部地区的企业要在东西部扶贫协作和对口支援机制下，中西部地区的企业要在省域内，积极开展扶贫协作和对口支援，加大对深度贫困地区和特殊贫困群体的倾斜支持力度；要重心不移、力度不减。对初步脱贫户，帮扶企业要保持帮扶力度、摘帽不摘帮扶，做到扶上马、送一程，巩固脱贫成果、防止返贫；要立足当前、着眼长远。延长扶贫产业链条，夯实贫困村产业基础，助推实现乡村产业振兴。

徐志新、尹建敏、张建忠、徐冠巨、高德康和郑金龙等企业家在会上做交流发言。

全国工商联、国务院扶贫办、中国光彩会、中国农业发展银行有关部门负责同志出席会议，各省“万企帮万村”精准扶贫行动领导小组办公室有关同志参加会议。

（崔星）

【胡春华接见2019年全国“万企帮万村”精准扶贫行动先进民营企业表彰大会与会代表】2019年10月17日，全国工商联、国务院扶贫办在京召开2019年全国“万企帮万村”精准扶贫行动先进民营企业表彰大会，授予北京华博创科科技股份有限公司等99家民营企业全国“万企帮万村”精准扶贫行动先进民营企业荣誉称号。中共中央政治局委员、国务院副总理胡春华接见了与会代表。

中央领导同志高度重视“万企帮万村”行动。习近平总书记先后七次对“万企帮万村”行动予以肯定、做出指示（2016年3月4日、2017年6月23日、2017年8月1日、2018年2月12日、2018年10月20日、2019年1月28日、2019年3月7日）。尤其是2018年10月20日，亲自给行动中受表彰的民营企业家回信，对民营企业踊跃投身脱贫攻坚表示欣慰，勉励他们心无旁骛创新创造、踏踏实实办好企业。汪洋、俞正声、孙春兰、胡春华、尤权等中央领导同志多次对行动给予鼓励肯定和批示指导。国务院扶贫办主任刘永富同志评价：“万企帮万村”已成为脱贫攻坚十大行动的排头兵，是民营企业扶贫的大平台、国家脱贫攻坚的大品牌。

2019年，习近平总书记在同各民主党派中央、全国工商联负责人、无党派人士代表共迎佳节和参加十三届全国人大二次会议甘肃代表团审议时，两次肯定“万企帮万村”行动。汪洋主席和胡春华副总理也分别在纪念光彩事业发起实施25周年座谈会和贯彻落实习近平总书记重要回信精神一周年座谈会上对行动予以肯定。

（刘博）

【率团赴广西、云南、海南开展全国脱贫攻坚先进事迹巡回报告】2019年10月18日、19日和20日，由国务院扶贫开发领导小组组织的全国脱贫攻坚先进事迹巡回报告会分别在广西、云南和海南举行。

在三省（自治区）的报告会上，第七报告团团长、全国工商联副主席谢经荣传达了习近平总书记近日对脱贫攻坚做出的重要指示和李克强总理的重要批示。他指出，三省（自治区）要认真学习贯彻习近平总书记关于扶贫工作的重要论述，全面培育、选树、总结、推广脱贫攻坚领域的先进典型，营造崇尚先进、学习先进、争当先进的良好氛围。要结合“不忘初心、牢记使命”主题教育，开展形式多样、覆盖广泛的学习宣传活动，兴起学习先进的新高潮。要注重发挥先进典型引领作用，号召干部群众向榜样学精神、学品质、学方法，汇聚脱贫攻坚磅礴力量。要关心关爱扶贫干部，落实好各项激励政策，激活脱贫攻坚正能量。

全国脱贫攻坚奖获奖代表刘锦秀、刘入源、孙永斌、隋耀达、杜耀陆、刘洪从不同侧面、不同角度讲述了在脱贫一线的亲身经历、典型经验和切身感受。他们语言质朴、情真意切，感人肺腑、催人奋进，展现了一线扶贫干部群众真抓实干、真帮实扶、苦干实干、勇于创新的精气神，传递了扶贫济困、守望相助的正能量，展示了不获全胜决不收兵的坚定信心决心，赢得了阵阵掌声。

巡回报告会均以视频会议形式召开，三省（自治区）共约20.15万人在主分会场听取了先进事迹巡回报告会。

在三省（自治区）期间，广西壮族自治区党委书记鹿心社，海南省委书记刘赐贵、省长沈晓明，云南省委副书记王予波会见了报告团一行。

（刘博）

【调研全国脱贫攻坚奖北京市获奖企业】2019年10月30—31日，全国工商联副主席谢经荣调研走访2019年全国脱贫攻坚奖北京市获奖民营企业——北京新发地农副产品批发市场中心、北京商鲲教育控股集团以及元隆雅图公司，并到北京市工商联了解扶贫攻坚工作情况，北京市政协副主席、工商联主席燕瑛陪同调研。

谢经荣指出，北京市工商联积极引导首都民营企业跟党走、谋发展、担责任，踊跃投身脱贫攻坚，并在产业扶贫、就业扶贫、消费扶贫、电商扶贫、健康扶贫上开展了一系列有益的工作创新，在全国和北京市各项脱贫攻坚评比表彰中获得了多项荣誉，成为东西协作和对口支援的先进典范。

谢经荣表示，北京商鲲教育控股集团聚焦阻断贫困代际传递，赋能贫困家庭，开展教育扶贫工作效率高、效果好，要加强总结宣传，争取更大支持；北京新发地农产品批发市场中心“政府、龙头企业、批发市场、销售大户合力抓两头、农民干中间”的新型产销对接模式潜力巨大，下一步要在助推乡村产业振兴方面发挥更大作用；元隆雅图公司在全国工商联礼品业商会倡导下开展的“甘南有礼”消费扶贫项目有特色、有品位，充分发挥了行业商会的特点和优势。

（左田文）

【联合发出倡议动员全社会力量共同参与消费扶贫】为深入贯彻习近平总书记在解决“两不愁三保障”突出问题座谈会上关于“组织消费扶贫”的重要指示精神，响应党中央、国务院关于深入开展消费扶贫助力打赢脱贫攻坚战的号召，进一步凝聚起全社会力量共同参与消费扶贫的强大合力，助力贫困群众稳定脱贫和贫困地区长远发展，2019年11月8日，国家发展改革委联合国务院扶贫办、中央和国家机关工委、教育部、财政部、农业农村部、商务部、文化和旅游部、国务院国资委、中央军委政治工作部、全国总工会、共青团中央、全国妇联、全国工商联、中华全国供销合作总社，发出了《动员全社会力量共同参与消费扶贫的倡议》。（以下简称《倡议》）

《倡议》指出，各级党政机关、国有企事业单位、群团组织、金融机构、大专院校、医疗单位，对消费扶贫起着重要的引领带动作用，要将消费扶贫纳入定点扶贫和结对帮扶工作内容，在同等条件下持续扩大对贫困地区产品和服务消费。有关部队要结合军队帮扶工作积极主动参与消费扶贫。东部等发达省市是推动消费扶贫的重要力量，要引导当地企业到贫困地区建设生产基地，积极购买受援地产品和服务，组织到受援地旅游，与受援地建立长期稳定的产销衔接关系和劳务对接机制。广大民营企业、社会组织和个人是消费扶贫的重要支撑，应大力传承发扬中华民族扶贫济困的传统美德，帮助贫困地区做大做强特色优势产业，持续扩大对贫困地区产品和服务采购规模，为帮助贫困群众稳定脱贫奉献一片真情。

在当日举办的2019年消费扶贫市长论坛上，国家发展改革委等15个部门有关负责同志现场发布了《动员全社会力量共同参与消费扶贫的倡议》，并同步在各自官方网站进行了发布。

（左田文）

【赴山东开展推进“万企帮万村”行动和乡村振兴战略调研】2019年11月5—8日，全国工商联副主席谢经荣率联合调研组到山东就推进“万企帮万村”行动和乡村振兴战略进行调研。山东省人大常委会副主任、省工商联主席王随莲陪同调研。

调研组一行先后深入烟台蓬莱君顶酒庄、烟台蓬莱登州商会、烟台蓬莱北沟镇冶王村司令农机专业合作社、烟台牟平水道乡村振兴党建馆、烟台枫林食品有限公司、山东仙坛股份有限公司、烟台百纳餐饮有限公司、东营市东营区龙居镇杨集村、山东蓝海生态农业园、东营市垦利区黄河口镇西隋村、东营市一邦农业科技开发有限公司水稻试验基地和中国万达集团东营港区等参与“万企帮万村”和乡村振兴的典型单位和相关项目，详细了解“万企帮万村”及助力乡村振兴的情况。调研组在烟台市和东营市召开座谈会，山东省、烟台市和东营市工商联主要负责人汇报了相关工作，10家企业负责人做了典型发言。

谢经荣副主席对山东省各界推动民营企业参与“万企帮万村”和乡村振兴工作取得的成绩给予了充分肯定。他指出，山东省高度重视，认识到位，企业积极参与，创造了不少经验，具有区域特点，符合山东实际；省领导小组提出“四个融合”的工作思路，产业扶贫占比高达87%，成立乡村振兴产业联盟，编印乡村振兴工作总结及案例汇编，对参与脱贫攻坚和乡村振兴的民营企业实时切换、持续关注，经验做法可借鉴可推广；烟台的民营企业在高效农业、东营的民营企业在摆脱资源依赖上都探索出很好的发展模式，值得中西部地区学习。

谢经荣强调，去年3月8日，习近平总书记参加十三届全国人大一次会议山东代表团审议时，就实施乡村振兴战略特别是推动产业振兴、人才振兴、文化振兴、生态振兴、组织振兴和乡村振兴健康有序进行提出明确要求，乡村振兴齐鲁样板中如何发挥民营经济作用，希望山东省工商联积极探索。

中央统战部光彩事业指导中心、中国农业发展银行创新部和我会扶贫与社会服务部主要负责人陪同调研。山东省、烟台市和东营市统战部、工商联、农发行、扶贫办、农业农村局和相关区县负责人参加了相关活动。

（刘博）

【召开全国工商联绿色发展委员会成立大会】2019年11月14日，全国工商联绿色发展委员会成立大会在河南郑州召开。中央统战部副部长，全国工商联党组书记、常务副主席徐乐江出席会议并作重要讲话。河南省委常委、统战部部长孙守刚出席会议并致辞，全国工商联副主席谢经荣主持会议。

徐乐江指出，成立绿色发展委员会是全国工商联组织服务民营企业打好污染防治攻坚战的重要举措。党中央赋予工商联服务“两个健康”的根本职能，围绕解决民营企业在污染治理、绿色发展中遇到的困难问题，全国工商联坚持问题导向，发起成立了绿色发展委员会，目的是为服务民营企业绿色发展搭建平台，希望委员能够充分发挥优势，认真履职尽责，切实为民营企业绿色发展贡献智慧力量。

徐乐江强调，绿色发展委员会要坚持以习近平新时代中国特色社会主义思想为指导，深入贯彻落实习近平生态文明思想，以推动企业向清洁、低碳、循环的生产方式转变为核心，充分挖掘利用政府和市场各类资源，搭建绿色金融、技术、人才、法规交流沟通平台，把握好“绿色”和“服务”两个关键词，把准方向，找准定位，始终坚持广泛联系、凝聚共识，正面宣传、树立典型，建章立制、规范运行的工作原则，打造形成有影响力的品牌项目，更好地支持服务民营企业绿色发展。

徐乐江表示，委员会要深入开展调查研究，反映实际情况，发挥好参政议政的功能；要搭建好技术支持平台，组织研究涉企生态环境法律法规和行业环境标准，发挥好技术支持的功能；要以多种方式推动绿色产业合作，发挥好交流合作的功能；要大力宣传绿色发展典型民营企业，发挥好示范引领的功能。不断开拓思路、大胆创新、勇于实践，开创工作新局面。

会议宣读了成立第十二届中华全国工商业联合会绿色发展委员会的决定。决定由中国民间商会副会长、奥盛集团有限公司董事长汤亮担任主任，由中国民间商会副会长、石家庄君乐宝乳业有限公司党委书记、总裁魏立华等5位企业家担任执行主任，由中国工程院院士、清华大学环境学院院长贺克斌等3位专家领导担任副主任。徐乐江向委员会主任、执行主任、副主任、委员颁发了聘书。

全国工商联环境服务业商会会长、博天环境集团股份有限公司董事长赵笠钧，全国工商联冶金商会常务副会长、德龙钢铁集团董事长丁立国，天合光能股份有限公司董事长兼首席执行官高纪凡，生态环境部环境规划院总工程师万军等在会上做了交流发言。委员会主任汤亮做了大会发言。

会上，全国工商联与中国民生银行签订了《共同推进绿色金融支持民营企业绿色发展战略合作协议》。

（宇凯）

【与生态环境部联合召开支持服务民营企业绿色发展交流推进会】2019年11月15日，全国工商联、生态环境部在河南省郑州市联合召开支持服务民营企业绿色发展交流推进会，深入学习贯彻党的十九届四中全会精神，贯彻落实习近平生态文明思想，进一步推动落实两部门联合印发的关于支持服务民营企业绿色发展的意见，合力打好污染防治攻坚战，协同推进经济高质量发展和生态环境高水平保护。中央统战部副部长，全国工商联党组书记、常务副主席徐乐江，生态环境部党组书记、部长李干杰出席会议并讲话。河南省委常委、常务副省长黄强出席会议并致辞。

徐乐江在讲话中指出，党的十九届四中全会通过的《中共中央关于坚持和完善中国特色社会主义制度、推进国家治理体系和治理能力现代化若干重大问题的决定》，对新时代坚持和完善中国特色社会主义制度、推进国家治理体系和治理能力现代化做出了科学完备的顶层新设计，为工商联做好新时代“两个健康”提供了战略指引，对提升生态环境治理体系和治理能力现代化水平做出了明确部署。工商联作为党领导的人民团体和商会组织，必须树牢“四个意识”，坚定“四个自信”，做到“两个维护”，认真学习贯彻党的十九届四中全会精神，把组织引导民营企业助力打好污染防治攻坚战作为重大政治任务，作为开创“两个健康”新局面的重要举措，创新思路、深化改革、强化服务，在这场必须打好的攻坚战中展现历史担当，做出应有贡献。

徐乐江强调，各级工商联要以习近平生态文明思想为指导，加强教育引导，强化企业绿色发展理念，守好生态保护红线、环境质量底线、资源利用上线。

李干杰要求，各级生态环境部门要深入学习贯彻党的十九届四中全会精神，贯彻落实习近平生态文明思想和习近平总书记在民营企业座谈会上的重要讲话精神，以更加热情的服务和更加有力的举措，鼓励、支持、引导民营企业绿色发展，合力打好污染防治攻坚战。

会议由全国工商联副主席谢经荣主持。生态环境部党组成员、副部长赵英民出席会议。

会上，内蒙古、江苏、浙江、河南、广东等5省（区）工商联、生态环境厅，中国民生银行和天能集团的代表作了交流发言。

全国工商联、生态环境部有关部门主要负责同志，京津冀及周边地区、长江经济带、汾渭平原、珠三角等区域的19个省份工商联、生态环境厅（局）代表，全国工商联绿色发展委员会委员，部分民营企业代表，共近150人参加会议。

（赵冬民）

【与生态环境部联合举办“第一期全国民营企业及工商联干部污染防治专题培训班”】为深入学习贯彻习近平生态文明思想和总书记在民营企业座谈会上的重要讲话精神，引导民营企业参与污染防治攻坚战，支持服务民营企业绿色发展，2019年11月29日至12月2日，第一期全国民营企业家及工商联干部污染防治专题培训班在浙江省湖州市委党校成功举办。

培训班共设六场专题讲座：湖州市委党校副校长、教授胡继妹讲授“习近平生态文明思想与湖州实践”；生态环境部环境规划院环境政策部副主任董战峰讲授“国家‘十四五’环保政策改革框架与重点思考”；生态环境部环境与经济政策研究中心环境战略与理论研究部主任俞海讲授“生态文明建设与绿色发展”；中国人民大学法学院教授、博士生导师周珂讲授“绿色发展的法治保障”；中国民生银行公司业务部区域业务推动中心处长姚纲讲授“做好绿色产业转型升级，走高质量发展之路”；浙江省生态环境厅环境执法处副处长胡晓林讲授“企业排污达标合规注意事项”。

（赵冬民）

【举办全国工商联小微企业经营者（怒江州）培训班】2019年11月21—23日，全国工商联小微企业经营者（怒江州）培训班在六库举办，来自全州中小微企业经营管理者、农民专业合作社法人以及部分农村致富带头人等共计100人参加培训。

培训邀请了创业服务与创业教育专家、浙江大学创业导师魏任斌，云南大学工商管理与旅游管理学院教授王克玲，北京造合科技有限公司创始人、CEO丁浩等知名专家学者进行授课。授课教师围绕十九届四中全会精神、开启中小微企业创业创新之路、现代管理理念与实践、一部手机游云南及滇西旅游大环线建设等内容进行深入细致地讲解，既突出政治理论，又围绕企业所需、企业所盼，为企业创新发展、科学运行传授了方式方法。

（赵冬民）

国际及港澳台地区交流合作

【综述】2019年全国工商联国际合作工作在会党组正确领导下坚持围绕中心服务大局，认真学习贯彻习近平总书记关于“一带一路”建设重要论述，以规范民营企业境外经营行为和防范化解风险为主线，以建立和完善政策研究、组织网络、项目服务三大体系为重点任务，不断加大改革力度、拓展服务领域、扩大对外交往，为民营企业参与“一带一路”建设提供务实服务和有效保障。

第一，聚焦中外企业项目合作，为民营企业搭建高端国际合作平台。举办机制性配套活动。落实习近平总书记亲自签批的主场外交活动，与贸促会、国务院国资委成功举办“一带一路”企业家大会，推荐21个项目在企业家大会现场顺利签约，与世界可持续发展工商理事会签署合作备忘录，与中国银行组织近千桌次中外企业“一对一”对接洽谈活动，在基础设施、产业合作、投融资等领域达成了217项合作意向。深度参与第二届中国国际进口博览会，组织700余家民营企业参加展商客商供需对接会，促进项目合作。围绕“助力中非制造业合作”主题与湖南省人民政府共同举办2019中非民营经济合作论坛，共签署涵盖钢铁制造、矿业、基础设施、建筑等9个领域的11个合作项目。在中国—东盟博览会期间，与广西壮族自治区联合举办了首届中国—东盟民营企业家峰会、中国—东盟民营企业家领袖沙龙，加强区域产能合作。开展针对性经贸交流合作。主动对接企业发展需求、带领民营企业赴13个国家考察交流，与5家国外商会签署备忘录，促成中国银行柬埔寨分行与西哈努克港签署金融支持协议、特变电工与老挝能源部等多个合作项目对接。与德国、新加坡等国家的驻华使领馆、商会，港澳台地区的商会举办51场经贸交流会议活动，活动人数450余人次，参加丝博会、粤商大会、湘商大会、国际跨国公司领袖圆桌会议、厦门商人节、闽港“一带一路”高峰论坛等29场经贸活动，积极牵线搭桥，促成项目对接。

第二，服务国家大局，开展具有影响力的对外交往工作。参与国际会议活动展示民企形象。受邀出席达沃斯世界经济论坛2019年年会，首次在国际顶级多边民间外交平台上民营企业发声。与中国人民对外友好协会在联合国环境大会上举办“中国企业家助力世界第三极生态环境保护”分论坛，体现民营企业坚持绿色发展、在第三极环境保护中的国际责任和担当。加强与港澳台地区工商界合作。发挥系统优势，举办海峡两岸和香港、澳门合作研讨会，支持举办世界旅游经济论坛并举办“中国民营企业助推粤港澳大湾区建设—多元旅游开创美好生活”专题讨论，参加在香港举行的“一带一路”国际合作高峰论坛，推动民营企业以港澳为支点拓展国际市场。首次成功举办两岸青年企业家创新与发展论坛，为海峡两岸青年企业家实现共赢搭建互动平台。用好华侨华人资源。组织工商联系统275位民营企业参加世界华商大会，为民营企业“走出去”扩大“朋友圈”。与中央统战部联合召开华侨华人社团代表“一带一路”座谈会，发挥华侨华人在服务“走出去”民营企业积极作用。配合有关部委开展高层次民间交往。配合全国政协与应汪洋主席邀请来华访问的利比里亚议长代表团举办中非民营企业座谈会，并推动我会纳入中利农业领域合作顶层规划；配合全国人大做好布基纳法索议长接待工作，并按照布外交部请求，指导中非民间商会组织代表团出席第五届瓦加杜古多领域国际展销会，推动中布经贸合作；服务党际外交，配合中联部两次接待德国政党高层代表团，宣介社会主义制度优越性和我营商环境有关政策，解疑释惑、回应关切、化解误解。

第三，推动境外经贸合作区转型升级，引导民营企业“抱团”出海。举办境外园区论坛和推介活动。与商务部和农业农村部在第二届“一带一路”国际合作高峰论坛期间共同举办境外经贸合作区分论坛，举办“海外园区招商信息发布—与海外园区面对面”论坛。今年以来，共为31家园区举办推介活动，吸引了600余家企业、超过了1000人参加，组织30余家民营企业家赴10个境外经贸合作区实地考察，为有意向与境外园区“牵手”的民营企业牵线搭桥。发布境外园区国别指南。组织编写了境外园区国别指南，30家境外经贸合作区信息已上线发布，为民营企业选择园区、建设园区、经营园区提供了切实有效的帮助。

第四，提供务实精准服务，引导“走出去”民营企业合规经营防范风险。加强政策指导。组织召开引导服务民营企业参与“一带一路”建设推进会暨全国工商联国际合作工作会议，加强国际合作工作系统建设，深化部际合作共同服务民营企业高质量走出去。依托推进“一带一路”建设工作领导小组和国务院“走出去”部际联席会议等国家级体制机制，及时反映“走出去”企业诉求。今年以来向“两大”机制提交重要文件修改意见19件，推荐企业参加重大活动3次，上报工作总结及工作进展7篇，我会提出的修改意见得到有关部委采纳认可。与发展改革委、商务部、公安部、外交部共同出台《关于促进对外承包工程高质量发展的指导意见》《保安企业境外经营服务指引（试行）》《境外企业外派安全培训指南（2019版）》和境外中资企业商会建设指导意见等4份文件，进一步提升民营企业安全发展意识。开展银企对接。深化与中国银行战略合作，印发《持续推动民营经济全球化发展行动纲要》，工商联系统与27家中国银行分行建立对接，通过对民营企业授信等方式提供金融支持，打造银企商联动的创新型综合金融服务平台。组织培训交流。与商务部共同举办民营企业对外投资合作安全培训班，围绕对外投资合作政策和海外安全风险防范、“走出去”企业合规经营体系建设、企业国际化面临的社会责任风险与治理实践等开展培训。举办驻华使领馆与民营企业面对面、中国驻东盟国家使馆经商参赞与民营企业家交流会，帮助企业了解东道国投资环境、风土人情、政策法规等信息，更好融入当地社会。加强调查研究。开展民营企业参与“一带一路”建设综合调研，分析摸底917家外向型民营企业“走出去”的区域格局、产业分布情况，发布《“一带一路”沿线中国民营企业现状调查研究报告》，形成调研报告、企业案例集和工商联商会案例集。发布《2019中国民营企业“一带一路”可持续发展报告》，从公司治理、社会可持续和环境等三个维度为民营企业提供海外运营参考指南。发挥国际合作委员会作用，与中国社科院全球化智库研究形成《民营企业“一带一路”可持续发展—民营企业融资问题报告》，系统分析“一带一路”投融资体制性问题，提出针对性政策建议。

（宗君）

【赴香港出席香港中华出入口商会会董会就职典礼并访问】应香港中华出入口商会邀请，联络部部长马君于2019年1月28—29日赴港出席香港中华出入口商会第三十四届会董会就职典礼活动。

香港特区行政长官林郑月娥、中央政府驻港联络办副主任谭铁牛、外交部驻港特派员公署副特派员赵建凯等担任主礼嘉宾，全国人大华侨委员会副主任张少琴、福建省副省长郑新聪、天津市政协副主席魏大鹏、中央统战部三局巡视员许光任、我会联络部部长马君等前往出席，来自海内外约2000名各界代表参加活动。全国人大代表、中国民间商会副会长、禹洲集团董事局主席林龙安正式就任商会新一届会长。

马君部长代表全国工商联对林龙安当选香港中华出入口商会新一届会长转达了我会领导的诚挚祝贺，并鼓励其充分发挥中国民间商会副会长和香港中华出入口商会的多重身份，在内地与香港工商界合作特别是利用熟悉进出口业务领域优势，为携手参与“一带一路”和粤港澳大湾区建设做出更大贡献。林龙安对全国工商联专门委派代表出席就职典礼活动、对港区执常委给予的关心支持表达了感谢。他表示，希望全国工商联能够继续支持香港工商界开展活动，希望有更多机会参与工商联的国际合作工作，以香港所长服务国家所需，积极联系世界，开拓更大的商机。在港期间，马君部长还广泛接触与会的海外工商界代表，广泛宣传中央赋予工商联的新任务、新使命，积极推介全国工商联服务民营经济发展的重点工作，希望工商界人士抓住中国深化改革新的发展机遇，积极参与“一带一路”和粤港澳大湾区建设，实现互利共赢、共同发展。

（李圣汉）

【赴瑞士达沃斯出席世界经济论坛2019年年会】按照中央相关部署和要求，为配合中国国家副主席王岐山做好相关参会工作，应世界经济论坛邀请，时任全国工商联副主席王永庆于2019年1月21—24日赴瑞士达沃斯出席世界经济论坛2019年年会及有关活动。

此次论坛年会以“全球化4.0：打造第四次工业革命时代的全球架构”为主题，100多个国家和地区的3000多名政、商、学、媒各界代表出席。年会期间共举办各类正式活动400余场，参会嘉宾围绕如何应对经济全球化和第四次工业革命面临的机遇与挑战等议题进行探讨。

参会期间，全国工商联副主席王永庆共出席交流活动12场。按照中央相关方案部署，在“推进‘一带一路’倡议：展望中国的万亿美元愿景”活动中代表中方发言。发言围绕宣介习近平新时代中国特色社会主义思想，积极宣传“一带一路”倡议；客观务实宣传中国改革开放40年和“一带一路”倡议实施5周年来，中国民营企业取得的巨大发展成就和中国民营企业家应对当前世界复杂局面并实现高质量发展的信心；正面回应国际社会关注和热议的“一带一路”现状和债务等方面问题；积极宣介第二届“一带一路”国际合作高峰论坛，并向参会嘉宾发出了参加第二届“一带一路”国际合作高峰论坛企业家大会的邀请等四方面展开。参会各方对此反应较为积极，积极赞扬中国发展成就，认同人类命运共同体理念，认可“一带一路”倡议所取得的成绩和沿线国家发生的积极变化，认可中国民营企业在“一带一路”中发挥的重要作用。

（郝剑东）

【出席联合国第四届环境大会】应联合国第四届环境大会邀请，我会派员于2019年3月11—15日赴肯尼亚首都内罗毕出席联合国第四届环境大会开幕式，期间我会与中国人民对外友好协会共同主办“中国企业家助力世界第三级生态环境保护”分会。分会期间，来自西藏的四位民营企业家讲述本企业的故事和案例。

此次全国工商联利用联合国环境大会平台，组织中国民营企业家用外国受众听得懂的逻辑、数字、实例说话，向世界传播中国环保声音，分享中国生态扶贫方案，充分体现民营企业坚持绿色发展、在第三极环境保护中的国际责任和担当。

（徐宝文）

【举办“驻华使领馆与民营企业面对面”交流活动】3月22日，由全国工商联国际合作委员会、江泰国际合作联盟主办的驻华使领馆与民营企业面对面交流活动暨驻华使领馆投资促进论坛在北京召开。时任全国工商联副主席王永庆出席并致辞。

王永庆表示，各位驻华使节与中国各地民营企业家们济济一堂，共谋商机。这正是全国工商联充分发挥搭“桥”铺“路”、内引外联作用，切实服务中国民营企业走出去参与“一带一路”建设，开展国际合作的重要举措。在各国驻华使领馆的大力支持下，中国民营企业与各国企业间的友好合作定将为“一带一路”倡议与各国发展战略对接做出重要贡献。他表示，今年是习近平主席提出“一带一路”倡议的第六个年头。六年来，它秉承共商、共建、共享原则，为区域经济发展和改善民生注入了强大动力，已经成为当今世界规模最大的合作平台。刚刚结束的中国“两会”也再次宣示了中国坚持开放合作，支持经济全球化，携手构建开放型世界经济的决心。全国工商联是以联系非公有制经济为主的人民团体和商会组织，致力于引导和服务民营企业走出去参与“一带一路”建设。近年来，中国民营经济发展迅速，其海外投资已占我国非金融类对外投资的60%，成为参与“一带一路”建设的生力军，并呈现出参与热情越来越高，步伐越来越快，投资地区越来越广，投资领域越来越宽，规模越来越大，影响力越来越强的局面。

王永庆指出，我们清楚地知道，当今世界正处于百年未有之大变局，这使得民营企业走出去开展国际合作既充满机遇，也充满挑战。特别是民营企业对各国投资政策和环境的不了解、不熟悉一定程度上也限制了对外投资的主动性和积极性。各国驻华使领馆是扩大中国与各国往来合作的重要渠道，掌握着大量关于本国产业对接、项目合作、签证等的政策信息，可以为民营企业开展国际合作提供真实有效的第一手投资信息。希望各位驻华使节进一步发挥桥梁纽带作用，多宣传、推介中国民营企业，同时也多为中国民营企业提供投资政策、信息及必要的帮助，进一步促进中国民营企业与国外企业的贸易与投资领域的合作。

论坛上，来自津巴布韦、匈牙利、法国等9位驻华使节发布了包括投资政策、优惠措施及行业发展重点领域等信息。来自墨西哥、马来西亚、意大利等几个国家的驻华使节与民营企业代表围绕企业投资发展、融入当地环境及在劳工签证、投资纠纷解决等议题进行了面对面交流。

全国工商联联络部有关人员，国际合作委员会委员代表，地方工商联代表，直属商会代表，民营企业代表及30多个国家驻华使领馆官员，江泰集团全球服务商代表共600余人参加论坛。

（冯秀梅）

【举办“2019海外园区招商信息发布——与海外园区面对面”】2019年3月22日，由江泰国际合作联盟、全国工商联国际合作委员会共同主办的2019海外园区招商信息发布论坛在北京国家会议中心举办。全国工商联国际合作委员会副主任王丽，江泰国际合作联盟主席、全国工商联国际合作委员会委员沈开涛出席论坛并致辞。本次论坛主题为“与海外园区面对面”，来自越南、白俄罗斯、埃及和尼日利亚等国家的20家海外园区发布了招商信息。

（许聪）

【举办第二届“一带一路”国际合作高峰论坛企业家大会】2019年4月25日，由中国贸促会、全国工商联、国务院国资委共同主办的第二届“一带一路”国际合作高峰论坛企业家大会在北京举办。全国工商联主席高云龙、国务院国资委主任肖亚庆、中国贸促会会长高燕出席全体会议并致辞。

高云龙指出，当今世界经济贸易格局正在深刻调整，这赋予了“一带一路”建设推动经济全球化健康发展和世界经济复苏新的历史使命。希望越来越多的国家坚持共商共建共享原则，带动更多工商界人士共同参与“一带一路”建设，打造国际合作新平台，增添持续发展新动力。

高云龙表示，希望中外企业大力弘扬企业家精神，携手推动“一带一路”建设合作领域更加宽广、合作措施更加完善、合作成果更加丰硕。全国工商联将继续加强与各国工商社团的对话沟通与交流联络，为各方参与“一带一路”建设提供更多支持和更好服务;与有关方面密切配合，推动项目对接，确保本次企业家大会成果落地落实。

此次大会紧扣第二届“一带一路”国际合作高峰论坛“共建‘一带一路’、开创美好未来”的主题，为各国工商界搭建沟通交流、对接合作、项目签约、深化合作的平台。来自80多个国家和地区的政府部门、商协会、企业及有关国际组织850余名代表参加会议。全体会议后，举行了项目签约和对接洽谈，与会企业签署了一批涉及领域宽、覆盖国别广、基础作用大、示范效应强、民生工程多的项目合作协议，分行业、分时段组织了近千场次“一对一”对接洽谈。

（许聪）

【举办第四届丝绸之路国际博览会暨中国东西部合作与投资贸易洽谈会】2019年5月11日，由国家发展改革委、商务部、中国侨联、全国工商联、中国贸促会、国家市场监管总局和陕西省人民政府共同主办的第四届丝绸之路国际博览会暨中国东西部合作与投资贸易洽谈会在西安隆重开幕。高云龙主席出席开幕式并到汉中调研。

高云龙主席在发表主旨演讲时指出，本届丝博会以“新时代·新格局·新发展”为主题，旨在贯彻落实习近平主席在第二届“一带一路”国际合作高峰论坛上的重要讲话精神，推动落实高峰论坛取得的丰硕成果，着力形成陆海内外联动、东西双向互济开放新格局，以高水平开放推动高质量发展，为构建人类命运共同体做出新贡献。

在汉中调研期间，高云龙主席实地考察了兴汉新区，汉中航空智慧新城，中航电测仪器股份有限公司，陕西天达航空标准件有限公司，走访了汉中市工商联并与工商联干部座谈。

在陕期间，高云龙主席还会见了陕西省委书记、省人大常委会主任胡和平，陕西省委副书记、省长刘国中。陕西省政协副主席杨冠军、刘宽忍，陕西省政协副秘书长张宏，省委统战部副部长、省工商联党组书记沈涛等领导陪同调研和出席相关活动。

（靖安达）

【访问老挝、越南、柬埔寨】应越南国家工商会、老挝国家工商会和柬埔寨发展理事会的邀请，以全国工商联党组书记、常务副主席徐乐江为团长的全国工商联代表团，于2019年5月22—31日访问上述三国。

访问期间，徐乐江分别会见了老挝副总理兼财政部长宋迪，柬埔寨副首相贺南洪，越共中央委员、胡志明市人民委员会主席阮成丰，老挝贸工部部长开玛尼·奔舍那，柬埔寨西港省省长润明，以及越南计划投资部、柬埔寨发展理事会、越南国家工商会和老挝国家工商会等政府部门和商会组织主要负责人。

徐乐江强调，中国与三国友谊源远流长，是中国的友好邻邦和重要合作伙伴。当前，世界经济形势复杂多变，贸易保护主义抬头，单边主义盛行，中国与三国更应进一步加强双多边合作发展，发挥经贸合作区模式等优势，大力推动中国与三国在“一带一路”框架下的双赢合作。

他指出，改革开放40年以来，中国民营经济发展迅速。当前，中国民营企业对国家的税收贡献超过50%，国内生产总值占比超过60%，技术创新成果占比超过70%，城镇劳动就业占比超过80%，企业数量占比超过90%，已成为推动中国经济社会发展的重要力量。全国工商联是中国共产党和中国政府联系非公有制经济人士的桥梁纽带、政府管理和服务非公有制经济的助手，工作主题是促进非公有制经济健康发展和非公有制经济人士健康成长。随着中国民营企业在三国投资发展意愿不断增强，全国工商联将继续增进与三国政府间、商会间、企业间的交流，增进彼此了解，拓展合作领域，共同助力政策沟通、设施联通、贸易畅通、资金融通、民心相通，在参与“一带一路”建设中实现更深层次的互利共赢。

访问期间，徐乐江代表全国工商联分别与越南国家工商会和老挝国家工商会签署了“一带一路”合作备忘录，共同承诺以此为新的起点，发挥商会优势，深化务实合作，为两国企业界增进相互了解、加强务实合作搭建平台，深化两国企业间在“一带一路”框架下各领域的全面合作，推动两国经贸关系不断迈上新台阶。

代表团还分别召开了中资企业座谈会，先后调研考察了小米科技、越南乐威福公司、新希望集团、越南龙江工业园区、老挝赛色塔综合开发区、老中现代农业科技示范园、红豆集团西哈努克港经济特区、中启控股集团在西港经济投资项目等。

访问期间，代表团还拜会了我驻越南、老挝、柬埔寨大使馆和驻胡志明市总领馆。徐乐江希望进一步加强与驻外使领馆的沟通合作，共同为民营企业走出去参与“一带一路”建设营造良好的投资营商环境。

（郝剑东）

【访问比利时、克罗地亚、塞尔维亚】5月26日至6月4日，以全国工商联副主席谢经荣为团长的全国工商联代表团圆满完成对比利时、克罗地亚和塞尔维亚的访问。本次访问旨在落实习近平主席在第二届“一带一路”国际合作高峰论坛上的重要讲话精神，在中欧全面战略伙伴关系及中国—中东欧“17+1”合作框架下，鼓励中国民营企业开辟欧洲市场。

访问期间，塞尔维亚总统武契奇会见了谢经荣一行，就当前双边经贸投资情况进行了深入交流，中国驻塞尔维亚大使陈波参加会见。武契奇表示，塞尔维亚是中国的铁杆朋友，塞方坚定支持并愿深入参与中国国家主席习近平提出的共建“一带一路”倡议，持续巩固发展两国伙伴关系。中塞双方经贸合作潜力巨大，近年来中国企业陆续赴塞投资，在促进经济发展和就业方面取得了良好效果，希望能够在基础设施建设、农业和医疗等方面深入开展合作。谢经荣表示，感谢并赞赏总统先生和塞国政府在维护中国核心利益方面的立场和行动，对共建“一带一路”倡议的积极参与和支持，双方高层互访频繁，两国人民感情深厚，塞尔维亚是共建“一带一路”重要沿线国家，全国工商联作为以服务民营企业为主体的商会组织，愿意在促进中国企业赴塞投资、增进两国人民友谊方面做出积极努力。在贝尔格莱德期间，代表团凭吊了在我国驻南联盟大使馆被炸事件中英勇牺牲的三位烈士。

访问期间，代表团拜访了比利时法兰德斯工商会、克罗地亚雇主协会和塞尔维亚工商会，谢经荣代表全国工商联分别与上述三家商会签署了以信息共享、开展企业对接洽谈、鼓励双方投资等为主要内容的合作备忘录。会见了比利时外贸发展署署长法比尼·伍斯特，克罗地亚经济、企业与手工业部国务秘书兹登科·卢契奇，塞尔维亚经济部部长助理德拉干·武戈尔契奇，了解到访三国的投资环境、投资优惠政策及产业发展规划，为民营企业赴三国开展投资合作畅通交流渠道。

访问期间，代表团分别召开了中资企业座谈会、华人华侨商协会座谈会，先后调研了中国—比利时科技园区、沃尔沃根特总装厂，克罗地亚长城商贸城、昆仑商贸城，华为贝尔格莱德子公司、塞尔维亚贝尔麦克物流园区、中国银行塞尔维亚分行，了解中国企业在海外经营情况，投资经验做法和遇到的困难问题，引导其诚信守法、规范经营、防范风险。

访问期间，代表团还拜会了中国驻欧盟使团、中国驻比利时、克罗地亚和塞尔维亚大使馆。

（石崇）

【举办第37期开放建设研讨班】2019年5月21日至6月4日，由我会和香港培华教育基金会共同主办的第37期开放建设研讨班（工商联）在香港举办。本次研讨班为期14天，共组织中西部地区工商联39名干部参加。在理论学习之余，研讨班学员实地走访调研了香港金融大会堂、香港立法会、香港潮州商会、香港公务员培训处、香港廉政公署、香港贸易发展局、香港展城馆、旭日集团等单位，加深了工商联干部对香港的政治状况、政府运行、反腐倡廉等情况的了解，并对今后开展此类研讨班提出了建议。一是探索开展专题培训，提高培训深度。香港在发展现代金融、现代商贸、现代物流，打造国际金融、贸易、航运中心，营造法治化、国际化营商环境等方面积累了丰富的经验、做法与教训，值得我们深入剖析研究、学习借鉴。二是加强内地工商联及所属商会与香港商会的联系。香港商会组织遍及各行各业，进一步发挥工商联和商会在促进香港工商界人士、香港企业与内地交流互动方面的作用，推动工商联所属商会改革发展。三是进一步加大香港与内地青年的交流交融。当前香港人普遍对内地不够了解，增进香港与内地的相互了解非常重要。在下一步工作中，建议进一步发挥全国工商联青年委员会的作用，促进香港与内地青年更有成效地沟通交流，增进香港青年对国家大政方针政策的认同。

（徐宝文）

【举办2019中非民营经济合作论坛】2019中非民营经济合作论坛6月28日在湖南长沙举办。论坛以“助力中非制造业合作”为主题，由中华全国工商业联合会、湖南省人民政府主办，中非民间商会、湖南省工商业联合会承办。中国全国政协副主席、中华全国工商业联合会主席高云龙，湖南省人民政府省长许达哲，塞内加尔共和国贸易和中小企业部部长阿索姆·阿米娜塔·迪亚塔，商务部副部长钱克明出席开幕式并致辞。中华全国工商业联合会党组书记、常务副主席徐乐江主持论坛开幕式。中华全国工商业联合会党组成员、副主席王永庆出席论坛。

高云龙指出，习近平主席在北京峰会上提出的“八大行动”，既符合中国促进经济高质量发展、推动高水平对外开放的客观需要，又契合非洲国家实现工业化发展的意愿需求，为中非合作指明了前进方向。中国具有世界上门类齐全、独立完整的产业体系，很多优势产业具备“走出去”的能力，非洲大陆是目前世界上人口最年轻、增速最快的地区，资源丰富、市场广阔、基础设施不断完善，中非制造业互补性强、互利性强、互惠性强，合作前景广阔。而中非制造业合作的核心就是通过优势互补，共促非洲经济社会发展和一体化建设，推动共同进步，实现互利共赢。

高云龙强调，赴非发展的中国民营企业要坚持合作共赢理念，将自身转型升级与非洲长远发展结合起来，加大对非直接投资，实现优势互补、互利合作；要坚持开放包容，同任何有意赴非洲投资、发展的市场主体积极合作，打造利益共同体，实现互利多赢；要坚持创新引领，促进科技成果在非洲国家的推广应用，与非洲国家一起构建开放、协同、高效的制造技术研发平台，推动中非制造业创新资源共享。他指出，要重视发挥园区作用，鼓励有条件、有实力的中国民营企业积极参与符合非洲国家意愿的经贸合作区建设和发展；同时注重营造良好环境，双方政府要为中非企业投资合作做好服务保障，中国民营企业也要积极参与营造风清气正的良好合作氛围。

中非民间商会会长、华立集团董事局主席汪力成，贝宁共和国投资与出口促进署署长洛朗·冈贝斯分别在论坛上进行了主旨发言。来自民营企业和非洲政府部门的10位嘉宾分别围绕“聚焦宏观层面中非制造业合作潜力、机遇，助力非洲工业化建设”和“聚焦环保、电子产品、高端制造等细分领域中非制造业合作新趋势，助力非洲民生改善”话题进行互动交流。论坛期间还举办了合作项目签约仪式。

本次论坛是积极落实2018中非合作论坛北京峰会重要成果，践行习近平主席提出的“八大行动”计划，打造全方位、多层次、立体化、可持续的中国民营企业参与“一带一路”建设对接非洲发展新格局，推动构建更加紧密的中非命运共同体的重要举措。论坛旨在充分发挥民营企业在产能合作、管理经验和技术方面的优势，带动非洲产业链上下游协同发展，形成推动中非制造业高质量发展的新动能。来自中非政府部门、民营企业、研究机构的近200位代表参会。

（冯秀梅）

【举办两岸青年企业家创新与发展论坛】由陕西省工商联、全国工商联青年企业家委员会、台湾三三青年会主办，陕西省新生代企业家联合会、北京青年企业家商会联合承办的“两岸青年企业家创新与发展论坛”在西安举行。

全国工商联党组成员、副主席鲁勇，陕西省委统战部副部长、陕西省工商联党组书记沈涛，台湾三三青年会会长许介立，陕西省人民政府台湾事务办公室副主任何锐，陕西省工商联副主席许孝军，全国工商联青年企业家委员会执行副主任李萌，以及国务院台湾事务办公室、台湾三三青年会、全国工商联青年企业家委员会、各省青年企业家商协会、北京青年企业家商会、陕西省新生代企业家联合会的代表出席论坛。

鲁勇指出，抓创新就是抓发展，谋创新就是谋未来。本届论坛的主题“创新与发展”，高度契合了当今经济社会发展潮流，体现了两岸青年企业家紧随时代的品质、舍我其谁的担当，相信本次论坛将带来丰富的资讯，为两岸青年企业家在交流合作中实现共赢提供帮助。我们正处在实现中华民族伟大复兴中国梦的新时代，希望两岸青年企业家大力弘扬新时代企业家精神，在逐梦圆梦中留下奋斗的足迹、书写无悔的青春；抓住历史机遇，担当起时代重任，为促进两岸交流合作、世界和平与发展、共同创造美好的未来做出更大贡献。

全国工商联青年企业家委员会执行副主任李萌、台湾三三青年会会长许介立、华扬国际展览有限公司董事长黄培峻、全国工商联青年企业家委员会委员、安徽省青年徽商商会会长王磊，源创产业投资顾问(股)公司董事长特助林彦亨，全国工商联青年企业家委员会委员、陕西省新生代企业家联合会会长张峻赢分别就年轻一代企业家如何在传统产业转型升级，进行再次创业，如何在创新领域合作发展、实现互利共赢作了分享发言。

（李圣汉）

【出席第四届“一带一路”高峰论坛、“第十四届海峡两岸和香港、澳门经贸合作研讨会”并访问】应澳门中华总商会和香港特别行政区政府邀请，全国政协副主席、全国工商联主席高云龙率全国工商联代表团于2019年9月8日至12日赴澳门、香港，分别出席第十四届海峡两岸和香港、澳门经贸合作研讨会和第四届“一带一路”高峰论坛并进行访问。

9月9日，由中华全国工商业联合会、台湾工商企业联合会、香港中华厂商联合会、澳门中华总商会共同主办的第十四届海峡两岸和香港、澳门经贸合作研讨会在澳门举办，100多名来自海峡两岸及港澳地区的工商界代表出席，围绕“粤港澳大湾区为海峡两岸和港澳地区带来的新机遇”主题展开交流探讨。高云龙在开幕式致辞中指出，作为我国对外开放贸易的重要门户、开放程度最高、经济活力最强的区域之一，粤港澳大湾区正在集结先进思想、高端技术和多方资金，逐步转向创新驱动发展，有望成为未来全球经济舞台上的一颗耀眼明星。大湾区内不同城市优势互补，协同发展的同时，也将辐射带动周边区域共同发展。高云龙对海峡两岸和港澳工商界参与粤港澳大湾区建设提出三点建议：一是坚持科技创新要素驱动，深入开展创新及科技合作；二是增进青年共兴共融，要在创新创业和沟通交流方面积极为广大青年多搭台、多搭梯；三是推动商会间交流互鉴，积极发挥商会在整合资源、搭建平台方面的重要作用。

9月11日，由香港特别行政区政府及香港贸易发展局共同主办的第四届“一带一路”高峰论坛在香港会议展览中心开幕，来自世界各地的5000余名与会人士围绕“成就新机遇 由香港进”主题分享“一带一路”新发展、新机遇。高云龙在开幕式致辞中指出，香港背靠祖国、面向世界，是重要的国际金融、航运、贸易中心，现代服务业发达，文化开放包容，具有许多独特优势，是“一带一路”建设的重要力量。在中央政府的大力支持下，香港发挥所长全面参与“一带一路”建设，推动粤港澳大湾区建设，形成了一系列突出成果。他希望香港充分发挥自身多中心合一的优势，深化与内地合作，为各类企业参与“一带一路”建设提供贸易、投资、法律等方面的专业服务以及国际化人才支持。

在澳门、香港访问期间，高云龙主席分别与全国政协副主席何厚铧、香港特别行政区行政长官林郑月娥进行交流，了解了澳门、香港经济社会情况；走访了中国与葡语国家经贸合作论坛秘书处、澳门温州人商会、香港中华出入口商会、香港中华总商会，密切与港澳工商社团的联系，了解了境外异地商会建设情况，探讨建立务实合作机制共同服务内地和港澳企业积极参与共建“一带一路”和粤港澳大湾区建设。

访问期间，高云龙会见了中央政府驻澳门特区联络办公室主任傅自应和中央政府驻香港特区联络办公室有关负责同志，看望了全国工商联港区执常委并与他们座谈交流，就充分发挥港区执常委作用，加强工商联自身建设，港澳与内地企业拼船合作优势互补等问题进行了交流探讨。

访问期间，高云龙调研考察了水中银（国际）生物科技有限公司、商汤科技公司、TCL香港公司等3家香港科学园入园企业。

全国工商联副主席、广东省总商会名

誉会长、TCL集团股份有限公司董事长李东生，浙江省工商联主席、富通集团董事局主席王建沂，华讯方舟科技有限公司董事长吴光胜等出席有关活动并在第十四届海峡两岸和香港、澳门经贸合作研讨会上发言。

（郝剑东）

【出席第八届世界旅游经济论坛并访问】应世界旅游经济论坛邀请，以中央统战部副部长，全国工商联党组书记、常务副主席徐乐江为团长的全国工商联代表团，于10月13—15日赴澳门参加第八届世界旅游经济论坛并访问。

10月14—15日，由澳门特区政府主办，全国工商联作为支持单位的第八届世界旅游经济论坛在澳门举办，来自世界各地近2000名与会代表围绕“旅游休闲新方略，构建美好生活圈”主题，探讨提升旅游和休闲产业素质，开创人类同享的和谐美好生活。徐乐江在开幕式致辞中指出，澳门回归20周年以来，充分发挥“一国两制”独特优势，着力打造世界旅游休闲中心，奠定了其在世界旅游经济发展中的独特地位，在澳门探讨以全新旅游体验引领新一轮旅游经济发展，具有特别意义。当前，旅游业已成为国民经济战略性支柱产业，民营企业已成为中国旅游产业的生力军，推动世界旅游产业发展是政府、企业和社会的共同愿景和使命。徐乐江就此提出三点倡议，一是扩大开放合作，立足“一带一路”机遇，各国企业加强合作，实现优势互补，为全球旅游业可持续发展夯实根基。二是营造便利环境，加强旅游基础设施建设，相关方加快建立日常工作联系机制，提升旅游环境体验。三是共享发展经验，各国企业在行业规划、项目创意、市场开发、旅游管理等方面互学共鉴，在分享中共同成长。

论坛期间，全国工商联与世界旅游经济论坛共同举办了“中国民营企业助推粤港澳大湾区建设—多元旅游开创美好生活”专题讨论环节。这也是继2018年举办“中国企业看粤港澳大湾区”专题讨论环节后，全国工商联再一次深度参与世界旅游经济论坛。讨论环节围绕论坛主题，进一步聚焦中国民营企业在旅游产业方面的多元发展推动粤港澳大湾区建设。新华联集团董事局主席傅军，全国工商联常委、春秋航空公司董事长王煜作为全国工商联代表发言。

在澳访问期间，徐乐江拜访了全国政协副主席何厚铧；走访了澳门中华总商会、澳门青年企业家协会并座谈，着重就共同推动“一带一路”和粤港澳大湾区建设、澳门与内地青年企业家间的交流交往等议题交换了意见和看法。

访问期间，徐乐江会见了中央政府驻澳门特区联络办公室主任傅自应，看望了全国工商联澳门执常委并调研考察了澳门新濠集团相关项目，充分肯定了澳门执常委发挥自身优势，积极为澳门与内地搭建经贸交流的桥梁纽带作用。

全国工商联副主席、北京叶氏集团董事长叶青，中国民间商会副会长、奥盛集团董事长汤亮，中国民间商会副会长、长隆集团董事长苏志刚参加有关活动。

（郝剑东）

【召开华人华侨社团代表“一带一路”座谈会】9月29日，中央统战部召开华人华侨社团代表“一带一路”座谈会，会议由谭天星副部长主持，许又声副部长出席并发表讲话，马君部长代表全国工商联发言。中非民间商会、江泰保险、特变电工、四达、万生隆等商会和企业代表参会。

（郝剑东）

【召开中国驻东盟国家经商参赞与民营企业家交流会】9月20日，在第16届中国—东盟博览会期间，中国驻东盟国家经商参赞与民营企业家交流会在南宁举行，全国工商联党组成员、副主席邱小平，广西壮族自治区政协副主席、工商联主席磨长英出席并致辞。

本次交流会由商务部亚洲司、中华全国工商业联合会联络部、广西壮族自治区商务厅、中国—东盟博览会秘书处、广西壮族自治区工商业联合会共同主办，以“创新发展思路，促进产业融合，实现高质量走出去”为主题，交流和探讨在当前复杂的国际经济环境下，民营企业投资东盟的新方向、新模式和新做法，探讨解决民营企业投资东盟遇到的难点和问题，引导和服务民营企业在东南亚实现高质量发展。交流会邀请驻新加坡、越南、印度尼西亚、菲律宾、文莱、柬埔寨使馆经济商务参赞和国内70多家民营企业代表参加会议。

邱小平在致辞中指出，“一带一路”倡议提出6年来，东盟十国在产能、交通、能源、科技、金融、贸易、民生等领域不断深化同中国的合作，已成为中国“一带一路”倡议合作格局中的重要伙伴。中国民营企业在东盟的投资领域不断拓宽、规模日益扩大、方式日趋多样。他强调，中国驻东盟国家使馆的经商参赞掌握着大量关于所在国投资环境、投资政策、产业特点、产能合作需求、风险防范等信息资源，可以为民营企业赴东盟国家投资兴业提供务实有效的指导。希望能继续支持和指导中国民营企业赴东盟投资，为推进“一带一路”倡议与《东盟互联互通总体规划2025》有效对接、更好造福各国人民做出更大贡献。

驻新加坡使馆公使衔经济商务参赞钟曼英、驻印度尼西亚使馆公使衔经济商务参赞王立平、驻柬埔寨使馆经济商务参赞邬国权和中国民间商会副会长、红豆集团董事局主席周海江，广西壮族自治区总商会副会长、广西双英集团股份有限公司董事长杨英，玖龙环球（中国）投资集团有限公司总经理蔡何强，就民营企业投资东盟的新方向、新模式和新做法进行深入交流。

驻越南使馆公使衔经济商务参赞胡锁锦、驻文莱使馆经济商务参赞康文、驻菲律宾使馆经济商务参赞江建军和太平洋建设董事局副主席、总裁宋少庭，广西壮族自治区总商会副会长、广西靖西万生隆投资有限公司董事长杨万生，就民营企业投资东盟过程中遇到的难点、问题以及化解方法进行深入交流。

中国驻东盟国家经商参赞与民营企业家也进行了现场互动。

（刘倩）

【访问英国、西班牙、波兰】应英国中华总商会、西班牙国家商会、波兰国家总商会的邀请，以全国政协副主席、全国工商联主席高云龙为团长的全国工商联代表团，于2019年10月21—10月30日赴英国参加第十五届世界华商大会并圆满完成对英国、西班牙和波兰的访问。

高云龙在第十五届世界华商大会的致辞中指出，当前，第四次工业革命正在兴起，新一轮科技革命和产业变革同人类社会发展形成历史性交汇，正在推动社会生产和人类生活发生极大改变。与此同时，经济全球化虽然在当前遭遇了一些挫折，但人类发展进步、相互融合的趋势不会改变，各国向往经济发展、向往富裕祥和的大趋势不会改变。随着“一带一路”、亚洲基础设施投资银行、丝路基金等“中国方案”的提出和实施，势必将推动资源要素在全球范围快速流动和配置优化，为世界各国企业投资兴业、开展合作提供新的机会。世界各地的华商和华商组织是推动各国经济发展的重要力量，也是推动住在国与中国经贸合作的桥梁和纽带，希望广大华商继续秉持中华民族艰苦创业、拼搏进取的优秀传统，借助“一带一路”发展契机，为共圆中华民族伟大复兴的中国梦，推动中国人民同世界各国人民的交流合作，做出新的更大的贡献。

访问期间，高云龙及代表团会见了英国约克公爵安德鲁王子，波兰参议院参议长斯塔尼斯瓦·卡尔柴夫斯基，英国国际贸易大臣伊丽莎白·特拉斯，波兰国家总商会常务执行会长马利克·克洛佐科，西班牙国家商会、西班牙企业组织联合会会长特别代表等。会谈期间，他们对新中国成立70周年、改革开放40多年以来取得的发展表示由衷赞叹，对中国民营企业市场化发展并取得巨大成就表示赞赏。高云龙表示，三国都拥有悠久的历史和灿烂的文明，在欧洲地区乃至世界事务中具有重要的地位和作用。中国与三国的友谊和往来源远流长，是中国在欧洲乃至世界范围内的重要合作伙伴。改革开放40多年以来，中国民营经济发展迅速，已成为推动中国经济社会发展的重要力量。当前，中国民营企业走出去的步伐不断加快，在三国均有中国优秀民营企业投资兴业，并与当地和谐相处、合作共赢。面对世界百年未有之大变局，全国工商联将继续促进并为中国民营企业与三国政府、工商界搭建高层次的交流合作平台，不断拓展合作领域，在共建“一带一路”中实现高质量发展，实现高水平的互利共赢。

在三国期间，代表团与在当地投资的中资企业开展座谈交流，并先后调研考察了吉利英国电动汽车公司、中国天楹西班牙公司、正泰集团西班牙公司、苏交科西班牙公司、TCL波兰研究院等民营企业。代表团还调研了西班牙齐鲁文商会、西班牙江苏总商会以及波兰中国商会等3家境外异地商会和华侨华人商会，高云龙对境外异地商会在发挥团结引导中资企业以及华商抱团走出去等方面的工作表示了肯定，并希望更多的企业和华商能加入商会，在抱团走出去参与“一带一路”建设方面发挥更大的作用。

访问期间，代表团拜会了我驻英国、西班牙、波兰大使馆，并得到他们的积极支持与帮助。在听取相关情况介绍后，高云龙表示希望进一步加强与驻外使领馆的沟通合作，共同为民营企业走出去参与“一带一路”建设，开展国际经济合作创造更加良好的环境和条件。

（郝剑东）

【访问埃塞俄比亚、坦桑尼亚】应埃塞俄比亚商协会和坦桑尼亚私营企业协会邀请，以全国工商联党组成员、全国工商联副主席鲁勇为团长的全国工商联代表团于11月13—21日圆满完成对埃塞俄比亚和坦桑尼亚的访问。

出访期间，代表团先后与两国政府投资主管部门座谈交流，并拜会了埃塞俄比亚贸工部国务部长Teka、埃塞俄比亚投资委员会副主任Temesgen、坦桑尼亚总理办公室投资促进中心执行主任Geoffrey等负责人；与埃塞俄比亚商协会、坦桑尼亚私营企业协会等机构和商会组织就深入落实共商共建共享理念、促进开放合作共赢进行了专题交流座谈，共同探讨深化商会合作交流的务实举措，促进更紧密的商会间合作机制建设。代表团实地考察了埃塞俄比亚东方工业园、华坚轻工业城及传音控股、四达传媒、华远卫士、三圣药业、帝缘陶瓷、力帆汽车组装厂等企业，调研民营企业海外投资运营情况；召开三场中资企业座谈会，调研中资企业境外投资经营情况。同时，代表团还走访了坦桑尼亚中华总商会、坦桑尼亚中非商会等中方商会组织。

访问取得了积极成果，传播了理念，加深了了解，增进了友谊，展现了形象，拓展了务实合作。

访问期间，鲁勇副主席一行先后拜访了我国驻两国大使馆，并与我国驻埃塞俄比亚大使谈践、驻坦桑尼亚大使王克等座谈交流。

（徐宝文）

【修订全国工商联外事管理规定】为认真贯彻落实习近平新时代中国特色社会主义思想和中央外事工作精神，以中央统战部外事管理规定等规定为依据，2019年重新修订了全国工商联外事管理规定。修订内容多次与中央统战部、中央外办、民政部进行了沟通核实，并征求了机关各部门、各直属单位和各直属商会意见。文件修订稿共分11章56条，修订主要内容是：一是为加强外事管理、促进交流，新增外事联络员制度。二是结合工商联所属商会改革工作，新增直属商会外事管理章节，明确直属商会涉外活动需履行报批、报备的程序及内容。三是新增纪律管理特别是三防（防泄密防渗透防策反）教育内容，明确请示报告制度、保密规定和赠送礼品办法等。

（李圣汉）

【发布《中国民营企业境外经贸合作区指南》】2019年8月初，由全国工商联与江泰投资贸易服务（深圳）有限公司共同编制的《中国民营企业境外经贸合作区指南》中的首批6家境外经贸合作区信息发布。这是全国工商联为更好推动境外经贸合作区转型升级，引导民营企业“抱团”出海，探索为民营企业提供全天候服务的一项积极举措。

该《指南》在全国工商联官网发布，并被直接推送至手机APP，为民营企业选择园区、建设园区、经营园区提供了切实有效帮助。截至2019年12月底，共有30家境外经贸合作区在官网上线发布。

（许聪）

【发布《中国民营企业“一带一路”可持续发展报告（2019）》】《中国民营企业“一带一路”可持续发展报告（2019）》由全国工商联与商务部国际贸易经济合作研究院、联合国开发计划署驻华代表处共同编写，于2019年8月23日在全国工商联十二届三次常委会议上由邱小平副主席正式对外发布。

报告显示，民营企业已成为“一带一路”建设的生力军。“走出去”民营企业在提升基础设施、产业带动、平台分享、创造就业机会、促进技术转移、增进社会福祉、环境保护、合规经营等八个方面积极为东道国可持续发展做出贡献。

报告认为，当前民营企业参与“一带一路”建设、推动可持续发展主要面临融资、法律法规、管理文化和劳动关系、社区和利益相关方参与、环境、海外合作网络支持等六方面挑战。报告综合考虑民营企业自身需求，参照国际机构和组织、政府发布倡导的主流原则、政策，编写了海外可持续运营参考指南，包括公司治理、社会可持续和环境可持续三个维度，旨在为广大企业提供简单、易于使用的工具，帮助企业更好国际化。报告建议政府部门进一步改善针对民营企业的海外金融服务，持续增加对民营企业可持续发展方面的政策指导，加强民营企业“走出去”培训，持续优化中国驻外使领馆的服务。建议民营企业寻求专业机构的技术支持和服务，兼顾“国际化”和“本土化”加强海外人才储备，增强国企民企海外合作，并进一步改善公司治理结构，建立符合实际的公司治理框架。报告回应了国际社会对中国民营企业海外可持续发展的关注和期待，对于提升民营企业可持续发展能力，扩大全国工商联国际影响力具有积极意义。

（刘立新）

【举办首届中国—东盟民营企业家峰会】9月21日，在第16届中国—东盟博览会期间，由中华全国工商业联合会、广西壮族自治区人民政府主办，中国—东盟博览会秘书处、广西壮族自治区工商业联合会承办的首届中国—东盟民营企业家峰会在广西南宁举办。广西壮族自治区主席陈武会见部分与会企业家。广西壮族自治区党委常委、常务副主席秦如培，全国工商联党组成员、副主席邱小平，柬埔寨发展理事会副秘书长谢无敌出席峰会并致辞。广西壮族自治区人大常委会副主任张晓钦主持峰会开幕式。

邱小平在致辞中强调，中国和东盟国家都是“一带一路”共建国家，双方经济互补性强，合作前景广阔。中国—东盟民营企业家峰会是双方民营企业家的重要交流合作平台，能够使双方更多企业家交流思想，共享信息，共同探讨解决区域合作面临的问题。希望双方民营企业家充分交流、互学互鉴，分享成功经验，碰撞智慧火花，为企业加快发展和开展合作创造更多更好的机会。希望双方民营企业家朋友抓住机遇，大力开展产能合作，特别是要利用好中国和东盟共建的各类经贸合作区，在创新研发、转型升级和产业转移等领域开展深度合作，共创发展空间，共建区域繁荣。

此次峰会主题为“世界新格局，中国—东盟民营企业合作新机遇”。四川、山东、吉林、江西、甘肃、贵州、云南、河南等省工商联主席参加会议。来自中国27个省、自治区、直辖市的知名民营企业家和东盟10国的民营企业家共300余人围绕“一带一路”建设、构建中国—东盟命运共同体等进行了广泛交流。

全国工商联副主席、小米集团董事长兼CEO雷军，马来西亚征阳集团执行主席戴良业，印度尼西亚中华总商会常务副总主席张锦雄，中非民间商会会长、华立集团股份有限公司董事局主席汪力成，新加坡劲升逻辑有限公司董事局主席、国际电子贸易私人有限公司主席黄庆生，太平洋建设集团董事局主席严昊等6位知名企业家，就民营企业如何应对当前复杂多变的世界经济形势，分享了投资合作发展的成功经验和心得体会。为帮助与会民营企业多维度了解研判世界经济格局与形势，峰会特别邀请了北京大学国家发展研究院党委书记、副院长余淼杰，对外经济贸易大学国际经济研究院博士生导师、中国自由贸易区战略研究院首席专家李光辉作主旨演讲，给民营企业提供了“走出去”多元化发展的营商战略和建议参考。主旨演讲环节由中国民间商会副会长、中国红豆集团有限公司董事长兼CEO周海江和老挝K&C集团创始人兼副总裁詹达春·冯赛共同主持。

（许聪）

【举办“对外投资合作业务和风险防范”培训班】2019年10月15—18日，由商务部和全国工商联联合举办的“对外投资合作业务和风险防范”培训班在北京举办。商务部合作司、全国工商联联络部相关负责人出席开班式并讲话。来自全国部分对外投资合作重点民营企业共120余人参加培训。

此次培训班旨在提高企业对外投资合作能力和水平，加强合规经营与风险防控能力建设，强化企业依法合规经营、履行社会责任意识，落实境外企业安全主体责任，保障我国对外投资合作稳妥有序发展。商务部合作司副司长韩勇、华信中安集团董事长殷卫宏、中央党校经济学部教授杨秋宝、北京新世纪跨国公司研究所所长王志乐、德恒律师事务所合伙人贾辉、五矿商会发展部主任赵立会分别就对外投资合作政策和海外安全风险防范、安防理论和情景教学、全面建成小康社会关键之年的经济发展、“走出去”企业合规经营体系建设、民营企业“走出去”商业谈判和争议解决、国际规则重构背景下企业国际化面临的社会责任风险与治理实践等进行了教学。

（许聪）

【出席第二届中国国际进口博览会并组织民营企业参加供需对接会】第二届中国国际进口博览会5日在上海国家会展中心开幕。国家主席习近平出席开幕式并发表题为《开放合作、命运与共》的主旨演讲，强调各国要以更加开放的心态和举措，共建开放合作、开放创新、开放共享的世界经济，重申中国开放的大门只会越开越大，中国坚持以开放促改革、促发展、促创新，持续推进更高水平的对外开放。我会邱小平副主席参加开幕式。

5日下午，邱小平副主席参加中国银行承办的第二届中国国际进口博览会供需对接会开幕式，他在致辞中表示，全国工商联和中国银行总行签署了战略合作协议，联合印发持续推动民营经济全球化发展行动纲要，建立了全面稳定的合作关系。对接会是双方建立战略合作关系后首次举办的对接活动，衷心希望这些民营企业和中外其他参会企业能够利用好对接会这个平台，积极开展交流对接，找到理想的合作伙伴。

中国商务部副部长王炳南、上海市副市长汤志平、中国银行监事长王希全，巴拿马工商部部长拉蒙·马丁内斯、马来西亚国际贸易与工业部副部长王建民、菲律宾贸易工业部副部长阿布尔加尼·马卡托曼、南非小企业发展部副部长罗斯玛丽·卡帕、芬兰就业与经济部常务秘书古泽森、俄罗斯出口中心集团高级副总裁阿列克谢·科日夫尼科夫等海内外嘉宾出席开幕式并致辞。中国银行副行长林景臻主持开幕式。

此次供需对接会，全国工商联通过各省、自治区、直辖市工商联和新疆生产建设兵团工商联组织了733位民营企业代表参加对接会。

（于明晟）

【举办引导服务民营企业参与“一带一路”建设推进会暨国际合作工作会议】11月19日，全国工商联在京召开引导服务民营企业参与“一带一路”建设推进会暨国际合作工作会议，深入学习贯彻党的十九届四中全会精神，总结经验，分析形势，部署推进更好引导服务民营企业参与“一带一路”建设。全国政协副主席、全国工商联主席高云龙，国家发展改革委副主任、国家统计局局长、推进“一带一路”建设工作领导小组办公室副主任宁吉喆出席会议并讲话。中央统战部副部长，全国工商联党组书记、常务副主席徐乐江主持会议并讲话。

高云龙指出，习近平总书记提出共建“一带一路”这一重大国际合作倡议以来，政策沟通、设施联通、贸易畅通、资金融通、民心相通取得明显进展，“一带一路”已经成为最受欢迎的国际公共产品和最大规模的国际合作平台。民营企业积极参与国际竞争和全球资源配置，已经成为促进“一带一路”建设走深走实的生力军，创新驱动发展目标更加明确，抱团合作发展趋势更加明显，投资合作模式更加多元，履行社会责任更加积极，境外中资商会桥梁作用更加凸显，民间外交贡献更加突出，在推动高质量“一带一路”建设中做出了积极贡献。

高云龙表示，要准确把握当前高质量建设“一带一路”面临的新形势。“一带一路”是高质量之路，“一带一路”有利带动了沿线国家贸易优化升级，推动全球产业链、价值链、供应链的完善，不仅提振了各国共同应对复杂严峻形势的信心，也提振了我国与新兴经济体继续推动经济全球化发展的信心。“一带一路”是创新之路，各国都在优化创新引领营商环境，集聚创新资源，为参与“一带一路”的民营企业开展创新合作、探寻新的增长动能提供广阔空间。“一带一路”是奋进之路，建设“一带一路”需要企业不断奋进、排除障碍，在更深层次、更广范围地参与“一带一路”建设。“一带一路”是共享之路，共建“一带一路”顺应全球治理体系变革的时代要求，以更加开放包容的国际经济合作新模式，为完善全球治理体系提供了新路径。

高云龙强调，广大民营企业要自觉践行高质量推动“一带一路”建设的新要求。要着眼政治互信，提升大局意识。民营企业家要认真学习贯彻习近平总书记关于“一带一路”建设的系列重要讲话精神和党中央、国务院决策部署，把讲政治放在首位，在经营上讲政治重大局，在战略布局上与国家战略保持一致。要着眼经济互融，增强企业实力。民营企业要充分考虑“一带一路”沿线国家产业与资源优势，有效实现生产要素的全球布局，努力抓住第四次工业革命和经济全球化的机遇，在促进协同发展的同时抢占发展“制高点”。要着眼人文互通，讲好中国故事。做到义利兼顾，以义为先，厚往薄来，怀柔远人，争做儒商，树立中国企业和中国民营企业家负责任的形象。

徐乐江指出，引导服务民营企业参与“一带一路”建设是党中央赋予工商联的重要使命和任务。习近平总书记关于“一带一路”的重要论述为我们做好工商联国际合作工作指明了前进方向，提供了根本遵循。推动民营经济高质量发展，深化工商联改革，对新时代工商联国际合作工作提出了新要求。面对新任务、新要求，要坚持高起点参与，依托国家双多边机制性活动，对接国内和地方发展战略，搭建高端国际经贸合作平台。要立足大格局谋划，聚焦民营企业所思所盼，聚焦新一轮科技革命和产业变革重点和趋势，提升对外交往方式和组织形式实效，提高对外交往质量。要强化精品化运作，搭建平台尽可能提供项目信息，建立完善项目数据库，做好牵线搭桥和跟踪服务工作，打造一批高质量项目。要推动境外经贸合作区转型升级，加大园区推介力度，创新园区发展模式，争取园区扶持资金，助力“走出去”民营企业抱团发展。要坚持精准化服务，加强政策指导，优化能力培训，提供专业服务，开展行业自律，提升“走出去”民营企业合规经营防范风险能力。

徐乐江强调，各级工商联要进一步提高政治站位，坚持党对国际合作工作领导，充分认识国际合作工作在国家外交工作大局中的地位和作用，坚持在大局下谋划事业、在大势中推进工作、在大事上担当作为。要加强政策研究，将制约企业走出去的体制机制和政策法规等方面问题反映给相关部门，提供智力支持；要健全组织体系，深化与党政部门合作机制，建立健全国际合作工作专门机构，重视加强对境外异地商会的联系指导，形成工作合力；要创新工作方式，借助互联网、大数据、云计算等现代信息技术搭建民营企业参与“一带一路”信息平台，提升服务效能；要加强舆论宣传，用国际语言讲好

"民企故事"，树立中国民营企业在国际上的好形象、好口碑。

宁吉喆指出，要提高站位，深刻领会、深入贯彻落实习近平总书记重要讲话精神。无论是主场外交、国际会议，还是双边会谈、署名文章，习近平总书记一以贯之强调在共建"一带一路"的框架下实现合作共赢这一时代主题，为世界共同发展注入正能量和新动能。我们要在百年未有之大变局中抓住机遇，迎接挑战，推进"一带一路"建设行稳致远，把共商、共建、共享的原则落到实处，全方位地推进务实合作。要深耕细作稳中求进，推进"一带一路"建设向高质量发展。在政策沟通上下功夫，不断铺画规划、政策、规则、标准三位一体的软联通；在设施联通上下功夫，切实提高国家间通达水平；在贸易畅通上下功夫，有效促进贸易和投资自由化、便利化；在资金融通上下功夫，建立健全长期稳定、可持续、风险可控的多元化融资体系；在民心相通上下功夫，全面推动不同文明互学互鉴与交流合作。新形势需要民营企业在推进"一带一路"宏伟事业中奋发有为，发挥自身机制灵活、形式多样、市场敏锐度高的特点，努力成为推动"一带一路"建设高质量发展的生力军。要把握航向，抱团出海，形成合力；要坚守底线，练好内功，防范风险；要诚实守信、遵纪守法、合规经营；要入乡随俗，履行责任，照顾民众。

中国贸促会党组成员、副会长张慎峰，外交部国际经济司副司长郭学军，商务部对外投资和经济合作司二级巡视员钱春莺，中国出口信用保险公司副董事长、总经理王廷科，中信集团党委委员、副总经理黄志强，中国银行党委委员、副行长孙煜，国家开发银行首席经济学家兼研究院院长刘勇先后分析了当前政治经济形势，介绍了服务企业的政策举措，对提升企业国际化经营水平提出了指导意见。

会上书面发布了《"一带一路"沿线中国民营企业现状调查研究报告》。全国工商联副主席、正泰集团董事长南存辉，蓝思科技股份有限公司董事长周群飞，中非民间商会会长、华立集团董事局主席汪力成，苏交科集团董事长符冠华，玖龙纸业有限公司董事长张茵，广东世能电力设备集团董事长侯建雄等围绕民营企业参与"一带一路"建设做经验交流。北京、江苏、江西、山东、广东、厦门等省市工商联，中非民间商会、安哥拉江苏商会、波兰中国商会等9家单位围绕如何做好国际合作工作、引导服务民营企业参与"一带一路"建设做交流发言。

全国工商联党组成员、副主席邱小平主持全国工商联国际合作工作会议，全国工商联副主席、科瑞集团有限公司董事局主席郑跃文，中央统战部经济局局长张天昱，各省级工商联、副省级城市工商联主要负责同志，分管国际合作工作的负责同志，全国工商联国际合作委员会委员，机关各部门及全国工商联直属商会负责同志，民营企业代表参加会议。

（宗君）

【发布《"一带一路"沿线中国民营企业现状调查研究报告》】2019年，全国工商联开展了民营企业参与"一带一路"建设调研。调研期间，委托北京零点有数数据科技股份有限公司设计了调查问卷，要求各省市区工商联、各直属商会组织民营企业填写，共有917家民营企业参与了"2019年一带一路沿线中国民营企业现状问卷调查"。通过案头研究和对问卷的分析，形成了《"一带一路"沿线中国民营企业现状调查研究报告》，并在全国工商联引导服务民营企业参与"一带一路"建设推进会暨国际合作工作会议上发布。

调查显示，在海外投资的企业从开始运营至今，超六成企业总体的运营情况比较顺利。其中，31.5%的企业是刚开始面临的困难较多，现在运营得比较顺利。

研究人员进一步将企业发展的信心度与企业现有的运营状况进行交叉分析发现：经营现状较为顺利的企业对未来信心度更高，而经营现状比较困难或波动较大的也均有过半数的企业表示对未来发展有信心。

调查还显示，受访企业在当地生产的产品或提供的服务主要是面向当地市场（占比54.5%），同时，分别有34.9%面向中国市场和35.3%面向其他国家市场。23.4%的受访企业表示其海外业务占总业务量高于50%。

（靖安达）

【举办2019粤商大会】为深入贯彻落实习近平总书记关于粤港澳大湾区建设的重要论述和对广东重要讲话、重要指示批示精神，11月28日，广东省政府、省政协和全国工商联在广州举行2019粤商大会。广东省政协主席王荣、全国工商联副主席邱小平出席大会开幕式并致辞，广东省副省长陈良贤主持。

王荣表示，当前，广东正按照习近平总书记和党中央的决策部署，全力推进粤港澳大湾区建设和支持深圳建设中国特色社会主义先行示范区，推动广州实现老城市新活力和“四个出新出彩”，构建“一核一带一区”区域发展新格局，加快迈入高质量发展轨道。希望广大粤商抓住一系列重大历史机遇，继续发挥广东经济社会发展的主力军作用，加强在粤港澳大湾区的产业布局，主动“走出去”参与“一带一路”建设；深化产学研合作，加强核心技术攻关，不断提升企业创新能力和核心竞争力；聚焦战略性新兴产业，积极参与制造业产业链稳链补链强链控链工作，共同打造广东制造金字招牌；参与脱贫攻坚、公共服务、教育医疗、生态环保、农业水利等方面建设，为促进广东城乡区域协调发展贡献力量。

邱小平在致辞中表示，希望广大民营企业家尤其是粤商要深入学习党的十九届四中全会精神，传承好发扬好粤商优良传统，大力弘扬新时代粤商精神，做“四个自信”的表率、务实创新的典范、实业报国的标兵和守法诚信的楷模，争当新时代先锋。要把握时代机遇，保持战略定力、坚持正确方向、坚定发展信心，积极投身粤港澳大湾区建设和深圳先行示范区建设，调整优化产业布局，推进技术创新和产业升级，在助力重大国家战略的同时拓展企业新的发展空间，提升企业发展质量，打造世界一流企业。要主动履行企业社会责任，积极参与“万企帮万村”精准扶贫、光彩事业和公益慈善事业，践行新发展理念，落实企业环境治理主体责任，协同参与社会治理，做受人尊敬、不负时代的优秀企业家，树立粤商良好形象。

广东省政协副主席袁宝成宣读表彰广东省非公有制经济人士优秀中国特色社会主义事业建设者暨光彩事业贡献奖的决定。广东省工商联主席苏志刚宣读《2019粤商宣言》，“敢为人先、务实开放、崇信守法、爱国奉献”，既是对粤商精神的历史传承，又体现了新时代对粤商精神的不断丰富和发展。

大会现场签约21个粤商投资项目，总金额约585亿元。大会还举行了粤港澳大湾区工商合作高峰论坛、“一带一路”经贸交流会之东南亚商机对接会、园区与参会企业专场对接会等活动。海内外1400多名粤商代表出席大会。

（刘倩）

【举办全国上市公司共建“一带一路”国际合作论坛暨跨国投资大会】全国上市公司共建“一带一路”国际合作论坛暨跨国投资大会12月9日在北京举行。论坛由全国工商联、中国贸促会和世界贸易中心协会联合主办，以上市公司为主要群体，以共建“一带一路”为主题，旨在推动国际合作、凝聚广泛共识。

全国政协副主席、全国工商联主席高云龙在致辞中表示，上市公司作为中国工商界的优秀代表和领军企业，是中国经济的支柱力量。近年来，不少中国上市公司遵循共商、共建、共享理念，主动投身“一带一路”建设，涉足行业广泛分布在工业制造、基础材料、信息技术、矿产能源、公用事业等领域，在跨境投资、技术对接、创新合作中发挥了重要作用，成为促进“一带一路”倡议落地生根的坚实力量。

高云龙认为，当今世界正经历百年未有之大变局。这个大变局的方向主要受三大因素影响：喷薄欲出的第四次科技革命对人类社会的智能化改造，这将改变传统增长引擎对经济拉动作用日益减弱的趋势；全球即将到来的新型治理结构体系对世界经济治理能力的现代化提升，这将改变眼下逆全球化、保护主义等思潮抬头的态势；80%以上的发展中国家的人民对美好生活的向往对全球产业供需链的引导性重构，这将推动世界多极化、经济全球化、社会信息化、文化多样化深入发展。在人类社会面临着如此重大的发展机遇和不可回避的严重挑战面前，上市公司一定会有重大谋略、重大格局、重大担当、重大作为。

高云龙强调，中国工商界的领军企业要做高质量共建“一带一路”的先行者和排头兵，创新发展开放合作的探索者和实践者，顺应新技术、新业态、新模式带来的变革趋势，把握数字化、网络化、智能化的发展机遇，坚持“走出去”与“引进来”并重，积极开展第三方市场合作，推动科技与经济的深度融合，促进共同进步。要做树立中国企业良好形象的榜样和典范，牢固树立规则意识，建立适应国际规则的合规管理体系，让法治理念、契约精神、合规意识、合规文化深入到日常工作中。在积极实施本土化战略的同时，认真履行社会责任，尽力参与公益事业，充分尊重当地宗教文化和风俗习惯，充分展示中华民族商业道德和礼仪文化，重视生态环境保护，更好地促进当地可持续发展，成为共建“一带一路”的形象大使，让更多的外国朋友感知到中华民族“后天下之乐而乐”“富而达人”的人文情怀。

中国贸促会会长高燕、世界贸易中心协会首席运营官艾伦·马纳琴格、乌克兰工商会主席根纳季·奇日科夫、中国上市公司协会会长宋志平出席会议并致辞。

来自43个国家和地区的政府部门、工商界、专业机构、企业等的代表500余人参加论坛，其中包括近百家上市公司代表。乌克兰工商会、马来西亚太子世界贸易中心、尼泊尔驻华使馆、欧洲复兴开发银行等国际组织、驻华使馆和商协会负责人以及葛洲坝集团、中国石油、万华化学、中国外运、建设银行、中科创达、安琪酵母、北汽福田等上市公司负责人在全体会议上发言交流。与会代表围绕设施联通、国际产能合作、资金融通、贸易畅通等议题进行了深入讨论。各国驻华使馆和商协会代表介绍了本国营商环境、政策指南、优惠措施和贸易投资合作机会，并分享中国上市公司促进本国经济发展、就业增加、民生改善的实践案例。

会上还发布了第一批《企业对外投资国别（地区）营商环境指南》和《中国上市公司“一带一路”建设优秀实践案例选

编》，为企业参与共建“一带一路”提供重要参考。

（于明晟）

【民营企业参与“一带一路”高质量建设投融资研究】《民营企业参与“一带一路”高质量建设投融资研究》由全国工商联与中国社会科学院国家全球战略智库共同编写。

报告分析了民营企业在“一带一路”的投融资现状以及发展趋势，指出目前民营企业仍然面临国内外一些政策限制和挑战，包括国内对资金的汇入汇出的严格限制、海外项目融资困难、国内商业银行对民营企业的融资支持有限、我国金融机构海外分支机构偏少，以及随着全球贸易保护主义的抬头、地缘政治博弈的加剧，我国民营企业难以获得境外融资、对国外法律法规水土不服、金融信息服务匮乏，信息不对称、人才招募难、员工流动率高等。

报告给出了促进民营企业对“一带一路”沿线国家投融资的建议：一是在政策层面破解对民营企业的不公平待遇，积极引导国内社会资本有序参与“一带一路”项目竞争，发挥对外援助资金的撬动作用，拓展公私合作机制；二是积极推动信用评级机构、媒体类金融信息服务商、会计师事务所、咨询公司、交易所类金融信息服务商等中资中介机构海外布局，提高民企获得融资的便利度；三是研究发行“丝路”企业债券，填补“一带一路”沿线国家缺乏统一债券工具的空白，加强区域内债券合作；四是加快人民币的国际化进程，减小交易因“中间货币”的汇率波动而带来的损失，推动区域经济一体化；五是加大金融业对民营企业的支持力度，包括完善支持民企海外投融资的金融网络，广泛联合商业性金融共同参与以及进一步扩大出口信用保险覆盖面等。

（刘立新）

组织建设

【综述】2019年组织建设工作在制定规划、建立健全制度基础上，主要是夯实基础、创新机制。按照加强工商联的全国组织、地方组织和基层组织三个层面组织建设，同时加强民营经济人士队伍建设的体系化思维，整体谋划，统筹推进，通过抓重点、抓机制、抓平台，努力形成网格化工作格局。

一、抓体系重点

围绕落实《工商联组织建设五年规划（2018—2022）》，我们研究明确了2019年各条线工作重点，筹备召开了全国工商联组织工作会议，提出“强基础、补短板、广覆盖”的工作主题，对县级工商联和商会改革这两个体系重点深入梳理，以县级工商联建设为重点，提升工商联组织力，以贯彻落实30号文为重点，推进商会改革发展，部署全面推进工商联组织建设。

二、抓机制创新

围绕新时期工商联组织建设面临的新问题、新挑战、新任务，我们已经研究制定了一系列制度规范。为进一步推动各项制度落实落好，促进工商联组织形成合力、健康运转，2019年我们着眼于创新机制，增强制度运行效力。一是健全评价指导机制，形成了一级抓一级、层层抓落实的工作指导体系，切实增强工商联组织执行力和工作耦合度，取得了积极效果，得到了驻部纪检组充分肯定。二是创新互学互促机制，落实“学一防一推送一”部署，32个省级工商联共提出60条“学”、8条“防”和39条“推送”，增进了工作交流，丰富了工作内容，提升了工作水平，受到各地普遍欢迎。三是深化联系调研机制，在各联系调研组共同努力下，截至2019年年底，联系调研已覆盖全部32个省级工商联，超过2/3的地市级工商联和千余家县级工商联，通过约500场政策宣讲会，使现场7万名民营企业家深刻感受到以习近平总书记为核心的党中央坚定不移发展壮大民营经济的决心，并通过网络形式传达到500万家小微企业，深化理想信念教育，坚定发展信心。

三、抓平台建设

为进一步延伸工作手臂，增强工商联组织建设有效抓手，我们研究打造了德胜门大讲堂、组织委员会、青年企业家委员会等工作平台。一年来，我们深入研究，完善平台建设，精心设计谋划，稳步推进实施，进一步促进创新平台更好地发挥作用。一是提升德胜门大讲堂质量，共举办13期，现场受众覆盖面达4000余人次。特别是德胜门大讲堂走出机关、走出北京，结合联系调研走进云南、甘肃、福建等地，把中央政策直接送到基层，让更多的企业家参与进来受教育、有收获。二是发挥组织委员会智库作用，围绕直属商会党建与会员企业高质量发展、商协会和民营企业家自组织统战工作等课题，形成60余篇调研成果，进一步彰显了委员会智库定位，为组织工作会议和商会建设务虚会提供了理论支撑，一些研究成果形成条目还被采纳进中办57号文件中。三是巩固全国工商联青委会团结凝聚青年企业家作用，通过青委会这一“官方组织”和青峰会这一“官方活动”，越来越多的青年企业家主动参与到青委会的活动中，进一步扩大党团结凝聚青年民营企业家的教育引导阵地，引导他们坚定不移听党话、跟党走。

（张越）

【举办“两个健康”展示交流平台专题展览】

2019年，“两个健康”展示交流平台以深入学习贯彻习近平新时代中国特色社会主义思想和党的十九大精神为主题，以庆祝新中国成立70周年，展示全国工商联自成立以来，在中国共产党领导下，在不同历史阶段始终围绕党和国家中心大局积极履职尽责为重点，宣传优秀非公有制企业，展示非公有制经济人士风采。全年共举办了“防范化解重大风险”“年轻一代企业家风采”“四好商会担使命”“礼赞新中国、奋斗新时代”四期专题展示。展览相继接待了部委领导，国外商会代表团，地方统战部、工商联系统干部，德胜门大讲堂莅临企业家等3500余人参观。大家表示，通过参观展览，更加深刻地理解了以习近平同志为核心的党中央关于非公有制经济发展的重要思想，必须运用辩证思维和长远眼光认识当前经济发展形势，坚定发展民营经济的信心和决心，在思想和行动上与党中央保持高度一致。

（王昭暾）

【贯彻落实代表任期制实施办法】工商联代表大会代表实行任期制，是《中国工商业联合会章程》提出的明确要求，是全国工商联深化改革的重要任务。为贯彻落实好《中国工商业联合会全国代表大会代表任期制实施办法》（全联发〔2019〕4号），全国工商联于2019年5月印发了《贯彻落实〈中国工商业联合会全国代表大会代表任期制实施办法〉任务分解方案》（全联厅字〔2019〕37号），机关各部门和信息中心等按照分工认真抓好各项工作的落实，完成了2019年的工作任务。

1．确保参与权，推动代表参与工商联组织的重大会议活动和重要工作情况。在2019年举办的全国工商联十二届三次常委会议、十二届三次执委会议和2019全国工商联主席高端峰会上，全国工商联专门下发通知并协调青海省、江西省和四川省工商联邀请当地不在参会范围的十二大代表列席会议，参加有关活动。

在2019年的联系调研工作中，各工作组注重邀请十二大企业家代表参加联系调研工作，有9位代表（非企业家执委）参加了4个组的联系调研活动，云南磨浆农业有限公司董事长周锋等还开展了政策宣讲。在联系调研中，各工作组还走访了陕西名流建设有限公司等7家十二大代表企业，了解生产经营现状，听取意见建议。

机关各部门在举办重要会议活动时，根据工作需要提前告知并主动邀请有关代表参与。如主动邀请薛泽科、翟冠林、荣成、钟阳君等十二大代表参加了第二届全国青年企业家峰会暨京津冀青年经济领军人物创新发展大会的各项活动，邀请王玉峰代表参加了2019年中国（温州）新时代“两个健康”论坛有关活动。

2．确保知情权，推动代表了解和知悉全国工商联报告、重要工作规划、年度工作要点和重大会议活动情况。全国工商联组织专家组对建立和完善代表履职服务网络平台专门进行分析研究，鉴于代表在十二大期间基本都安装了“联成e家”APP，信息中心基于该APP建立了代表履职服务网络平台，并在平台上发布了《全国工商联2019年工作要点》《全国工商联五年工作规划（2018—2022）》《全国工商联2018—2022年教育培训工作规划》《工商联组织建设工作五年规划（2018—2022）》以及高云龙主席在十二届三次常委会议、十二届二次执委会议上的工作报告等，及时向代表报告全国工商联有关工作。将为代表订阅《中华工商时报》和《中国工商》杂志经费列入部门年度预算，向代表寄送报纸和杂志。

3．确保建议权，提高代表履职能力和省级工商联实行代表任期制情况。全国工商联有关部门主动对接十二大代表，做好社情民意信息的宣传培训，积极征稿组稿，及时反映代表意见诉求，2019年已向全国政协报送多位代表提供的社情民意信息稿件。

将代表培训工作纳入2020—2022年的年度培训计划，梳理未参加过企业家副主席培训、执委培训等专项培训的代表名单，合理安排培训班次，科学规划培训内容，保障培训经费，力争在2022年前实现代表培训全覆盖。

天津、内蒙古、河北、河南、江西、广东、广西、重庆、云南等9个省（区、市）工商联已经制定出台本省的代表任期制实施办法或实施方案，贵州省工商联起草了初稿正在征求意见，湖南、山东等地转发了全国工商联的《实施办法》或在深化改革方案中对实行代表任期制提出具体要求。

（薛葵）

【开展企业家副主席副会长执委履职情况评价】2019年度，全国工商联首次开展企业家副主席副会长执委履职情况评价工作。

为贯彻落实党的十九大精神和工商联

十二大工作部署，加强和规范全国工商联企业家副主席、副会长、执委履职工作，全国工商联会员部根据《中国工商业联合会章程》《关于更好发挥全国工商联企业家副主席副会长和执委作用的若干意见（试行）》及有关规定，起草制定了《全国工商联企业家副主席副会长执委履职情况评价办法（试行）》（全联厅发〔2019〕7号，以下简称《评价办法》），并印发《关于做好2018年度全国工商联企业家副主席副会长执委履职情况评价工作的通知》（全联厅发〔2019〕15号，以下简称《通知》），对全国工商联340名企业家执委2018年度履职情况进行考核评价。

评价实施坚持职责导向、分层考核和重点评价。按照政治建会、团结立会、服务兴会、改革强会的要求，突出企业家主体地位，围绕“三强一好”（思想政治强、行业代表性强、参政议政能力强、社会信誉好）和参与度、贡献度设置评价项目，根据全国工商联企业家副主席、副会长和执委的不同职责分层设置评价标准，在涵盖各方面履职内容的基础上突出重点、有所侧重，推动企业家副主席、副会长、执委强化履职意识，提高履职能力，充分发挥作用。

企业家副主席副会长执委履职评价工作受到会领导高度重视。会领导多次指出并批示，全国工商联企业家副主席、副会长和执委大多是有影响力、知名度和代表性的民营企业家，所在企业也是行业内、产业链上有引领作用和示范作用的代表性企业，只有引导其提高参与度与贡献度，充分发挥他们的作用，才能切实增强工商联组织的凝聚力、影响力、执行力，进一步促进“两个健康”。在开展评价过程中，会领导时时关注工作进展，并及时提出指导性意见。机关部门、省级工商联认真对待评价工作。评价期间，全国工商联机关9个部门鼎力合作，各省级工商联认真配合，按照“实事求是、有据可依、认真审核、严格把关”的工作原则，坚持“一把尺子量到底”，严格按照评价标准，根据企业家执委现实表现进行评分。机关各部门评价结果均经部门主要负责同志审核把关，省级工商联评价结果均经省联主要领导审批，有的地区还将评价结果提交党组会议、主席办公会议审议通过，确保评价结果公正、客观、符合实际。企业家执委按通知要求积极参与。

评价坚持了目标导向、实践导向、问题导向和底线思维，评价结果充分听取相关方面意见。对评价结果前25%的企业家执委通报表扬，充分发挥正向激励作用，对评价对象需要改进的地方有针对性指出，引导评价对象加强和改进有关工作。通过开展履职评价，切实增强了工商联组织执行力和工作耦合度，取得了积极成效，得到了驻部纪检组充分肯定。

（王子萱）

【举办第二届全国青年企业家峰会】 经中央统战部批准，全国工商联、天津市人民政府于2019年8月9—11日在天津举办第二届全国青年企业家峰会暨京津冀青年经济领军人物创新发展大会。峰会于8月10日在天津梅江会展中心开幕，以“初心引创新、逐梦新时代”为主题，以青年企业家关心、关注、关切的话题为切入点，通过知名专家学者论道授课、新老企业家代表共话初心、各行各业企业家畅谈创意创新、助力区域发展，引导年轻一代民营企业家深入学习习近平新时代中国特色社会主义思想和党的十九大精神，提高政治站位，把准经济形势，坚定发展信心，在百年未有之大变局下，厚植家国情怀、激发使命担当。中央统战部副部长、全国工商联党组书记、常务副主席徐乐江和天津市委副书记、市长张国清出席开幕式并共同启动揭幕，天津市委常委、常务副市长马顺清和全国工商联党组成员、副主席李兆前代表主办双方分别致辞，天津市委常委、市委统战部部长冀国强主持开幕式。全国工商联副主席、天津市政协副主席、天津市工商联主席黎昌晋出席开幕式。全国工商联青年企业家委员会成员，以及各省级工商联及青年企业家组织、直属商会和港澳中联办推荐的青年企业家代表共500余人参加了此次峰会。

峰会在会旗传递仪式中开始，上一届峰会举办地、北京青年企业家商会会长李萌将峰会会旗传递给本届峰会举办地、天津市青年商会会长闫凯境。随后，闫凯境作为青委会副主任，代表参会500余名青年企业家发出“守初心、担使命”倡议。经济形势分析会上，恒大集团首席经济学家任泽平系统剖析了国际国内宏观经济形势。主题论坛邀请到柳传志、徐井宏、宗馥莉等代表老、中、青三个年龄段的企业家共话初心与使命。峰会还设有“创意产业”“智能创新”等分论坛，分享通信集团有限公司董事长蒋志祥、华迅方舟科技有限公司董事长吴光胜、中国海特集团董事长李飚、深圳光启高等理工研究院院长刘若鹏等嘉宾围绕年轻人感兴趣的话题分享各自领域的前沿热点。会后，天津市政府常务副市长马顺清带领天津市16个区主要负责同志分组向参会全体青年企业家介绍营商环境，欢迎企业家们来津投资发展，并组织参会代表实地考察参观天津小洋楼总部经济项目及天士力控股集团等高科技企业。

峰会开幕前一天，全国工商联青年企业家委员会召开第二次全体会议，增补闫凯境、吴光胜、徐登权等3人为副主任，王迪等73人为委员；成立青委会青年理论学习小组，李兆前副主席向学习小组组长吴光胜授牌。随后，天津市委、市政府组织召开欢迎会，中央政治局委员、天津市委书记李鸿忠在欢迎座谈会上，代表市委、市政府向与会代表表示诚挚欢迎，他高度赞同徐乐江同志在首届青峰会上提出的青年企业家“五个人”要求，结合天津的历史基因、产业基础、人才积淀、战略机遇，介绍了天津营商环境和市委、市政府服务企业和企业家的政策措施，对青年企业家提出了殷切期望。而后，在青委会座谈会上，徐乐江书记、李兆前副主席为新增补的副主任、委员颁发聘书，吴光胜等4位青委会成员代表围绕科技创新、传承接班等话题交流体会、分享经验，徐乐江书记以“厚植家国情怀 激发使命担当”为主题与青委会成员谈心交流。峰会期间，青年理论学习小组组织开展茶话会活动，李兆前副主席出席并与小组成员亲切交流。

本次峰会呈现出五个“首次”的亮点。一是参会规模首次突破500人，来自全国各地的青年企业家齐聚津门，共话合作发展。二是首次由全国工商联和地方政府共同举办，主办双方主要领导共同出席活动，提升了峰会规格，为青年企业家创新发展和助推当地经济发展搭建桥梁纽带。三是全国工商联官方媒体公众号系列报道阅读量首次10万，成为近半年阅读量最高的报道，有关报道亦刊发在“学习强国”APP，引起各方高度关注。四是首次在峰会期间组织知名专家学者授课，创新青年企业家教育引导方式方法，邀请北京大学光华管理学院管理实践教授、北大方正集团总裁兼CEO谢克海在闭门会议上授课，使青委会成员在参会的同时捞干货、长本领、增学识。五是首次将共青团组织纳入承办单位，借青峰会合并套开“京津冀青年经济领军人物创新发展大会”，促成青委会、天津市工商联、天津青商会与天津市团市委、天津青企协合作，共同做好年轻一代民营企业家教育引导工作。

本届峰会坚持以“创新引导年轻一代非公有制经济人士健康成长方式”为主线，把落实“不忘初心、牢记使命”主题教育整改要求贯穿始终。从会前座谈、会上宣言到主题论坛、分论坛，峰会的主题设计、内容设计、形式设计、环节设计等方面，都紧紧围绕引导年轻一代民营企业家在百年未有之大变局中厚植家国情怀，激发使命担当这一主线，达到了预期效果。

（张越）

【召开全国工商联组织委员会经验交流会】在全国工商联十二届三次执委会议期间，12月18日晚，全国工商联组织委员会全体会议在南昌召开。会议全面总结梳理了一年来组织委员会工作进展，表彰了2019年度组织建设优秀调研成果，讨论了2020年组织建设工作要点，谋划了新一年加强和改进组织建设工作的任务和举措。全国工商联党组副书记、副主席樊友山，全国工商联副主席、组织委员会主任，天津市政协副主席、市工商联主席黎昌晋，全国工商联副主席、组织委员会副主任，四川省政协副主席、省工商联主席陈放，以及组织委员会全体成员、全国工商联会员部有关同志等60余人出席了会议。会议由全国工商联会员部部长、组织委员会副主任张新武同志主持。

会议首先宣读了《关于表彰2019年组织建设优秀调研成果的决定》，并为获奖单位代表颁发了荣誉证书。随后，与会各位委员围绕2020年组织工作要点进行研讨，提出了很多建设性意见。最后樊友山同志讲话。

樊友山指出，一年来组织委员会完善了组织构成，分设地方组织建设组和基层组织建设组，各组有所侧重地领任务、做研究。委员们围绕贯彻落实中办发30号文件精神，在“如何建设新时代中国特色社会主义一流商会”“如何有效提升商会影响力、凝聚力”“如何理顺工商联与所属商会的关系”和“如何抓好商会党建”等方面进行了研究和探索，形成了一批研究成果，为加强和改进工商联组织建设提供了重要参考，充分发挥了组织委员会的智库作用。

樊友山强调，2020年组织委员会要深入学习贯彻民营经济统战工作有关文件精神，聚焦全国工商联组织建设重点工作，要重点研究如何以“四好”商会建设为抓手推动商会改革再上台阶，特别要在法人治理、商会党建和争取政府赋能等方面见成效。要具体研究如何提升县级工商联整体建设水平，继续在落实“一个设立五个有”上下功夫，推进县级工商联通过抓商会来服务非公经济，进一步加强县级工商联基础能力建设。要系统提炼近年来工商联组织建设工作理论成果，深入学习贯彻民营经济统战工作有关文件精神，进一步加强对工商联组织建设工作的理论研究，形成成果汇编，作为用习近平新时代中国特色社会主义思想指导新形势下工商联组织建设的有益实践。

樊友山希望各位委员牢牢把握“两个健康”工作主题，切实承担起组织委员会的职责，对工商联组织建设工作提出负责任的、建设性的、具有操作性和针对性的意见建议，推动工商联组织建设工作迈上新台阶。

（王昭暾）

【举办两期全国工商联会员组织统计工作培训班】为切实加强“网上工商联”建设，强化工商联会员组织有关信息统计工作，按照工商联信息化建设工作方案，于4月18—19日在贵州省贵阳市举办了培训班，来自全国32个省级工商联会员组织工作统计员、系统管理员和贵州省9个市州的有关同志共计70人参加。这次培训采取经验介绍、案例分析、互动研讨等形式，对数据库功能、信息项目、填报要求、注意事项以及执常委管理、商会管理、组织管理三个功能模块进行授课讲解。为拓宽大家的视野，还特别安排学员们赴贵阳大数据中心进行参观建学。在拟对原有会员组织管理系统进行升级后，于12月5—6日在山西省太原市再次举办了培训班，全面介绍新版会员组织管理系统修改完善情况，开展会员组织管理系统使用培训，重点围绕会员、执常委、代表人士、组织管理、商会管理、统计报表填报等作功能模块授课讲解。

（王昭瞰）

【推进30号文件精神贯彻落实】2019年以来，各级工商联和所属商会坚决贯彻落实中央30号文件精神，主动作为、敢于担当，形成了共同推动改革的强大合力。

全国工商联在温州召开组织工作会议，重点总结部署商会改革工作。与中央统战部联合印发《关于进一步做好30号文件贯彻落实工作的通知》。会领导带队的各联系调研组，先后走访168个市级工商联、528个县级工商联、335家商会，宣讲商会改革政策，推动商会改革落实落地。与民政部就16家全国工商联直属商会进行双周沟通协调，围绕乡镇街道商会登记管理文件出台进行常态化沟通协调，推动工商联所属商会登记注册有关工作的贯彻落实。围绕改革任务中需探索创新的重点工作，选取15项改革任务分别明确了19个省份重点试点推进，印发了《重点改革任务探索试点工作的通知》。开展培训指导，举办工商联履行业务主管单位职责培训班、县级工商联主席书记培训班、“三区三州”工商联所属商会会长培训班、商会改革发展论坛，指导地方工商联及所属商会负责同志提升改革工作能力。坚持理论研究，全国工商联组织委员会围绕“如何建设新时代中国特色社会主义一流商会”等6个课题开展研究；组织召开商会改革专题务虚会，对商会改革发展工作进行深入研究部署；会同中央统战部开展“商协会组织统战工作”的课题研究，提出新时代做好商协会组织统战工作的思路举措和对策建议。机关各部门认真落实《促进工商联所属商会改革和发展的实施意见任务分解方案》和《2019年工商联所属商会改革重点任务清单》，确保商会改革发展任务落到实处。全国工商联31家直属商会按照中央要求，大力推进改革发展，政治引领作用更加聚焦，服务会员能力不断增强，探索会长轮值制，自身建设不断规范。

各省级工商联积极推动中央30号文件的落实落地，推动实施方案的制定出台。截至目前，共有31个省出台了商会改革发展的贯彻落实方案。从发文形式和内容看，各省份实施方案大多体现了高规格部署、高标准推进和高起点谋划。

在上下各方一致努力下，商会组织覆盖面进一步扩大，商会自身建设进一步规范，商会职能作用进一步发挥，党的组织和工作进一步覆盖。商会改革取得了阶段性成效。

（袁鹏飞）

【召开工商联所属商会改革务虚会】2019年2月25日召开工商联所属商会改革务虚会。全国工商联领导高云龙、徐乐江、谢经荣、黄荣、李兆前、鲁勇，中央统战部非公有制经济局局长张天昱，全国工商联秘书长赵德江出席会议。机关各部门负责人参会。会议听取了关于商会改革发展任务推进落实情况和当前存在的突出问题、意见建议以及下一步工作打算的专题汇报。机关各部门汇报了牵头和协办的相关改革任务进展情况。

会议认为，《关于促进工商联所属商会改革和发展的实施意见》（以下简称《实施意见》）印发后，各地结合自身实际，大胆创新实践，取得了初步成效。机关各部门牵头负责相关改革任务推进落实，做了大量工作。但从调研情况看，所属商会改革还处于起步阶段，主要面临两类问题：一类是工商联自身无法单独解决，需协调和借助统战系统之外力量解决的，如所属商会登记难度大、党组织隶属关系不顺等外部问题；一类是通过工商联系统自身努力可以逐步加以解决的，诸如理论研究和政策指导不够、商会自身建设不规范等内部问题。会议对存在问题的原因进行了深入剖析。

会议指出，工商联所属商会改革发展文件的出台来之不易，是工商联历史上的一件大事，必须提高政治站位，树立大局意识，站在做好党的统一战线工作和经济工作、更好促进“两个健康”、推进国家治理体系和治理能力现代化建设的高度，推动工商联所属商会改革发展，圆满完成党中央交给工商联的改革任务。

会议要求，一是认真研究工商联所属商会与协会、西方商会异同与差距，重点针对困扰商会成立和发展中的重点难点问题，形成工商联商会工作理论体系。二是按照建设现代化国家社会治理体系的需要，形成现代化中国特色商会组织建设目标。三是形成规范的指导引导服务商会的工作机制，建立会领导联系直属商会制度。四是推动确定所属商会范围，暂时不好纳入这个范围的要主动吸收为团体会员或与之建立联系。五是推动符合条件的所属商会尽快登记；在工作基础好、符合国家发展战略、涉及国计民生的重要行业及新兴产业和新兴业态领域积极组建商会。六是研究商会“有效覆盖”的含义，科学制定规划和发展指标。七是提升商会服务水平和能力，建立现代化的治理结构，强化所属商会“三性”有机统一的基本特征。八是大力推进商会规范化建设。九是在30号文件印发一周年之际，召开工商联所属商会改革推进会。十是成立工作小组，研究制定贯彻落实《实施意见》的指导意见。

（袁鹏飞）

【2017—2018年度工商联系统全国“四好”商会认定】为深入推进工商联所属商会改革，提升商会建设水平，2018年初，全国工商联制定《全国工商联2018年“四好”商会建设工作实施方案》，在工商联系统扎实推进班子建设好、团结教育好、服务发展好、自律规范好的“四好”商会建设。为更好激发各地工商联所属商会按照“四好”标准加强自身建设的积极性、主动性，2018年第四季度启动首次工商联系统全国“四好”商会认定工作。

32家省级工商联按照全国“四好”商会认定标准，共推荐上报554家商会；会员部组织推荐了4家直属商会。共有558家商会被推荐为2017—2018年度工商联系统全国“四好”商会认定对象。

审核过程中，一是注重严格标准、兼顾实际。充分考虑各地商会建设的差异性，兼顾西部欠发达地区或商会建设薄弱地区实情，向这两类地区适当予以倾斜；针对乡镇、街道商会在工商联所属商会占比较大以及本次各地申报较少的实际，兼顾商会所属层级和类型，向乡镇、街道等基层商会适当予以倾斜。二是推荐单位为主、加大抽查。以随机挑选的方式分别对河北、山西、山东、河南、广西、云南6个省的18家商会进行了实地抽查，并对部分商会登记情况和年检情况进行网上复查，对材料真实性进行审核把关。三是导向牵引、一票否决。作为贯彻落实30号文件的重要举措之一，将商会成立年限、登记注册、党组织建设、职能作用发挥、年检情况作为硬性条件，同时，将秘书处工作人员数量、会员数量（覆盖率）、制度建设、平台建设、参与工商联重点工作情况作为重点考核指标，将奖惩情况作为重要参考指标，统筹考虑商会“四好”建设整体情况。四是加强沟通、避免误判。组织专门力量对推荐材料进行审核，统一审核标准，对初审环节认为不符合全国“四好”标准的商会均说明具体理由，并对照标准条件进行复核、与推荐单位进一步沟通确认。根据审核结果，最终认定498家工商联所属商会为全国“四好”商会。

认定为全国“四好”的498家商会占所推荐商会总数的89.4%，其中，江苏省最多（38家），新疆生产建设兵团最少（2家）。从商会所属层级看，全国工商联直属商会4家，占0.8%；省级工商联所属商会140家，占28.1%；市级工商联所属商会252家，占50.5%；县级工商联所属商会103家，占20.6%。从商会类型看，行业商会146家，占29.3%；异地商会211家，占42.3%；乡镇商会46家，占9.2%；街道商会20家，占4.0%；园区、市场、楼宇商会4家，占0.8%；其他综合类商会72家，占14.4%。所有商会均已登记注册，平均成立时间近10年。

（崔玉南）

【开展2018—2019年度全国“五好”县级工商联确认工作】近两年来，各级工商联以习近平新时代中国特色社会主义思想为指导，认真贯彻落实习近平总书记在民营企业座谈会上的重要讲话精神，坚持政治建会、团结立会、服务兴会、改革强会，紧紧围绕地方政府中心工作，围绕“两个健康”主题，按照我会要求，结合地方实际，制定量化细化“五好”条件，认真开展“五好”县级工商联建设，全国县级工商联建设水平有了新提高。

2019年初，我会制定下发《关于开展全国“五好”县级工商联确认工作的通知》，就全国“五好”县级工商联确认工作进一步明确了确认原则、推荐标准和确认程序。3月，针对2018年的“一个设立、五个有”全面调查摸底情况，重点对未完成工作目标的9个省份进行了“回头看”。7月，举办了西部部分省份县级工商联干部培训班，共培训130名基础薄弱地区的县级工商联主席、党组书记。9—10月，创新开展了互学互促，通过省级工商联对口调研“五好”县级工商联建设情况，落实“学一防一推送一”部署，会员部派员参加了山西、山东、贵州、陕西的互学互促。

各地高度重视全国“五好”县级工商联确认工作，优中选优，严格程序，坚持公开、公平、公正原则进行推荐。

会员部结合各省级工商联互学互促了解掌握的情况，对各地申报推荐材料进行审核。经初审，有200个县级工商联不符合全国“五好”标准。对不符合标准的县级工商联，会员部与相关省级工商联逐一沟通，并将初审后的1419个县级工商联征求8个联系调研组意见。

为确保确认结果更加精准，工作导向更为明确，此次确认工作增加了专家评审环节。邀请9名机关部门、直属单位和地方工商联熟悉工商联组织建设的同志组成专家评审组，集中对初审通过的“五好”

县级工商联进行复审。樊友山副主席、赵德江秘书长与评审组共同研究确定复审标准：重点审核县级工商联是否完成“一个设立、五个有”，是否达到“五好”的五项标准，六项指标全部达到定为A级，完成“一个设立、五个有”但五个好中有一项指标未达到定为B、有两项未达到定为C、有三项未达到定为D。同时确定不能容忍项指标，存在不能容忍项的定为D。ABC三个等级可确认为全国“五好”，D级不能确认为全国“五好”。经两轮审核，评审组提出了确认名单。会员部对评级为D的县级工商联再次进行情况核实后，结合评审组意见，最终提出1383家全国“五好”县级工商联建议名单，占全国县级工商联总数的48.5%。其中，A级“五好”505家、B级“五好”631家、C级“五好”247家。

（邹丹丹）

【举办工商联履行业务主管单位职责培训班】2019年5月29—30日，工商联履行业务主管单位职责培训班在中央社会主义学院举办。此次培训班旨在深入推进工商联所属商会改革，切实履行好工商联对所属商会管理职责，研究工商联所属商会改革面临的重点难点问题。各省级工商联、省会城市和副省级城市工商联相关工作部门负责同志共64人参加了培训。

培训班分别邀请民政部社会组织管理局登记处处长余永龙围绕如何履行业务主管单位职责进行辅导授课；重庆市工商联副主席陈智围绕加强对所属商会党建工作的领导和管理，推动“两个覆盖”破题，介绍经验做法；全国工商联会员部部长张新武围绕完善组织体系、优化组织结构、明确组织定位、发挥组织作用等内容，介绍了新时代工商联组织建设的总体思路；浙江省温州市工商联党组副书记、副主席赵文冕介绍了温州创建“两个健康”先行区，探索推进工商经济领域协会商会归口工商联管理的经验做法。培训班还就如何破解工商联所属商会改革发展重点难点问题进行了分组讨论。

培训期间，举办了商会改革发展论坛，全国工商联党组副书记、副主席樊友山与参会人员互动交流并发表讲话。在论坛上，江苏、浙江、河南、重庆、福建、云南、大连、成都、宁波、长沙等地参加培训的同志围绕“如何提升商会的凝聚力和影响力”“如何认识商会在民营经济统战工作中的地位和作用”进行了交流探讨。大家纷纷表示，商会作为工商联的基层组织和工作依托，是服务“两个健康”的重要阵地，在国家治理体系现代化进程中大有可为。工商联要把握住历史机遇，主动作为、靠前作为，积极培育、广泛联系商会，充分发挥商会统战性、经济性、民间性三性有机统一优势，不断提升商会的凝聚力和影响力，使商会发挥民营经济统战工作的基层组织和重要载体作用。研究室林泽炎主任对大家的研讨发言做了点评。

论坛中大家讨论认为，党的十八大以来，以习近平总书记为核心的党中央高度重视非公有制经济的发展，十分关心工商联及所属商会改革发展，工商联及商会发展面临大好机遇。当前，以非公有制经济构成的市场主体已接近1亿个，非公有制企业3200多万个，个体工商户6700万个，而工商联系统干部仅有2万余人，无法满足服务广大非公有制经济人士的工作需要。工商联要把组织工作重心转到商会建设和发展上来，使商会真正成为民营经济统战工作的基层组织和重要载体。

参加商会改革发展论坛的还有全国工商联研究室、会员部、宣教部、机关党委有关同志。

（崔玉南）

【举办西部欠发达地区县级工商联主席、党组书记培训班】2019年7月8日，在长沙举办全国工商联西部部分省份县级工商联干部培训班。

培训班由全国工商联主办，湖南省工商联承办。来自甘肃省、青海省、新疆维吾尔自治区、新疆生产建设兵团的130余名县级工商联主席和党组书记参加了培训。本次培训是全国工商联深入学习贯彻习近平新时代中国特色社会主义思想和党的十九大精神，推动工商联系统深化改革，夯实基层组织建设基础，补齐“五好”县级工商联建设短板的有效探索。

培训班采取经验介绍、现场教学、交流研讨和沙龙活动等形式进行，内容十分丰富，具有较强的针对性和实操性，为加强本次培训班管理，顺利完成学习培训任务，培训班实行封闭式管理。

会上，湖南省工商联会员处、怀化市鹤城区工商联、长沙市长沙县工商联、浏阳市工商联、株洲市天元区工商联以及部分全国“四好”商会等有关负责人分别交流了主要经验和做法。

学员们经过培训，开拓了思路、更新了观念，增强了做好工商联工作的信心，并表示要认真贯彻落实好习近平总书记关于非公有制经济发展和工商联工作的重要指示精神，贯彻落实好中央对工商联工作的一系列新部署新要求，把所学所思转化成工作实效，为促进“两个健康”、推进工商联事业发展做出更大贡献。

（袁鹏飞）

【举办“三区三州”工商联所属商会会长培训班】为贯彻落实中央30号文件和全国工商联组织工作会议精神，推动“三区三州”工商联所属商会改革发展，促进东西部商会间交流合作，2019年8月和11月，会员部分别在福建晋江和浙江温州举办了“三区三州”工商联所属商会会长培训班。

两期培训班共培训“三区三州”工商联所属商会会长120名，基本实现了培训的全覆盖。学员中来自行业类商会共有16名，来自综合类商会19名，来自乡镇街道商会的13名，来自异地商会的72名。经培训期间调研，学员中担任商会会长时间在1至3年的占到了80%，普遍缺少商会工作经验和必要的业务指导。

培训教学充分运用经验介绍、案例分析、情景座谈、学员研讨、实地考察等形式进行，授课和讲解人员以当地优秀商会会长和秘书长为主。培训内容既有宏观层面对商会改革发展形势的介绍，又有微观层面极具针对性和操作性的工作讲解，帮助学员们了解优秀商会建设经验和工作实务。

（袁鹏飞）

【推动与民政部联合出台乡镇、街道商会登记管理文件】为贯彻落实中共中央办公厅、国务院办公厅《关于促进工商联所属商会改革和发展的实施意见》和《关于改革社会组织管理制度促进社会组织健康有序发展的意见》精神，加强党对乡镇、街道商会的领导，推动乡镇、街道商会加快依法登记，提升规范化管理水平，促进其健康有序发展，根据《社会团体登记管理条例》等规定，民政部、全国工商联有关部门共同起草了《关于加强乡镇、街道商会登记管理工作的通知（送审稿）》。

2018年年底以来，全国工商联会员部联合民政部社会组织管理局先后3次赴6个省份深入调研，共同研究起草了文件征求意见稿，并在一定范围内听取了省市县级民政部门、工商联，乡镇人民政府、街道办事处，以及乡镇、街道商会意见。并就征求意见稿委托华北电力大学人文与社会科学学院进行了政策风险评估，评估报告认为风险整体可控，政策制定意义重大，出台时机成熟。据上，形成了《民政部 全国工商联关于加强乡镇、街道商会登记管理工作的通知（送审稿）》（以下简称《通知》）。

文件主要明确了以下内容：一是加强依法管理。《通知》明确乡镇、街道商会申请成立登记应当具备《条例》规定的条件，工商联和登记管理机关依法对登记的商会实施管理。二是明确登记管理体制。《通知》明确乡镇、街道商会实行工商联和登记管理机关双重管理。同时强调，乡镇、街道商会登记按照条件成熟一个、登记一个的原则推进，不下硬指标，不搞一刀切。三是加强党的领导。《通知》明确，乡镇、街道商会成立时要同步建立党的组织。暂时不具备条件的，可通过选派党建工作指导员、联络员或建立工会、共青团组织等开展党的工作，扩大党的工作覆盖。商会章程应对建立党的组织、开展党的工作做出明确规定。四是明确监管职责。《通知》结合乡镇、街道商会的特点，明确了县级工商联和民政部门监督管理职责，强调在加强支持发展的同时，加强规范化管理、负责人管理、日常监督和执法查处。五是加强商会建设。《通知》按照中央有关文件要求和《中国工商业联合会章程》，结合乡镇、街道商会实际，明确了法人治理机制、收费管理、职能作用等内容，促进商会加强自身建设。

（余法琴）

【召开全国工商联组织工作会议】 2019年7月28、29日，按照党中央关于开展“不忘初心、牢记使命”主题教育工作部署，为深入学习贯彻习近平新时代中国特色社会主义思想，特别是习近平总书记关于“两个健康”工作和工商联建设的重要指示精神，进一步推动中央30号文件精神的贯彻落实，总结工商联组织建设工作成绩，宣传先进典型，查找存在不足，研究解决制约工商联和所属商会改革发展的重点难点问题，部署下一步工商联组织建设工作任务，在浙江省温州市召开了以“强基础、补短板、广覆盖，推进工商联和商会改革发展”为主题的全国工商联组织工作会议。

高云龙主席、徐乐江书记亲自审定会议方案，出席会议并作重要讲话；樊友山副主席具体指导会议筹备工作，与其他会领导和有关部门负责同志共同研究确定会议主题和交流发言方案，李兆前副主席参加会议；各省级工商联党组书记和分管组织工作的副主席、会员组织部门负责人，全国工商联直属商会会长和党组织书记，部分全国“四好”商会负责人，及中央统战部四局有关负责同志和全国工商联机关各部门负责同志共200余人参加了会议。

此次会议是工商联和商会改革进入关键时期召开的一次重要会议，统一了思想认识，解决了思想困惑，学习了先进经验，开阔了眼界视野，明确了下一步工作方向和着力点，收获颇丰，启发颇多，指导颇益。会议主要有以下几个特点：

一是将“不忘初心、牢记使命”主题教育总要求贯穿始终，把学习教育、调查研究、检视问题、整改落实贯穿会议全过程。二是在释疑解惑中统一思想认识。会议阐述了工商联所属商会不脱钩的理由和政策依据，明确提出坚持商会是工商联基层组织的根本定位；提出扩大工商联所属和所联系商会范围的方法路径；提出抓基层打基础，把加强县级工商联建设作为组织建设的重要基础鲜明基层导向。三是坚持问题导向，梳理分析当前组织建设工作特别是县级工商联建设和商会改革工作存在的突出问题，找准问题症结，对一些制约工商联组织建发展的重点难点问题进行系统研究，为找准下一步工作着力点奠定基础。四是充分发挥先进典型的示范带动作用。会议选取14家单位作为大会典型发言，18家单位作为大会书面发言，汇编了11万字的发言材料。安排现场观摩学习，实地学习温州“两个健康”先行区先进经验。

（袁鹏飞）

【开展2018年度省级工商联工作评价】为深入贯彻党的十九大精神，落实工商联十二大工作部署，全面了解和准确掌握各省级工商联工作情况和成效，加强工作指导，更好促进“两个健康”，制定《省级工商联工作评价办法（试行）》，开展2018年评价工作。

评价坚持目标导向、实践导向、问题导向和结果导向，以促进“政治建会、团结立会、服务兴会、改革强会”建设为主线，以凝聚目标愿景促进工商联工作的系统性、计划性、规范性、高效性为目标，共设置23项内容，分别为：（一）政治建会。1．加强领导班子建设。2．加强和改进非公有制经济人士思想政治工作。3．积极参政议政。4．推动党的组织和工作向所属商会全覆盖。5．配合做好非公有制企业党建工作。6．加强舆论阵地建设。（二）团结立会。1．推动构建“亲”“清”新型政商关系。2．加强与非公有制企业和非公有制经济人士的广泛联系。3．推动履行社会责任。4．激发和保护企业家精神。（三）服务兴会。1．推动改善民营企业发展政策环境。2．积极服务国家发展战略。3．推动实现高质量发展。4．加强法律服务。5．服务民营企业开展国际合作。（四）改革强会。1．促进商会改革。2．改革组织体制。3．创新运行机制。4．改进工作方式。5．加强规划牵引。6．推动工商联组织和工作全覆盖。（五）加分项。1．创新及特色工作。2．获得表彰、奖励。

全国工商联成立省级工商联评价工作小组，会员部牵头，机关各部门参加，具体负责省级工商联评价的组织实施和工作协调。评价采取省级工商联自评（占20%）、抽取部分执常委企业家评（占30%）与全国工商联评（占50%）相结合的方式，其中，参与评价的执常委企业家抽取比例为，本省推荐的全国工商联执委企业家的50%，本级工商联常委企业家的10%，由全国工商联评价工作小组随机抽取并组织实施。

根据得分情况，形成了2018年省级工商联工作评价结果，对评价优秀的浙江、江西、福建、湖南、上海、安徽、云南、山东、湖北、江苏等十省（市）通报表扬，总分数排在末位的省级工商联由全国工商联主要领导约谈，各部门评分排在末位的省级工商联由全国工商联分管副主席约谈。

开展省级工商联工作评价，为激励和引导省级工商联持续加强和改进工作提供了有力抓手，有助于推动省级工商联去“四化”、强“三性”、增“三力”，为新时代更好地促进非公有制经济健康发展和非公有制经济人士健康成长提供坚强的组织保障。

（邹丹丹）

【推进工商联会员制改革】为贯彻落实习近平总书记关于工商联及所属商会建设的重要指示精神，全面深化工商联系统改革，根据《中国工商业联合会章程》，印发《关于加强和改进工商联会员工作的意见》（以下简称《意见》）。

《意见》以习近平新时代中国特色社会主义思想为指导，落实中央统战工作会议和中央党的群团工作会议精神，贯彻新时代党的组织路线，坚持以非公有制企业和非公有制经济人士为主体，突出进步性、代表性和广泛性，坚决克服“贵族化”倾向，深化工商联会员工作改革，规范会员发展、管理和服务，不断扩大会员数量，努力提升会员质量，充分发挥会员作用，建设一支信念坚定、素质优良，结构合理、覆盖面广，联系紧密、作用突出的会员队伍，巩固和扩大党执政的群众基础和社会基础，为推进新时代中国特色社会主义伟大事业凝聚更广泛力量。

《意见》指出，要通过深化改革，不断创新工作方式方法，推动会员素质全面提升，会员意识全面增强，会员数量持续增长，会员作用充分发挥，形成全国、省、市、县四级工商联分级管理，团体会员、企业会员、个人会员共同发展，重点行业有效覆盖，大中小微企业统筹兼顾的会员结构，实现会员发展、管理、服务和作用发挥规范有序，工作机制健全完备的工商联会员组织工作新格局。

《意见》明确了四大项13条工作措施，主要包括：（一）改进会员发展。1. 全国、省级工商联只发展团体会员，不再保留企业和个人会员。2. 地市、县级工商联继续做好企业和个人会员发展工作，着力组建商会组织，大力发展团体会员。3. 工商联所属商会广泛发展会员。（二）加强会员管理。1. 明确会员入会条件。2. 强化会员教育引领。3. 加强会员日常管理。（三）做好会员服务。1. 保障会员权利。2. 搭建经济服务平台。3. 维护会员合法权益。（四）发挥会员作用。1. 积极建言献策、参政议政。2. 参与国家重大战略。3. 强化守法诚信自律。4. 参与光彩和公益慈善事业。

（崔玉南）

【召开全国工商联直属商会会长联席会议】2019年6月13日，全国工商联直属商会会长联席会议在云南昆明安宁召开。31家直属商会会长、监事长、秘书长和1名副会长参加，共110余人。会后与会人员赴迪庆、怒江开展了特色产业项目考察对接。全国工商联党组副书记、副主席樊友山出席直属商会会长联席会，并代表全国工商联出席了云南昆明“商洽会”开幕式及迪庆、怒江考察调研等活动。

13日的会长联席会议分为两个阶段，上午开门宣讲，以“德胜门大讲堂”形式邀请来自不同领域的6位知名企业家作主题演讲，5位企业家进行圆桌对话，共同分享优秀民营企业家创业精神和促进企业高质量发展的思考体会。云南省工商联在昆执常委、在昆直属商会会长，昆明工商联执常委、安宁工商联执常委等，约430人参加。下午为闭门会议，以分组研讨、经验交流等方式，深入学习贯彻《关于促进工商联所属商会改革和发展的实施意见》，研讨交流将直属商会打造成中国特色一流商会的顶层设计方案。会上，新能源商会、环境商商会、旅游商会3家商会就深化商会改革、发挥商会作用、规范商会建设等交流了各自典型经验，亚布力中国企业家论坛介绍了论坛发展情况。樊友山同志进行了总结讲话。

14—15日，樊友山同志率部分与会企业家和第二联系调研组深入迪庆、怒江开展考察调研，助力“三区三州”深度贫困地区脱贫攻坚。考察人员克服高原反应和长途跋涉等困难，深入扶贫搬迁安置点、农村、企业和特色小镇，实地了解易地扶贫搬迁安置情况、精准扶贫情况和特色产业项目情况，初步取得10项成果，合计金额130多亿元。

（王定生）

【制定《全国工商联关于在直属商会实行会长轮值制的指导意见（试行）》】 为加强社会组织建设，激发社会组织活力，促进社会组织健康有序发展，2016年8月，中办国办提出《关于改革社会组织管理制度促进社会组织健康有序发展的实施意见》，意见提出“探索实行行业协会商会理事长（会长）轮值制”。因此，自2017年6月起，全国工商联部分直属商会以换届为契机，陆续探索试行会长轮值制。2018年6月，为推动各级工商联所属商会改革发展，中办国办出台了《关于促进工商联所属商会改革和发展的实施意见》，意见提出要规范商会自身建设，健全法人治理体系，着力激发商会活力，“大胆探索创新商会运行机制、活动方式、服务手段”。根据这一要求精神，为直属商会试行会长轮值制提供规范性文件依据的任务提上日程。按照会领导的指示精神，我会在评估总结直属商会试行轮值制实践效果的基础上，借鉴其他社会组织实行轮值的有益经验，形成了《全国工商联关于在直属商会实行会长轮值制的指导意见（试行）》，供已试点会长轮值制和准备试行会长轮值制的直属商会，结合实际贯彻落实。意见着重从组织方式、产生程序、运行机制、保障措施等各环节，对会长轮值制的运行做了规范性表述。意见的出台，客观上有利于完善商会法人治理体系，有利于推动形成民主办会、集体决策的氛围，有利于强化公共平台属性、调动各方参与商会工作的积极性。同时，我会也注重听取商会轮值制运行中的问题和反馈，有关情况及时上报，并根据商会实际给予具体指导。

（程小东）

【制定《专职副主席分工负责直属商会方案（试行）》】 为适应新时期直属商会工作需要，更好支持直属商会发展，经全国工商联2019年第8次主席办公会议审议通过，制定印发《专职副主席分工负责直属商会方案（试行）》（以下简称《方案》）。

《方案》在领导体制中规定，将直属商会工作分为两类：业务工作、组织建设工作。业务工作包括具体业务工作和综合业务工作，其中，具体业务工作主要是法律维权、经济服务、参政议政、国际合作、财务等，综合业务工作主要是计划规划、理想信念教育、论坛展会年会、扶贫等；组织建设工作包括机构人事、党的建设和评价工作。

《方案》在运转方式中规定，直属商会综合业务工作、评价工作，直接报承办部门；直属商会机构人事、党建工作，分别报会员部、机关党委；直属商会具体业务工作，直接报机关相关业务部门提出工作意见。

《方案》在工作分工中，将31家直属商会分别由各副主席分工负责，并明确了承办部门。

（马澄）

机关建设

【综述】2019年，机关继续深入学习贯彻习近平新时代中国特色社会主义思想和党的十九大精神，党的十九届二中、三中、四中全会精神，保持团结奋进的精神风貌，落实全面从严治党要求，大力加强基层党组织建设、干部队伍建设和机关作风建设，为工商联事业提供坚强的政治和组织保证。

【学习宣传贯彻党的十九届四中全会精神】11月1日，全国工商联党组理论学习中心组召开扩大会议，传达学习党的十九届四中全会精神，党组书记徐乐江同志主持会议对学习贯彻工作进行安排部署。他强调，深入学习贯彻党的十九届四中全会精神是当前和今后一个时期的重要政治任务，要进一步提高思想认识，着力深化对十九届四中全会精神的理解和把握，深刻领会坚持和完善中国特色社会主义制度、推进国家治理体系和治理能力现代化这一重大战略的重要意义以及我国国家制度和国家治理体系具有的13个显著优势，把思想和行动统一到全会做出的重大决策部署上来，立足工商联职责任务，把学习宣传贯彻全会精神同抓好当前工作紧密结合起来，高质量完成各项任务。会议要求按照党中央和中央统战部关于学习贯彻全会精神的总体部署，研究制定全国工商联学习贯彻党的十九届四中全会精神的工作方案。

11月12日，全国工商联党组理论学习中心组再一次召开学习（扩大）会议，进一步深入学习党的十九届四中全会精神。徐乐江同志做宣讲报告。会领导、机关全体干部、直属单位中层以上管理人员、直属商会代表约240余人参会。会议要求，要把深入学习宣传贯彻党的十九届四中全会精神作为当前和今后一个时期的首要政治任务，全国工商联各级领导干部、各级党组织要切实提高政治站位，以强烈的政治责任感和历史使命感，认真学习、深刻领会，全力抓好全会精神的学习宣传贯彻。

按照党组部署，机关党委印发《全国工商联学习宣传党的十九届四中全会精神方案》，结合党的十九届四中全会提出的要求、“不忘初心、牢记使命”主题教育和工商联工作实际，提出9条主要工作举措，引导党员干部用四中全会精神统一思想，转化为新的思维、转化为新的措施、转化为新的工作实效。组织工商联大讲堂、德胜门大讲堂，邀请中央党校刘余莉教授以“从四中全会精神谈中国治理智慧”，中央财办原副主任、现任全国政协经济委员会副主任杨伟民以“解读《中共中央关于坚持和完善中国特色社会主义制度、推进国家治理体系和治理能力现代化若干重大问题的决定》”，全国工商联副主席、叶氏企业集团董事长叶青以“加强党的领导和商会‘三性’有机统一”等为主题，为机关全体干部、直属单位中层以上管理人员和直属商会、地方工商联、民营企业代表作辅导报告。结合全国工商联干部党性教育及综合素质提升培训班，从《决定》解读、经济形势、党史教育、业务能力等方面全面宣讲党的十九届四中全会精神。

带头宣讲。徐乐江同志到全国工商联民间文物艺术品商会博物馆走访调研，向商会同志宣讲党的十九届四中全会精神。全国工商联民间文物艺术品商会表示，要认真学习贯彻四中全会精神，继续做好“中国民间文物艺术品传世工程”，建立全国性组织网络和工作网络，做好分支机构的发展工作，并制定好行业标准，用行业标准规范，引导全行业健康有序发展。其他党组成员和会领导分别深入所在基层党组织、对口联系商会、联系调研点，到福建、山东、海南、广西、河北等地，在全国工商联汽车经销商、全国工商联金银珠宝业、中国民营文化产业等商会进行宣讲，将党的十九届四中全会精神原汁原味传达给基层。

结合工作学习贯彻。11月15日，全国工商联、生态环境部在河南省郑州市联合召开支持服务民营企业绿色发展交流推进会，深入学习贯彻党的十九届四中全会精神，贯彻落实习近平生态文明思想，进一步推动落实两部门联合印发的关于支持服务民营企业绿色发展的意见，合力打好污染防治攻坚战，协同推进经济高质量发展和生态环境高水平保护。11月19日，全国工商联在京召开引导服务民营企业参与“一带一路”建设推进会暨国际合作工作会议，深入学习贯彻党的十九届四中全会精神，总结经验，分析形势，部署推进更好引导服务民营企业参与“一带一路”建设。全国政协副主席、全国工商联主席高云龙，国家发展改革委副主任、国家统计局局长、推进“一带一路”建设工作领导小组办公室副主任宁吉喆出席会议并讲话。

机关和直属单位党组织结合做好民营经济统战工作学习宣传全会精神，梳理出工商联要着力把握好的八个方面深刻内涵。直属商会党组织组织商会领导班子、秘书处、会员企业认真学习贯彻党的十九届四中全会精神。中国民营经济国际合作商会党委召开理论学习中心组第四次集体学习会议，邀请中央党校国际战略研究院中国外交研究所所长、教授、博士生导师罗建波就《新时代的中国与世界》白皮书解读作学习辅导。许多商会党支部结合商会年会、换届大会，制定出推动民营企业更好融入国家发展大局、促进民营企业高质量发展的一系列举措。

（徐莎莎）

【开展商会党建与会员企业高质量发展课题研究】2019年上半年，全国工商联直属商会与非公党建工作委员会深入学习贯彻习近平新时代中国特色社会主义思想和党的十九大精神，围绕“商会党建与会员企业高质量发展”，建立制度机制，开展实地调研，进行课题研究，提出对策建议，努力破解商会党组织建设难题。

印发工作方案，设立研究小组，建立工作机制。印发《直属商会党建与会员企业高质量发展课题研究工作方案》，并综合考虑党建委员会委员的职能分工、地域分布和行业结构等因素，调动党建委员会全体成员积极性，设立如何进一步深化对新时代民营经济持续发展的理论认识、商会影响力提升、中国特色社会主义一流商会建设、商会规范运行机制、商会党建、商会秘书处建设、工商联与所属商会的关系7个研究小组，建立工作机制，明确各组组长、成员、联络员及研究任务，建立委员、联络员、课题小组工作群。工作中，小组成员通过微信群定期通报课题进展、交流调研体会、研究热点问题，形成小组齐抓共管的工作合力。

召开推进会，边研究边探索，实现新突破。为推进“直属商会与会员企业高质量发展”课题研究工作，在北京组织召开课题研究推进会，全国工商联党组副书记、副主席、机关党委书记樊友山同志，全国工商联党组成员、副主席李兆前同志做了重要讲话，进一步强调了课题研究的重要意义。会议要求，课题研究要重点把握好四个方面问题：一是进一步突出研究的重点和主线，二是解决好理论突破和实践创新问题，三是解决好分散与集中的问题，四是解决好探索与借鉴的关系。会议明确，要进一步突出课题研究重点，聚焦7个方面研究内容，各个课题组都要围绕民营经济的定位和作用、工商联如何服务“两个健康”、商会在民营经济统战工作中的地位和作用、商会的影响力凝聚力如何提升、商会的规范运作问题、商会和会员企业的关系、商会文化建设等内容开展研究。会议在明确课题研究着力点和需要重点把握的主要问题基础上充分开展研讨交流，并对课题研究的专项报告提出具体要求和时间节点。机关研究室、会员部、宣教部、机关党委主要负责人，全国工商联组织委员会、直属商会与非公党建工作委员会课题小组负责人及执笔人32人参加会议。

围绕目标任务，积极开展调研，完成专项报告。根据全国工商联课题研究工作方案要求，按照推进会的指示精神，全年各个课题组紧紧围绕目标任务，以问题为导向，制定小组课题研究计划和委员课题研究任务，以委员所在的57个省市、自治区、县工商联、民营企业和100多个商会，分别以问卷调查、座谈会、深度访谈、实地调研、案例研究等形式全面深入了解情况，总结典型，挖掘案例。全年，党建工作委员会完成“加强党对民营经济的领导中进一步巩固和扩大党的执政基础”“工商联所属商会的定位与职责研究”“工商联所属商会党组织建设研究”“如何建设新时代中国特色社会主义一流商会”“有效提升工商联所属商会凝聚力和影响力的思考”“以十九大精神为引领 推进商会党的组织和工作全覆盖”等课题报告39篇，编辑印发“直属商会与会员企业高质量发展课题研究报告汇编”，编发课题研究工作简报3期，根据工作岗位的变化对4个市级工商联委员和1个民营企业的委员进行调整，增补1名市级工商联委员。

（赵云凤）

【**开展商会党建试点**】为贯彻落实全国工商联《“商会党建与会员企业高质量发展”重点改革措施试点计划》（全联厅字〔2019〕46号），加强和改进直属商会党建工作，按照进一步明确商会党组织的定位和职责，建立健全社会党组织作用发挥机制，明确商会党组织与会员企业党建和秘书处党建的关系要求，坚持边试点边研究边完善的原则，根据会领导指示要求，机关党委协同商会主管部门和联系部门，在条件成熟且党建工作基础较好的直属商会开展成立商会党委、党建工作委员会试点工作。筹备成立党委的5个商会（包括今年换届商会1个），科技装备业商会党委、并购公会党委已正式成立，新能源商会、城市基础设施商会已进入党委委员后备人选考察工作，冶金商会目前正在进行第一轮民主推荐委员后备人选工作。筹备成立党建工作委员会的5个商会（包括今年换届商会2个），环境服务业商会党建工作委员会已正式成立，房地产商会已经完成委员后备人选考察工作；家具装饰业商会、中国民营文化产业商会进入后备人选考察工作；汽车经销商商会进行第一轮民主推荐委员后备人选工作。

（赵云凤）

【推动直属党组织发挥好领导作用】 为深入贯彻落实党的十九大精神和中央关于加强党的建设的一系列重要要求，切实将会党组关于“直属单位党组织要发挥领导作用，做到把方向、管大局、保落实”指示要求落到实处，2019年在直属单位推行了“三重一大”事项（涉及本单位建设发展稳定和事关干部职工群众切身利益的重大决策、重要人事任免、重大项目安排和大额度资金使用）落实党组织决策前置程序机制，即将党组织研究讨论作为直属单位决策“三重一大”事项的前置程序，为直属单位党组织发挥领导作用提供了机制支撑。

（邢海涛）

【召开第六届机关工会会员代表大会】 10月30日，全国工商联机关工会第六次会员代表大会召开。全国工商联党组副书记、副主席、机关党委书记樊友山同志和中央统战部机关党委副书记、工会联合会副主席、机关工会主席张爽同志出席会议，全国工商联机关各部门30余名工会会员代表参加了会议。

会议全面回顾过去五年来全国工商联机关工会所取得的成绩，明确今后五年的奋斗目标和工作任务，审议通过全国工商联机关工会第五届委员会工作报告、财务工作报告，选举产生全国工商联机关工会第六届委员会。李冰同志当选主席，王岚、左田文同志当选副主席，赵忠华、李圣汉、孙昱、邹丹丹、张明凡、刘晓琳同志当选工会委员。

会上，樊友山同志代表会党组、机关党委对机关工会第六次会员代表大会的成功召开、对选举产生的机关工会第六届委员会表示祝贺。他指出，机关工会要凝聚和调动机关干部的积极性，落实好会党组和机关党委工作要求；要切实加强对机关干部的教育引导，动员组织广大干部深入学习习近平新时代中国特色社会主义思想；要把服务机关工作大局作为出发点和落脚点，深入开展群众性建功立业活动，最大限度地调动广大职工的积极性、主动性、创造性；要关心干部工作生活，广泛谈心走访，积极协助有关部门解决干部职工在工作、生活中存在的实际困难；要适应新形势新任务，努力把握新时代机关工会工作的特点和规律，创新工作理念，拓展工作渠道，全面提高工会工作的服务水平，将工商联打造成学习创新的“成长机关”、积极向上的“活力机关”、团结互助的“和谐机关”，为工商联更好地做好民营经济统战工作、促进“两个健康”做出新的更大贡献。

张爽同志代表中央统战部机关党委和中央统战部工会联合会对全国工商联机关工会提出明确要求，要求新一届工会委员会要认真学习领会习近平总书记的重要讲话精神，准确把握工会工作的历史使命和新定位、新要求，始终把工会工作放在统战全局工作的高度去思考谋划，始终把政治性、先进性、群众性贯穿到工作全过程，最大限度地团结凝聚机关干部职工，共同推动工会工作再上新台阶。

（徐莎莎）

【全国工商联召开2019年党风廉政建设工作会议】 2月1日，全国工商联召开2019年党风廉政建设工作会议，深入学习贯彻十九届中央纪委三次全会精神，认真落实党中央和中央统战部党风廉政建设决策部署，总结去年工作，部署今年任务。

中央纪委国家监委驻中央统战部纪检监察组组长周小莹传达了中央纪委三次全会精神，特别是习近平总书记重要讲话精神，总结评价了全国工商联2018年党风廉政建设情况，对做好2019年党风廉政建设工作提出要求。她强调，要深入学习习近平总书记重要讲话，认真贯彻中央纪委三次全会精神；坚持以党的政治建设为统领，坚决做到“两个维护”；坚持夯实管党治党政治责任，推动主体责任和监督责任贯通协调，形成合力；坚持把监督放在更加突出位置，努力做到监督常在、形成常态；坚持弘扬优良作风，构建“亲”“清”新型政商关系；坚持惩治违纪违法，巩固发展反腐败压倒性胜利；坚持提升纪检监察工作规范化水平，推进纪检监察工作高质量发展。

会议传达了中央统战部党风廉政建设工作会议和尤权部长重要讲话精神。中央统战部副部长，全国工商联党组书记、常务副主席徐乐江就全国工商联党风廉政建设工作进行总结和部署。他指出，2018年全国工商联坚持以政治建设为统领，突出抓好思想建设、组织建设、作风建设、纪律建设、积极推动构建“亲”“清”新型政商关系，党风廉政建设取得新进展。他强调，全国工商联要认真学习贯彻党的十九届中央纪委三次全会精神，全面准确领会从严治党相关要求，讲政治、作表率、强本领，保持斗争精神，增强斗争本领。他指出，2019年全国工商联党风廉政建设工作，要全面贯彻习近平新时代中国特色社会主义思想，深入落实中央纪委三次全会精神，坚决维护习近平同志为核心的党中央权威和集中统一领导；深化党建“六强”工作机制，推动主体责任、监督责任落实落细；深化运用监督执纪“第一种形态”，全面加强纪律建设；持之以恒推进作风建设，坚决破除形式主义、官僚主义；健全监督体系，有效防范廉洁风险；坚持新时期纪检干部标准，培养忠诚干净担当高素质干部队伍。

全国政协副主席、全国工商联主席高云龙出席会议，全国工商联党组副书记、副主席樊友山主持会议，会领导班子成员、党组成员出席会议。驻部纪检监察组、中央统战部机关纪委有关负责人，全国工商联机关全体干部、直属单位中层以上管理人员、直属商会党组织负责人参加会议。

（任晓晋）

【全国工商联召开警示教育大会】5月20日，全国工商联召开李维民严重违纪违法案件警示教育大会，中央统战部副部长、全国工商联党组书记、常务副主席徐乐江出席会议并讲话，中央统战部机关纪委、中央统战部干部局负责同志宣布了对李维民开除党籍、开除公职的处分决定，中央纪委国家监委驻中央统战部纪检监察组负责同志，对全国工商联进一步加强党风廉政建设反腐败工作提出要求。会议由全国工商联党组副书记、副主席樊友山主持，会领导班子成员、党组成员出席会议。

徐乐江指出，全国工商联坚决拥护中央统战部的决定、坚决拥护人民法院依法对李维民做出的判决、坚决落实驻部纪检监察组提出的工作要求。召开李维民严重违纪违法案件警示教育大会，就是通过身边的典型案例，使广大党员干部从中吸取教训，以案为戒，警钟长鸣。

徐乐江强调，各直属党组织要把党的政治建设摆在首位，坚持以政治建设为统领，坚定不移加强全面从严治党，以政治纪律带动党的各项纪律全面严起来，努力营造风清气正良好政治生态。广大党员干部要以案为鉴，从中吸取教训，以案明纪，保持政治定力，加强政治学习，严守政治规矩，任何时候任何情况下都不能突破底线、逾越红线、触碰高压线。

徐乐江要求，全体党员干部要讲政治、善用权、勤修身，对照反思李维民案件，时刻警醒自己，增强党风廉政建设的思想自觉、政治自觉、行动自觉。全国工商联各级党组织要以政治建设为统领，坚持严字当头、全面从严、一严到底，坚持无禁区、全覆盖、零容忍，坚持重遏制、强高压、长震慑，以永远在路上的执着和韧劲，推动全面从严治党向纵深发展。

全国工商联机关全体干部、直属单位中层以上管理人员、直属商会党组织负责人共220余人参加会议。

（张强）

【开展公务员职务与职级并行制度改革】2019年5月，中组部印发《公务员职务与职级并行规定》，在全国范围内开展公务员职务与职级并行制度改革。全国工商联机关按照中组部统一部署，拟定《全国工商联机关职务与职级并行实施方案》，经党组会议审议通过，报中央组织部、中央统战部备案。2019年6—9月，按照《全国工商联机关职务与职级并行实施方案》，完成88名非领导职务干部职级套转、任职工作，分两批次完成118名处级以下干部职级晋升工作。

（崔巍）

【制定《2019—2022年全国工商联干部人才队伍建设规划》】为贯彻落实党的十九大和全国组织工作会议精神，进一步加强全国工商联干部人才队伍建设，有力推进工商联事业发展，按照会党组有关工作部署，制定印发了《2019—2022年全国工商联干部人才队伍建设规划》（以下简称《规划》）。

《规划》重点围绕“面对新形势和新任务，如何加强全国工商联干部人才队伍建设”这一根本性课题，统筹了干部队伍建设和人才队伍建设两个方面，体现新思想、衔接新政策、吸收新成果、解决新问题。《规划》共分为五部分：第一部分是干部人才队伍建设面临的新形势。第二部分是指导思想与基本原则，其中提出了干部人才队伍建设需要坚持的五个基本原则，即“坚持党管干部人才”“突出政治标准”“坚持服务中心”“强化业务素质”和“注重突出业绩”。第三部分是到2022年的建设目标，从干部人才队伍素质更加过硬、结构更加优化、管理机制更加完善三个方面明确了未来建设的目标。第四部分是工作措施，从加大优秀干部人才选调力度、加大培养力度、完善考核评价机制、改进选拔任用工作和坚持全面从严管理五个方面提出了具体举措要求。第五部分是抓好组织实施，对各级人事部门提出了要求。

（马玉杰）

【举办离退休党总支“我与祖国共成长”书画摄影展】2019年7—10月，为进一步深入学习贯彻党的十九大精神，庆祝新中国成立70周年，抒发离退休老同志对祖国的热爱和深情，结合中央统战部机关党委“我和祖国共成长”书画摄影展活动安排，离退休党总支在全体离退休人员范围内举办“我和我的祖国”——庆祝新中国成立70周年书画摄影展。机关党委离退休人员服务处与离退休党总支共同组织策划，老同志热情积极参与，由爱好书画摄影且具有较高专业水准的老同志中，择优成立评委会对参赛作品进行评审，并选送优秀作品参加中央统战部机关党委展览。

广大离退休老同志特别是书画和摄影爱好者踊跃参加，共征集书画作品30件，摄影作品40件，80岁的陈芳同志递交了两幅精心准备的书画作品，90岁高龄的乔鹤泽同志递交了4幅反映北京城市变迁的摄影作品。征集作品题材多样、主题突出，寓意丰富，有的讴歌党的光荣历史和伟大业绩，表达对党的无限忠诚；有的描画了祖国锦绣江山，抒发爱国情怀；有的赞颂了新中国成立70年来发生的翻天覆地的变化；有的表达对实现“中国梦”的衷心祝福。经过评委会精心评审，最终评出摄影类一等奖2个、二等奖3个、三等奖5个；书画类一等奖4个、二等奖4个、三等奖5个，共23名同志获奖，离退休党总支举行颁奖仪式为获奖人员颁发奖状。同时，15幅书画作品、4幅摄影作品在中央统战部机关礼堂展出，离退休人员服务处组织离退休干部赴统战部机关参观；遴选出40件优秀作品在我会机关大厅展出，还特邀展出了退休会领导的部分书法作品。机关在职干部和离退休干部共同参观了展览，充分展现了我会离退休老同志昂扬向上、老有所为的精神风貌。

（高杨）

【实行“计评对”管理】在试行一年的基础上，2019年我们对“计评对”管理机制进行了细节上的修改完善，开发上线了“计评对”管理信息系统，扩大了施行范围，进一步严格了各项要求。通过年计划、季评估、月对表，对重点工作、中心工作和日常工作进行全方位的跟踪督办和考核评价，有效提升了谋篇部局的全局性、落实推进的计划性、指挥管控的节奏性、团队配合的协同性、攻坚克难的创造性，促进了各项工作的推进落实。通过信息系统的开发使用，提升了“计评对”管理的工作效率，既便于全面系统查看机关、部门单位、处室整体工作任务落实推进情况，也便于责任主体把握自身工作进度和节奏；既有利于横向分析比较，也有利于纵向查漏补缺。

（祁运丽）

“网上工商联”建设

【综述】2019年，在会党组、网络安全和信息化领导小组领导下，信息中心认真落实我会年度工作要点和网信领导小组总体安排，扎实推进“网上工商联”建设，技术服务与保障工作得到进一步加强，围绕大局、服务中心的能力进一步提升。

一、立项申报工作取得实质性进展

进入新时代，习近平总书记对利用现代信息技术支撑社会治理的现代化高度重视。对工商联来说，随着服务对象从会员到所有民营经济人士的转变，利用好信息技术有效拓展联系服务手段，服务大统战格局，是工商联信息中心面临的大背景。会党组充分认识到加强信息化建设的极端重要性，把“网上工商联”建设作为履行职能使命的重要渠道和载体，以创新思维和举措统筹领进工程实施。

1．工程立项取得实质进展。在前期积极沟通协调基础上，6月11日，中办机要局召开党的执政能力信息化工程启动会议，同意包括全国工商联在内的相关部门（单位）报送“党的执政能力信息化工程建设需求”。信息中心在深入研究论证基础上拟定“网上工商联”工程建设需求方案，征求了中办信息中心、电子政务专家的意见建议，对申报材料补充完善后报送中办。10月22日，中办机要局印发《党的执政能力信息化工程（一期）框架方案（征求意见稿）》，我会申报的“非公经济数据资源库”“网上工商联”工程正式列入一期工程。

2. 科技攻关项目。在会领导的大力支持下，经过争取我会项目《基于大数据智能的非公经济群体感知与服务辅助技术研究及应用》纳入了科技部2019年“新一代人工智能”项目之中。11月8日，“新一代人工智能”项目组专家、科技部高技术司的同志专程前来，就我会科技攻关项目的研究方向、考核指标、组织方式等进行了讨论交流，提出了修改意见，材料修改完善后报送科技部。

二、网络安全工作迈上新台阶

信息中心针对网络安全压力越来越大的形势，按会领导要求，始终把网络安全作为信息化建设的“保底工程”来抓，确保了网络运行安全、稳定、可靠、无事故。

一是严格落实中央网信办的工作任务。自2月份起，根据中央网信办印发的《网络安全工作责任制落实工作指标》进行了自查，12项指标中我会有7项已落实，5项存在差距的，也拟定了改进措施加以落实。根据中央网信办《关于进一步规范网络安全检查工作的通知》精神，提出我会网络安全检查办法，配合宣教部拟定工作计划，按时反馈。根据会领导批示精神，拟定我会软件正版化工作自查方案，结合网络安全指标检查推进落实。

拟定《全国工商联网络媒体信息发布管理规定》，修订《全国工商联网络安全管理办法》，经主席办公会议、党组会审议通过后印发，使相关工作更加规范化。

二是精心抓好重大活动期间网络安全保障。根据公安部通知要求，研究拟定了网络安全保障方案，落实全国两会、新中国成立70周年大庆期间的网络安全保障工作，实时做好网上信息的检查审核，保证了重大活动期间内部网络无重大安全事件。

三是认真落实国家网络与信息安全信息通报工作。定期向国家网络与信息安全信息通报中心报送我会网络安全情况，按照通报中心提供的警示信息，加强我会网络安全防范工作。参加培训会2次、等保论坛1次、总结会1次，及时传达学习会议精神，抓好工作落实。协调处置3次中央网信办应急协调平台安全提示，并及时回复处置情况。加强日常网络安全管理工作，做好机房网络、安全设备巡检工作，按期检查系统数据备份策略及执行情况。配合办公厅开展计算机终端安全检查，更新计算机台账，加强终端安全防护。

四是落实推进网络安全保障工作。我会机关电子政务内网的接入，已按照要求办理申请手续、完成相关设备采购手续，正在协调指定的专业团队上门勘测、确认部署方案。各级工商联电子政务外网接入正有序推进，据统计已有18个省级、74个市级、238个区县级工商联接入电子政务外网，其中安徽、海南实现省市县三级全部接入。3月，按照公安部关于紧急排查整改重要数据和公民个人信息泄露安全隐患的要求，请数据安全专业公司协助开展数据库漏洞扫描，对重要数据泄露风险进一步排查摸底，最大程度封堵了可能存在的风险漏洞。6月，集中技术力量对边界防火墙和IDS系统的风险提示和日志进行了分析，采取措施主动应对，优化完善系统5个，封堵境内外攻击源IP地址150个；7月，联合网安等专业公司对机关计算机网络进行自查，组织厂商修复发现的安全风险、系统漏洞问题，针对弱密码风险，我们在IDS系统开启了强密码策略，极大地保障了网络信息安全。10月，开始对机关办公计算机的软件正版化、非密计算机的涉密信息进行全面检查，与每位使用者签订使用正版软件承诺书。

【工作成果】

“网上工商联”建设有序展开

（一）“网上工商联”顶层设计不断完善

1. 继续完善系统总体架构设计。随着新建业务系统陆续上线，我会现有的服务器和存储资源已经分配殆尽，私有云资源严重超配影响系统运行效率，也有安全风险。我们组织专家组、各系统研发方共同研究论证，完善系统整体架构设计，保障部署在我会私有云、租用的云资源系统运行的有机衔接，拟定部分系统向太极云迁移方案。10月30日，樊友山、鲁勇副主席和赵德江秘书长召开专题会议，结合专家意见，研究审议迁移方案。信息中心根据会议精神对方案进行了修改完善、并报会领导批准后，实施部分系统的迁移工作。

2. 优化“网上工商联”顶层设计，完善标准规范。完成了信息资源和数据交换标准的第二部分《信息资源目录标准》、第四部分《信息交换标准》、第五部分《资源管理标准》、第六部分《交换接口标准》和第七部分《服务接口规范》共5个标准工作。9月底向各省级工商联系统管理员提供了标准规范目录，为“网上工商联”一体化提供技术保障。

（二）业务系统建设实现系统化推进

我们按照“急用先行、保障中心”的原则，在人力少、任务重、要求高的情况下，稳步推进机关业务系统建设，较好地满足了促进“两个健康”需要。

1. 办公系统的应用功能不断完善。完善优化公文管理系统，支持移动端PDF文件阅览、会领导移动端文件的修改，支持外出报备等业务的网上审批流转，实现了我会与省级、副省级城市工商联、直属商会间的电子公文传输。各级工商联组织企业家副主席、副会长远程登录我会办公平台，通过信息直报系统实现我会内刊的下发，不再向下发放纸质内刊。我们为省级工商联主席、书记提供了登录我会内网办公平台的账号。研发“计评对”系统，有效支持年计划、月对表、季评估工作，促进各项工作的开展；研发联系调研系统，有效支持我会开展的联系、调研、走访工作。

2. 信息直报系统支撑有力、建成舆情报送系统。根据办公厅信息直报工作需要，实现执委企业通过互联网登录系统填报功能；根据宣教部舆情报送工作需要，基于信息直报系统实现舆情报送功能，建立舆情报送专用窗口。2019年信息上报9800多条、我会采纳914条，我会发布209条。

3. 调查问卷系统作用发挥明显、建成劳动关系监测调查系统。根据研究室调研工作的需要，增加调查问卷系统移动端功能，支持扫描二维码进入填报页面、进行填报，支持移动端查看或下载调研报告；根据法律部劳动关系监测工作的需求，基于调查问卷系统实现劳动关系监测调查功能，建立专用填报窗口。2019年调查问卷系统新注册企业2.3万多家、共6.8万多家企业，开展全国性调研4次、地方工商联调研63次。

4. 改进会员组织管理系统，筹建民营企业参与“一带一路”投资项目管理系统。会员组织管理系统包括会员、执委、代表人士、商会、组织信息的管理，支撑各级工商联组织管理本级数据、使用全国数据，是工商联采集与管理会员企业、代表人士数据最基础的业务系统，根据地方工商联反馈意见，组织专家研究分析，从采集企业和代表人士数据工作的整体角度出发制定了改进完善计划，打造工商联面向企业的数据采集门户，体现当前互联网应用的特点，引入了有相关研发和运维经验的团队承担系统改进主体工作，并将民营企业参与“一带一路”投资项目管理系统纳入其中、作为先行先试。

会员数据共收录122万，其中个人会员54.7万、企业会员62.1万、团体会员5.7万。

（三）“一带一路”信息网络平台建设正式启动

根据会领导批示精神，信息中心与联络部会同各专业公司完善建设方案。11月14日，樊友山、邱小平副主席召开专题会议研究平台建设工作，要求依据“网上工商联”顶层设计，统筹考虑系统开发建设，保持技术路径畅通，保障各系统之间适配衔接、避免重复建设，在确保应用场景满足业务需求的前提下，把握好信息采集、运行（共享）、展示环节的设计规划，根据会议精神进一步完善建设方案。启动招标工作，于12月30日开标。

（四）基础数据库建设已具雏形

1．基本态数据方面。完善基础数据库业务主数据设计，按照“人”“企业”“机构”“事”“物”五要素进行建模设计。其中，“人员”数据包括工商联会员、代表人士、执常委等，用包括“基本属性、社会属性、政治属性”共三大类162个数据项来描述；“企业”数据包括企业基本信息、工商登记信息、经营状况、纳税情况、行业情况和投资、参与重大战略、信用、参保、创新、海外布局、企业间关系等各类相关信息数据，用包括“基本属性、社会属性、政治属性”共三大类404个数据项来描述；“机构”数据包括各级工商联、所属商（协）会、商（协）会党组织以及有关社团组织的详细数据，用129个数据项来描述；“事件”数据重点收集民营经济领域发生的重大事件和事态跟踪信息，包括项目、活动、事件三大类，用207个数据项来描述；“物品”数据包括工商联业务工作产生的文档资料以及固定资产等，用106个数据项来描述。收录人员1889079条，企业777483条，机构3293条，商会51713条，团体64345条。

2．融合态数据方面。完成基础数据库融合态数据库设计工作，通过分析经济指标和各类主题内容，已形成从数据采集、数据加工、数据建模到数据可视化的完整解决方案。初步收集整理了国民经济指标26个分类64个指标；全球经济指标17个分类42个指标；行业指标20个分类78个指标；机构指标3个分类35个指标；制作数据可视化展示主题20余个。

3．完成基础数据库索引目录设计。可通过索引目录充分展现基础数据库原始态数据、融合态数据的完整构成，可查询数据项、统计数据分类、统计数据量、查询数据可视化等。

4．完成数据应用门户开发并上线运行。可根据各类专题、人员、企业、机构、榜单等检索数据，并提供数据概况、会员组织统计、问卷调查统计、企业帮扶统计等功能。

5．完成企业投资关系图数据库及可视化开发工作，完成全国50余万会员企业投资关系数据采集和图数据模型构建，展示页面与数据应用门户完成集成。

6．依靠通用功能平台完成对多源异构数据的管理，采集元数据形成全国工商联数据资产目录对外提供数据服务。依靠通用功能平台ETL工具完成基础数据库数据同步工作，完成安可环境的基库增量同步工作。完成信用中国数据定期抽取工作。

7．完成标签库数据库设计，制作标签135个，生成标签数据310余万。

8．外部数据接入情况：接入信用中

国1.14亿条，第三方机构1440万条，国家共享交换平台4个接口。入库17张榜单，新增7741条数据，关联主数据库1054企业或个人。完成青岛工商联会员数据接入。

9. 调查研究非结构文件存储技术路线，形成《非结构化文件存储方案》以及《非结构化文件入库流程》。

（五）“门户网站+APP”实现及时动态更新

1. 网站建设与信息发布实现动态化。适时优化网站首页，实现了专题轮播，增加了重要新闻浮窗显示、最新文档标识等功能。调整网站一级栏目、并扩充涵盖范围，大幅度提高“要闻”“党的关怀”“商会建设”“非公动态”等一级栏目更新频率，聚焦中央、部委、地方等各级政策信息。2019年，官网发布稿件8000余篇，内网办公平台发布稿件近900篇，微信公众号共推送90次，882条内容；完成资讯类专题“全面贯彻中央经济工作会议精神”“壮丽70年、奋斗新时代”“学习贯彻习近平新时代中国特色社会主义思想”“学习贯彻十九届四中全会精神”“工商联服务民企在行动”“全国工商联智库”“中国民营企业境外经贸合作区指南”和会议活动类专题“2019中国民营企业500强”“全国工商联组织工作会议”“全国构建和谐劳动关系先进表彰会”“德胜门大讲堂”等20多个专题的设计和内容组织，跟进做好专题维护更新。

开通百度百家号，实现与官网全国工商联要闻栏目同步，并通过手机百度、百度搜索、百度浏览器等多种渠道进行分发。自7月底开通以来，百度百家号累计发布150余篇全国工商联要闻，累计阅读数520万次。

2. 联成e家APP更新及时。努力做好系统的运行维护，保障了机关移动办公的正常应用，认真完成资讯栏目内容的每日更新工作；较好支撑了“十二届三次执委会议”“十二届三次常委会议和2019中国民营企业500强峰会系列活动”会务服务工作，较好地支持了消费扶贫平台的运行。

3. 配合开展舆情收集与网络服务的技术支持工作。完成了舆情报送系统的研发，实现桌面端和移动端的舆情直报功能。按要求完成全国工商联执委、直属商会会长副会长、省联执委企业与信用中国黑名单比对，配合开展相关工作。在网站开通“民企诉求直通车”“工商联服务民企在行动”专题，建立民营企业反映问题、表达诉求的快捷通道，加强非公经济政策的宣传推广。

（六）网络和信息服务工作培训班成功举办

在会领导重视和机关支持下，组织举办了“2019年全国工商联网络和信息服务工作培训班”，来自各省级工商联、机关各部门负责网络和信息服务工作的同志80余人参加培训。党组副书记、副主席樊友山出席开班式并讲话；李兆前副主席提出工作要求，指示宣教部给予帮助和支持。培训内容主要包括：网络舆情和意识形态工作面临的形势、问题和建议，解读《全国工商联网络媒体信息发布管理规定》，讲解信息发布管理平台操作规程，介绍了“网上工商联”建设进展，天津、上海、江苏、云南工商联介绍做好网络和信息工作的经验，分别组织召开了省级工商联领导、信息员参加的两个座谈会，沟通情况、介绍经验、并对我会网络和信息服务工作提出了意见建议。这次培训对于推进工商联系统信息化建设起到极大促进作用，也提高了网络信息服务人员的政治意识和素质能力。

（七）系统运维与技术服务坚持经常、保障到位

1. 信息系统运维良好。协调各系统

研发方做好公文系统、信息直报系统、民营企业调查、上规模企业调研、科技奖评选、"万企帮万村"台账、公文智能交换等系统的运维；针对CA登录办公系统闪退、国产终端正文编辑问题、"联成e家"APP移动办公死机等问题，组织专家组和厂商一起研究分析，跟进督促厂商解决。

信息中心人员承担了办公平台的门户、领导活动安排、工资查询、工作纪实等系统，网站系统，以及计算机网络、一卡通等系统的运维，负责信息系统账号管理、Key制作、授权调整操作，配合系统研发调试，按需开通服务器、调整安全策略。在部门业务开展阶段，集中力量做好系统应用技术支持服务和相关应急保障。

2. 技术保障与支持服务到位。按制度要求对机房、各楼层网络设备进行巡检，及时处理设备故障，全年更新楼层AP节点6个、供电模块25个、排除机房空调故障2次，较好地保障了计算机网络、电话网、一卡通、一层展示平台等系统的安全稳定运行。

全年完成电话号码调整300多人次，计算机软硬件调试维护2400余人次，学习平台支持1次全面从严治党新思想和党章党规党纪内部竞赛；技术服务视频会议3次，德胜门大讲堂视频直播4次，有效地促进了工商联的社会影响力。

紧密联系会领导秘书、机关各部门，将会领导参加的有关会议活动资料收集、汇总、保存，每月向有关方面通报资料收集情况，促进资料收集工作的落实。一年来，承担会议活动摄影114场，保存照片12余万张，摄像12场，及时完成视频、照片加工处理，根据要求制成光盘提供给工作部门、并及时上传数字资料库存储。

支持会员部组织的培训班2次，支持甘肃、河北、内蒙古等省的会员组织管理系统培训工作，以及黑龙江、安徽、河北、四川等省的万企帮万村台账培训工作。

（八）保障消费扶贫平台运营平稳有力

"联成e家"消费扶贫平台先后上架的扶贫产品共计5308个，来自593个贫困县。截至2019年12月25日，"联成e家"消费扶贫平台所获得扶贫产品采购订单2.5亿元，已经完成5983.58万元（其中，全国工商联机关单位和直属商会采购扶贫产品95万元，全国工商联执常委企业采购扶贫产品1395万元，政府机关、事业单位、其他商协会、民营企业、社会人士等采购扶贫产品4493.58万元），为精准扶贫做出应有贡献。

第三部分　重要会议报告、领导讲话

高云龙同志在全国工商联十二届三次常委会议上的讲话

这次常委会议，主要任务是认真学习贯彻习近平新时代中国特色社会主义思想和党的十九大精神，全面贯彻落实习近平总书记关于非公有制经济和工商联工作的重要论述，特别是在民营企业座谈会上的重要讲话精神，结合全党正在开展的“不忘初心、牢记使命”主题教育要求，回顾总结今年以来主要工作，分析当前形势，研究部署下一步重点工作。下面，我讲三方面意见。

一、今年以来的主要工作

我们坚持以习近平新时代中国特色社会主义思想为指导，把深入贯彻落实习近平总书记在民营企业座谈会上的重要讲话精神作为工作主线，按照中共中央、国务院致工商联十二大贺词中提出的“六个始终坚持”要求，突出问题导向、目标导向、结果导向，扎实推进“四会”建设，各项工作取得显著进展。

（一）以贯彻落实习近平总书记在民营企业座谈会上的重要讲话精神为重点，深入推进政治建会

把学习宣传贯彻习近平总书记在民营企业座谈会上的重要讲话精神作为首要政治任务来抓，不断增强“四个意识”、坚定“四个自信”、做到“两个维护”。制定贯彻落实总书记在民营企业座谈会上重要讲话精神工作方案，跟踪了解6个方面政策落实举措和进展情况，及时反映民营企业存在的困难与问题，协同推动各项举措落地落细落实。组织培训班、专题报告会和政策解读会，加强总书记重要讲话精神的宣传、宣讲，切实推动总书记重要讲话精神深入基层、深入企业、深入人心。持续推进民营企业党建和商会党建工作，与有关部门共同举办民营企业党组织书记培训示范班和民营企业党建工作现场会，推动全国工商联执委企业实现党的组织和党的工作全覆盖。以政治建设为统领，着力深化理论武装，着力夯实基层基础，着力推进正风肃纪，全面落实党建“六强”机制，提高机关党建工作水平。按照中央部署，严格落实“守初心、担使命，找差距、抓落实”总体要求，组织开展“不忘初心、牢记使命”主题教育，紧扣总书记重要讲话精神和关于工商联工作的系列指示批示，切实抓好学习教育、调查研究、检视问题和整改落实。注重“为民服务解难题”，在为民营企业争取普惠性法规政策支持、推动政企沟通机制建设，搭建工商联与党政机关、司法机关和金融机构协商平台等方面下大力气，集中推动解决了一些制约民营企业发展的“痛点”“难点”问题。

（二）以强化民营经济代表人士联系纽带为重点，深入推进团结立会

认真落实习近平总书记关于深入开展理想信念教育重要指示精神，创新推动理想信念教育入脑入心。突出年轻企业家群体，实施新一代民营企业家培养计划，在井冈山、延安、西柏坡组织3期共300名年轻民营企业家参加的理想信念教育培训班。突出互联网阵地，建立网络舆情引导处置联动机制，提高网络舆情收集、研判和处置能力，协助解决部分民营企业网络舆情事件。突出典型宣传，利用主流媒体、自有媒体和多媒体平台宣传优秀民营企业和民营企业家事迹，参与组织开展第五届全国非公有制经济人士优秀中国特色社会主义事业建设者评选表彰活动。突出守法诚信，举办首届民营经济法治建设峰会，宣传扩大依法再审重大涉产权案件的积极影响，持续开展民营企业“法治体检”“法律三进”“法律援助”活动。突出实践教育，扎实推动“万企帮万村”精准扶贫行动向“三区三州”等深度贫困地区倾斜，结合乡村振兴战略实施，组织开展贵州省织金县定点扶贫和“光彩事业临夏行”、民营企业“南疆行”；发动直属商会联合帮扶、加大金融支持力度，引导更多企业在参与产业扶贫、就业扶贫、消费扶贫和捐赠扶贫中受教育、做贡献。完善联系调研机制，组成8个联系调研组，由会领导带队，执委、常委企业家积极参与，深入18个省区市的299个县级工商联开展联系调研，服务基层、力量下沉、让企业家站前台，成效初步显现。落实与知名民营企业家的谈心交心制度，加强与企业家自组织的联系，不断扩大工商联工作覆盖面。

（三）以积极应对中美经贸摩擦影响为重点，深入推进服务兴会

密切关注、准确研判中美经贸摩擦形势，组织智库专家和民营企业家代表座谈研讨，密集开展专题调研，多渠道了解中美经贸摩擦对民营企业的影响，通过高层协商、政协专题协商、政协提案、社情民意、信息专报、部委沟通等方式，及时反映民营企业家诉求，推动解决民营企业面临的困难问题。聚焦创新驱动，组织开展关键领域民营企业核心技术创新调研，着力引导民营企业家践行新发展理念，增强核心竞争力，实现高质量发展。聚焦扩大有效投资，与地方政府共同主办数十场经贸活动，引导企业深挖国内需求潜力、拓宽发展空间。聚焦企业防范化解风险，召开工作会议，协调有关部门对部分大型民营企业进行纾困解难。聚焦企业绿色发展，同生态环境部建立合作机制、制订合作计划、联合发布促进绿色发展意见，工商联系统参与污染防治攻坚战迈出新步伐。聚焦引导企业开拓海外市场，开展“一带一路”建设调研，组织企业赴“一带一路”沿线国家考察合作，推动民营境外工业园区转型升级，成功主办“一带一路”企业家大会和第二届中非民营经济合作论坛。聚焦推动产权保护，与国家发改委等8部门共同开展涉政府产权纠纷问题专项治理行动；有效发挥全国工商联法律维权服务中心作用，跟踪协调并推动解决47个热点案件。

（四）以激活工商联组织活力为重点，深入推进改革强会

围绕统战性、经济性、民间性有机统一，增强政治性、先进性、群众性，持续推动《全国工商联深化改革总体方案》落实。深化组织体制改革，召开全国工商联组织工作会，认真落实所属商会改革意见，推动各地制定贯彻落实指导意见，与中央统战部联合在19个省试点推进15项商会改革重点任务。举办工商联履行业务主管单位职责培训班，持续推动直属商会注

册登记，加大商会规范化建设力度。加强代表人士队伍建设，制定发挥企业家副主席副会长和执委作用、工商联会员工作和代表任期制实施意见，探索开展执委常委履职情况评价。推进运行机制转变，加强与有关部委的联系协作机制，完善常态化政企沟通机制。强化对地方工商联的指导，探索开展省级工商联工作评价，组织实施全国“五好”县级工商联和首批498家全国“四好”商会认定工作。创新活动方式，精心组织中国民营企业500强峰会、德胜门大讲堂等品牌活动。加强机关建设，大力推进“计评对”等工作制度落实，强化工作督查，改进工作作风，提升工作水平。

这些成绩的取得是党中央正确领导的结果，是各级党委政府大力支持的结果，也是各级工商联和各位常委共同努力和密切配合的结果。在此，我代表全国工商联向大家表示衷心感谢！在总结成绩的同时，也要看到，我们工作中还存在对非公有制经济人士成长规律把握不深、服务渠道和手段创新不多、工商联改革发展不平衡等问题，需要努力加以改进。

二、准确把握当前经济发展形势

党的十九大以来，以习近平同志为核心的党中央切实加强对经济工作的集中统一领导，坚持稳中求进工作总基调，做出稳就业、稳外贸、稳投资、稳金融、稳外资、稳预期的“六稳”要求和巩固、增强、提升、畅通的“八字”方针等一系列重大决策部署。今年上半年，我国经济运行延续了总体平稳、稳中有进的发展态势，主要宏观经济指标保持在合理区间，推动高质量发展的积极因素增多。一是经济运行总体平稳。上半年我国GDP同比增长6.3%，固定资产投资增长5.8%，社会融资规模存量增长10.9%，外贸出口总额同比增长6.1%，城镇新增就业737万人。二是结构升级步伐稳健。上半年，我国规模以上工业增加值增长6%，其中高技术制造业增加值同比增长9%，高技术产业投资同比增长11.5%，制造业技术改造投资增长13.1%；第三产业增加值同比增长7%，占GDP的比重为54.9%。三是市场活力不断迸发。上半年，全国新登记企业350万户，日均1.94万户，高于去年同期近10个百分点。一批具有国际竞争力的企业快速成长，2019年世界500强企业中中国企业达到129家，首次超过美国。其中，中国新上榜企业13家，占新上榜企业总数一半以上。在我国经济发展面临的国际环境和国内条件发生深刻而复杂变化、新的风险挑战增多、国内经济下行压力加大的背景下，中国经济航船乘风破浪、稳中有进，充分展现出了基础坚实、韧性充足和后劲强大的特质。

习近平总书记高度重视民营经济工作。去年11月1日专门召开民营企业座谈会，亲自推动减税降费等系列政策落地落实。得益于政策落实红利，上半年民营经济领域市场主体已超1亿户，占全部市场主体的95%以上；注册资本金超过225万亿元，吸纳就业超过3.8亿人；民间投资同比增长5.7%，占全部投资比重超过60%。世界500强企业中中国民营企业有26家，新入围企业3家。刚刚公布的中国民营企业500强入围门槛较去年有较大幅度提高，发展步伐扎实稳健。这些都是民营经济发展中出现的积极变化。但是，调研中很多民营企业表示，目前企业发展仍然处在低谷，面临的市场需求不足、融资难融资贵、要素成本上升等老问题没有得到根本缓解，一些新情况新问题又开始叠加出现。一是中美经贸摩擦负面影响可能扩大。受美国加征关税冲击，民营企业对美出口下滑，订单减少，部分行业和企业出现产能外迁现象，原本发展较好的东南沿海一些地区工业生产也出现下行。近期，基于市场供求变化和国际汇市波动影响，人民币汇率自2008年来首次破“7”，虽然我们是顺势而为，但美国却单方面将我国列入“汇率操纵国”，增加了民营企业发展的不确定性，市场负面反应明显上升。二是民营企业核心技术攻关进程可能迟滞。去年以来，美国对我国部分高科技企业进行定点打压，同时对我国赴美企业并购进行严格审核。依靠外部资源，或者靠技术并购解决关键核心技术被“卡脖子”问题面临较多困难。从上半年全国工商联调研情况看，当前民营企业创新主要集中在新经济领域，点上突破多、面上提升少，在基础原材料、基础元器件、基础工艺和高端装备等方面还存在不足。三是中小民营企业资金需求可能依然紧张。虽然上半年有社会融资规模扩大、成功设立科创板等利好消息，资金面和流动性合理充裕，但是货币政策传导机制仍然不畅，亟须资金的中小企业难以享受到普惠性的金融支持。部分先前扩张速度过快的大中型民营企业资金链持续紧张，有的甚至出现断裂。部分房地产企业受严监管政策影响，发债难度增加。四是民营企业债券违约可能依然发生。由于刚性兑付被打破，上半年共有89家民营企业的92支债券违约。其中，新增违约发行人20家，18家为民营企业。虽然总体违约比例并不高，但受舆论影响，民营企业信用等级普遍遭到下调，呈现整体收缩态势。五是民营上市公司股票质押爆仓风险可能依然存在。近期受中美经贸摩擦反复影响，股市持续承压走低，A股有946家上市公司股东的股权质押已经处于平仓预警状态。虽然中国经济增速放缓，但经济韧性在增强，股市再次出现大幅波动的可能性不大，但若股市持续单边下跌，一些先前脱险企业可能又将面临质押爆仓风险。六是民营企业信用危机或形象危机可能扩散。部分民营上市公司存在内幕交易、虚构投资、虚假信息披露等违法行为，业绩造假爆雷现象触目惊心。一些上市公司负责人因企业经营管理失控和个人行为失当涉法涉诉，给企业造成很大负面影响。随着规范监管力度的进一步加大，一些经营管理不规范的民营企业将面临更加严峻的考验。此外，民营企业网络舆情事件增多，一些民营企业被“踩雷”，还有一些不良媒体与投资机构联合，恶意攻击或做空民营企业，给企业造成严重损失。

习近平总书记强调指出，我国发展一时一事会有波动，但长远看还是东风浩荡。当前的问题，是发展中必须经历的困难，是转型中不可避免的阵痛，是局部的现象。和世界其他主要经济体相比，我国经济长远发展的基础和条件没有变，稳中向好的基本面没有变，增速仍位居前列。更重要的是我们有党的坚强领导的政治优势和中国特色社会主义的体制制度优势。广大民营企业要始终保持战略定力，增强信心，坚定决心，努力把危机变成机遇，迈向更加广阔的舞台。

一要抓住政策落实的机遇。去年民营企业座谈会后，各地、各部门贯彻落实总书记重要讲话精神和中央的决策部署，出台了一系列政策措施。国务院围绕落实总书记在民营企业座谈会上的重要讲话精神专门制定了涉及56个部门、104项支持民营企业改革发展的重点任务清单，其中，全国工商联牵头两项。据不完全统计，目前共有24个省级党委政府印发了促进民营企业发展的指导性意见，22个中央有关部门和单位出台了54个支持民营经济发展的工作文件。上半年，全国累计新增减税降费11709亿元；各级政府部门和大型国有企业共清理拖欠民营企业、中小企业账款超过3800亿元。全国工商联开展的民营企业季度运行调查显示，民营企业发展预期趋稳、政策获得感明显增强。7月底的中央政治局会议明确继续深化体制机制改革，增添经济发展活力和动力，特别强调继续落实落细减税降费政策，采取具体措施支持民营企业发展，建立长效机制解决拖欠账款问题。随着政策落实全面加速，各级党委政府和社会各界重视支持民营经济发展的氛围越来越浓厚。

二要抓住环境优化的机遇。党中央国务院持续深入推进“放管服”改革，大幅简化项目审批流程，全面推广“双随机、一公开”监管，持续降低制度性交易成本，促进民营企业发展的法治化、国际化、便利化营商环境得到极大优化。各地区和相关部门也在各自领域争先出台政策文件和优化营商环境的硬措施。近期，国家发展改革委正在牵头研究起草《优化营商环境条例》，全国工商联代表民营企业提出了很多意见建议。中央政治局会议对制造业、民营企业和科创型企业给予重点关注，强调要稳定制造业投资，推进金融供给侧结构性改革，引导金融机构增加对制造业、民营企业的中长期融资；落实好以信息披露为核心的注册制，提高科创板上市公司质量。这充分表明中央致力为民营经济发展营造良好环境和提供更多机会的方针政策没有变，不仅没有变，而且决心更大、力度更强。随着全面从严治党的持续推进，政府机构设置和职能的优化，“放管服”改革步伐加快，市场准入负面清单修订完善，国家政务服务平台上线运行，民营经济将会迎来更加稳定公平透明、可预期的发展环境。

三要抓住消费升级的机遇。消费已经成为拉动我国经济增长的第一动力。上半年，社会消费品零售总额同比增长8.4%，消费增长对经济增长的贡献率超过60%。要看到，我国近14亿人口、4亿多中等收入者、1亿多市场主体的内需市场，正处于新型工业化、信息化、城镇化、农业现代化同步发展阶段，是全球最大、无可替代的消费市场。人均收入水平不断提升，中等收入群体持续扩大孕育着大量消费升级需求。中央政治局会议把做好扩大消费工作摆在重要位置，强调要深挖国内需求潜力，拓展扩大最终需求，有效启动农村市场，多用改革办法扩大消费，就是要发挥消费的引领作用。其中，促进重点消费品更新消费实施方案的落实，促进文化和旅游消费以及繁荣发展夜间经济措施的出台，推进养老、家政等生活性服务业发展意见以及健康中国等重大战略实施步伐的加快，都蕴藏着民营企业发展的巨大机遇。只要民营企业抓住市场需求结构变化，积极参与供给侧结构性改革，就一定能够在消费升级浪潮中赢得更多机遇，获得更大发展。

四要抓住产业变革的机遇。技术变革是推动企业发展的最大动力。当前，第四次工业革命初露端倪，颠覆性新技术、新业态、新模式不断涌现，对产业布局、组织模式、生产方式和产业形态将产生深远影响。一方面，人工智能、5G、物联网等新技术传播应用的速度不断加快，新能源、信息科技、生命科学等领域处于革命性突破的前夜，一大批以绿色、智能和可持续发展为标志的新兴产业加速兴起。另一方面，以智能制造为核心的新型制造模式迅速发展，催生了网络化、扁平化、个性化定制生产等新型制造模式，将推动社会生产方式发生重大变革。整个世界经济呈现出工业化和信息化融合、制造业和服务业融合的趋势。这预示着民营企业转型的方向，也为民营经济加快运用新技术改造和赋能传统产业、大力发展新经济、实现换道超车提供了难得机遇。

五要抓住补短板的机遇。加强补短

板，既可以拉动现实需求，也可以为长远发展打下基础。目前，我国城乡二元结构还没有彻底打破，在一些农村地区、边远地区、民族地区基础设施建设和民生项目需求还很旺盛，推动区域协调发展也蕴藏着巨大发展空间。中央政治局会议强调要实施城镇老旧小区改造、城市停车场、城乡冷链物流设施建设等补短板工程，加快推进信息网络等新型基础设施建设。各地也都相继推出了一批投资回报机制明确、商业潜力大的PPP项目。这些都是符合供给侧结构性改革方向的有效投资，民营企业紧扣国家发展战略实施，聚焦这些重点领域发力完全大有可为。最近，中央又明确提出支持深圳建设中国特色社会主义先行示范区，其中完善社会保障体系，逐步实现常住人口基本公共服务均等化，是深圳需要加快补齐的短板。相比深圳，其他地区补短板潜力更大，民营企业发展的机遇更多、空间更广。

六要抓住开放发展的机遇。开放是时代潮流，中国以开放促改革、以改革促发展的方向始终没有改变。去年以来，出台了外商投资法、外商投资负面清单、较大幅度降低了进口产品税率、加强了知识产权保护、加快了自贸区建设、举办了首届进博会，一系列扩大开放的实际行动，为民营企业发展带来了更大的全球化发展机遇。随着共建“一带一路”的扎实推进，我国同“一带一路”沿线国家的投资贸易合作不断增强。在今年4月“一带一路”企业家大会期间，全国工商联与中国银行共同组织近千次中外企业“一对一”对接洽谈活动。在6月中非民营经济合作论坛上，民营企业签署涉及7个非洲国家，涵盖制造、矿业、基础设施等领域的11项合作协议。民营企业要先行一步，既要积极“引进来”，准确把握国内市场开放带来的资金、技术、管理、人才融合的发展机遇，还要稳妥“走出去”，根据不同国家需求确定国际产能合作重点，在“一带一路”沿线布局海外市场，深度开拓一批区域重点市场，主动接轨国际先进标准，实现优质资源的国际化配置，推动企业高质量发展。

习近平总书记非常重视民营企业家队伍建设，多次强调要在市场竞争中建设一支具有开拓精神、前瞻眼光、国际视野的企业家队伍。民营企业家作为企业带头人，与企业发展休戚相关，尤其是在经济下行压力下，民营企业家的眼界、定力、魄力和作为直接决定着企业的生死存亡。广大民营企业家要切实把认识统一到中央对经济形势的判断上来，把思想行动统一到中央的决策部署上来，努力做到在政治上更成熟、发展上更稳健、行为上更规范、履责上更积极，心无旁骛创新创造，踏踏实实办好企业。

三、认真做好下一步工作

不忘初心，方得始终。牢记使命，才能砥砺前行。工商联的初心使命就是促进“两个健康”。现在到年底只有4个月了。面对任务叠加的新常态，我们要做好统筹协调，突出难点重点，对标高质量要求，用力用心用情抓好落实，负责守责尽责务求实效，共同建设更加成熟、更加规范的工商联，更好完成党中央国务院交给我们的任务使命。

（一）围绕庆祝新中国成立70周年组织开展系列主题宣传教育活动，持续深化理想信念教育

要把庆祝新中国成立70周年与非公有制经济人士理想信念教育结合起来，着力在建立机制、搭建载体、典型示范、教育培训、党建引领等方面持续深化，实现向所属商会、企业家群体、县级工商联、企业家自组织的全面有效覆盖。要把庆祝新中国成立70周年主题宣传教育活动与第五

届全国非公有制经济人士优秀中国特色社会主义事业建设者先进典型集中宣传结合起来，广泛宣传民营经济发展的历史性成就和改革开放的成功案例，广泛宣传民营企业家群体中的先进典型和光辉事迹，及时做好重大舆情监测、研判及应对，为稳定企业家预期，坚定企业家信心创造良好的舆论环境。要持续推进习近平新时代中国特色社会主义思想宣传报道，及时做好庆祝新中国成立70周年大会重要讲话精神的学习宣传，大力彰显党和国家促进民营经济发展的政策导向，努力营造促进民营经济发展的良好氛围。

（二）围绕贯彻落实习近平总书记在民营企业座谈会上的重要讲话精神，紧抓助推政策落实和提高建言献策质量

要继续抓好贯彻总书记在民营企业座谈会上重要讲话精神工作方案的落实，配合有关部门共同推动6大政策举措落地落细落实，促进企业加快转型发展。更好发挥桥梁纽带和助手作用，密切关注中美经贸摩擦影响，通过联系调研、民营企业季度运行调查、万家民营企业评营商环境等方式，深入了解并向有关部门及时反映民营企业面临的困难问题，提出应对措施，全力配合做好“六稳”工作。继续完善与省级党委政府和中央有关部门的合作机制，推动合作有实质内容和显著进展，持续推动政企沟通机制化建设。举办第二届全国工商联主席高端峰会和第二届中国（温州）新时代“两个健康”论坛，引导民营企业深度参与中国国际进口博览会、世界华商大会。召开推动构建“亲”“清”新型政商关系工作会。配合全国政协经济委员会开展促进就业政策调研，联合召开双周协商座谈会。要着力提升建言献策水平，充分发挥全国工商联智库作用，进一步运用好社情民意信息、中办信息直报等渠道，提高信息报送工作质量。充分利用参与人大立法协商、政协协商会议等议政平台，组织代表人士积极建言，发挥好参政议政职能。

（三）围绕中央关于打赢三大攻坚战重大决策，为决胜全面建成小康社会冲刺助力

三大攻坚战是决胜全面建成小康社会必须迈过的重大关口，也是必须完成的硬任务，需要我们齐心协力，坚决打赢打好。要着力防范化解民营企业重大风险，围绕落实全国工商联民营企业防范化解风险工作会议情况开展工作督查。持续跟踪了解民营上市公司股权质押、民营企业债券融资情况，形成专项报告报送有关部门。各级工商联要重点关注辖区内存在明显风险隐患的民营企业，配合有关部门帮助企业提出风险处置方案。积极推进“法治民企”建设，举办民营企业经营法律风险识别及应对策略培训班，开展法律风险防范预警。持续推进“万企帮万村”精准扶贫行动向“三区三州”等深度贫困地区倾斜，积极引导民营企业参与乡村振兴战略，继续深入开展定点帮扶，助推织金县按期脱贫摘帽。召开全国“万企帮万村”先进民营企业表彰大会，举办“扶贫日”论坛，扩大行动社会影响。要推动民营企业参与污染防治攻坚破题，筹备成立绿色发展委员会，搭建污染治理调查研究、政策咨询平台，提升民营企业环保自律水平。加强与生态环境部的沟通合作，建立工作协调机制，严格落实《关于支持服务民营企业绿色发展的意见》，提升促进民营企业绿色发展的工作水平。

（四）围绕贯彻落实中央关于民营经济统战工作系列部署，持续深化工商联改革和所属商会改革

要切实抓好工商联所属商会改革发展文件精神的贯彻落实，认真履行所属商会业务主管单位职责，开展商会改革发展

调研，持续推动商会提升服务能力、增强凝聚力。从9月份开始，市县工商联作为第二批单位将集中开展“不忘初心、牢记使命”主题教育。上级工商联要把对下级工商联的工作指导与主题教育指导结合起来，落实全国工商联组织工作会议部署，巩固拓展“五好”县级工商联和“四好”商会建设成果。加强企业家执委常委队伍建设，认真落实企业家执委常委评价办法，继续开展联系调研，更好发挥执委常委作用。持续推动《全国工商联深化改革总体方案》落实，全面加强机关建设，持续改进作风，不断完善党建“六强”机制和“计评对”工作制度，提高机关干部队伍能力素养，不断提升工作质量和水平。

各位常委，同志们！新时代是奋斗者的时代！新时代呼唤新作为，新时代需要新业绩！让我们紧密团结在以习近平同志为核心的党中央周围，振奋精神勇创新，奋发进取敢担当，勠力同心抓落实，为全面建成小康社会做出更大贡献，以优异成绩向新中国成立70周年献礼！

徐乐江同志在中国民营企业500强峰会上的讲话

尊敬的各位领导，各位嘉宾、各位企业家，新闻界的朋友们：

大家上午好！很高兴与大家相聚在“大美青海”，共同出席2019中国民营企业500强峰会。在此，我向入围2019中国民营企业500强、制造业500强、服务业100强的企业表示诚挚的祝贺！

去年以来，面对发生深刻而复杂变化的国际环境和国内条件，广大民营企业认真贯彻落实新发展理念，坚持走高质量发展道路，在应对各种风险挑战中实现了总体向好、稳中有进。从今天发布的民营企业500强榜单看，入围企业的资产和规模进一步提高，企业的质量效益和产业结构持续改善，“走出去”的步伐加快且更加稳健，自主创新能力、产业融合深度、遵规守法意识不断增强，一些超大型企业继续保持良好发展势头，很多企业更加注重承担社会责任，为实现“六稳”做出了积极贡献。

习近平总书记多次指出要“不忘初心、牢记使命”，向全党和全国人民提出我们从哪里来、到哪里去的历史追问，强调走得再远都不能忘记来时的路，不能忘记为什么出发。对于广大民营企业来说，学习领会总书记重要指示精神，需要我们从过去、现在和未来的维度，进一步回顾历史、研判大势、认清自我，深入思考和谋划企业健康发展方向和实现路径；需要我们着眼实现中华民族伟大复兴的中国梦，站在国家、民族和人民的立场，进一步准确把握新时代民营企业的职责使命，更好地坚守创业初心，展望民族未来，不负人民期待，实现报国之志。这正是我们将本次峰会的主题确定为“不忘创业初心，坚定报国之志”的用意所在。

为中国人民谋幸福，为中华民族谋复兴，是中国共产党人的初心和使命，也是全体中华儿女长久以来的努力方向和奋斗目标。民营企业家有爱党、爱国、爱人民的优良传统和文化基因。民营经济40多年的发展史，就是一部在中国共产党领导下

“不忘初心、牢记使命”的奋斗史。可以说民营经济是在坚守初心使命中不断由小到大、从弱到强，为实现中华民族从站起来到富起来伟大飞跃做出了重要贡献。

——历史证明，听党话、跟党走早就融入了民营经济的血脉。革命战争年代，一大批民族工商业者，为了争取中华民族的光明前途，拥护、配合中国共产党为建立和平、民主、统一的新中国而斗争。新中国成立后，广大工商业者学习和遵守《中国人民政治协商会议共同纲领》，坚决拥护和支援抗美援朝，认真贯彻党在过渡时期的总路线，为国民经济的恢复和发展做出了积极贡献。

——历史证明，党的理论和政策不断完善是民营经济发展的重要保障。党的十一届三中全会拨乱反正，果断做出实行改革开放、把全党的工作中心转移到经济建设上来的战略决策。党的十四大确立了社会主义市场经济体制改革目标。党的十五大把“公有制为主体、多种所有制经济共同发展”确立为我国的基本经济制度，明确提出“非公有制经济是我国社会主义市场经济的重要组成部分”。党的十六大提出“两个毫不动摇”，进一步明确个体户、私营企业主等社会阶层都是中国特色社会主义事业的建设者。在党和国家发展民营经济的政策推动下，民营经济人士的积极性创造性进一步得到激发，发展民营经济与党的初心和使命更加紧密地融合在一起。民营经济人士响应党的号召，坚持围绕中心、服务大局，积极投身改革开放和社会主义现代化建设，为推动我国经济社会发展做出了重要贡献。

——历史证明，改革开放催生了民营经济并持续注入发展活力。改革开放之初，在千头万绪、百业待举的形势下，如何让几亿农民吃饱饭，怎样解决上千万返城知青和城市青年的就业问题，成为党面临的一项非常现实和紧迫的任务。顺应形势、改革求变成为时代的最强音，党的初心和使命呼唤解放和发展生产力，呼唤新的经济制度和经济形式，呼唤突破“一大二公”的计划经济体制，个体工商户、乡镇企业等民营经济就是在这样的背景下应运而生的。“贫穷不是社会主义”“先富带后富、逐步达到共同富裕”“使农村的商品经济大大发展起来”“社会主义也可以搞市场经济”等一系列重要论述，生动阐释了党发展民营经济的初心，也深刻指出了民营经济的责任。特别是1992年邓小平南方谈话，进一步打破了姓“资”姓“社”的争论，确立了“三个有利于”标准，掀起了新一轮创业热潮。

——历史证明，社会主义建设和人民生活改善离不开发展民营经济。数据是最有力的说明。从2012年底到2018年底，我国私营企业数量由1085.72万家增长到3143.26万家，个体工商户数量由4059.27万户增长到7328.58万户；私营企业注册资本总额由31.1万亿元增长到233.5万亿元，个体工商户资金总额由1.98万亿元增长到6.47万亿元；民间投资占全国固定资产投资比重连续5年超过60%，最高时达到65.4%。习近平总书记指出，民营经济具有“五六七八九”的特征，贡献了50%以上的税收，60%以上的国内生产总值，70%以上的技术创新成果，80%以上的城镇劳动就业，90%以上的企业数量。

改革开放40多年的实践证明，民营经济不愧为推动我国发展不可或缺的力量，不愧为我国经济制度的内在要素，民营企业和民营企业家不愧为我们自己人！

各位企业家、同志们、朋友们！

党的十八大以来，中国特色社会主义进入新时代，以习近平同志为核心的党中央对坚持和完善基本经济制度做出全面部署。习近平总书记围绕“两个健康”主题多次做出重要论述。他希望广大民营企业家要热爱祖国、热爱人民、热爱中国共产党，践行社会主义核心价值观。他要求年轻一代民营经济人士要继承和发扬老一代企业家的创业精神和听党话、跟党走的光荣传统；要求广大民营企业家做爱国敬业、守法经营、创业创新、回报社会的典范，为实现中华民族伟大复兴的中国梦贡献力量。广大民营企业家牢记总书记嘱托，不忘创业初心，坚定报国之志，以敢为人先的创新意识、锲而不舍的奋斗精神，组织带领亿万劳动者奋发努力、艰苦创业、不断创新。民营经济的发展足迹，记录着民营企业家追寻民族复兴的梦想，迎来了从站起来、富起来到强起来的伟大飞跃。

各位企业家、同志们、朋友们！

思考民营经济的未来与方向，离不开对形势的分析和研判。

——放眼世界，当今正处于百年未有之大变局。世界经济格局发生深刻调整，经济全球化遭遇波折，多边主义和自由贸易体制受到挑战，不稳定不确定因素增多，我国发展面临的竞争在加剧、遏制在加大、追赶在加快、变革在加速。同时，我国坚持稳中求进工作总基调，以供给侧结构性改革为主线，建设现代化经济体系，走高质量发展道路，经济发展新旧动能转换，新技术、新产业、新业态不断涌现。可以说，民营企业发展的机遇和挑战并存。

——着眼中国，新形势对民营企业提出了新要求。经过40多年的改革开放，我国综合国力已经迈上了一个大台阶，中国共产党领导全国人民确立了建设富强民主文明和谐美丽的社会主义现代化强国的宏伟蓝图。当前，我国经济已经由高速增长阶段转向高质量发展阶段，要求民营企业发展速度换挡、结构优化、动力转换，践行创新、协调、绿色、开放、共享新发展理念，实现更高质量、更有效率、更加公平、更可持续的发展。

——检视自身，民营企业要有强烈的忧患意识。从整体上看，我国民营企业“大而不强”的矛盾依然突出，特别是在自主创新能力、资源利用效率、信息化程度、内部治理结构、质量品牌效益等方面，与国际先进企业相比仍有明显差距。从今年的世界500强榜单看，我国入围企业数量增加不少，有些企业名次进步很快。但是，我们必须清醒地看到，规模上的“大”并不等同于实力上的“强”。衡量是否“强”的标准，关键在于核心技术强、创新能力强、质量品牌强、人才队伍强、社会责任感强；关键在于盈利能力、价值创造能力、风险控制能力、可持续且有竞争力的商业模式、较高的资本收益率，等等。唯有自强，方可恒胜。企业不仅要做大，更重要的是要做强做优。如果只是在规模上扩充，不注意内涵的提升，就会沦为“大而不强”，缺乏核心竞争力，甚至会出现被市场淘汰的风险。

——展望未来，我们要充满自信满怀希望。挑战和机遇总是相伴而生。挑战是复兴过程中不可避免的，机遇也是实现强起来的过程中必须要抓住的。当前，以智能化、网络化、数字化为核心的第四次工业革命正在兴起，新一轮工业革命将从根本上改变传统产业的发展路径，进而推动全球经济结构发生深刻变革。我们要看到，这是未来经济发展的重要动能。与前三次工业革命不同，这一次我们由旁观者、跟随者变成了全面参与者和重要推动者，在某些方面我们还是引领者。随着国家治理体系和治理能力现代化的推进，鼓励、支持、引导民营经济发展的政策措施一定会更加科学、更加完善、更加有效。同时，也要看到我国拥有完整的产业体系、巨大的市场空间、丰富的人力资本。

这就是我们的信心所在，也必将为民营企业做强做优、走向更加广阔的舞台提供难得的历史机遇。

各位企业家、同志们、朋友们！

建设社会主义现代化强国是中国共产党人孜孜以求的目标。1954年，毛泽东同志曾说过：“我们有充分的信心，克服一切艰难困苦，将我国建设成为一个伟大的社会主义共和国。”在党的十九大报告中，习近平总书记明确提出了分“两步走”的战略目标。在中国共产党的坚强领导下，一个“强国”的美丽图景正在渐渐呈现。到那时，我国社会生产力水平将大幅提高，国家治理体系和治理能力现代化基本实现，中国精神、中国价值、中国力量将成为中国发展的重要影响力和推动力。到那时，我国人民将更加幸福，城乡居民将普遍拥有较高的收入、富裕的生活、健全的基本公共服务、优美的生态环境，社会充满活力而又规范有序。到那时，我国将成为世界强国，作为具有悠久历史的文明古国，将焕发出前所未有的生机活力，对构建人类命运共同体、推动世界和平与发展做出更大贡献。“强国”的壮丽画卷需要“强企”的有力支撑。在这个伟大征程中，需要培育新时代中国特色商业文明，激发和保护优秀企业家精神；需要培养更多世界一流的领军型企业、更多世界级的“隐形冠军”企业、更多具有全球竞争力的世界一流企业。

蓝图已绘就，奋进正当时。全面建成小康社会，推进社会主义现代化，实现中华民族伟大复兴，是光荣而伟大的事业，前途是无比光明和灿烂的。这是民营企业践行初心使命的新方位、新坐标。广大民营企业在这项伟大事业中大有可为，也应该大有作为。民营企业家要把爱国之情、强国之志、报国之行统一起来，重整行装再出发，把自己的梦想、企业的梦想融入人民实现中国梦的壮阔奋斗之中，让企业“由大到强”与国家“由富到强”实现同频共振。借此机会，我提7点希望。

一是希望大家坚定理想信念，听党话、跟党走。民营经济持续健康发展的生动实践告诉我们，民营经济始终是在党的理论方针政策指引下发展壮大的，听党话、跟党走既是我国民族工商业者的优良传统，也是发展民营经济的根本保障。陈叔通在新政治协商会议筹备会开幕式上明确指出：“我们各个民主阶层、民主党派，尤其必须诚心诚意接受中国共产党和人民领袖毛泽东先生的领导。”王光英同志曾两次主动申请加入中国共产党，一生都在践行“听党的话，跟党走，走社会主义道路”的诺言，被周恩来同志誉为“红色资本家”。经叔平同志曾经说过：“党指向哪里，我们就奔向哪里，没有什么折扣好打的。”改革开放40多年来，我国民营经济从小到大、从弱到强，不断发展壮大，已经成为党的经济工作、群众工作和统战工作的重要阵地，是党的基层组织建设的重要领域。近年来，一些民营企业结合自身实际，在企业党建和统战工作中大胆实践，探索了不少有效可行的方法模式，积累了不少好的经验做法。广大民营企业家要继承发扬老一辈民族工商业者与党风雨同舟、患难与共、肝胆相照的优良传统，增强“四个意识”，坚定“四个自信”，做到“两个维护”。要做爱国爱党的坚守者和传播者，自觉把实现个人价值、社会价值和国家价值统一起来，做合格的中国特色社会主义事业建设者。

二是希望大家坚持创新发展，加快转型升级。习近平总书记多次强调，抓创新就是抓发展，谋创新就是谋未来。创新就是生产力，企业赖之以强，国家赖之以胜。随着国际竞争的加剧，不仅经贸摩擦会长期存在，金融争端会不断加深，科研和技术领域的较量也将更加激烈、更加紧迫。在别人的地基上盖房子，楼越高风险越大。创新能力是一个企业的核心竞争力，是提高质量效益的基础和关键所在。只有掌握创新这个“杀手锏”，才不怕别人“卡脖子”。面对某些国家的禁令，华为公司毫不畏惧、勇敢迎战，靠的就是源源不断的创新，以及掌握在自己手上的核心技术。广大民营企业要充分发挥机制灵活优势，加大科研投入，注重人才培养，在攻克关键领域核心技术上勇于担当、走在前列，在世界市场上与全球企业同台竞技；要顺应新一轮工业革命发展趋势，把握好数字化、网络化、智能化发展机遇，探索新技术、新业态、新模式，探寻新的增长动能和发展路径，真正使创新创造落地生根、开花结果。制造业是立国之本、强国之基。把制造业搞上去，创新驱动发展是核心。民营企业要积极投身智能制造和高端装备领域，努力在高端芯片、核心软件、集成电路、关键材料、智能检测设备等方面有所突破。

三是希望大家严格守法诚信，加强内部治理。习近平总书记指出，守法经营是任何企业都必须遵守的一个大原则；要求企业把守法诚信作为安身立命之本，依法经营、依法治企、依法维权；要求工商联深入开展以“守法诚信、坚定信心”为重点的理想信念教育实践活动。近年来，多家中国海外上市公司被境外机构做空，令中国概念股遭受重大信誉危机。这其中除了西方国家对我们的恶意打击外，从企业自身来看，主要是一些企业没有做到守法诚信，内部管理不严，财务数据造假，信息披露失真，给别人以可乘之机。也有一些企业搞盲目多元化、抬高杠杆率，发展战略出现失误，经营遇到重大风险，甚至出现违法犯罪。当然，也与企业法人治理结构不健全、缺乏内部约束机制有关。守法才能走得稳、走得远；诚信才能赢得客户、赢得长远。广大民营企业要筑牢守法诚信底线，走依法合规经营之道，偷税漏税、走私贩私、制假贩假等违法的事情坚决不做；偷工减料、缺斤短两、质次价高的亏心事坚决不做。要进一步完善企业法人治理结构，坚持稳健审慎发展，建立健全风险管控体系，提高风险管理能力，避免出现重大经营和决策失误，确保企业持续健康发展。

四是希望大家践行生态文明理念，实现绿色发展。建设生态文明是关系人民福祉、关系民族未来的大计。“美丽”作为建设社会主义现代化强国的目标之一，必须以优良的生态环境为前提。民营企业作为我国生态环境治理的重要主体，是打赢污染防治攻坚战、推动环保事业发展不可或缺的中坚力量，也是全面提升产业绿色发展、促进高质量发展的重要载体。广大民营企业要深入学习贯彻习近平生态文明思想，自觉树立绿色发展意识，提高绿色发展能力，遵守生态环境法律法规，积极投身污染防治攻坚战。要强化尊重自然、敬畏自然、绿色低碳等理念，主动承担环境治理主体责任，推进资源节约和环境友好，实现企业发展与环境保护的双赢，为建设一个天更蓝、水更清、山更绿的美丽中国做出积极贡献。

五是希望大家强化品牌意识，提升质量效益。习近平总书记高度重视品牌建设，强调要“推动中国制造向中国创造转变、中国速度向中国质量转变、中国产品向中国品牌转变”。品牌强则企业强，企业强则国家强。一流品牌是企业竞争力和自主创新能力的标志，是高品质的象征，是企业知名度、美誉度的集中体现，更是高附加值的重要载体。打造世界一流品牌，建设品牌强国，民营企业责无旁贷。广大民营企业要进一步强化品牌意识，努力提升质量，倾力创造品牌，精心培育品牌，打造更多百年品牌、百年老店。打造品牌，重在企业信誉，要想让消费者对品牌有忠诚度，就必须提高企业产品、服务的美誉度，始终对消费者、对社会讲诚信、有信誉。打造品牌，要敢为人先，走个性化、差异化、特色化之路，用特性塑造品牌优势，做到人无我有、人有我特、人特我精，打造更多享誉世界的“中国制造”品牌，向全球产业链与价值链高端攀升，实现企业高质量发展。

六是希望大家推进开放融通，实现共赢发展。开放包容，涵养过繁荣的大唐盛世；闭关锁国，招致近代中国深重的民族苦难。一部国际经贸发展史，深刻验证了“相通则共进，相闭则各退”的规律。改革开放40多年来，正是由于我们坚持对外开放，敢于到世界市场的汪洋大海中经风雨、见世面，中国经济和中国企业才不断取得举世瞩目的成就。民营企业一直是我国对外开放合作的重要力量，涌现出了以华为、吉利、红豆等为代表的一大批优秀代表，成为民营企业“走出去”的先行者和引领者。不管国际风云如何变化，我们对外开放的决心不会变。近年来，我国积极促进贸易投资自由化、便利化，推动经济全球化朝着更加开放、包容、普惠、平衡、共赢的方向发展，为世界做出了表率。广大民营企业要坚持走开放之路，积极参与“一带一路”建设，当好促进中外友好交流的经济外交大使，讲好中国故事，传播好中国声音；要发挥示范引领作用，带动更多上下游企业共同“走出去”，推动上下游产业链和关联产业协同发展，形成集群效应，增强整体竞争力。“走出去”的民营企业要遵守国外法律和各项规则，主动融入当地社会，构建和谐内外关系，维护企业良好形象，维护好国家荣誉。

七是希望大家积极回报社会，履行社会责任。一个懂得感恩的人，才能成就生命和事业的高度；一个懂得回报社会的企业，才能拓深存在和发展的厚度。民营企业既是社会发展的推动者，也是受益者，在自身发展的同时也要饮水思源、回报社会。习近平总书记多次指出，全面建成小康社会一个都不能少；强调到2020年完成脱贫攻坚目标，不获全胜、决不收兵。民营企业长期以来积极投身“万企帮万村”精准扶贫行动和光彩事业，为我国打赢脱贫攻坚战做出了重要贡献。义利兼顾是我国传统商业伦理的精髓，一个企业的价值，不只体现在拥有多少市值，更体现在如何造福民众，在多大程度得到社会认可，受到人们尊重。民营企业要正确处理“义”和“利”的关系，做到“见利思义”“义利兼顾”“义在利前”，积极履行社会责任，致力于发展经济、吸纳就业、关爱员工、诚信经营、依法纳税、保护环境，参与光彩事业和慈善公益活动，用实际行动回报国家、回报社会、回报人民。翻开人类历史，越是大发展、大变革的时代，越需要具有超越个人、超越利益的理想。民营企业要贯彻执行好国家的就业优先政策，努力办好企业、积极稳定就业，为构建社会主义和谐社会贡献力量。要积极参与精准扶贫工作，进一步加强东西部对口协作，努力在项目推介、招商引资、产业互补、人才培训、人员交流等方面，形成工商联系统从上到下常态化的制度机制，为打赢脱贫攻坚战、实现协调发展贡献我们的力量。

各位企业家、同志们、朋友们！

民营经济是中国经济社会发展的重要基础，民营企业500强是中国民营经济的“精英团队”，集中展示着民营经济的综合实力、创新活力和市场竞争力，在满足人民对美好生活的向往、实现中华民族伟大复兴的进程中，担负着巨大的责任和光荣的使命。让我们更加紧密地团结在以习近平同志为核心的党中央周围，以更加崭新的面貌、更加突出的贡献投入到新时代中国特色社会主义伟大事业的建设中来。

谢谢大家！

高云龙同志在全国工商联十二届三次执委会议上的工作报告

受常委会委托，我向中华全国工商业联合会第十二届执行委员会第三次会议做工作报告，请予审议。

一、2019年工作回顾

2019年是新中国成立70周年，是全面建成小康社会、实现第一个百年奋斗目标的关键之年。一年来，我们认真学习贯彻习近平新时代中国特色社会主义思想和党的十九大精神，把贯彻落实习近平总书记在民营企业座谈会上的重要讲话精神作为工作主线，坚持问题导向、目标导向、结果导向，创新落实各项工作任务，取得显著进展。

（一）持续推动习近平总书记在民营企业座谈会上重要讲话精神的贯彻落实

及时印发贯彻落实总书记重要讲话精神工作方案，各级工商联协力推进6大政策举措落地见效。一是推动减轻企业税费负担。积极参加全国人大常委会预算工作委员会的减税降费政策实施情况调研督查。组织全国工商联智库委员围绕增值税抵扣以及劳动密集型企业税费负担等情况进行专题研究，及时向中央有关部门提出建议。二是推动缓解民营企业融资难融资贵问题。开展互联网小贷助力小微企业融资和大型民营企业资金链情况调研，主动协调有关部门对部分出现流动性危机的大型民营企业进行纾困解难。积极参加国务院清理拖欠民营企业账款工作实地督查。协调解决多家企业遇到的账款拖欠问题。三是推动营造公平竞争环境。配合有关部门完成50多个政策文件征求意见工作，直接参与《优化营商环境条例》起草修改，一些民营企业关切的具体意见得到采纳。开展万家民营企业评价营商环境工作，民营企业调查系统中4.1万家企业参与调研，报告公开发布后引起较大反响，中央有关部门要求报送全文供决策参考。参与举办中央企业混合所有制改革项目专场推介会，与有关部门共同为民营企业参与PPP项目建设提供服务。四是推动完善政策执行方式。推动建立健全企业家参与涉企政策制定机制。各级工商联积极与金融监管部门和生态环境部门，就存在的政策执行“一刀切”问题进行沟通，协调解决企业实际困难。五是推动构建“亲”“清”政商关系。召开推动构建“亲”“清”新型政商关系工作会议，全国工商联和山东、江苏等多个地区发布了规范政商交往行为清单。各级工商联普遍开展党政领导和民营企业面对面活动，围绕落实降低企业社保费政策、清理拖欠民营企业账款以及促进相关行业发展多个主题进行座谈交流。六是推动保护企业家人身和财产安全。与最高检联合建立同级系统单位沟通联系机制，共同举办高层会商座谈会，以面商、转函等方式帮助企业转达维权诉求。积极参与涉政府产权纠纷问题专项治理行动。全国工商联法律维权服务中心全年受理、协调解决案件80余起。江西、辽宁等多地工商联成立法律维权专门机构，法律维权服务初见成效。

一年来的实践表明，只要我们充分发挥职能作用，全力推进总书记重要讲话精神的贯彻落实，民营企业家的政策获得感一定会更加强烈，发展的信心会更加充足！

（二）创新改进非公有制经济人士教育培训工作

认真落实习近平总书记关于深入开展理想信念教育实践活动的重要指示精神，以庆祝新中国成立70周年为契机，以“守法诚信经营、坚定发展信心”为重点，创新改进思想政治工作。一是抓年轻一代教育培养。在井冈山、延安、西柏坡举办3期、共350名年轻一代民营企业家参加的理想信念教育培训班。与有关部门共同组织实施新时代民营企业家培养计划，联合举办中华文化传承与创新研修班，共同合作挂牌共建6家理想信念教育基地，带动各级工商联教育培训规模和覆盖面持续扩大。二是抓先进典型宣传。在中央统战部牵头协调下，与有关部门共同组织开展第五届优秀中国特色社会主义事业建设者评选表彰宣传活动。积极参与筹办庆祝新中国成立70周年大型成就展，集中开展习近平总书记主持召开民营企业座谈会一周年及重大会议活动宣传，配合中央网信办举办新时代民营经济和高质量发展网络主题宣传活动。与中宣部宣教局共同编辑出版《民营企业家谈学习习近平总书记在民营企业座谈会上重要讲话精神心得体会》。组织举办中国（温州）新时代“两个健康”论坛及系列专场活动，“两个健康”先行区建设取得初步成效。三是抓互联网舆情引导。参加中央统战部加强民营经济领域舆情引导处置联动工作，召开舆情工作座谈会及网络传播实务培训班，编印非公有制经济领域舆情报告，常态化舆情研判处置机制和舆情员队伍初步建立。协助有关部门帮助部分民营企业化解舆情危机。四是抓信用体系建设。制定加强民营企业信用体系建设的实施意见，举办诚信建设工作培训研讨班。开展执委企业和商会会长“黑名单”技术比对，指导各地进行失信企业信用修复。五是抓民营企业和商会党建。开展全国工商联执委企业和部分上规模民营企业党建状况调研，召开党建工作现场会，与中央组织部、中央统战部共同举办民营企业党组织书记培训示范班，推动全国工商联执委企业实现党的组织和党的工作全覆盖。探索设立直属商会党委或党建工作委员会，开展直属商会党建与会员企业高质量发展课题研究，中组部对全国工商联直属商会党建工作给予高度肯定。

（三）深入开展调查研究和建言献策工作

认真落实习近平总书记关于深入调查研究的重要指示精神，深入基层一线、深入民营企业，积极反映企业生产经营遇到的困难和问题，支持企业改革创新。一是参与重大建言，为中央战略决策提供参考。参加中央党外人士座谈会和高层协商会，围绕促进“两个健康”积极议政建言。其中，在党外人士座谈会上提出的增加“依法治国显著优势”“促进‘两个健康’”等重要建议，在十九届四中全会决定中得到体现；“立足‘六稳’进一步减轻企业负担”“加大力度进一步引导民间有效投资”等建议，被中央经济决策部门采纳。开展关键领域民营企业核心技术创新调研，调研报告上报国务院、中财办、中央统战部，在中央召开的调研协商座谈会上的专题发言得到肯定。与全国政协经济委员会联合开展促进就业政策调研，共同举办双周协商座谈会并作了主旨发言。参与加强新时代民营经济统战工作文件的调研起草。在中央统战部指导下，成立全国工商联咨询委员会。二是加强信息报送，为重要经济决策提供参考。全年向中央决策部门报送《工商联信息》（专报）124期，50%以上被采用。全国工商联被中央办公厅纳入“8+1”工作机制，定期参加经济领域信息会商研判。与国务院办公厅信息公开办共同举办文津圆桌论坛，情况汇总报告得到国务院领导同志批示。开展4次民营企业季度运行状况调查，中财办、国务院研究室等部门对报告给予高度认可。三是做好政协提案和社情民意工作，助推政策措施落地见效。调动各级工商联和所属商会积极性，指导地方完善制度、加强培训、提升工作质量。各级工商联和商会提交全国政协团体提案32件、社情民意信息315篇。四是加强智库建设，提升建言献策质量。制定发挥智库委员作用、加强智库课题管理等制度，提升团体委员比例，推动委员结构持续优化。组织智库委员开展专题研究，全国工商联智库专报《支持民企政策效应初显，突出问题仍待加力解决》获得中央领导同志批示。组织开展全国工商联优秀调研成果评选，带动各级工商联提升调查研究水平。

（四）着力服务民营企业高质量发展

认真落实习近平总书记关于建设现代化经济体系的指示要求，多渠道拓展经济服务领域，引导民营企业坚定不移贯彻新发展理念，积极参与供给侧结构性改革。一是支持民营企业技术创新。与科技部、工业和信息化部建立部门合作机制，与中国科协共同主办新时代技术服务体系建设论坛和企业自主创新研讨系列活动。推荐10位民营企业科技创新人才参加国家科技创新创业人才评选。持续推动军民融合深度发展，举办两期政策培训班，与有关部门共同举办2019年中国先进技术转化应用大赛和第五届高技术装备成果展览暨论坛。二是防范化解民营企业重大风险。召开民营企业防范化解风险工作会议，部署推动省级工商联做好防范化解风险工作。调研梳理互联网民营企业裁员、中美经贸摩擦对民营企业影响、海外中国概念股被做空等情况，分季度持续跟踪民营上市公司股票质押和民营企业债券融资状况，报告报送中央有关部门决策参考。三是组织民营企业参与经贸交流活动。全年参与主办9次国家级重点经贸活动，支持地方政府举办7次重大经贸活动。在8月全国工商联常委会期间，举办中国民营企业500强峰会及系列专场活动，民营企业助推青海“一优两高”发展大会签约额1010亿元。在10月全国工商联主席高端峰会期间，民营企业助推四川发展签约额1588亿元。本次会议期间，我们将与江西省政府联合举办全国知名民营企业助推江西高质量跨越式发展大会。四是服务民营企业绿色发展。与生态环境部联合印发关于支持服务民营企业绿色发展的意见，共同开展民营企业参与污染防治攻坚战调查、举办专题培训班、召开交流推进会，协同推进经济高质量发展和生态环境高水平保护。成立全国工商联绿色发展委员会。

（五）组织引导民营企业参与社会扶贫工作

认真落实习近平总书记给“万企帮万村”受表彰民营企业家的重要回信精神，推动精准扶贫行动提质增效。截至2019年6月底，全国已有8.81万家民营企业参与行动，帮扶10.27万个村（其中建档立卡贫困村5.88万个），惠及1163万贫困人口。一是开展先进企业表彰。与有关部门共同召开贯彻落实习近平总书记重要回信精神一周年座谈会暨“万企帮万村”行动先进民营企业表彰会，99家先进典型企业获得表彰，中央领导同志接见与会代表，中央主要媒体广泛宣传。二是精准帮扶“三区三州”。召开“三区三州”健康扶贫工作研讨会和教育扶贫座谈会，引导大型民营企业以及直属商会积极参与健康扶贫、教育扶贫和易地扶贫搬迁工程实施。开展光彩事业“临夏行”、民营企业“南疆行”，民营企业协议投资项目近400个，总投资800亿元，同步举办5期、共500人参加的小微企业经营者培训班。三是支持企业投身脱贫攻坚。推荐1254家民营企业进入中国农业发展银行项目库，892家企业获得优惠融资服务，贷款余额707亿元。组织开展“万企帮万村”乡村振兴现场会、产业扶贫项目金融供需对接系列活动。四是扎实推进织金定点扶贫。赴织金县开展实地调研并召开扶贫工作委员会第二次全体会议，对接产业项目，公益捐款捐物2296万元。组织认捐织金县扶贫项目活动，针对建档立卡贫困户实施捐赠“一口小水窖、一套危房改造、一棵皂角苗、一头牛、一只猪”的“五个一”扶贫项目，募得资金5600万元，第一批项目落地惠及建档立卡贫困户3479户，贫困人口14182人。指导织金县开展“百企帮百村”行动，分批培训毕节试验区、织金县的乡镇干部、村医、致富带头人。五是积极推广消费扶贫。与国家发展改革委等14个部门联合印发动员全社会力量共同参与消费扶贫的倡议。举办“万企帮万村”消费扶贫展销活动，持续推进全国工商联联成e家消费扶贫平台运行，动员执常委企业和直属商会组织会员企业积极采购扶贫产品。截至2019年6月底，民营企业购买扶贫产品达75.37亿元。开展扶贫工作台账数据检查工作，配合国务院扶贫办对落实打赢脱贫攻坚战三年行动指导意见重要政策措施分工方案任务情况进行第三方评估，推动精准脱贫。

精准扶贫的实践表明，我们的民营企业家是有理想、有情操、甘于奉献的优秀群体。在脱贫攻坚战中，民营经济的地位作用一样不容置疑，民营企业家的历史贡献同样不可磨灭！

（六）引导民营企业参与“一带一路”建设

认真落实习近平总书记关于建设更高水平开放型经济新体制的重要指示精神，加强政策引导、搭建平台、扩大交往，为民营企业高质量参与“一带一路”建设提供支持服务。一是搭建高端合作平台。与中国贸促会、国资委联合举办“一带一路”企业家大会，21个民营企业项目现场签约，与中国银行组织近千桌次中外企业“一对一”对接洽谈活动。成功举办2019中非民营经济合作论坛，11个项目现场签约。举办首届中国—东盟民营企业家峰会、全国上市公司共建“一带一路”国际合作论坛暨跨国投资大会，组织700多家企业参加第二届中国国际进口博览会展商客商供需对接会。与相关驻华使领馆、商会联合举办52场经贸交流会议活动。二是开展具有影响力的对外交往。组织275名民营企业家参加第15届世界华商大会，积极宣介习近平新时代中国特色社会主义思想和构建人类命运共同体理念，积极宣传中国民营经济突出贡献，与欧洲主流商会和政府机构的联系得到进一步加强。首次出席达沃斯世界经济论坛2019年年会，在联合国环境大会上举办“中国企业家助力世界第三极生态环境保护”分论坛。与中央统战部联合召开华人华侨社团代表“一带一路”座谈会。加强与港澳台工商界交往，首次成功举办两岸青年企业家创新与发展论坛，举办海峡两岸和香港澳门合作研讨会。三是推动境外经贸合作区转型升级。举办第二届“一带一路”国际合作高峰论坛境外经贸合作区分论坛和“海外园区招商信息发布—与海外园区面对面”论坛，为16家海外园区举办推介活动，组织民营企业赴10个境外经贸合作区实地考察，编写并网上发布24家境外园区国别指南。四是引导民营企业防范海外风险。组织召开引导服务民营企业参与“一带一路”建设推进会。与国家发展改革委、商务部、公安部、外交部共同出台促进对外承包工程高质量发展、保安企业境外经营服务、境外企业外派安全培训、境外中资企业商会自律建设4份文件，与商务部共同举办对外投资合作安全培训班。与中国银行共同印发《持续推动民营经济全球化发展行动纲要》，工商联系统与27家中国银行分行建立对接，为民营企业境外融资提供支持。

（七）推动营造法治化营商环境

认真落实习近平总书记“法治是最好的营商环境”和“保护企业家人身和财产安全”重要指示精神，扎实推进法律服务工作。一是积极参与立法协商和监督。推动有关法律法规立改废释，全年参与制定修订法律法规77部。参与全国人大常委会组织的中小企业促进法、科技进步法执法检查。二是推动法治民企建设。与有关部门共同举办首届民营经济法治建设峰会，深入开展民营企业“法治体检”活动，全国各地超过10万家民营企业获益。组织开展法律风险防范与合规管理培训班，持续推进“法律三进”。与有关部门联合召开构建和谐劳动关系表彰大会，组织163家受表彰企业进行全国巡回演讲，全国省区市劳动关系常态化监测实现全覆盖。三是规范商会调解。各级工商联成立商会调解组织1520个。全国工商联与最高法联合出台关于发挥商会调解优势，推动民营经济领域纠纷多元化解机制的意见，被写入最高法两会工作报告。与国家标准化管理委员会研究起草规范所属商会开展团体标准化工作的意见，引导商会切实提升引领行业发展能力和诚信自律水平。

（八）加强工商联自身建设

认真落实习近平总书记关于深化群团组织改革的重要指示精神，切实抓好《全国工商联深化改革总体方案》和《关于促进工商联所属商会改革和发展的实施意见》的落实，努力推动工商联组织和工作扩大覆盖面。一是规范领导机构建设。全年共召开7次主席会、15次主席办公会、23次党组会，围绕习近平新时代中国特色社会主义思想和中央重大会议、文件精神进行学习研讨，对推动工商联深化改革、所属商会改革发展等重点工作进行研究部署。印发企业家副主席副会长、执委履职评价办法，并组织实施评价。二是夯实组织基础。持续推进会员制改革，印发代表任期制实施办法以及工商联会员工作的意见。制定并落实与知名企业家的谈心交心工作方案。召开全国工商联组织工作会议，创新开展“五好”县级工商联互学互促活动，认真落实“学一防一推送一”工作部署。推动各地贯彻落实所属商会改革发展文件精神，通过制定重点任务清单、举办工商联履行业务主管单位职责培训班、开展改革任务试点，加大对所属商会的指导引导服务力度。截至2019年第一季度，工商联共有所属商会21587家，所联系商会29164家。加强直属商会建设，制定出台直属商会管理、会长轮值制以及章程示范文本等指导性文件，严格落实会领导和部门联系直属商会制度。与民政部共同推动加强乡镇街道商会登记管理工作。组织开展省级工商联工作和直属商会评价。认定首批498家全国“四好”商会。三是创新运行机制。建立落实习近平总书记重要指示批示常态化工作机制，加强督办催办工作。持续深化现有部门合作关系，积极推动加入国务院减轻企业负担部际联席会议和国家标准化管理委员会，扩大协作范围形成工作合力。完善联系调研制度，前3季度8个联系调研组共走访25个省级工商联，91个市级工商联，386个县级工商联，193个工商联所属商会以及810家民营企业和个体工商户，135位全国工商联企业家执委、常委参加调研；召开座谈会364场，举办政策宣讲会284场，72位执委、常委和31位有代表性的民营企业家作宣讲，并通过互联网广泛传递政策信息，网络点击达500多万人次。四是改进工作方式。制订落实文山会海专项整治工作方案，全年会议减少35%，公文减少30%，工商联系统实现电子公文传送运转。搭建平台让企业家站前台、唱主角，品牌会议活动影响力进一步扩大。全年共举办德胜门大讲堂11期，现场受众覆盖面达3000余人次。此外，德胜门大讲堂还走出机关、走进地方，受到企业家的普遍欢迎。继续加强“网上工商联”建设，持续优化办公、联系调研、会员登记、信息报送系统。五是加强机关和直属单位建设。以党的政治建设为统领，深入开展“不忘初心、牢记使命”主题教育，持续落实“六好”党建工作机制，认真履行全面从严治党主体责任。加强干部队伍建设，大力推进“计评对”等制度落实，有序推进职级并轨等干部人事改革，干部年度培训实现全覆盖。稳步推进直属单位改革。加强机关内控建设和督促检查，加强保密工作，改进工作作风，提升工作水平。

以上成绩的取得，离不开党中央的坚强领导，得益于中央统战部的指导支持，凝聚着各级工商联和各位执委的心血和贡献。在此，我代表全国工商联第十二届常委会对大家的辛勤工作表示衷心感谢，并通过你们向工商联系统广大干部职工和民营企业家表示诚挚的问候！

在肯定成绩的同时，也要看到我们的工作中还存在服务教育方式和手段不够丰富、工作深度和广度有待拓展、改革创新和作风建设力度还不够大、干部队伍专业素养和能力有待进一步提升等问题，需要我们在今后的工作中努力加以改进。

二、准确把握党的十九届四中全会精神和中央经济工作会议精神

近期，党中央胜利召开了十九届四中全会和中央经济工作会议，习近平总书记发表了重要讲话。习近平总书记在十九届四中全会上的重要讲话和全会通过的《决定》，充分肯定了我们党治理国家取得的历史性成就，全面总结了我国国家制度和国家治理体系的13个方面的显著优势，明确了加强和完善国家治理必须坚持的基本原则以及总体目标和工作要求，尤其是强调坚持和完善社会主义基本经济制度，推动经济高质量发展，为我们坚定制度自信、推动经济领域治理提供了根本遵循。刚刚闭幕的中央经济工作会议全面总结了2019年经济工作，深刻分析了当前经济形势，对2020年经济工作做出安排部署。深入学习贯彻十九届四中全会和中央经济工作会议精神，特别是习近平总书记的重要讲话精神，是广大非公有制经济人士、各级工商联组织当前和今后一个时期的首要政治任务。

要准确把握当前经济形势，坚定发展信心。中央经济会议指出，今年以来，在以习近平同志为核心的党中央坚强领导下，全党全国贯彻党中央决策部署，坚持稳中求进工作总基调，坚持以供给侧结构性改革为主线，推动高质量发展，扎实做好“六稳”工作，保持经济社会持续健康发展，三大攻坚战取得关键进展，改革开放迈出重要步伐，供给侧结构性改革继续深化，科技创新取得新突破，“十三五”

规划主要指标进度符合预期，全面建成小康社会取得了新的重大进展。在国内外风险挑战明显上升的复杂局面下，经济社会发展取得如此成绩，实属不易，令人振奋。同时也要清醒认识到，当前世界经济增长持续放缓，仍处在国际金融危机后的深度调整期。我国正处在转变发展方式、优化经济结构、转换增长动力的攻关期，结构性、体制性、周期性问题相互交织，“三期叠加”影响持续深化，经济下行压力加大。不少企业投资意愿下降、利润下滑，尤其是中美经贸摩擦给企业生产经营、进出口、市场预期带来扰动和冲击，更是让许多企业压力倍增。但困难越多，越是要坚定信心，把蛰伏的发展潜能激发出来。要看到，我国经济稳中向好、长期向好的基本趋势并没有变。我们有党的坚强领导和中国特色社会主义制度的显著优势，有改革开放以来积累的雄厚物质技术基础，有超大规模的市场优势和内需潜力，有庞大的人力资本和人才资源，只要我们坚定信心，就一定能够战胜各种风险挑战，就一定能够开启中国经济发展的辉煌新篇！

明年既是攻坚期，也是决胜期，保持经济平稳增长至关重要，直接关系到全面建成小康社会和第一个百年目标的实现。会议强调紧扣全面建成小康社会目标任务，坚持稳中求进工作总基调，统筹推进稳增长、促改革、调结构、惠民生、防风险、保稳定，保持经济运行在合理区间，尤其是要求科学稳健把握宏观政策逆周期调节力度，提高宏观调控的前瞻性、针对性、有效性，确保经济实现量的合理增长和质的稳步提升。这说明2020年的宏观调控在坚持“稳”字当头、保持定力的同时，将会更加注重对关键问题的精准施策，“精准滴灌”的节奏与力度有望加大。广大民营企业家要善于运用辩证思维来看待当前形势，增强发展信心，在科技创新和国内国际市场竞争的第一线奋勇拼搏；同时也要强化风险意识，未雨绸缪，做好各方面预案，尽力而为，量力而行，保持企业健康稳定发展。

要始终践行新发展理念，推动高质量发展。中央经济工作会议再次强调坚定不移贯彻新发展理念，以创新驱动和改革开放为两个轮子，全面提高经济整体竞争力，加快现代化经济体系建设；要求推动实体经济发展，提升制造业水平，发展新兴产业，促进大众创业万众创新；要求继续深化金融供给侧结构性改革，增加制造业长期融资，更好缓解民营和中小微企业融资难融资贵问题；强调巩固和拓展减税降费成效，降低企业用电、用气、物流等成本，支持加大设备更新和技改投入，推进传统制造业优化升级，大力发展数字经济，打造一批有国际竞争力的先进制造业集群。未来，促进高质量发展的有效政策供给将会更加聚焦制造业领域，制造业行业供给质量与需求结构升级匹配将会更加合理，实体经济发展的根基将会更加坚实有力。会议强调要依靠改革优化营商环境，完善产权制度和要素市场化配置，健全支持民营经济发展的法治环境，完善中小企业发展的政策体系。可以预见，随着全面深化改革的持续推进，特别是《优化营商环境条例》的贯彻实施，支持民营经济发展的市场化、法治化、国际化的营商环境建设进程将会大大加快。会议强调继续发挥消费的基础作用，促进产业和消费“双升级”，推动国内消费市场稳步扩大，明确提出加快建设养老服务体系，支持社会力量发展普惠托育服务，推动旅游业高质量发展，推进体育健身产业市场化发展。现在，服务业领域市场化改革和对内对外开放的力度在持续加大，服务业多层次多样化供给能力将会逐渐增强，生产型服务业向专业化和价值链高端延伸、生活型服务业向高品质和多样化升级的态势将会更加明显。这些都将更多依靠市场机制和现代科技创新来实现，平台经济、“人工智能+服务”“互联网+服务”将会迎来新的发展契机。

要善于捕捉发展机遇，积极扩大有效投资。投资仍然是稳定经济增长的重要措施，在稳增长中发挥着关键作用。中央经济工作会议再次强调抓重点、补短板、强弱项，要求引导资金投向供需共同受益，具有乘数效应的先进制造、民生建设和基础设施短板等领域，加强战略性、网络型基础设施建设，加强市政管网、城市停车场、冷链物流等建设，加快农村公路、信息和水利等设施建设。近期，中共中央国务院还将就支持民营企业改革发展做出全面部署，特别是在电力、电信、铁路、石油、天然气等重点行业和领域，将会引入市场竞争机制，放宽市场准入。这些补短板和扩大开放的领域，就是当前扩大民间有效投资的主攻方向。民营企业通过PPP方式参与项目建设和运营，面临着更好的发展机遇。三大攻坚战是全面建成小康社会必须迈过的坎，脱贫攻坚更是全面建成小康社会的重中之重，是必须完成的硬任务。会议明确提出坚决打赢三大攻坚战，并且将精准脱贫放在三大攻坚战的首位，要求确保实现脱贫攻坚目标，扎实推进乡村振兴。广大民营企业要继续巩固“万企帮万村”精准扶贫成果，一鼓作气、乘势而上，确保精准扶贫落地见效。促进区域经济协调发展是完善我国改革开放空间布局，打造我国发展强劲活跃增长极、引领高质量发展的重大战略举措。会议在强调推动行业高质量发展的同时，提出要加快落实区域发展战略。随着“一带一路”、长江经济带、京津冀协同发展、长三角一体化发展、粤港澳大湾区建设、黄河流域生态保护和高质量发展等国家战略，以及东北振兴、西部开发、中部崛起等区域发展战略的实施，区域间的协调发展将会更加可期。民营经济在充分利用各地比较优势，用好区域政策的基础上，不断完善企业战略和产业空间布局，完全可以打造高质量发展新的动力源。

信心和决心必须坚定，困难和问题必须正视。信心很重要，有了信心就会有定力，也会有耐心。广大民营企业家要认真学习贯彻十九届四中全会和中央经济工作会议精神，切实把思想统一到中央的形势判断上来，把行动统一到中央的决策部署上来，切实把外部压力转化为自身改革发展的强大动力，积极投身改革、支持改革、参与改革，集中精力办企业、一心一意谋创新，努力在新时代走向更加广阔的舞台！

三、明年工作思路和主要任务

明年是实现全面建成小康社会，实现第一个百年奋斗目标的决战决胜之年，是“十三五”规划收官之年，也是为“十四五”实现良好开局打下重要基础的关键一年。明年工作的总体思路是：以习近平新时代中国特色社会主义思想为指导，全面贯彻党的十九大和十九届二中、三中、四中全会精神，认真学习贯彻中央经济工作会议精神，全面落实中央关于新时代民营经济统战工作的重要部署，增强“四个意识”、坚定“四个自信”、做到“两个维护”，紧扣“两个健康”工作主题，坚持围绕中心服务大局，落实“政治建会、团结立会、服务兴会、改革强会”和“六个始终坚持”要求，以构建系统完备、科学规范、运行有效的工作制度体系为保障，引导民营企业家稳定预期，坚定信心，加快高质量发展，自觉做爱国敬业、守法经营、创业创新、回报社会的典范，为决胜全面建成小康社会做出更大贡献。

（一）深入学习贯彻落实习近平新时代中国特色社会主义思想和党中央重大决策部署

做好新时代工商联工作，直接关系到巩固和扩大我们党长期执政的经济基础、群众基础和社会基础。注重加强思想政治建设。把认真学习贯彻习近平新时代中国特色社会主义思想与学习党的十九大和十九届二中、三中、四中全会精神，以及习近平总书记在民营企业座谈会上的重要讲话精神紧密结合起来，严格落实各级工商联领导班子、机关干部和民营经济代表人士政治理论学习制度，切实武装头脑、指导实践、推动工作。开展习近平总书记关于“两个健康”和工商联工作重要论述的专项理论研究。健全贯彻落实习近平总书记重要指示批示常态化工作机制，加强督促督办工作。全面贯彻中央经济工作会议和全国民营经济统战工作会议等重要会议精神，认真落实关于加强新时代民营经济统战工作意见重点任务分工方案。全力提升重大建言工作质量。统筹配强力量，广泛征求意见，高标准准备中央党外人士座谈会重大建言，高质量服务中央决策。认真组织开展民营企业融资情况重点调研，反映问题，提出建议。积极配合全国政协经济委开展专题调研，联合召开双周协商座谈会。加快推进智库建设，健全工作制度，完善协作机制，形成一批高质量研究成果。切实加强机关党建和民营经济领域党建工作。深化“不忘初心、牢记使命”主题教育成果，完善党建“六好”工作机制，组织开展“四强”党支部和“模范机关”创建活动，持续推进“智慧党建”。抓好干部警示教育，切实加强党风廉政建设和反腐败斗争。联合有关部门共同开展民营企业党建典型调研、举办党员企业家研讨班，发挥民营企业党组织书记示范班的引导作用，加快推进工商联执委企业实现党的组织和党的工作覆盖。研究制定加强工商联系统商会组织党建工作的意见，探索成立全国工商联直属商会综合党委，持续推进直属商会成立党委或党建工作委员会，健全运行机制，完善工作制度。

（二）服务引导民营企业家健康成长

深化民营经济人士理想信念教育。开展民营经济人士思想状况调研。召开全国民营经济人士理想信念教育推进会议，制定工作意见，继续设立一批理想信念教育基地。组织开展系列政策宣讲活动，继续与有关部门联合举办会议论坛，持续推动温州新时代“两个健康”先行区创建，大力弘扬优秀企业家精神。强化对年轻一代的教育引导，组织实施新一代民营企业家成长工程，持续加强青委会建设。加强宣传员队伍建设，发挥新媒体作用，构建广覆盖、多层次、立体化的大宣传工作格局。探索建立工商联系统上下联通、各部门相互协调的舆情研判、处置机制。持续开展“法律三进”活动，举办法治巡回宣讲，引导民营企业家合法合规经营。拓展与民营企业家的联系交流、联谊交友。持续深化联系调研，统筹省级工商联共同开展联系调研，动员所属商会广泛参与。加强系统执常委联系调研中的互动交流，完善各级工商联协同联系调研的工作机制。构建“亲”“清”政商关系，落实代表任期制和谈心交心制度，加强与民营经济代表人士的经常性沟通。参与组织全国工商联咨询委员会各项活动，深化与全国知名企业家的沟通联系。继续落实会领导和机关部门联系商会制度。制定专门委员会年度工作计划，支持民营企业家深度参与工商联工作。引导民营企业家在参与“万企帮万村”精准扶贫行动中受教育、做贡献。组织开展“万企帮万村”回头看和评选表彰，适时召开现场会，加大总结宣传力度，抓实扶贫成效。结合东西部扶贫协作和对口支援机制组织民营企业开展帮扶，发动直属商会开展联合帮扶和消费扶贫对接活动，继续开展光彩行活动，巩固提升脱贫成果。推进乡村振兴战略实施，组织民营企业开展“回报家乡”行动。继续做好定点帮扶织金工作，积极参与毕节试验区建设，推进落实援疆援藏任务。

（三）服务推动民营企业加快转入高质量发展轨道

落实国家重大经济发展战略。开展民营企业重点领域技术创新情况调研，围绕提升产业基础能力和产业链现代化水平提出政策建议，适时召开民营企业技术创新工作会议。开展民营企业科技创新对接和项目发布工作，做好国家科学技术奖、创新创业人才、技术能手推荐工作。跟踪调研了解大型民营企业资金链和流动性情况，研究分析季度民营企业股权质押和债券融资情况，指导地方工商联配合有关部门做好企业风险预警、预案制定和纾困解难工作。常态化推进清理拖欠民营企业账款工作。贯彻落实《中小企业促进法》和国务院有关文件，推动中小企业健康发展。推动军民深度融合发展。继续引导民营企业深度参与经贸活动，完善成效跟踪机制，会同有关部门召开产业转移项目推介会，助推区域经济发展。鼓励民营企业参与混合所有制改革，探索建立中国特色现代企业制度。联合生态环境部开展调研、召开研讨会、举办培训班、组织实施宣传，加快推动民营企业形成绿色发展方式。开展第八届光彩事业国土绿化贡献奖评选表彰，举办全国民营企业家及管理干部林业草原专题培训班。创新推动国际合作交往。继续参与国家层面高端合作平台机制，做实区域性经贸合作平台，探索在境外举办高规格经贸活动，引导民营企业开展第三方合作、开拓多元化出口市场，推动对外贸易稳中提质。加强与国外科技创新部门及组织的联系合作。举办园区推介活动，推动形成一批可复制、可推广的境外经贸合作区成功经验。组织两岸青年交流活动，办好世界华人华侨工商大会。继续开展使领馆与民营企业面对面交流活动，举办“一带一路”建设培训班、对外投资合作安全培训班，加强对境外异地商会的联系指导。持续推动相关省份尽快加入本省推进“一带一路”建设工作领导小组。努力推动构建法治化营商环境。积极参与《企业破产法》起草以及相关法律法规的制定修改。举办第二届民营经济法治建设峰会，持续推进“法治体检”活动，引导民营企业聚焦内部腐败行为防控惩治，强化风险防范意识，构建和谐劳动关系。完善民营企业诉求反映和权益维护机制，落实与公检法司合作机制，配合开展依法甄别纠正侵害民营企业产权冤案错案，建立民营企业法律维权绿色通道，推进民营企业维权服务。完善民营企业民商事纠纷多元化解决机制，召开商会调解工作推进会，指导地方开展商会调解。制定民营企业标准化工作的指导意见，引导所属商会开展团体标准建设工作，筹备建立全国工商联标准化工作委员会。跟踪了解《优化营商环境条例》《中共中央国务院关于营造更好发展环境支持民营企业改革发展的意见》落实情况，提出意见建议。配合开展民营经济统计和监测分析，继续开展民营企业季度运行状况调查和万家民营企业评价营商环境工作。继续深化部门合作机制，与有关部门共同推动政企沟通常态化机制建设。提高参政议政工作水平，不断提高政协提案、社情民意、信息专报质量。积极促进民营企业信用体系建设。开展民营企业信用体系建设情况调研，适时召开全国工商联民营企业信用体系建设工作会议，与有关部门开展联合奖惩。建立完善工商联系统执委信用信息数据库，继续拓展“黑名单”比对工作范围，督促各地指导企业开展信用修复，推动商会开展会员企业信用体系建设工作。精心培育品牌活动。继续巩固和加强主席高端峰会、民营企业500强峰会、德胜门大讲堂、工商联大讲堂等品牌活动，用好“两个健康”展示平台，不断增强活动影响和实效。努力打造民营企业法治高峰论坛、民营企业社会责任体系建设等新的工作品牌。

（四）着力提升工商联自身建设水平

加强工商联组织建设。继续加强工商联执委会、常委会建设，规范企业家副主席、副会长行为方式，完善企业家副主席、副会长年度履职制度，持续推动开展全国工商联企业家副主席副会长执委履职情况评价，建立企业家执委履职档案。组织开展县级工商联“一个设立、五个有”回头看，全面开展“五好”县级工商联结对互学互促活动，继续开展全国“五好”县级工商联认定，推动形成纵向贯通、上下联动的组织工作体系。制定全国工商联会员管理办法，指导地方明确会员发展规划，有针对性地培养一批优秀代表人士骨干，建立民营经济代表人士履职考核制度和退出制度。深化所属商会改革发展。召开工商联所属商会工作会议，推动各地认真贯彻落实所属商会改革和发展的具体措施，加大指导引导服务力度。持续推进乡镇街道商会登记管理工作，探索在新兴领域、新兴业态成立行业委员会，鼓励条件成熟地区积极推进商会大厦和服务中心建设。建立完善商会监督机制，开展直属商会评价，持续推进会长轮值制，做好商会主要负责人培训。构建商会人才培养平台，推动商会秘书处职业化专业化建设，支持商会更好承接公共服务、参与社会服务。开展第二批全国“四好”商会认定。推动建立党政领导干部联系商会制度。探索研究发挥民间商会（总商会）功能的有效形式。持续推动机关建设。持续推动全国工商联深化改革总体方案落实。推进“网上工商联”建设，统筹机关各部门网络调查和信息发布，加强数据采集和使用，强化网络安全管理。坚持正确用人导向，加强干部培训，提振干部精气神，提升干部专业素养，努力建设一支忠诚干净担当的高素质干部队伍。进一步加强作风建设，优化制度体系，完善内控体系建设，严格制度实施，加强工作考核，强化督查问责，提升工作效能，从严从实推动机关建设再上新台阶。

同志们，新时代要有新气象新作为。让我们更加紧密地团结在以习近平同志为核心的党中央周围，以习近平新时代中国特色社会主义思想为指导，勠力同心，锐意进取，扎实工作，为坚决夺取全面建成小康社会伟大胜利做出新的更大贡献！

徐乐江同志在全国工商联十二届三次执委会议上的讲话

全国工商联十二届三次执委会议就要结束了。会议期间，我们听取审议了高云龙主席代表常委会做的工作报告，听取学习了中央经济工作会议和民营经济统战工做文件精神辅导报告，审议通过了有关人事事项，圆满完成各项议程。下面，我结合学习领会党的十九届四中全会、中央经济工作会议和民营经济统战工作文件有关精神，从深化改革的角度，就贯彻落实云龙主席所做的工作报告，推进新时代工商联事业创新发展，讲几点意见。

一、牢牢把握工商联工作在国家治理体系中的地位作用

国家治理体系是在党领导下的管理国家的制度体系，包括经济、政治、文化、社会、生态文明和党的建设等各个领域体制机制和法律法规安排，是一个紧密相连、相互协调的整体系统。党中央明确规定，工商联是党领导的以非公有制企业和非公有制经济人士为主体的人民团体和商会组织，是中国人民政治协商会议的重要组成部分；工商联工作是党的统一战线工作和经济工作的重要内容；工商联事业是中国特色社会主义事业的重要组成部分；工商联及所属商会是民营经济统战工作的重要组织依托。全面准确理解工商联在国家治理体系中的地位作用，可以从以下三个方面来认识和把握。

第一，把握主轴，找准定位。习近平总书记指出，新时代谋划全面深化改革，必须以坚持和完善中国特色社会主义制度、推进国家治理体系和治理能力现代化为主轴。加强工商联事业制度建设、推进工商联改革发展，不能简单地就事论事，不能囿于自身局部，要强化大局观念和系统思维，围绕党和国家全面深化改革的“主轴”设置坐标系、找准坐标点，做到高起点筹划、高标准落实。一是紧紧围绕实现“两个一百年”的奋斗目标。明年是全面建成小康社会和“十三五”规划的收官之年，实现中华民族伟大复兴到了关键时期，既要全力以赴全面建成小康社会、确保实现第一个百年奋斗目标，又要乘势而上开启全面建设社会主义现代化国家新征程，为“十四五”发展和实现第二个百年奋斗目标打好基础，可以说既是决胜期也是攻坚期。蓝图已经绘就，顺利实现既定目标，需要全社会齐心协力。各级工商联要增强责任感、使命感、紧迫感，围绕党和国家总体战略，强化目标导向，细化分解任务，在相关领域和环节深度参与、积极作为。二是全面融入“五位一体”总体布局和“四个全面”战略布局。“五位一体”总体布局和“四个全面”战略布局确立了新形势下党和国家各项工作的顶层设计、战略方向，各个方面相互促进、统筹联动，是我国经济社会发展的科学指导和行动指南，是做好工商联各项工作总的统领。这就需要我们既要有全局观念、大局意识，又要注重发挥自身优势，突出工商联特色和工作重点，围绕国家总体目标制定具体举措，扎实推进各项工作落实。三是把握中国特色社会主义进入新时代的长远大势。经过近代以来的久经磨难和新中国成立后70年的建设发展，中华民族迎来了从站起来、富起来到强起来的伟大飞跃，当前我们比历史上任何时期都更接近、更有信心和能力实现中华民族伟大复兴。同时，我国发展面临的环境更加复杂，风险隐患交织叠加，不安全不稳定因素增多，经济下行压力增大，改革发展各项任务艰巨复杂。近年来，有些企业家出现预期不稳、信心不足、投资积极性不高等现象，这就需要我们开展形势政策教育、帮助解决具体困难，引导和服务民营企业辩证认识形势，客观分析利弊，搞好战略规划，坚定发展信心。

第二，聚焦主责，履职担当。习近平总书记要求，群团组织要增强政治性、先进性、群众性，避免机关化、行政化、贵族化、娱乐化，承担起引导所联系的群众听党话、跟党走的政治任务。我们要坚持工商联是党领导的政治组织、统战组织的基本定性，坚持大统战工作格局，为巩固和发展最广泛的爱国统一战线贡献力量。一是增强政治意识，提高政治站位。做好政治引领工作，前提是打牢思想政治基础，提高认识和站位。我们要把各级工商联组织建设成坚持和加强党对民营经济工作领导的重要阵地，建设成用党的创新理论教育引导广大民营经济人士的重要平台，建设成为实现"两个一百年"奋斗目标凝聚共识、汇聚力量的重要渠道。要加强工商联党的建设，不断增强党组织的政治领导力、思想引领力、群众组织力和社会号召力，把各级工商联党组织打造成坚强的战斗堡垒。要主动推进所属商会党建工作，配合有关部门积极推进民营企业党建工作，实现党对商会组织和民营经济工作的全面有效领导。二是强化统战思维，扩大团结范围。党的十九届四中全会提出，要健全联系广泛、服务群众的群团工作体系。近年来，我们通过完善组织体制、改进运行机制和转变工作方式做了一些探索，取得了一定成效。扩大联系范围，要正确处理"大"和"小"、"多"和"少"、"点"和"面"、"质"和"量"的关系，既要把大企业作为重点，又要关注众多的、面上的小微企业；既要有核心骨干力量，又要扩大覆盖面和影响力。要正确处理"个别"和"一般"的关系、"一致性"和"多样性"的关系，以宽广的胸怀广交朋友、广纳群言，最大限度地倾听意见、吸纳建议，这样才能最大程度地凝聚共识、汇聚力量。三是突出群团特点，发挥自身优势。经过60多年的发展，工商联已经形成了完备的组织体系，全国、省、市、县从上到下共四级，2800多个县级工商联，工商联作为业务主管单位和实际开展工作的商会5万多家，组织架构健全，覆盖全国各地，涵盖各个行业，成为拥有民营企业会员最多、行业类别最全的人民团体和商会组织。工商联工作有成套的制度机制，我们在参与民营经济人士政治安排、组织开展理想信念教育、参与党和国家有关民营经济的表彰奖励，以及第三方评估、构建"亲""清"政商关系、营商环境评价、企业维权等方面，都探索形成了规范有效的制度机制。我们要充分发挥组织健全、制度完善、联系面广的独特优势，着眼巩固和发展最广泛的爱国统一战线，推进工商联工作、影响和作用在民营经济领域的全面有效覆盖，为实现"两个一百年"奋斗目标寻求最大公约数，画出最大同心圆。

第三，紧扣主题，发挥作用。习近平总书记2012年走访全国工商联机关时，要求全国工商联新一届领导班子团结带领广大会员牢牢把握促进非公有制经济健康发展和非公有制经济人士健康成长的工作主题。改革开放40多年来，民营经济统战工作和工商联工作一个重要创新成果，就是通过实践积累和理论深化提出和确立了"两个健康"工作主题。一是认识上要把准关系。习近平总书记指出，非公有制经济健康发展，前提是非公有制经济人士健康成长。这为我们讲清楚了"两个健康"相互依存、互为促进的辩证统一关系，为我们统筹推进"两个健康"提供了根本遵循。近年来，个别民营企业家价值观出现偏差，发生违法违纪问题，使企业经营出现重大风险或陷入绝境。同样，民营经济的健康发展是民营经济人士健康成长的重要基础。如果企业经营发生重大问题，企业家的健康成长也就失去了事业支撑。二是筹划中要相互融入。习近平总书记指出，促进非公有制经济健康发展和非公有制经济人士健康成长，既是重大经济问题也是重大政治问题。践行"两个健康"工作主题，要紧紧围绕落实好总书记提出的"两个重大"，深化工作实践，确保落实效果。我们要时时处处把"两个健康"全面统筹、整体推进，将做人的工作寓于经济服务之中，在思想教育和政治引领工作中做好经济服务，真正把“两个健康”主题作为职责使命，贯彻落实到工商联各项工作的全过程。三是工作上要找准落点。受国际国内多种因素影响，民营经济在转型升级过程中遇到了许多深层次的矛盾问题，民营经济人士的思想状况也存在一些值得关注的现象。做好“两个健康”工作要针对当前的形势任务，进一步突出重点、选好落点。要加强思想政治引领，教育引导广大民营企业家增进对中国共产党和中国特色社会主义的政治认同、思想认同、情感认同。要加强年轻一代民营企业家的教育培养，引导广大民营经济人士积极践行社会主义核心价值观，不越红线、不触底线、不碰高压线，走好健康人生路。要围绕推进落实总书记在民营企业座谈会上提出的六项政策举措，想企业之所想，急企业之所急，推动解决税费负担过重、融资难融资贵、产权保护不力等民营企业关注关心的问题。要服务和引导广大民营企业完善法人治理结构，健全风险管控体系，在新时代迈过转型升级的“坎”，走好高质量发展的道路。

二、充分发挥工商联在新时代民营经济统战工作中的优势作用

党中央出台的《关于加强新时代民营经济统战工作的意见》（以下简称《意见》），是贯彻落实党的十九届四中全会精神、加强民营经济统战工作制度建设的具体举措，为做好新时代工商联工作提供了根本遵循。目前，《意见》已经下发到县团级单位。下一步，中央统一战线工作领导小组还要专门召开会议，对贯彻落实《意见》进行全面部署。我们要把学习十九届四中全会《决定》同学习《意见》紧密结合起来，全面领会和准确把握精神实质、核心要义、实践要求，结合工作实际抓好贯彻落实。

第一，在坚持和完善我国基本经济制度上下功夫。《决定》对基本经济制度做出了新概括，在公有制为主体、多种所有制经济共同发展的基础上，把按劳分配为主体、多种分配方式并存和社会主义市场经济体制上升为基本经济制度；强调必须坚持社会主义基本经济制度，等等。《意见》指出，坚持和完善中国特色社会主义制度、推进国家治理体系和治理能力现代化，必须始终坚持和完善我国基本经济制度。基本经济制度是我国国家制度和治理体系的显著优势之一，是改革开放理论和实践创新的重要成果，是新时代经济改革发展的根本遵循，对国家治理体系和治理能力现代化具有系统性重要影响。各级工商联要坚持“两个毫不动摇”方针，加大依法保护产权力度，帮助企业开展法律维权，推进健全支持中小企业发展制度，加强民营企业信用体系建设，引导民营企业积极参与混合所有制改革，推进完善中国特色现代企业制度；在分配制度上推动构建和谐劳动关系，引导民营企业积极参与社会公益事业，合理调整利润分配机制，着重保护劳动所得，增加一线劳动者劳动报酬，助推形成橄榄型收入分配格局；在资源配置方式上围绕构建高标准市场体系，推动完善市场化、法治化、国际化营商环境，搭建银企沟通对接平台，引导民营企业尊重市场机制，积极参与要素市场化改革，提高供给质量，优化投资和产业布局。

第二，在促进民营经济人士健康成长上下功夫。《决定》强调，要促进非公有制经济人士健康成长。《意见》指出，要加强民营经济人士思想政治建设，建设高素质民营经济代表人士队伍。落实上述要求，各级工商联要教育引导民营经济人士用习近平新时代中国特色社会主义思想武装头脑、指导实践，引导民营企业加强党建工作，强化思想引导、价值观引领；适应工作对象范围扩大的要求，扩大选人视野，拓宽人才发现渠道，优化代表人士队伍结构；配合组织、统战等部门做好代表人士队伍建设规划、年轻一代民营经济人士健康成长促进计划，逐步构建规范化常态化的教育培养工作和制度体系，做好民营经济领域舆情搜集、研判和处置工作，加大典型选树力度，规范做好各类政治安排，建立健全工商联执委、直属商会领导班子成员履职考核和退出机制。

第三，在促进民营经济健康发展上下功夫。《决定》强调，要促进非公有制经济健康发展，健全支持民营企业健康发展的法治环境，完善构建“亲”“清”政商关系的政策体系，营造以公平为原则的产权保护制度，健全推动发展先进制造业、振兴实体经济的体制机制等。《意见》指出，民营经济是我国经济制度的内在要素，民营经济是我们自己人，要支持服务民营经济高质量发展。这为广大民营企业家吃下了定心丸，也给民营经济发展明确了方向。要积极践行新发展理念，贯彻全面深化改革的要求，引导民营企业推进改革发展，完善法人治理结构，提高防范化解风险能力；加强与重点国家和地区工商领域社会团体及其驻华机构的交流合作，在相关国际合作机制中充分发挥工商联作用，引导企业积极参与“一带一路”建设；助推构建民营经济高质量发展的市场化、法治化、国际化营商环境；推动建立健全政企沟通协商制度，规范沟通协商内容，创新沟通协商形式，加强对商会和民营企业的联系服务，完善民营企业诉求反映和权益维护机制；配合政府有关部门做好民营经济统计和监测分析工作。

第四，在发挥工商联及所属商会重要组织依托作用上下功夫。《决定》强调，要推动人民团体增强政治性、先进性、群众性，把各自联系的群众紧紧团结在党的周围；推进人民团体协商；促进阶层关系和谐，等等。《意见》指出，工商联及所属商会是民营经济统战工作的重要组织依托。这是对工商联及所属商会在民营经济统战工作中的性质定位，也是一个重要理论突破和制度创新。一方面，重要组织依托综合承载了工商联作为群团组织和桥梁纽带助手的性质定位。另一方面，发挥工商联及所属商会重要组织依托作用，适应了坚持和完善中国特色社会主义制度、推进国家治理体系和治理能力现代化的要求，有利于体现工商联及所属商会在我国国家治理体系中的职责地位。要进一步明确工商联及所属商会作为民营经济统战工作重要组织依托的职责定位，克服“职能模糊、责任虚化”问题，继续深化工商联及所属商会改革，积极探索更好发挥工商联作为民间商会（总商会）功能的有效形式；创新工商联服务、培训和维权平台载体，加强所属商会党建工作，积极培育和发展所属商会，加快推进所属商会依法注册登记，进一步提升工作整体效能；加强对民营经济人士的引导，为经济社会发展营造良好氛围，最大限度凝聚社会共识，协助党和政府做好协调关系、化解矛盾的工作，为深化改革减少阻力、增加助力。

第五，在健全和完善工商联工作制度上下功夫。《决定》强调，要推动各方面制度更加成熟更加定型，加强制度理论研究和宣传教育，坚持从国情出发、从实际出发完善和发展我国国家制度和治理体系，推动中国特色社会主义制度不断自我完善和发展、永葆生机活力等。《意见》指出，要积极探索工商联彰显统战性、经济性、民间性有机统一优势的组织体制、运行机制和活动方式。抓住制度建设这个“牛鼻子”，就找准了加强和改进工商联工作的关键。要坚持和完善市县级工商联工作制度，研究提出地市级工商联建设标准，继续夯实“一个设立、五个有”和“五好”县级工商联建设成果，坚持商会是工商联基层组织的根本定位，着力推动解决市县级工商联和基层商会基础工作薄弱、人员力量薄弱的问题；坚持和完善专门委员会工作制度，加强专门委员会运行机制建设，构建有效管用、逻辑贯通、衔接匹配的专门委员会制度体系，引导专门委员会发挥优势作用；坚持和完善工商联系统联系指导工作制度，巩固完善工商联组织接受同级党委及党委统战部领导、接受上级工商联指导的制度设计，巩固完善联系调研制度，探索建立不同层级工商联协同调研的工作机制；坚持和完善工商联理论研究制度，组织开展习近平总书记关于“两个健康”和工商联工作的重要论述专题研究，围绕事关工商联事业发展的关键问题开展相关研究，进一步办好全国工商联智库，完善参政议政机制。

第六，在强化工商联执委责任担当上下功夫。《决定》强调，要教育引导广大干部群众认识到，中国特色社会主义制度和国家治理体系经过长期实践检验，来之不易，必须倍加珍惜；健全权威高效的制度执行机制，加强对制度执行的监督，坚决杜绝做选择、搞变通、打折扣的现象，等等。《意见》指出，要建设一支高素质、有担当的民营经济代表人士队伍。工商联执委作为民营经济代表人士，负有广泛联系民营企业和民营经济人士、反映其意见和要求的责任和义务，应把事业放在心上，把责任扛在肩上。要强化政治责任，切实珍惜执委荣誉和政治身份，旗帜鲜明讲政治，认真学习习近平新时代中国特色社会主义思想，增强“四个意识”，坚定“四个自信”，做到“两个维护”，关键时刻要靠得住、用得上，港澳执委要模范遵守“一国两制”和香港、澳门基本法；加强执委履职制度建设，研究对不履行职责的执委进行提醒或相应处理的办法；切实强化制度意识，工商联执委都应带头维护制度权威，做制度执行的表率，带动民营经济人士整体队伍增强制度自信，自觉尊崇制度，严格执行制度，坚决维护制度。

第七，在完善落实党对工商联事业全面领导的制度上下功夫。《决定》强调，要健全各级党委（党组）工作制度，确保党在各种组织中发挥领导作用；完善党领导各项事业的具体制度，把党的领导贯彻到党和国家所有机构履行职责全过程，等等。《意见》指出，要加强党对民营经济统战工作的领导。党在长期实践中形成的推动工商联事业发展的一系列制度机制，是坚持和加强党对工商联工作领导的制度安排，必须长期坚持、不断完善发展。要严格执行重大问题请示报告制度，完善中央重大决策部署和习近平总书记重要指示批示贯彻落实的督查机制，抓好《全国工商联贯彻〈中国共产党重大事项请示报告条例〉实施细则》的落实，各级工商联要及时就重大事项向党委统战部请示报告；发挥工商联党组在工商联工作中的领导作用，完善落实工作规则，涉及工商联工作的方针政策等重大问题，必须由党组研究决定；贯彻新时代党的建设总要求，推进工商联党的各项建设。

三、切实提高促进“两个健康”的工作能力

今年以来，我国发展面临多年未有的严峻复杂环境，中美经贸摩擦多次反复，经济下行压力不断增大。从我们调研了解的情况看，民营企业特别是实体企业、外向型企业困难比较突出，部分民营企业家信心不足、预期不稳，投资积极性不高。中央经济工作会议强调，我国经济稳中向好、长期向好的基本趋势没有变。会议确定了明年经济社会发展的预期目标，研究部署了多项政策举措，为明年经济社会发展指明了方向、明确了思路。我们要把思想和行动统一到党中央对经济形势的判断和对明年经济工作的部署上来，坚持目标导向，加强能力建设，不断改革创新，努力促进“两个健康”事业创新发展。

党中央着眼国际国内总体形势，综合研判各方面情况，提出了明年经济增长保持在合理区间的预期目标。实现这一目标，我们要有信心有决心，同时更要积极主动作为，克服各种困难和挑战。一是要加强预期引导。要深入学习领会习近平总书记关于当前我国处于近代以来最好的发展时期，世界处于百年未有之大变局，两者同步交织、相互激荡的重要论述，用习近平总书记的指示统一思想认识，积极宣传党中央国务院为解决民营企业负担重、融资难等问题采取的政策，多做加油鼓劲的工作，引导广大民营企业辩证、全面、客观看待形势，看清我国经济稳中向好、长期向好的基本趋势，用好超大规模市场优势和内需潜力，坚定发展信心。二是要强化使命担当。要始终担起促进“两个健康”的使命，紧紧围绕党中央赋予工商联的职责任务，树立底线思维，强化责任意识，积极主动作为，切实发挥好桥梁纽带和助手作用。三是要提早谋划部署。实现明年经济发展总体目标，关键在开局。我们要围绕明年开春和第一季度民营经济发展情况，坚持早筹划早部署，紧盯企业开工情况，关注各地就业情况，多做调查研究、反映情况、出谋划策的工作，为确保明年经济工作开好局、起好步贡献力量。各位企业家执委也要积极投身供给侧结构性改革，以实际行动确保实现“六稳”，推动企业高质量发展，为促进经济社会持续健康发展做出贡献。

有效应对当前的形势，完成好明年的工作任务，从工商联自身讲，干部队伍能力建设是一个重要的基础性工程，要以此为支点，进一步夯实工商联在国家治理体系中的地位，发挥好工商联在国家治理体系中的优势。面对党和政府交给工商联的任务、寄予工商联的厚望，各级工商联干部要提高各方面能力。这些年，各级党委高度重视工商联班子和队伍建设，各级工商联干部的能力素质整体上有了明显提升。但与新时代所肩负的使命职责、与国家治理体系和治理能力现代化的要求、与广大民营企业的希望相比，还存在能力素质不适应、不符合的问题。一些干部不注重学习新理论、新知识、新经验，不注重研究工作中的新情况、新问题、新规律，导致思想僵化、知识老化、能力退化。这样的干部，不可能很好地担当重任。各级工商联干部要按照《意见》要求，增强四个方面的能力建设。一是从全局把握问题能力。各级工商联干部要胸怀中华民族伟大复兴的战略全局，把握世界百年未有之大变局。要以全面、系统、联系的观点来认识问题、分析问题、解决问题。从系统论出发优化服务“两个健康”的方式，通盘考虑多重目标任务，统筹谋划各项工作，寻求工作动态平衡，不能因本位主义、局部利益，损害全局和整体利益。二是应对风险挑战能力。涉及民营经济统战工作的风险挑战主要在经济领域，也涉及政治、文化、社会等领域。面对“三期叠加”影响持续深化和下行压力加大，既要强化风险意识，保持战略定力，引导和服务民营企业发展沿着正确方向前进；又要增强忧患意识，牢牢守住不发生系统性风险的底线，引导和服务民营企业妥善应对可能出现的重大风险。同时要看到，经济问题的背后往往有政治因素。要增强斗争精神，练就驯服民营经济统战领域“灰犀牛”的本领，提高防范“黑天鹅”事件的能力。三是沟通协调能力。桥梁纽带助手的定位决定了工商联干部必须具有较强的沟通协调能力。沟通协调工作不论以何种形式体现，最终是由人完成的。如果这方面的能力达不到，桥梁就易变成“断头桥”、纽带就会成为“断裂带”、助手就会“搭不上手”。要畅通与党政部门、民营企业和其他企事业单位的联系渠道，加强内引外联、牵线搭桥，反映民营企业愿望诉求，为民营企业发展协调关系和资源，维护其合法权益，不断增强凝聚力、影响力、执行力。四是开拓创新能力。工商联工作在60多年的发展过程中形成了一些规律，要在不断开拓创新中把工商联工作中的制度优势转化为治理效能，用改革创新精神激发民营企业的活力创造力，善于根据工商联发展的客观规律推动思维创新、方法创新、实践创新、制度创新，创造性地开展工作。

同志们，新的一年即将到来。我们要以习近平新时代中国特色社会主义思想为指导，全面贯彻党的十九大和十九届二中、三中、四中全会精神，增强“四个意识”、坚定“四个自信”、做到“两个维护”，牢牢把握“两个健康”主题，埋头苦干、奋力拼搏、创新开拓，扎实推进明年各项工作，为实现“两个一百年”奋斗目标做出新的贡献！

第四部分　调研报告

全国工商联关于贯彻落实习近平总书记在民营企业座谈会上重要讲话精神情况的报告

2018年11月1日，习近平总书记主持召开民营企业座谈会并发表重要讲话。一年来，全国工商联深入学习贯彻习近平总书记重要讲话精神，围绕促进民营经济健康发展和民营企业家健康成长主题，认真履职尽责，积极发挥作用，努力推动习近平总书记重要讲话精神落地见效。现将有关情况报告如下。

一、提高站位，深入学习宣传贯彻习近平总书记重要讲话精神

我们把深入学习宣传贯彻习近平总书记在民营企业座谈会上重要讲话精神作为加强政治建设、做到“两个维护”的具体行动和围绕中心、服务大局的重要遵循，党组带头学习研讨，深化思想认识，提出工作措施，制定《全国工商联关于贯彻落实习近平总书记在民营企业座谈会上的重要讲话精神工作方案》，明确工作任务、责任部门、完成时限，不断把学习成果转化为实际效果。

我们将学习宣传习近平总书记在民营企业座谈会上重要讲话精神作为宣传工作的重要内容，对工商联系统学习宣传工作做出部署，组织开展集中宣讲，收集民营企业家反响体会。积极配合中央媒体落实“支持民营企业在行动”采访报道，组织中华工商时报撰写社论，开设“在习近平新时代中国特色社会主义思想指引下——新时代新作为新篇章”专栏，发表系列学习文章，深入报道各地举措，形成学习贯彻习近平总书记在民营企业座谈会上重要讲话精神的热潮。

我们在“不忘初心、牢记使命”主题教育中，把学习贯彻习近平总书记在民营企业座谈会上重要讲话精神作为学习教育的重点篇目，开展专题研讨交流，进一步深刻领会习近平总书记重要讲话的丰富内涵和精神实质；扎实开展贯彻落实习近平总书记重要指示批示精神专项整治工作，建立贯彻落实习近平总书记重要指示批示精神情况工作台账，制定《全国工商联贯彻落实习近平总书记重要指示批示常态化工作机制》，加强督促检查工作，持续推动习近平总书记重要讲话精神的贯彻落实。

二、主动作为，推动落实支持民营经济发展的政策举措

我们紧紧围绕习近平总书记在民营企业座谈会上提出的支持民营经济发展六个方面政策举措，立足自身定位，积极发挥桥梁纽带和政府助手作用，努力为民营企业架好“桥”、建好“家”。

在推动减轻企业税费负担方面，开展民营企业运行情况调研，及时跟踪了解民营企业生产运行情况和减费降税政策执行情况，连续分季度报送民营企业运行情况报告。召开降低企业社保费座谈会，在民营企业中就减费降税政策落实情况征集意见建议，报送《关于降低企业社保费需要关注的问题》和《关于减轻民营企业税费负担的建议》。开展拖欠民营企业账款情况调研，召开民营企业应收账款清欠工作座谈会，报送《民营企业账款清欠存在的问题和建议》，李克强同志做出批示，并转交有关部门跟踪督办有关案例。同时，组织各级工商联加强对减费降税有关政策的宣传解读。

在推动解决民营企业融资难融资贵问题方面，制定全国工商联贯彻落实《关于加强金融服务民营企业的若干意见》的工作方案，提出4个方面24项具体举措。与中国人民银行、中国银行间市场交易商协会共同举办民营企业债券融资培训，与中国银行携手打造银企商联动的创新型综合服务平台。关注新事物、新探索，报送《互联网小贷助力小微企业融资》。开展民营企业防范金融风险情况调研，形成《关于民营上市公司股票质押情况和民营企业债券融资情况的报告》《关于中国民生投资股份有限公司流动性危机和重组有关情况的紧急报告》《关于海外中国概念股被做空情况的分析报告》报送有关部门。与商务部共同举办民营企业对外投资合作安全培训班，围绕对外投资合作政策和海外安全风险防范、“走出去”企业合规经营体系建设、企业国际化面临的社会责任风险与治理实践等开展培训。

在推动营造公平竞争环境方面，参与主办第十一届中国中部投资贸易博览会、第六届世界闽商大会、第二十届中国青海绿色发展投资贸易洽谈会、江西省与全国知名民营企业合作恳谈会等一系列大型经贸活动，共同主办民营企业助推青海“一优两高”发展大会、民营企业助推江西高质量跨越式发展大会、2019世界制造业大会等活动，拓展民营企业参与区域协调发展战略的途径。制定印发军民融合工作指导意见，参与组织中国先进技术转化应用大赛，定期举办“民参军”企业政策培训班，为民营企业参与军民融合深度发展创造条件。共同举办“一带一路”企业家大会，推荐21个项目现场签约，组织近千场次中外企业“一对一”对接洽谈活动，推动民营企业“走出去”。开展关键领域民营企业核心技术创新调研，与科技部开展9个方面战略合作，支持民营企业加强创新能力建设。

在推动完善政策执行方式方面，依托全国工商联民营企业调查系统，组织开展2019年万家民营企业评营商环境工作，重点了解政策落实和执行中存在的问题。与生态环境部联合发布关于支持服务民营企业促进绿色发展的意见，引导民营企业参与污染防治攻坚战，强调防止政策执行“一刀切”。参与全国人大中小企业促进法、科技进步法等执法检查工作，推动完善执法方式。参与制定修订资源税法（草案）、专利法修正案（草案）等法律法规文件70余部，参与有关部委涉及民营企业高质量发展、中小企业健康发展、开放经济、数字经济、企业技术创新、减费降税、人工智能、军民融合工作等相关政策征求意见，从有关法律法规政策制定源头上推动完善执行方式。

在推动构建“亲”“清”政商关系方面，在全国工商联网站开设“民企诉求直通车”，组织开展4次党政领导和民营企业面对面活动，向中办、国办、中央统战部报送专报信息101篇，积极反映民营企业意见建议。举办中国民营企业500强峰会、全国工商联主席高端峰会等活动，推动政商互动交流。深化与51个中央和国家有关部委协作机制，与国家发改委、工信部等部门多次共同组织召开座谈会，畅通民营企业与有关部门沟通渠道。组织民营企业家积极参政议政，通过党外人士座谈会、工商联信息专报、团体提案等渠道，反映问题、表达诉求。召开推动构建“亲”“清”新型政商关系工作会议，总结交流经验，研究部署工作。

在推动保护企业家人身和财产安全方面，与最高人民法院联合印发《关于发挥商会调解优势，推动民营经济领域纠纷多元化解机制的意见》，与最高人民检察院联合印发《关于建立健全检察机关与工商联沟通联系机制的意见》，推动有关部门在办理涉及民营企业和民营企业家的案件中，坚决防止将涉企经济纠纷当作犯罪处理等问题。与国家发改委等八部委联合印发《关于开展涉政府产权纠纷问题专项治理行动的通知》，开展涉政府产权纠纷问题专项治理行动。有效开展个案维权，探索发挥法律维权服务中心律师团作用,研究维权中心平台化、专业化建设。

三、积极引导，促进非公有制经济人士健康成长

我们紧紧围绕习近平总书记提出的“希望广大民营经济人士加强自我学习、自我教育、自我提升”要求，加强政治引领，引导民营企业家做爱国敬业、守法经营、创业创新、回报社会的典范。

深化理想信念教育。制定培训大纲，在井冈山、延安、西柏坡、红豆集团、叶青大厦、浙江大学挂牌设立“全国非公有制经济人士理想信念教育基地”，在青海省原子城组织开展民营企业家理想信念教育活动。加强年轻一代教育引导，分别在井冈山、延安、西柏坡举办年轻一代企业家理想信念教育培训班，引导其传承红色基因。围绕庆祝新中国成立70周年，开展“我和我的祖国”主题宣传教育和“壮丽70年 奋斗新时代”主题征文活动，与中宣部共同编辑出版《凝聚思想共识 践行核心价值——学习贯彻民营企业座谈会精神》。召开新时代民营企业党建经验交流会、大型民营企业党建工作现场会，举办民营企业党组织书记培训示范班和党员民营企业家培训班，开展工商联系统非公党建工作试点。共同开展第五届全国非公有制经济人士优秀中国特色社会主义事业建设者评选，发挥示范带动作用。严格落实意识形态工作责任制，制定加强民营经济领域舆情引导处置联动工作方案并形成工作机制，开展舆情分析研判与应对。推进温州“两个健康”先行区建设，围绕贯彻落实习近平总书记在民营企业座谈会上的重要讲话精神，开展“两个健康”专题研讨。

加强法治教育和信用体系建设。聚焦“法治民企”建设，持续推进“法律三进”（进民企、进商会、进工商联）行动，与司法部联合印发《关于深入开展民营企业“法治体检”活动的意见》，帮助民营企业增强依法治企意识和能力。举办首届民营经济法治建设峰会，组织公检法司机关部门与民营企业交流对话，加强民企法治教育，营造良好法治环境。发布民营企业劳动关系年度报告，开展全国模范劳动关系和谐企业巡回演讲活动,引导民营企业建立和谐劳动关系。积极推进非公有制经济领域信用体系建设，将企业家个人守法和诚信经营情况作为重要指标，纳入企业家健康成长评价体系，逐步建立民营企业信用信息数据库，加强民营企业信用风险预警和联合奖惩。

深入贯彻落实习近平总书记给“万企帮万村”行动中受表彰民营企业家回信重要精神。深入学习、广泛宣传习近平总书记回信重要精神，民营企业家参与精准扶贫更加踊跃、范围更加广泛、目标更加聚焦、形式更加多样、典型更加突出。截至2019年6月底，8.81万家民营企业进入“万企帮万村”精准扶贫行动台账，精准帮扶10.27万个村（其中建档立卡贫困村5.53万个），带动惠及1163万建档立卡贫困人口。组织中国光彩事业临夏行、民营企业南疆行活动，基本实现“三区三州”帮扶全覆盖。召开贯彻落实习近平总书记重要回信精神一周年座谈会暨“万企帮万村”先进民营企业表彰会，进一步发挥典型引路作用。开展“万企帮万村”产业扶贫金融支持对接系列活动，服务扶贫企业健康发展。开展台账检查评估交流专项行动，杜绝数字扶贫。组织民营企业积极参与消费扶贫行动，不断完善产业扶贫链条。

四、深化改革，增强工商联和所属商会发展活力

我们深入贯彻落实习近平总书记关于群团改革工作的重要指示，按照“政治建会、团结立会、服务兴会、改革强会”要求，深入推进自身改革，切实加强自身建设，在强“三性”去“四化”上下功夫，进一步增强凝聚力、影响力、执行力。

推进组织体制改革。切实纠正发展会员设置资产门槛的“贵族化”倾向，制定《关于加强和改进工商联会员工作的意见》，明确全国工商联和省级工商联只发展团体会员，不再保留企业会员和个人会员。制定《中国工商业联合会全国代表大会代表任期制实施办法》，进一步密切与他们的联系、发挥他们的作用。制定更好发挥企业家副主席（副会长）、常委和执委作用的意见，组织开展全国工商联企业家副主席副会长执委履职情况评价工作。制定关于建立同非公有制经济代表人士谈心交心制度的意见，专职会领导、机关部门负责人与全国人大代表、全国政协委员、全国工商联执委中的企业家面对面交流，了解企业家思想动态和实际困难。

深入基层联系调研。今年以来，全国工商联8个工作组共走访了25个省（区、市）的91个地市级工商联、386个县级工商联，20个全国工商联直属商会联系点、193个工商联所属商会以及810家民营企业和个体工商户，组织当地党政部门负责人、工商联负责人和民营企业家等共召开座谈会364场，135位企业家执委和124位有代表性的民营企业家参加联系调研工作。

加强对地方工商联工作指导。制定《省级工商联工作评价办法（试行）》，组织开展2018年省级工商联工作评价。持之以恒抓好县级工商联建设，巩固“五好”县级工商联建设成果，开展对口调研、互学互促工作，对西部部分基础薄弱地区的县级工商联领导开展培训。一年来，各地工商联结合实际开展了一系列贯彻落实习近平总书记重要讲话精神工作，积极推动落实国家减税降费政策，减轻企业税费负担；促进整合地方金融资源，完善多层次融资体系；联动各方着力打破各种形式的“卷帘门”“玻璃门”，拓宽民间投资领域；推动全面提升执法监督力度，完善政策执行方式；促进出台规范政商交往的正负面清单，构建“亲”“清”新型政商关系；建立健全民营企业家维权机制，保护企业家人身财产安全。

推动所属商会改革发展。组织召开全国工商联组织工作会、工商联所属商会改革专题务虚会，大力推动《关于促进工商联所属商会改革和发展的实施意见》在各地贯彻执行。目前，已有26个省份出台了商会改革实施方案，大多结合实际创新改革举措。督促各地工商联抓好重点改革试点任务落实，在19个省份进行试点先行，探索改革经验做法。大力推动乡镇街道商会登记管理工作，摸清底数、厘清问题，会同民政部制定相关政策文件，进一步规范乡镇街道商会工作。组织开展全国“四好”商会认定工作，修订“四好”商会认定工作实施方案。加强对直属商会的指导、引导和服务，从规范运行机制、加强商会党建工作、理顺工商联与所属商会关系等方面，研究直属商会改革发展路径，探索建设中国特色商会组织，推动统战工作向商会组织有效覆盖。

一年来，全国工商联在推动落实习近平总书记重要讲话精神上做出了积极努力，但对标党中央要求和民营企业家期盼，还存在不少差距。我们将深入学习贯彻党的十九届四中全会精神，不断深化主题教育成果，始终坚持以习近平新时代中国特色社会主义思想为指导，增强“四个意识”，坚定“四个自信”，做到“两个维护”，继续深入学习贯彻习近平总书记在民营企业座谈会上的重要讲话精神，突出问题导向，强化责任担当，当好党和政府联系非公有制经济人士的桥梁纽带、政府管理和服务非公有制经济的助手，推动习近平总书记重要讲话精神进一步落地见效。一是坚持把政治建会摆在首位，落实好贯彻习近平总书记重要指示批示的常态化工作机制；二是强化政治引领和思想引导力度，引导民营企业家坚定信心，听党话、跟党走；三是提高服务水平，主动靠前帮助企业解决生产经营中遇到的实际问题；四是大力加强自身建设，深入推动工商联和所属商会改革发展。

关键领域民营企业核心技术创新调研报告

为深入贯彻落实党的十九大精神和中央经济工作会议精神，全面贯彻落实习近平总书记在民营企业座谈会上的重要讲话精神，推动解决关键领域核心技术被“卡脖子”问题，加快促进民营企业高质量发展，2019年3—5月，全国工商联与各省区市工商联共同开展关键领域民营企业核心技术创新调研。其间，9名会领导带队赴11个省市进行重点调研，召开企业座谈会22场，走访、座谈企业和商会182家、高校及科研院所26家，梳理、比较、分析了54家拥有核心技术的A股上市公司、中关村地区9家高新技术企业、科技部认定的164家“独角兽”企业以及其他180家拥有关键领域核心技术民营企业的基本情况。现将调研情况报告如下：

一、关键领域民营企业核心技术创新的总体态势

1. 我国关键领域民营企业核心技术创新除少数产品技术领跑外，基本处于跟跑阶段，整体水平和层次还不高，普遍存在被“卡脖子”风险

本次调研600多家企业数据显示，每家企业均有1项以上自主可控技术，但是完全自主可控的企业基本没有。民营企业在基础和前沿领域有国际影响的重大创新成果较少。一部分民营企业虽然已经拥有部分自主可控技术，但与国外相比仍存在差距。关键零部件、设备和基础材料严重依赖进口，“缺核少芯”现象突出。广东省反映，目前全省工业企业集成电路85%依赖进口；操作系统、数据库系统、工业软件等90%以上依赖进口；国产工业机器人本体、控制器、伺服电机、精密减速器80%以上依赖进口。

2. 民营企业在新经济领域的核心技

术创新呈现良好态势，正处于从量的积累向质的转变的关键时期，是最有可能实现核心技术自主可控的重要突破口

调研显示，掌握核心技术的民营企业基本上都是新一代信息技术、高端装备及机器人、生物医药等领域企业，其中新一代信息技术企业超过50%，高端装备及机器人企业占13%。生物医药及高性能医疗器械企业占10%。例如，科大讯飞的语音识别、百度的自动驾驶、阿里的云存储、云从科技的人脸识别、汉能的柔性砷化镓薄膜发电、同方威视的智能安检、众人科技的SOTP创新密码，都是其中的佼佼者。首批科创板申报企业60%以上都是掌握部分核心技术的“独角兽”。

3. 民营企业在核心技术应用端的集成创新更为活跃，已经进入从点的突破向系统能力提升的重要节点

90%以上的被调研企业通过自主研发和垂直集成结合，推动关键领域技术和产品逐步由依赖进口向自研、替代进口到出口的转变。例如，中控科技集团是国内提供自动化与信息化技术、产品与解决方案的企业，其中分布式控制系统（DCS）打破国外封锁。调研发现，目前国内物联网产业企业集成创新力度较大，已经从应用服务层的应用开发，逐步拓展到感知层的基础元器件、网络层的通讯模组等领域研发设计。

4. 民营经济发达地区是民营企业关键领域核心技术创新的相对“高地”，涌现出一批有战略眼光和民族责任感的优势头部企业

调研显示，80%的企业分布在北上广深一线城市以及东中部民营经济发达地区，其中60%是大企业。例如，北京的利亚德、京东方、汉飞航空科技，江苏的东菱振动、先导智能，山东的圣泉、威高，浙江的万向、富通，福建的新大陆、威诺数控，深圳的华为、华讯方舟等一批民营企业坚持长期研发投入，最终取得突破。其中，华为的控制信道编码方案成为世界标准、麒麟芯片达到国际主流水平；汉飞研制建成了国内唯一一条涡轮叶片智能加工生产线；东菱振动29项产品打破封锁禁运、28项产品国际领先、87项产品替代进口；圣泉光刻胶用线性酚醛树脂材料，打破了国内芯片用树脂完全依赖进口的局面。

5. 坚持依靠自主创新，解决关键领域被“卡脖子”问题，已经成为科创型民营企业的“主动态”

科创型民营企业相比传统领域企业，更加深刻地认识到加快自主创新的紧迫感。许多民营企业家都表示，形势逼人，求人不如求己；在别人的地基上盖房子，楼越高风险越大，握有创新“撒手锏”，就不怕别人“卡脖子”。

二、关键领域民营企业核心技术创新的经验启示

1. 善于整合创新要素是关键领域民营企业核心技术创新的突出机制优势

民营企业对市场形势和技术趋势变化更加敏感，与国内外合作模式更加高效。北京海兰信在海外通过多重股权架构，实现对世界最大的地球物理仪器公司美国劳雷的并购。重庆云从科技在美国UIUC和硅谷建立前沿实验室，并与国内实验室实现技术和人才联动。山东东岳与奔驰、福特联盟（AFCC）合作开展量产氢燃料电池车科研攻关。还有一些企业完全依靠技术积累和自主创新。武汉高德红外自筹资金数十亿元，通过近10年的研发投入，最终实现红外热成像芯片技术100%自主可控。有的企业立足全球布局扩大领先优势。湖南蓝思科技依托消费电子产品防护面板及盖板全球领先地位，与全球主要客户建立紧密战略合作伙伴关系，2018年上半年获得客户支付研发补助8.32亿元。有

的海外留学归国人员创办高科技企业并带领企业打破国际垄断。从日本归国的苏州纳维科技的徐科经过10年努力，实现2英寸氮化镓单晶衬底的生产、完成4英寸工程化技术开发、突破6英寸的关键技术，使我国在第三代半导体关键材料上掌握了话语权。

2. 工程实验室、创新中心等高端技术平台是关键领域民营企业核心技术创新的基础载体依托

被调研企业全部建有省级以上工程实验室、企业技术中心或创新中心。美的集团等民营企业牵头筹建广东省工业云制造创新中心；三一重工建成3个院士专家工作站、2个国家级企业技术中心、3个国家级博士后科研工作站；浙江伟立机器人成立省级工程技术中心、省级高新技术企业研究开发中心。湖南省民营企业100强中，9家企业拥有国家级企业技术中心，4家企业拥有国家重点实验室，10家企业参与国家技术重大专项，7家企业参与国家重点研发项目。广东省全省有国家级创新平台177家、省级工程实验室88家，其中2/3以上的创新平台依托企业建设。

3. 国民混合、军民融合是关键领域民营企业核心技术创新的重要组织形式

国有企业及军工企业的核心技术具有较强的扩散力，加之民营企业的市场反应灵敏优势，两者结合更容易在关键领域获得成功。四川海特高新与中国电科29所合作布局高端商用砷化镓芯片开发、北京中航智与军方合作开展无人机设计研发，都取得了实质性进展。不少在关键领域实现突破的企业，本身就是由国有企业、科研院所、军工企业改制或科技人员参与创办的。如，具备全球领先的大口径大视场透射式光学系统设计与加工技术的福建福光股份就是由原国营八四六一厂改制而来；在杂交水稻领域领冠全球的湖南隆平高科的6个发起人中，科研院所就占到3家。

4. 产学研用深度融合是关键领域民营企业创新的技术支撑路径

90%以上的被调研企业都与高校和科研院所建立长期合作关系，共同开展项目合作，促进成果产业转化，高校、科研院所成为企业核心技术的主要来源。比如，科大讯飞与中国科学技术大学共建类脑智能技术及应用国家工程实验室，开展AI人工智能研究。宁德时代牵头7家上下游企业，与清华大学、中国电力科学院等高校和科研院所共同成立电化学储能技术国家工程研究中心，进行锂电池核心技术联合攻关。武汉锐科光纤激光与华中科技大学、中国工程物理研究院等高校、科研院所联合开展研发，共同承担国家级、省部级科研项目。江苏省表示，2018年全省实施产学研合作项目近2万项，与中科院合作项目新增销售额达1300亿元。

5. 有理有节开放市场是关键领域民营企业核心技术创新的必要保护措施

对国内弱势产业和创新型企业进行保护是国际通行规则。江苏亨通光电的发展壮大得益于商务部连续5次对美日厂商光纤预制棒的反倾销调查，目前企业成为国内唯一拥有自主研发光棒生产技术专利的公司。国家市场监督管理总局反垄断局对美国高通公司手机授权行为的反垄断处罚、推迟高通公司对恩智浦公司收购协议，也为国内手机行业和芯片企业发展壮大提供了难得的窗口期。光伏产业发展初期也得益于国内给予的财政税收支持，现在光伏产业已经成为我国在国际上为数不多具有绝对竞争力、掌握全产业链核心技术的战略性新兴产业。

6. 优秀企业家精神是关键领域民营企业核心技术创新的内在动力源泉

华为任正非、腾讯马化腾、三一梁稳根、亨通崔根良、吉利李书福、华讯方舟

吴光胜、先导智能王燕清等企业家，都是民营企业家中的典范，他们身上闪耀着以爱国、创新、执着、担当为主的优秀企业家精神。还有一批科技型企业，如上海微创医疗的常兆华、宁波天生密封件的励行根、山东东岳的张建宏，他们经受住长达5～10年的寂寞、巨额研发投入的煎熬和新入市场的冷眼，最终站上了行业制高点。

7．党委政府的政策支持是关键领域民营企业核心技术创新的重要发展指引

今年各地的政府工作报告均提出加强基础与应用研究，强化原始创新，加强关键核心技术攻关的要求，相继出台了加强创新服务平台建设、支持企业加快研发机构建设、加大对企业创新财税支持力度、积极打造创新人才高地、促进创投机构发展等政策措施。例如，北京优先重点发展十个高精尖产业、广东出台科创12条并在3年内投入100亿元支持重点项目研发、浙江实施产业关键核心技术攻坚工程、江苏成立省级产业技术研究院、福建建立创新型科技企业梯度成长体系、陕西实施“1155工程”重点项目等。

三、制约关键领域民营企业核心技术创新的主要问题

1．不让跟，跟不了——国际政治经济科技等多重复杂因素叠加影响阻断企业吸收再创新

一是西方搞封锁，技术引进难。西方发达国家尤其是美国对我国实施战略遏制，通过对技术并购审查和穿透式审查、对人才交流和国际技术合作人为设卡、以“长臂管辖”为名对所谓“违规”交易进行制裁等方式，对我国进行技术封锁，导致民营企业面临有钱买不到、再创新技术来源中断的困境。例如，烟台台海集团收购莱菲尔德金属旋压机制造公司被德国以危害国家安全为由否决。二是产品被断供，产业瘫痪风险大。去年以来，美国将我国107家企业纳入出口管制实体清单、46家企业纳入未经验证清单，最近美国又将华为及70家附属公司列入实体清单，并对供应链上其他国家企业施压，要求其与华为脱钩，试图对华为进行全方位打压。目前许多企业的技术研发及生产设备依赖进口，一旦被国外限制，短期内基本找不到替代品，只能被“牵着鼻子走”，中兴事件和福建晋华事件，均给我国造成巨大冲击和巨额损失。三是缺少话语权，付出代价高。核心技术受制于人，关键领域技术合作和贸易往来遭遇“不平等条约”。北京中航智反映曾把一个法国软件安装在我国空军几个机场设备上，每台设备软件授权费高至数百万美元，还需现场审核。有的企业在关键领域创新面临国外“专利陷阱”，只能缴纳迟到的“学费”。福建瑞芯微电子表示，芯片开发采用ARM架构所缴纳的许可费用占营收额7%～8%。四是奋战遭排挤。汉能掌握多种薄膜发电的核心技术，但是在国际上屡遭排挤，在香港股票市场就被恶意做空3次。一些创新产品受到国外同类产品厂家挤压。山东盛瑞传动是国内唯一一家可以生产8AT自动变速箱的企业，但是日本爱信在其产业化初期，就采取大规模降价倾销，对其造成巨大冲击。

2．不敢用，用不上——核心技术产品市场需求培育缺失使企业无力进行接续创新

民营企业普遍面临核心技术产业化难和创新产品市场准入难的困境。一是怕不可靠，怕担责不敢用。一些大型企业、政府采购存在决策惯性和惰性，加之关键领域首台（套）政策落实不到位，关键领域自主可控产品强制替代政策尚未出台，低价竞标现象普遍存在，民营企业创新产品面临无人用的窘境。北京海兰信表示，目前国内有的领域出台了核心技术及产品

的替代目录，但航海电子信息领域尚未出台，一些好产品无用武之地。江苏东菱振动的振动试验台技术已经国际领先，但是国内许多军工、航空科研院所仍然花高价采购国外产品。在一些招标过程中，“暗箱操作”“人情评审”问题仍然存在，创新产品往往被以技术先进性难以确定、无成功案例、无法合理定价为由拒之门外，民营企业陷入“先有鸡还是先有蛋”的怪圈。二是细分市场总量小用不上。部分关键领域技术和产品供给对象特定，市场小，企业跟进研发意愿不强。例如，作为基础医用原材料的冠脉支架合金全都依赖国外进口。有的企业技术过于超前，市场潜在需求尚未显现，企业想做先驱，最后前功尽弃。三是用得少改进更难。创新产品由于难以得到广泛市场应用，很难继续改进，最终陷入“落后—无人用—难改进—继续落后—胎死腹中”的恶性循环，有的领域起步高、落点低，熬不了几年，全球领先地位不得不拱手让人。北京大北农的双抗转基因大豆在国内多次申请种植用地，但是主管部门就是不予批准，企业只好远走海外并在阿根廷获得了商业化种植的许可。

3. 支撑少，管不好——政策制度和管理体制滞后直接削弱了企业创新动力

一是关键领域共性技术布局缺乏优先级国家战略引领。民营企业创新资源难以聚焦、有力使不上。北京中航智反映，无人直升机所使用的发动机研发尚未得到重视，尚未被列入国家“十四五”规划，一个重要原因是很多政策都是院士来出，但是我国还尚未有一个专精直升机方面的院士。二是民营企业很少能够参加国家级科技专项。在一些关键领域和军民融合领域，研发项目通常以带密级的文件形式发布，民营企业难以及时获取有效信息。部分国家科研项目立项标准与现实脱节，营收、税收等硬性指标，将体量小、高投入、知名度不高的创新型中小企业拦在门外，民营企业难以利用国家平台提升创新能力。三是支持创新的政策不聚焦，效应被衰减。创新资金支持、项目申报、成果评价等政策散见在国家发展改革委、科技部、工信部、财政部、中央军民融合办等多部门，“政出多门”严重削弱了支持力度。有的技术成果评审领域过分依赖个别专家权威，融合创新和跨界创新的新技术、新产品认定难。湖南昭泰在以CAR-T细胞开展白血病精准医疗研究初期，多次被由国内权威院士主持的评审会否定，企业毫不气馁、持续研发，最终成功向中国和新西兰同时提交I类新药申请。四是创新收益保护不到位。企业普遍反映，目前国内专利审批流程和时间显著慢于发达国家，影响公司后续的迭代创新和日常经营。北京恒安嘉兴表示，公司2014年提出的专利申请，直至今日仍然没有回应。知识产权保护力度不足。福建新大陆科技二维码条码技术方案虽然申请众多专利，但是仍被其他厂家大量仿制，严重影响企业持续创新。五是产学研机制不顺。科研项目管理、经费使用、知识产权、版权市场、成果转化收益分配等一些老大难问题尚未完全解决。校企、院企对接渠道不畅通，部分高校和科研院所未将科技成果转化情况纳入分类考核评价体系，高校和科研人员对技术产业化缺乏积极性，科研成果转化效率低。2017年湖北省有超过60%的专利没有实现产业化，全省企业吸纳高校和科研院所成果的技术合同成交额仅占技术合同成交额的3.6%。六是人才政策滞后于创新需求。创新人才培养跟不上，高校毕业生创新性素质满足不了企业需求。以亟须的微电子专业为例，632家开设电子信息工程专业的高校中只有12所大学设置了微电子学，每年21万集成电路相关专

业领域的应届毕业生，高达85%的学生选择“改行”。企业专业研发人才流失缺乏保护机制，复合型、跨界整合型人才匮乏，各地的“抢人大战”加剧了人才分布失衡问题。一线城市还面临人口管控与人才引进的突出矛盾，民营企业高级技术人才在职称评定、户口、子女入学等方面的待遇仍然难以和国有及体制内单位相比。

4. 不匹配，乱象多——与国家创新驱动发展战略相配套的投融资市场还很不健全，“血液”循环不起来

一是金融机构和资本市场对企业创新投入致损缺乏容忍度。高新技术领域的民营企业大多是轻资产型，银行受风险控制和考核指标压力，对企业因创新投入致损的容忍度小。重庆小康集团表示，由于投入创新导致企业当年利润下降，银行到年底就调低了企业授信，还通知企业立马还贷。资本市场对创新企业盈利门槛要求较高，企业不盈利很难上市。二是资本市场处罚力度弱，乱象丛生。资本市场制度性建设不完善，惩罚力度弱，使得企业上市圈钱成为常态，有的甚至公然采取财务造假、关联交易、内幕交易等方式违规，挑战资本市场底线。有企业表示，科创板申报期间中金公司保代违规更改招股说明书、审核问询函等文件，证监会只对两人出具警示函，上交所给予两人通报批评，惩罚力度太弱就是鼓励造假，执着创新的企业“太傻”。三是创投机构心态浮躁，缺乏责任感。VC、PE等风险投资机构和创投机构多以投机心态进行投资，喜欢烧钱做平台搞所谓的模式创新，指望上市套现、赚快钱，不愿做长期研发投入。风险投资和创投市场发展不规范，投资方和企业信息不对称，影响了企业直接融资能力。

5. 小而散，力量弱——关键领域民营企业集中度低难以形成创新合力

一是关键领域产业集群少。民营企业产业集群和产业创新联盟多由大型企业牵头自发形成，组合松散，难以聚焦创新资源。行业协会商会组织动员能力弱，牵头成立的国家级创新联盟少，很难承担起关键领域核心技术攻关研发的重任。二是企业跟风、内耗，同质化竞争严重。民营企业为了生存均在低层次上进行竞争，创新能力明显不足。调查了解到，仅广州一地就有机器人相关企业1500家。一些优势产业也被做成了过剩产能。中国的光伏产品大量出口，多次遭到美国和欧盟的反倾销调查。三是协同创新生态构建难。数据显示，2017年A股并购活动近90%都是横向并购，产业链纵向并购只占一成。做大仍然是企业的首选。龙头企业引领、上下游产业链相互协作，基础研究、技术研发、工程应用及产业化无缝衔接的产业生态圈尚未形成，重点企业在关键领域创新得不到系统性支持。一些领先的机器人、无人机等产业头部企业在国际上竞争力较强，但是创新资源封闭，很难带动上下游协同创新，企业间合作开展联合攻关，并最终形成创新成果的更是少见。陕西西谷微电子是国内第一家独立开展第三方电子元器件检验检测的权威机构，但其向有关企业反馈产品质量问题时，大部分元器件制造企业均置之不理。

6. 怕创新，有惰性——部分有实力的企业创新动力明显不足

一是试错成本高使企业畏惧创新。由于核心技术研发难度大、研发周期长、投入资金多、失败风险高，企业坐不住、坐不起“冷板凳”。江西全省1万多家规模以上民营工业企业中，80%以上的企业没有建立研发机构，多数企业研发投入不足营收的1%，与国外5%的比例相差较远。很多企业包括上市公司在核心技术研发上也比较“紧凑”，多数都选择直接购买技术简单的“一次性投入”。二是企业缺乏危机意识。不少企业认为核心技术创新是国家的事情，离自己太远。为谋求短期发展、眼前利益，多数企业选择利用现有成熟领先技术，不求自主可控，对隐含的巨大风险无动于衷。三是企业仍有片面依赖消化吸收的惰性。不少企业遵循拿来主

义，只想完成1到1.1的“打补丁”工作，耐不住性子去做0到1的基础性原创，还有“造不如买、买不如租”的片面依赖思想。有的甚至以“好厨师不一定需要懂种菜”的歪理，自我麻痹，情愿做国外产品的“集成商”。

四、发达国家核心技术创新攻关的策略借鉴

相比我国，发达国家在核心技术上仍然处于领跑位置。他们除了强调加强国家战略引领、支持中小企业创新外，在推动核心技术攻关体制机制创新方面颇有特色，值得借鉴。

1. 美国

一是在前沿领域、颠覆性领域按照需求对核心技术优先级进行排序，明确投资规划，确保制约技术升级和产业进步的问题能够及时得到解决。二是合理分配创新资源，联邦政府和州政府持久投入研发经费，但政府和企业在重大技术创新链不同时期和环节的投资比重不同。其中，初始创新多依靠政府公共资金维持的重点实验室进行突破；在前沿颠覆式领域创新采用多点并行式投资；对关键技术、增强技术和颠覆式技术采取战略技术投资组合管理进行均衡投资，确保长期创新。三是军用技术及时助力民间创新。联邦政府鼓励私人企业在公平竞争基础上参与国防研发项目，重视军民资本与技术的双向渗透和扩散，不断培育新的经济增长点。

2. 德国

一是依托高端产业集群创新，引导企业与科研院所等机构间建立产业集群或创新联盟。每年政府指定第三方机构对优势产业集群进行评估，并给予经费资助。二是采用政府公共采购方式支持核心技术创新产品应用，每年投入金额约为230 亿欧元，对国内创新型产品没有其他任何例外条件和准入门槛。三是增强技术扩散效应，建立全国统一的技术转移平台。

3. 日本

一是建立以企业为主导，以大学和政府为辅进行研究开发和技术创新的“官产学研”一体化的科技创新体系。企业提供研发经费的60%以上，大学为企业培养优秀工程师，政府则通过政策法规和财政资金对创新活动进行支持。二是实施专利围堵战略，在立法中缩窄对专利的保护范围，并降低专利申请门槛，使得日本企业依靠大量专利实现对国外核心专利包裹，并实现自已的专利优势。

4. 韩国

一是主要依靠大企业进行创新，政府把95%的资金提供给大企业，“政府+大财团”推动“资金+技术+人才”高效融合。韩国半导体产业和三星就是其中的典型。二是鼓励大企业和大学进行联合研发，其中60%的研发经费由政府承担。三是用好国际人才和韩裔海外人才，大力支持企业在海外广泛设立研发机构。

5. 以色列

一是重视吸引社会投资者和外国投资者。设立的创新技术投资组合型基金，由50%外国投资者、10%风险投资和40%政府投资共同组成。设立《天使法》，以税收优惠制度鼓励本国资金投资高科技企业。二是依托高科技企业孵化器进行创新投入。创新项目只有获得市场投资支持后，政府才通过孵化器给予企业补贴。设立首席科学家制度，赋予首席科学家代替政府投资的权力。三是设立大学技术转移办公室，支持企业与大学进行需求和技术对接。

综上所述，发达国家在推动关键领域核心技术攻关，主要有3个方面共同特点：一是注重产学研合作，构建全国范围内系统性创新生态。二是打造有利于企业参与核心技术创新的政策环境，包括以竞争性拨款和研发税收激励等手段向企业提供财政支持，通过政府优先采购等需求侧的政策工具拉动企业创新。三是注重用好国际创新资源，打造完备的创新平台和金融市场体系支持企业创新。

五、持续推动民营企业参与关键领域核心技术创新的建议

1. 梳理被“卡脖子”核心技术攻关目录，实施核心技术举国攻坚体制

一是以“瓦森纳协议”、海关和商贸进口设备零部件种类数量和金额、产业和龙头企业核心零部件、核心技术受制于人等多个维度作为参照系，定期梳理形成我国产业发展的关键技术瓶颈目录，有针对性地及时调整国家科技重大专项、重点研发计划和科技创新重大项目安排。二是优化投入研发经费结构，大幅提高基础研究投入占比。三是建立关键领域核心技术向共性技术转化的体制机制，促进国民联合、军民融合，带动更多领域实现技术突破。四是采取创新项目揭榜制度，支持民营企业以市场化方式组织创新资源参与核心技术攻关。

2. 加快推出一批由优势民营企业、商会牵头的重大科技攻坚项目

一是改进和完善科技计划项目征集、指南编制、立项评审和项目验收工作方式，组建由业内专业水平高诚信度高的知名专家、优秀企业家、国际科学家等组成的专家评审委员会，明确企业专家担任评委的比例不得低于一定比例，提高科技项目的市场可行性。二是将优势民营企业纳入关键领域技术研发和国家重大科技项目体系，推出一批由优势民营企业、商会牵头的重大科技攻坚项目。将全国工商联科技装备业商会纳入国家核心技术攻关试点单位。三是优化国家重点实验室布局，支持大型民营企业建立一批关键领域的国家级技术平台或工程实验室。四是整合国家发展改革委、工信部、科技部等相关部委设置的国家级实验室平台资源，建立一批公共共性技术服务平台，以低成本方式向中小企业开放。五是推进民营科技型大企业、互联网平台企业探索建设技术服务、科技资源共享平台试点工作，促进科技成果产业化。

3. 将使用国产化产品上升为国家战略，出台关键领域技术和产品强制国产化替代目录

一是及时梳理关键领域民营企业核心技术创新情况，加快建立核心技术和产品国产化替代优先级动态调整机制，完善现有国产化技术和产品替代目录。二是修改《政府采购法》《招标投标法》，将国有企业采购纳入规范管理，将国企采购绩效纳入国资委考核范围。三是加快清理政府采购中存在的隐形门槛，明确政府采购必须向具有自主可控技术的国内产品和服务倾斜。四是完善落实关键领域首台（套）政策，明确国有企业和国家投资的重大工程强制采用自主技术国产化装备，鼓励民营企业采用自主可控技术的国内产品和服务。适时调整国家限制进口产品目录，对于已经实现自主化的关键技术装备实行进口管理。五是完善知识产权行政及司法保护体系，建立知识产权侵权惩罚性赔偿制度，打造一批重点产业快速维权中心，依法保护企业创新收益。

4. 加快构建多元化的民营企业关键领域核心技术创新的资金支持体系

一是实施民营企业参与科技专项研究的竞争性补助政策，出台民营科技企业自主研发投入奖补政策。二是发挥政府创新创业基金作用，进一步完善研发费用后补助、企业境内外研发机构建设、企业高层次人才引进、中小型创新型企业增信授信、贷款贴息等普惠性财政政策。对关键领域企业实施更大力度的税收减免政策。三是大力发展金融科技，鼓励和引导金融机构探索股权、知识产权质押及供应链融资等新型融资模式。积极探索和发展具有直接融资功能的专业化、股份制中小商业银行体系，发挥好政策性银行的支持作用。四是加强资本市场的规范性建设。大力发展风险投资市场，制定风险投资支持

创新的相关意见。通过特定的税收激励政策等措施，鼓励公募、私募基金以及天使风险基金支持关键核心技术创新活动。

5. 建立关键领域核心技术协同攻关机制

一是引导大型龙头企业通过并购重组、联合生产、技术转让等方式整合行业优势资源，提高关键领域民营企业产业集中度。二是充分发挥各类产业联盟、行业协会商会优势，建设一批关键领域产业集群。国家和政府重点支持产业集群开展共性技术研发和核心技术突破。三是引导龙头企业以委托开发、技术入股、技术转让等方式与国内外高水平创新主体开展合作，共建和培育一批面向关键领域的产业技术创新战略联盟。

6. 强化引育并举的创新人才支撑

一是优化完善人才评价激励机制和管理服务体系，鼓励科研人员自主参与产业领域核心技术攻关。加快改革科技成果产权制度、收益分配制度和转化机制，激发科技人员创新动力。二是加大对民营企业引进高端人才特别是外籍专家及高水平退休人才的奖补力度，完善针对创新人才及其家属的社会保障体系。三是鼓励高校、科研院所与企业联合探索多元化的校企合作及产教培养模式，加大对职业技术学院的支持力度，建设现代职业教育体系，实现职业院校人才培养与创新产业需求的紧密对接。

7. 用好国家数据资源优势，做好新经济领域前瞻布局

一是加快大数据立法工作进程，加强对我国大数据资源的保护。二是研究科学合理的大数据资源运用方式，支持民营企业发展数字经济。制定新经济领域核心技术攻关优先目录，鼓励大型民营企业积极参与。三是加强新经济领域专利的前瞻性布局，组建产业专利联盟，建立专利防御体系。改进专利审批制度，对关键领域核心技术专利申请开辟快速通道。四是谨慎开放涉及国计民生、具有重要战略意义的新兴领域市场，为国内产业发展留下空间。

8. 支持优势民营企业以市场化、民间化的方式利用海外资源建立核心技术国际创新协作网络

一是支持大型民营企业和商会加强与海外工商社团、先进产业集群的交往联系，依托产业链，探索建立国际技术交流中心和合作创新中心。二是支持大型民营企业和商会建立国际性的行业联盟或企业联合体，推动形成行业规则和商业共识，弘扬和推广中国特色商业文明，培厚中外企业技术交流合作的商业文化土壤。三是支持民营企业开展海外技术并购，建立重点项目申报机制，为通过国家认可的重点项目设立包括风险补偿、法律援助等在内的保障体系。

中美贸易摩擦对民营企业的影响调研报告

为比较完整地摸清中美经贸摩擦对出口型企业的影响、受影响企业的预期与计划、政策应对的效果及企业的建议诉求，9—10月份，徐乐江书记组织带领研究室、经济部有关人员先后赴广东省广州市、深圳市和江苏省无锡市开展专题调研。期间召开两场民营企业家座谈会、一场商会负责人座谈会，走访了17家民营企

业、2家商协会。调研组从企业反映和关心的问题中感到，面对复杂多变的国内外经济形势，主动应对中美经贸摩擦影响，引导和服务民营企业实现高质量发展，要注重处理好几方面关系，并且有针对性地解决一些突出问题。

一、需注重处理好的五个关系

1. 政府与市场的关系

调研表明，在当前形势下，聚焦企业关切，解决企业的困难，关键在于进一步处理好政府与市场的关系，既要发挥市场的决定性作用，借助当前压力倒逼企业转型升级，走高质量发展道路，又要更好发挥政府作用，切实保持政策的连续性和稳定性，围绕企业融资难融资贵、创新不足等实际问题，多出一些引导性、普惠性政策。尤其应加强政府的精细化管理和服务能力建设，提升各项政策的透明度，把握好政策执行的度，稳定企业家预期和信心。

政策执行方面。企业普遍反映，政策的不确定性是企业经营的最大风险。无锡新华商智商会提出，地方政府出台的有些政策存在前后矛盾、相互冲突，广泛征求意见建议的渠道还不够畅通，导致好政策落不下去，企业的获得感不强。广州里工实业有限公司反映，河道两旁等敏感区域的企业，即便环保牌照齐全也面临来自政府施加的搬迁压力，希望对环保牌照齐全企业正常经营给予支持和保证。无锡泰州商会反映，环保整顿实际执行中存在“一刀切”问题，部分环保达标企业也受到波及。

产业扶持方面。很多企业认为，贴息更加符合市场化原则，应大幅减少财政直接补贴，同时希望出口信用保险的覆盖面进一步扩大。无锡航亚科技股份公司和威泰迅电力科技公司反映，贴息是发达国家普遍的产业扶持手段，更加符合市场化原则，而我国的财政补贴申报消耗了企业较多的精力，且存在不透明、不普惠的问题，易对企业形成不良的利益导向。威泰迅电力科技公司认为，我国出口信用保险对出口企业有较大帮助，但尚未覆盖间接出口型企业，希望能够完全放开。

营商环境方面。一批企业认为，部分行业的市场竞争秩序较为混乱，尤其是产品标准、商业承兑汇票等问题亟须规范。无锡市苏盛汽车部件公司认为，其所在行业存在严重的劣币驱逐良币问题，应进一步完善产品质量国家标准并严格执行。无锡泰州商会反映，一部分大型企业使用的商业承兑汇票期限过长、贴现率过高，严重挤压了与之合作的中小企业生存空间，扰乱了行业的商业秩序，应加强规范。

2. 短期冲击与长远发展的关系

调研表明，一方面，政府要关注中美经贸摩擦造成的短期冲击，充分估计民营出口企业的经营困难，妥善处理好民营出口企业的诉求，做好就业和民生等托底工作。另一方面，要着眼长远发展、保持战略定力，重点围绕服务企业创新、提升可持续发展能力和国际竞争力，提供更多政策支持和制度保障。

中美经贸摩擦造成部分企业订单减少、生产转移，对就业产生一定冲击。无锡确成硅化学股份公司表示，中美经贸摩擦造成企业2019年订单下滑、出现降价压力，未来一年可能失去美国市场，目前正在加快建设泰国生产基地，未来生产将转移至泰国。无锡山东商会反映，其会员企业微盛网络公司去年每个月新增终端客户数在2000家以上，今年就只有1400家左右；去年代理商的活跃度在50%左右，今年只有35%左右；今年以来，很多同行企业在裁员，该企业也减员了20%。

部分企业的环保意识得到主动或被动增强。江阴南泰家纺用品公司表示，为适应国际化的长远发展需求，公司在加入宜家供应链后，加大了环保投入，达到了环保合规的要求。广州威万事家居股份公司表示，其10年前就响应国家号召，通过环保电镀实现了污水零排放。

部分企业开始重视技术研发、差异化服务和品牌打造，国际竞争力有望得到提升。广州敏视数码科技公司表示，企业长期以来对研发投入较大，已形成与国外大公司较高的技术互补，因此受影响不大。红豆集团表示，企业不断提升设计服务能力，对一部分美国客户产生了黏性，转移了一部分关税成本。广州里工实业有限公司表示，面对美国关税压力，正在加大研发力度，2019年增加员工10%，且基本都是研发人员。广州巨大音响集团表示，2019年上半年主要专注于电视机板块的新产品研发，预计下半年能够扭转营收下滑趋势。无锡小天鹅股份公司表示，企业产品系列齐全，不仅通过技术创新不断提高产品的人性化设计，而且过硬的质量赢得了市场的普遍认可，形成了较强的品牌效应，国内外市场增长态势良好。

一些企业希望政府能够组织并提供培训服务，帮助企业加强自身能力建设。无锡市苏盛汽车部件公司反映，企业转型缺乏数据、信息支持，希望政府提供大数据服务，帮助企业了解市场需求。无锡山东商会反映，会员企业希望政府能定期组织培训，提升企业家的自身能力和素质，为企业转型升级提供智力支持。

3. 国内市场与国际市场的关系

调研表明，在国际经济形势复杂多变，一些国家单边主义、贸易保护主义明显抬头的情况下，企业实现长期稳定发展，必须统筹考虑国际市场与国内市场，坚持两条腿走路。应引导企业充分认识我国拥有的巨大国内市场、14亿人口、4亿中等收入群体是我们的独特优势，蕴含着巨大的发展机遇，坚持眼睛向内，用好国内市场。同时又要引导企业认清经济全球化的大趋势不会变，积极开拓国际市场，借助国家“一带一路”倡议等发展机遇，在积极参与国际竞争中不断发展壮大。

受加征关税影响大的多是过多关注美国市场、产品可替代性强的企业。无锡市苏盛汽车部件公司反映，公司生产的主要产品——汽车发电机和启动机98%以上出口美国，去年9月份加征10%的关税后，通过降价承担了3%左右的关税，今年5月份加征25%的关税后，企业承担了约6%～8%的关税，人民币汇率贬值给企业带来一些汇兑收益，企业今年1—9月份的利润为366万元，较去年的1300万元大幅减少。在企业订单方面，2017年为2279万美元，去年订单下降为1758万美元，今年1—9月份，订单只剩下2017年的一半（约1176万美元），企业目前正在通过接触在北美和墨西哥有分店的第三方企业来拓展市场。

部分兼顾国内市场与国际市场的企业，受到的影响较小。广州勒夫迈智能科技公司的产品遍布80多个国家，国内市场占56.3%，出口占43.7%，美国市场占出口的86%以上，2019年出口美国同比下滑83%，但同时来自韩国的订单增长了37%，公司今年的营业额比去年同期增长了1个多亿。为应对企业受到的影响，目前还计划在马来西亚建生产线。成立于1995年的无锡凤凰画材集团，2006年因受美国反倾销制裁，出口美国的产品被征收264%的惩罚性关税，公司就注重转向国内国际统筹布局，并到越南投资建厂。截至目前，先后在江苏沭阳、越南、柬埔寨及西班牙投资建立了4个工厂和1个分销中心，有效化解了中美经贸摩擦影响。

部分企业通过跨境电商开拓国际市场，有效规避了关税壁垒。睿思凯公司作为一家主要生产无人机遥控器的企业，其产品约60%出口美国，由于其单个产品涉及金额小（800美元以下免征关税），约30%的产品通过跨境电商直接出口到终端消费者手中，企业目前的毛利率仍有50%~60%。

出口型企业对汇率波动敏感，受益于汇率的适度贬值。红豆集团反映，目前其产品出口美国加征15%的关税，双方各承担一半，企业尚能承受，但订单下得特别迟缓，原因是客户担忧关税会进一步加征到20%或25%。如果关税继续增加，企业希望汇率能再贬一些，以帮助企业渡过难关。江阴南泰家纺用品公司目前生产的沙发套等产品加征10%的关税，通过人民币汇率贬值的汇兑收益得以抵消，而窗帘制品加征15%的关税后，则无法再继续做下去。

4. 企业自身发展与社会责任的关系

调研表明，当前我们既应充分考虑民营企业面临的困难和问题，在条件允许的情况下，进一步减税降费，尤其要在制度供给上下功夫，努力为企业发展创造良好的市场环境；又要引导企业树立自觉纳税意识，积极履行社会责任。

企业普遍反映，降低增值税税率的减税政策在执行中造成部分行业企业负担有所加重。江苏统一安装集团公司反映，今年4月份增值税率调整，公司的销项税率从10%降到9%，进项税率从16%降到13%，销项税降的幅度没有进项税降的幅度大，可抵扣的税少了，反而增加了公司税收负担，企业没有获得感。无锡意凯自动化技术公司反映，降低增值税率政策在税率调整前加重了企业负担，原因是当客户知道增值税率要由16%降为13%时，要求企业提前开具增值税发票，这期间企业既要承担制造成本，又要交税，压得企业喘不过气来。

有企业反映，造成企业社保负担重的主要因素不是社保费率高，而是社保基数的逐年加大及无法抵扣问题。无锡确成硅化学股份公司反映，企业之所以感觉社保负担重，原因是社保基数与社平工资挂钩，大部分地区每年上调10%左右。红豆集团、无锡凤凰画材集团等劳动密集型企业反映，其人工、社保费用约占30%~40%，由于无法取得进项税发票，无法抵扣。

企业普遍反映，与国际相比较，中国制造业的土地、能源等要素成本压力较大，而制度成本部分造成了用工难问题。无锡航亚科技股份公司反映，国内水、电、气价格不合理，而且天然气有随意涨价现象，应逐步打破垄断。无锡泰州商会反映，会员企业普遍面临工业用地获取困难。广州威万事家居股份公司反映，外来人才的子女就地入学存在困难，导致其技术类人才大量回流到老家，制度障碍造成了企业用工成本增加。

5. 技术引进与创新的关系

调研表明，虽然整体上我国与发达国家的技术差距在不断缩小，但仍应继续鼓励民营企业加大与外商的技术合作，重视技术的引进、消化吸收再创新。同时，又要引导企业处理好技术引进和自主创新的关系，坚持把自主创新放在更加重要的位置。

部分民营企业在对外贸易和合作中注意技术的引进、消化吸收再创新，不仅促进了企业的转型升级，也提高了我国相关行业的整体技术实力。无锡航亚科技有限公司通过与美国通用公司的合作，引进了世界先进的航空发动机零部件生产技术，技术实力和产品性能超过我国相应的军工企业，后续有望通过军民融合实现技术转让，促进我国航空零部件行业的整体技术升级。吉利汽车于2010年收购了沃尔沃汽车，收购后建立了欧洲研发中心，联合开发了世界领先的CMA基础模块和领克汽车，实现了技术和产品上的进一步升级。

中美经贸摩擦对从事尖端科技的民营企业带来较大冲击，部分民营企业通过加大自主创新实现了技术突破。华讯方舟集团原进口芯片50%来自美国。去年以来，公司所使用的美国高通、博通和德州仪器Ka频段设备芯片一直被美国调查，截至今年6月底，美方已完全终止向企业供货。企业早在4年前就与日本电气公司（NEC）定制合作研发一块芯片，现已逐步在代替高通以及博通的供应产品。企业预计，如果NEC同样被要求禁止供货，第一年会影响华讯方舟集团50%业务，第二年影响20%业务，第三年企业已自主研发出的Ka模组可替代进口芯片可实现大批量军用转民用量产，完全可以恢复Ka频段所有业务，并借助自主Ka模组升级为全球Ka芯片供应商。

二、几点具体建议

调研表明，当前民营企业面临一些新情况，也存在很多老问题，在中美经贸摩擦背景下，企业经营变得更加困难。缓解中美经贸摩擦对民营企业的负面影响，关键是做好自己的事，重点解决好以下问题。

1. 优化营商环境，依靠市场机制培育具有全球竞争力的企业

坚持市场化、法治化、国际化原则，逐步以贴息的产业政策手段替代直接财政补贴，提高产业政策的透明度和普惠性。加强对行业竞争秩序的规范，对电商平台及其入驻企业统一税率，对产品质量问题严重行业，进一步完善并严格执行国家标准。探索将出口信用保险覆盖至间接出口企业，降低出口企业的经营风险。

2. 确保政府政策的确定性，稳定企业预期

避免政出多门、频繁调整、朝令夕改。为市场主体设置政策适应调整期，加强各项新出台政策的宣传解读和预期管理，畅通国家政策与民营企业的双向信息通道，避免政策突然转向对企业经营的负面影响。增强政府的服务意识和精细化管理能力，避免环保等政策的“运动式”执行，确保合法合规企业的正常生产经营。

3. 以改革降低实体企业的各类要素成本和制度成本

探索将水、电、气等上游行业放开，通过竞争机制降低水、电、气价格或避免随意上涨，实现对民营企业的减负。加快户籍制度改革，推进外来务工人员的市民化，合理安排并解决户籍、孩子入学等制度障碍，减少企业的人才流失问题和用工成本。坚持房住不炒的政策基调，建立房地产调控的长效机制，减少房地产对实体企业的挤压。

4. 进一步细化减税降费有关规定

结合不同行业实际情况，细化减税的有关规定，确保企业的税收负担只减不增。探索降低企业社保缴费基数和比率，减轻社保负担，同时加大垄断性国有资本收益划拨社保基金的力度，增加社保资金来源。进一步研究企业人工、社保费用无法取得进项税发票、无法抵扣等问题，尤其是高科技企业，要采取更加灵活的方式处理，确保税收政策改革不增加企业负担。

5. 进一步规范商业承兑汇票的使用

为防止一些大企业不当使用商业承兑汇票，挤压中小企业利润空间，建议进一步缩短商业承兑汇票偿还期，根据国际标准，将现有的商业承兑汇票的最长偿还期限由1年缩短为6个月，争取进一步缩短至3个月，提升中小企业的流动性。加大对以各种形式拖欠中小企业货款行为的督查力度，将违规的企业和法人列入失信名单，为中小企业生存创造良好的市场环境。

6. 以突破“卡脖子”技术为重点，全力支持民营企业科技创新

围绕芯片、高性能材料、高端设备、关键零部件等重点领域，梳理民营企业亟待突破的核心技术，制定“卡脖子”技术

清单，以企业为主体，组织高校、科研院所等联合攻关。研究出台政策，让民营企业研究机构的科技人员，在科研立项、知识产权保护、评比表彰、职称评定、资金扶持等方面与科研院所享受同等待遇，真正激发民营企业创新创造活力。通过投贷联动、政银合作、担保支持等措施，加大对科创型民营企业的信贷支持力度。

2018中国民营企业500强调研分析报告

2018年，我国经济运行保持在合理区间，国内生产总值增长6.6%，总量突破90万亿元；经济结构不断优化，消费拉动经济增长作用进一步增强；重点领域改革迈出新的步伐，市场准入负面清单制度全面实行，简政放权、放管结合、优化服务改革力度加大，营商环境国际排名大幅度上升；对外开放全方位扩大，共建“一带一路”取得重要进展，货物进出口总额超过30万亿元，实际使用外资1383亿美元、稳居发展中国家首位。在党和政府的支持和引导下，民营企业积极自主创新，做精主业，推动企业向高质量发展。2018年民营企业500强规模稳步增长、产业结构日趋优化、社会贡献持续加大，但受到复杂的外部环境和国内下行经济压力影响，民营企业经营效益有所下降，利润空间受到进一步挤压，融资难融资贵、生产经营成本高企等问题依然突出，一定程度上制约着民营企业500强的健康发展。

一、民营企业500强整体规模稳步增长

2018年，民营企业500强门槛为185.86亿元，较2017年增加了29.02亿元，增速为18.50%，较2017年下降了11.63个百分点（见图1、表1）。

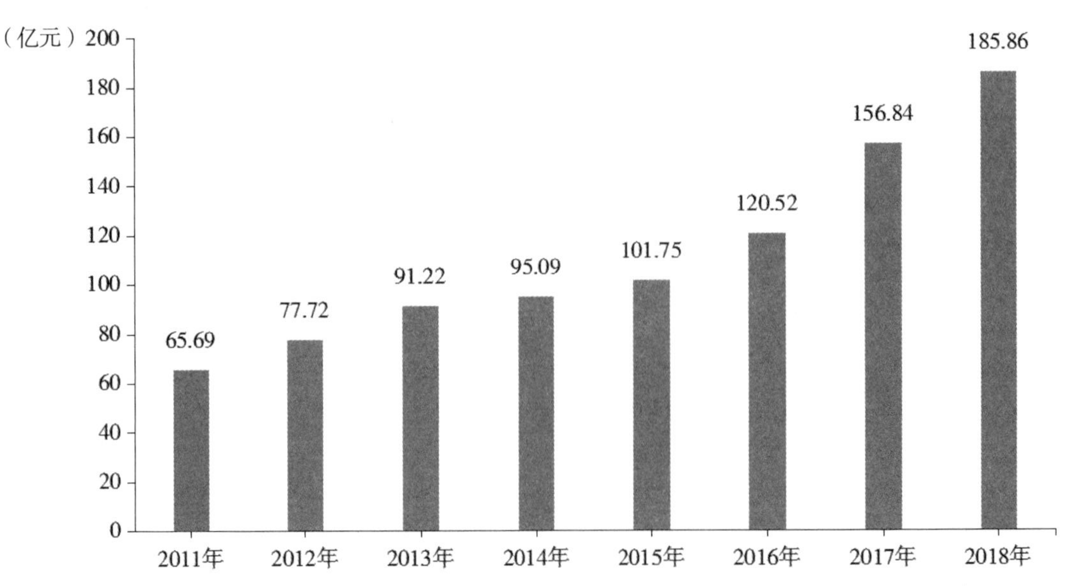

图1　2011—2018年民营企业500强入围门槛

表1　2017—2018年民营企业500强收入情况

项目指标		2018年	2017年	增长率
入围门槛（亿元）		185.56	156.84	18.50%
营业收入（亿元）	总额	285033.67	244793.82	16.44%
	户均	570.07	489.59	

2018年，民营企业500强的营业收入总额合计为285033.67亿元，户均570.07亿元。有56家企业营业收入总额超过1000亿元，85家企业营业收入总额在500亿元～1000亿元，359家企业营业收入总额在100亿元～500亿元。华为投资控股有限公司营业收入蝉联榜首，为7212.02亿元（见表2、见图2）。

表2　2018年民营企业500强营业收入前20家

单位：亿元

2018年排名	2017年排名	企业名称	所属行业	省、自治区、直辖市	2018年营业收入	2017年营业收入
1	1	华为投资控股有限公司	计算机、通信和其他电子设备制造业	广东省	7212.02	6036.21
2	–	海航集团有限公司①	综合	海南省	6182.93	–
3	2	苏宁控股集团	零售业	江苏省	6024.56	5578.75
4	3	正威国际集团有限公司	有色金属冶炼和压延加工业	广东省	5051.18	4917.99
5	7	恒大集团有限公司	房地产业	广东省	4661.96	3110.22
6	4	京东集团	互联网和相关服务	北京市	4620.20	3623.32
7	14	碧桂园控股有限公司	房地产业	广东省	3790.79	2269.00
8	9	恒力集团有限公司	化学原料和化学制品制造业	江苏省	3717.36	3079.41
9	6	联想控股股份有限公司	计算机、通信和其他电子设备制造业	北京市	3589.20	3162.63
10	8	国美控股集团有限公司	零售业	北京市	3340.98	3093.50
11	11	浙江吉利控股集团有限公司	汽车制造业	浙江省	3285.21	2782.65
12	10	大商集团有限公司	零售业	辽宁省	3002.92	2808.05
13	12	万科企业股份有限公司	房地产业	广东省	2976.79	2428.97
14	5	山东魏桥创业集团有限公司	有色金属冶炼和压延加工业	山东省	2844.87	3595.78
15	15	雪松控股集团有限公司	商务服务业	广东省	2688.26	2210.84
16	13	美的集团股份有限公司	电气机械和器材制造业	广东省	2618.20	2419.19
17	16	江苏沙钢集团有限公司	黑色金属冶炼和压延加工业	江苏省	2410.02	2200.10
18	23	青山控股集团有限公司	黑色金属冶炼和压延加工业	浙江省	2265.01	1615.88
19	24	中南控股集团有限公司	房地产业	江苏省	2225.43	1538.70
20	20	阳光龙净集团有限公司	综合	福建省	2208.96	1730.55

① 海航集团有限公司为2018年度新入排榜企业，未参加2017年度民营企业500强排序。

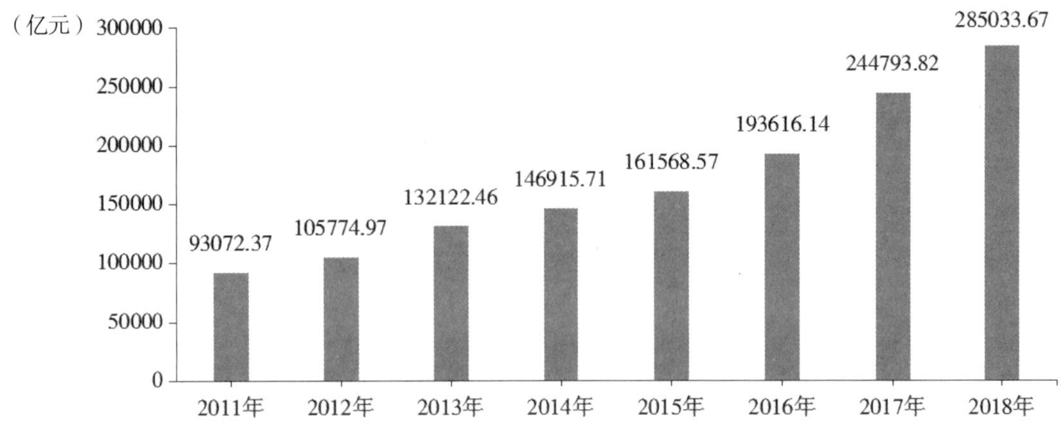

图2　2011-2018年民营企业500强营业收入总额

2018年末民营企业500强的资产总额合计为346127.53亿元，户均692.26亿元；固定资产净值总额为45334.93亿元，户均90.67亿元；净资产为105858.91亿元，户均211.72亿元（见表3）。

表3　2017—2018年末民营企业500强资产情况

项目指标		2018年末	2017年末	增长率
资产总额（亿元）	总额	346127.53	281932.21	22.77%
	户均	692.26	563.86	
固定资产（亿元）	总额	45334.93	38684.70	17.19%
	户均	90.67	77.37	
净资产（亿元）	总额	105858.91	85763.06	23.43%
	户均	211.72	171.53	

民营企业500强资产规模继续扩大。2018年末资产总额超过1000亿元的企业有76家，资产总额在100亿元～1000亿元的有339家，资产总额在50亿元～100亿元的有59家。其中，恒大集团有限公司、碧桂园控股有限公司、万科企业股份有限公司、海航集团有限公司四家企业资产总额超过万亿元。恒大集团有限公司以18800.28亿元的规模位居民营企业500强资产总额榜首（见表4、表5）。

表4　2016—2018年末民营企业500强资产总额构成

资产总额标准（亿元）	2018年企业数量（家）	2017年企业数量（家）	2016年企业数量（家）
≥1000	76	61	50
100～1000	339	338	318
50～100	59	72	78
<50	26	29	54

表5 2018年末民营企业500强资产总额前20家

单位：亿元

2018年排名	2017年排名	企业名称	所属行业	省、自治区、直辖市	2018年末资产总额	2017年末资产总额
1	1	恒大集团有限公司	房地产业	广东省	18800.28	17617.52
2	3	碧桂园控股有限公司	房地产业	广东省	16296.94	10496.69
3	2	万科企业股份有限公司	房地产业	广东省	15285.79	11653.47
4	–	海航集团有限公司	综合	海南省	10705.13	–
5	4	大连万达集团股份有限公司	综合	辽宁省	9586.06	10005.26
6	5	泰康保险集团股份有限公司	保险业	北京市	8060.22	7128.54
7	8	华为投资控股有限公司	计算机、通信和其他电子设备制造业	广东省	6657.92	5052.25
8	7	复星国际有限公司	综合	上海市	6388.84	5337.88
9	11	联想控股股份有限公司	计算机、通信和其他电子设备制造业	北京市	5582.67	3350.74
10	10	龙湖集团控股有限公司	房地产业	重庆市	5068.84	3627.64
11	12	苏宁控股集团	零售业	江苏省	4309.34	3306.88
12	9	华夏幸福基业股份有限公司	房地产业	河北省	4097.12	3758.65
13	13	广州富力地产股份有限公司	房地产业	广东省	3661.94	2981.09
14	14	阳光龙净集团有限公司	综合	福建省	3541.69	2945.17
15	16	浙江吉利控股集团有限公司	汽车制造业	浙江省	3334.31	2764.06
16	17	百度公司	互联网和相关服务	北京市	2975.63	2517.28
17	15	阳光保险集团股份有限公司	保险业	广东省	2914.53	2801.01
18	19	新疆广汇实业投资（集团）有限责任公司	零售业	新疆维吾尔自治区	2637.47	2456.81
19	18	美的集团股份有限公司	电气机械和器材制造业	广东省	2637.01	2481.07
20	23	荣盛控股股份有限公司	房地产业	河北省	2499.62	2110.35

二、民营企业500强质量效益稳中有升

2018年民营企业500强的利润水平稳中有升，盈利能力有所回落。税后净利润为12891.62亿元，增幅为13.87%，较上年下降21.63个百分点（见表6）。

表6 2017—2018年（末）民营企业500强盈利情况

项目指标		2018年	2017年	增长率
税后净利润（亿元）	总额	12891.62	11321.01	13.87%
	户均	25.78	22.64	
销售净利率		4.52%	4.62%	-2.10%
资产净利率		4.02%	4.02%	-0.06%
净资产收益率		13.02%	14.33%	-9.12%

2018年民营企业500强共有11家企业发生亏损，较上年增加2家，增幅为22.22%。调整后[①]亏损总额为78.89亿元，较上年亏损总额减少392.57亿元，降幅为83.27%，亏损总额较上年有大幅下降，亏损企业户均亏损额为7.89亿元。亏损企业所属行业分别为黑色金属冶炼和压延加工业，互联网和相关服务，软件和信息技术服务业，批发业，房地产业，医药制造业，计算机、通信和其他电子设备制造业，综合（见表7）。

表7　2018年民营企业500强亏损企业

所属行业	亏损企业数量（家）	入围企业数量（家）	亏损企业平均亏损额（亿元）
黑色金属冶炼和压延加工业	1	55	–0.12
互联网和相关服务	1	6	–0.38
软件和信息技术服务业	1	4	–0.68
批发业	1	22	–0.7
房地产业	1	39	-3.51
医药制造业	1	13	-3.86
计算机、通信和其他电子设备制造业	3	24	-6.87
综合	1	43	–49.02
（调整后）亏损额合计	10	206	-7.89

从经营效率看，民营企业500强的人均营业收入较上年有所增加，人均利润、总资产周转率较上年均有所下降，但降幅较小。2018年，人均营业收入为269.56万元、人均利润为12.19万元，总资产周转率为88.83%（见表8、图3）。

表8　2017—2018年（末）民营企业500强运营情况

项目指标	2018年	2017年	增长率
总资产周转率	88.83%	94.91%	–6.41%
人均营业收入（万元/人）	269.56	257.45	4.70%
人均利润（万元 / 人）	12.19	16.06	–24.09%

① 2018年度数据已剔除亏损异常企业影响，调整后亏损企业数量为10家。

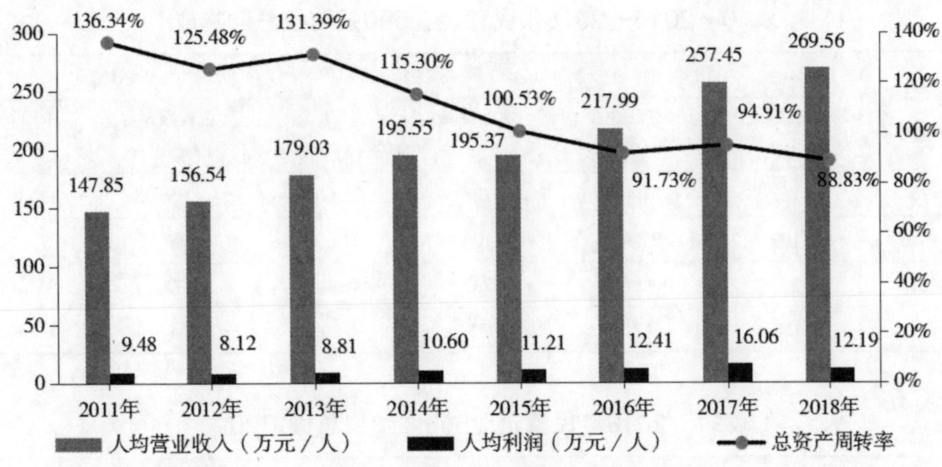

图3　2011—2018年民营企业500强经营效率情况

三、民营企业500强社会贡献持续加大

总体来看，民营企业500强纳税总额保持较快增长态势，占全国税收总额[①]的比重持续增加。2018年，纳税总额达13099.40亿元，占全国税收总额的比重为8.38%（见表9、图4）。

表9　2017—2018年民营企业500强税收情况

项目指标		2018年	2017年	增长率
纳税（亿元）	总额	13099.40	10254.10	27.75%
	户均	26.20	20.51	

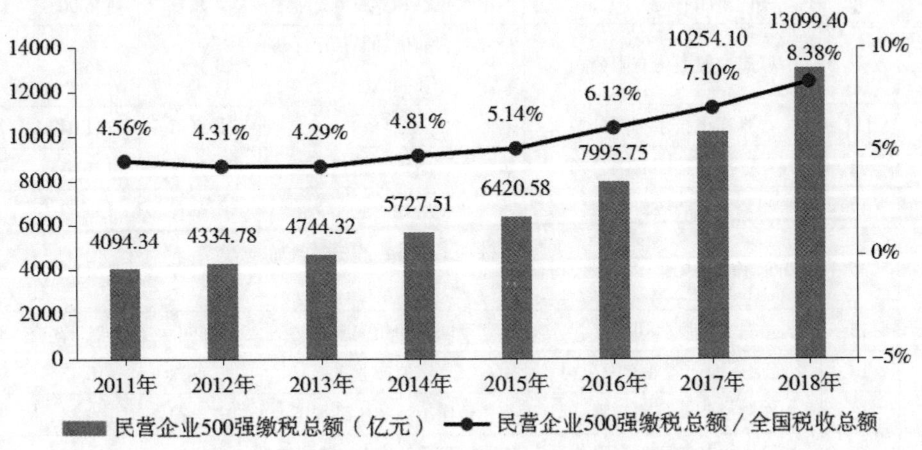

图4　2011—2018年民营企业500强缴税情况

从纳税总额结构分布看，2018年纳税1亿元以上的500强企业数量为479家，较上年增加11家，占比95.8%。纳税超过20亿元（含）的企业157家，较上年增加29家，增幅为22.66%，占民营企业500强的31.40%。华为投资控股有限公司继续蝉联民营企业500强纳税总额榜首，为890亿元（见表10、表11）。

① 全国税收数据来自国家统计局统计数据。

表10 2016—2018年民营企业500强纳税总额构成

纳税总额（亿元）	2018年		2017年		2016年	
	企业数量（家）	占500强比例	企业数量（家）	占500强比例	企业数量（家）	占500强比例
≥20	157	31.40%	128	25.60%	85	17.00%
10～20	109	21.80%	108	21.60%	107	21.40%
1～10	213	42.6%	232	46.40%	274	54.80%
<1	21	4.20%	32	6.40%	34	6.80%

表11 2018年民营企业500强纳税总额前20家

2018年排名	2017年排名	企业名称	所属行业	省、自治区、直辖市	2018年纳税总额（亿元）	2017年纳税总额（亿元）
1	1	华为投资控股有限公司	计算机、通信和其他电子设备制造业	广东省	890.00	710.00
2	2	万科企业股份有限公司	房地产业	广东省	754.21	565.62
3	4	碧桂园控股有限公司	房地产业	广东省	625.74	347.00
4	3	恒大集团有限公司	房地产业	广东省	602.18	420.00
5	5	浙江吉利控股集团有限公司	汽车制造业	浙江省	388.45	308.63
6	6	大连万达集团股份有限公司	综合	辽宁省	283.80	315.50
7	8	龙湖集团控股有限公司	房地产业	重庆市	196.54	122.04
8	7	美的集团股份有限公司	电气机械和器材制造业	广东省	175.00	150.00
9	–	联想控股股份有限公司	计算机、通信和其他电子设备制造业	北京市	146.53	135.85
10	111	小米通讯技术有限公司	综合	北京市	141.04	22.17
11	22	江苏沙钢集团有限公司	黑色金属冶炼和压延加工业	江苏省	137.83	68.56
12	17	广州富力地产股份有限公司	房地产业	广东省	135.83	76.28
13	35	山东东明石化集团有限公司	石油加工、炼焦和核燃料加工业	山东省	124.65	85.51
14	13	百度公司	互联网和相关服务	北京市	121.22	88.37
15	10	雅居乐地产置业有限公司	房地产业	广东省	110.43	90.89
16	12	山东魏桥创业集团有限公司	有色金属冶炼和压延加工业	山东省	109.23	96.41
17	9	华夏幸福基业股份有限公司	房地产业	河北省	106.75	110.12
18	20	荣盛控股股份有限公司	房地产业	河北省	94.79	72.07
19	14	正荣集团有限公司	综合	福建省	94.79	86.42
20	29	重庆市金科投资控股（集团）有限责任公司	房地产业	重庆市	91.94	54.51

2018年民营企业500强员工人数为1057.41万人，增幅为11.21%，占全国就业人员比重为1.36%，较上年增加0.14个百分点（见表12）。

表12 2017—2018年民营企业500强就业情况

项目指标		2018年	2017年	增长率
员工人数（万人）	总额	1057.41	950.83	11.21%
	户均	2.11	1.90	

四、民营企业500强产业结构持续优化

2018年，民营企业500强产业仍以第二产业为主，入围企业数量有小幅增长。从入围企业数量来看，民营企业500强中制造业继续占据主导地位，黑色金属冶炼和压延加工业依然位居榜首，且入围企业数量呈上涨趋势。从资产规模来看，民营企业500强产业结构延续往年态势，第二产业资产规模占比逐年下降，第三产业资产规模占比逐年上升。产业结构得到进一步优化，第三产业拉动经济增长的作用得到进一步增强（见表13）。

表13 2018年民营企业500强产业分布[①]

项目	2018年	2017年	增长率
第一产业（家）	6	5	20.00%
第二产业（家）	337	333	1.20%
第三产业（家）	157	162	-3.09%

从销售净利率[②]来看，2018年民营企业500强的销售净利率为4.52%，较上年下降0.1个百分点。共有23个行业该项指标值高于4.52%的水平，其中有5个行业的销售净利率水平超过10%，较上年增加1个行业。皮革、毛皮、羽毛及其制品和制鞋业，非金属矿物制品业，食品制造业，软件和信息技术服务业等四个行业均为新入围行业（见表14）。

表14 2018年民营企业500强中销售净利率超过10%的行业

所属行业	企业数量（家）	营业收入（亿元）	税后净利润（亿元）	销售净利率
皮革、毛皮、羽毛及其制品和制鞋业	2	436.02	68.31	15.67%
房地产业	39	29028.81	3397.56	11.70%
非金属矿物制品业	4	1326.78	140.55	10.59%
食品制造业	4	1609.99	170.38	10.58%
软件和信息技术服务业	4	976.81	102.76	10.52%

① 按“综合”类企业列入“综合-制造业”的民营企业500强进行重分类。

② 本报告计算销售净利率、资产净利率、净资产收益率指标时，均计算综合值。下同。

从资产净利率看，2018年末民营企业500强资产净利率为4.02%，与上年保持一致；有4个行业资产净利率超过10%，与上年持平（见表15）。

表15　2018年末民营企业500强资产净利率超过10%的行业

所属行业	企业数量（家）	资产总额（亿元）	税后净利润（亿元）	资产净利率
皮革、毛皮、羽毛及其制品和制鞋业	2	335.49	68.31	22.38%
食品制造业	4	1050.41	170.38	16.50%
黑色金属冶炼和压延加工业	55	15069.92	1614.73	11.50%
酒、饮料和精制茶制造业	4	930.69	93.45	10.37%

五、民营企业500强投资领域不断拓展

2018年，民营企业500强新增投资资金来源仍以自有资金、银行借贷为主。其中，来自自有资金的企业达到454家，较上年增加2家；来自银行借贷的企业共有375家，较上年减少1家；来自资本市场融资[①]的企业数量达到254家（其中运用股票市场融资和债券市场融资的企业数量分别为119家、135家），达到近几年来的最高值，较上年增加了64家，增幅为33.68%；引入战略投资者的企业为122家，较上年减少5家，降幅为3.94%；获得政府资助的企业为44家，较上年增加了7家，增幅为18.92%（见图5）。

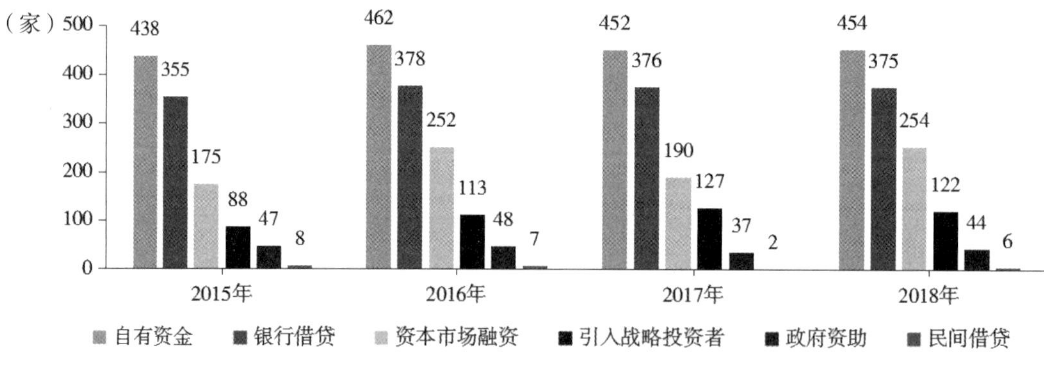

图5　2015—2018年民营企业新增投资资金主要来源

2018年民营企业500强中，共有466家企业参与了各类国家战略，占比为93.20%，较上年增加20家。其中，179家企业参与了“一带一路”建设，占比为42.42%，较上年下降2.27个百分点；277家企业参与了乡村振兴战略，占比为59.44%，较上年增加8.77个百分点（见表16）。

① 资本市场融资主要包括股票市场融资和债券市场融资。

表16 2015—2018年民营企业500强参与国家发展战略建设情况

参与国家战略	2018年企业数量（家）	占实际填写企业比例	2017年企业数量（家）	2016年企业数量（家）	2015年企业数量（家）
“一带一路”建设	179	42.42%	181	210	183
乡村振兴战略	277	59.44%	227	–	–
东北振兴战略	98	21.30%	94	89	88
混合所有制改革	183	39.52%	171	165	148

2018年民营企业500强积极落实党中央关于打好“三大攻坚战”的决策部署，参与防范化解重大风险、精准脱贫、污染防治的企业数量，较上年分别增加24家、128家、41家，占比均超过七成（见表17）。

表17 2018年民营企业500强参与“三大攻坚战”情况

参与三大攻坚战	2018年参与企业数量（家）	占500强比例	2017年参与企业数量（家）	占500强比例
防范化解重大风险	470	94.00%	446	89.20%
精准脱贫	355	71.00%	227	45.40%
污染防治	382	76.40%	341	68.20%

随着国家不断加强PPP项目[①]投资和建设管理，民营企业500强参与PPP项目渐趋理性，2018年参与PPP项目的企业有106家，较上年减少了5家。从项目投资领域来看，民营企业500强参与市政和基础设施类项目的企业数量有所减少，2018年为38家，较上年减少7家。投资科技、医疗卫生、保障性安居工程等PPP项目的企业数量较上年均有所增加（见表18、图6）。

表18 2015—2018年民营企业参与PPP 项目情况

参与PPP项目意向	2018年参与企业数量（家）	占比民营企业500强	2017年参与企业数量（家）	2016年参与企业数量（家）	2015年参与企业数量（家）
已参与	106	21.20%	111	124	98
未参与但打算参与	159	31.80%	185	165	164
未参与但不确定是否参与	77	15.40%	29	52	74
未参与也不打算参与	112	22.40%	113	98	99
其他	45	9.00%	62	61	64

① PPP项目系指政府和社会资本合作项目。

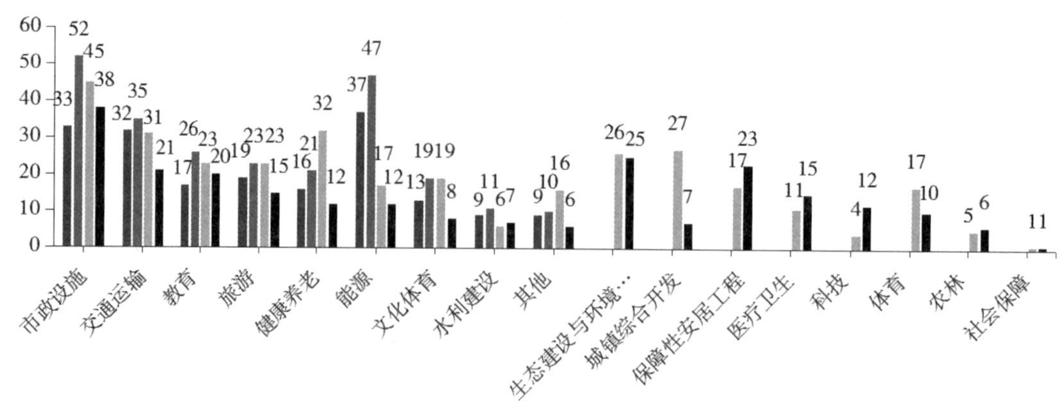

图6 2015—2018年民营企业500强PPP项目参与情况

2018年，融资难融资贵、投资收益预期不明朗，以及配套政策不完善等仍是民营企业500强参与PPP项目面临的主要问题。其中，认为“融资难融资贵”的企业有69家，占实际填写企业数量的39.88%；认为“投资收益预期不明朗”的企业有60家，占实际填写企业数量的34.68%；认为“部分行业和领域准入门槛高”的企业有49家，占实际填写企业数量的28.32%（见表19）。

表19 2018年民营企业500强参与PPP项目面临的问题

参与PPP项目面临的问题	企业数量（家）	占实际填写企业比例	占500强比例
融资难融资贵	69	39.88%	13.80%
投资收益预期不明朗	60	34.68%	12.00%
配套政策不完善	54	31.21%	11.00%
部分行业和领域准入门槛高	49	28.32%	9.80%
PPP项目投资规模过大	37	21.39%	7.40%
报建审批手续过于烦琐	28	16.18%	5.60%
信息披露不完善、信息不对称	23	13.29%	4.60%
PPP金融政策调整	19	10.98%	3.80%
运营中没有话语权	18	10.40%	3.60%
“新官不理旧账”等政府失信现象	17	9.83%	3.40%
在PPP项目竞争中受到不公的待遇	16	9.25%	3.20%
其他	41	23.70%	8.20%
实际填写企业数	173	–	–

六、民营企业500强品牌建设与技术创新能力不断提升

2018年民营500强拥有的国内外商标总量达145959个，较上年增加42049个，增幅为40.47%。其中，国内商标数量合计119555个，较上年增长47.76%；国外商标数量合计3407个，较上年增长14.81%（见图7）。

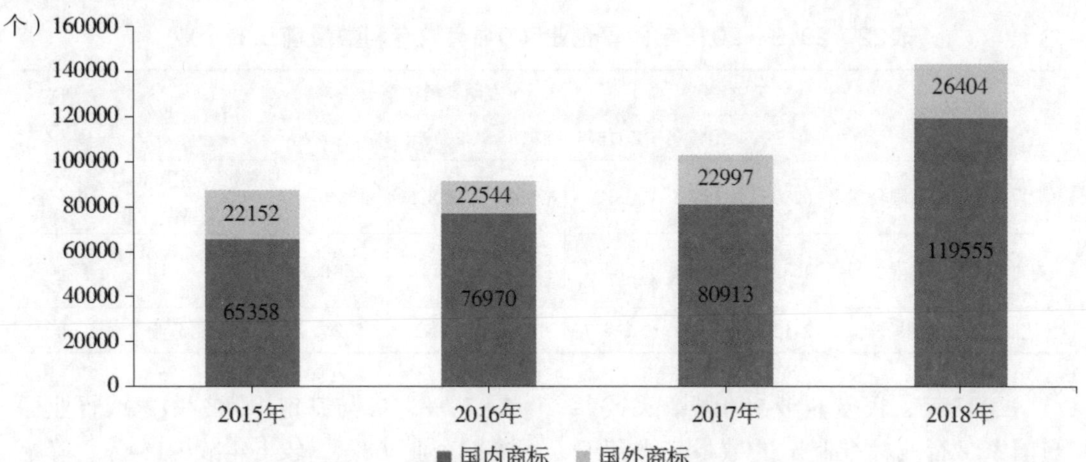

图7 2015—2018年民营企业500强注册商标数量

2018年民营企业500强自有品牌产品收入对企业营业收入的贡献进一步增强，拥有自有商标的企业达374家，较上年增加7家，增幅为1.91%，其中自有品牌产品收入占总收入比重超过60%（含）的企业共331家，较上年增加16家，增幅为5.08%（见表20）。

表20 2013—2018年民营企业500强自有商标产品收入占比情况

单位：家

自有商标产品占总收入比例	2018年	2017年	2016年	2015年	2014年	2013年
=100%	220	217	222	230	230	232
60%～100%	111	98	101	95	86	98
30%～60%	17	18	17	17	18	11
<30%	26	34	28	28	24	26
合计	374	367	368	370	358	367

民营企业在持续加大研发投入、研发成果不断增长的同时，知识产权保护意识也显著增强。2018年民营企业500强国内外专利申请数量合计为367157项，较上年增长51.71%。其中，国内专利数量达到301321项，增幅为42.72%；国际专利数量达到65836项，增幅为113.12%（见表21）。

表21 2014—2018年民营企业500强专利申请情况

	2018年	增长率	2017年	2016年	2015年	2014年
国内专利（项）	301321	42.72%	211122	181800	155313	136408
国际专利（项）	65836	113.12%	30891	26960	26117	22921
合计	367157	51.71%	242013	208760	181430	159329

2018年，华为投资控股有限公司研发费用投入最大，以8.78万项专利总量持续蝉联民营企业500强专利数量榜首，美的集团股份有限公司、比亚迪股份有限公司分别以4.68万项、2.41万项位居专利数量第二、第三位（见表22）。

表22 2016—2018年民营企业500强有效专利数量前三的企业

企业名称	有效专利（项）			发明专利（项）			所属行业	所在地区
	2018年	2017年	2016年	2018年	2017年	2016年		
华为投资控股有限公司	87805	38825	38825	79023	35835	35835	计算机、通信和其他电子设备制造业	广东省
美的集团股份有限公司	46831	36321	26464	8570	5487	2681	电气机械和器材制造业	广东省
比亚迪股份有限公司	24120	8593	12757	10161	4392	5720	汽车制造业	广东省

2018年，民营企业500强牵头或参与国家、行业标准制定的数量较上年有所下滑。牵头制定国际、国家或行业标准的企业167家，较上年减少55家，降幅24.77%；参与制定国际、国家或行业标准的企业268家，较上年减少154家，降幅36.49%（见表23）。

表23 2018年民营企业500强制定国际、国家或行业标准情况

	2018年	增长率	2017年	2016年	2015年
牵头制定国际、国家或行业标准（家）	167	-24.77%	222	139	134
参与制定国际、国家或行业标准（家）	268	-36.49%	422	241	234

七、民营企业500强走出去步伐加快

2018年我国进出口总额达30.51万亿元，增幅达9.7%，规模再创新高。其中，出口总额为164176.68亿元，较上年增长7.09%；进口总额为140873.69亿元，较上年增长12.89%。民营企业500强的出口企业数量为226家，较上年减少4家。民营企业500强出口总额合计1422.55亿美元，较上年增加170.53亿美元，增幅为13.62%；占我国出口总额的比重为5.72%，较上年增加0.19个百分点。民营企业500强出口总额对我国出口总额的贡献加大（见图8）。

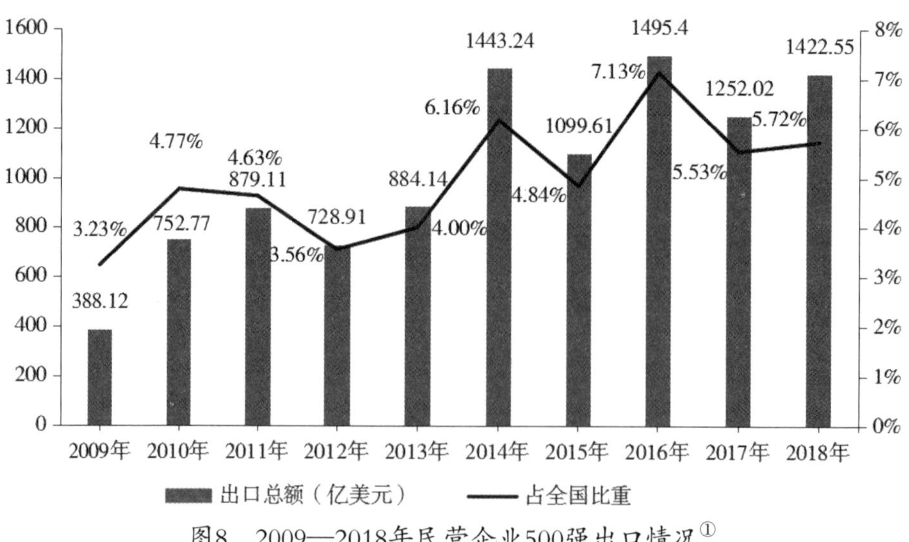

图8 2009—2018年民营企业500强出口情况[①]

① 全国出口总额数据来自国家统计局。

2018年民营企业500强开展海外投资的企业数量为241家，较上年增加10家，增幅为4.33%；海外投资项目（企业）数量达2345项（家），较上年增加842项（家），增幅为56.02%（见图9）。

图9　2009—2018年民营企业500强海外投资情况

2018年，民营企业500强企业参与“一带一路”建设的热情高涨，在已布局的国家和地区不断加大投资力度，同时逐步进入沿线国家新市场，抢抓市场机遇。共有179家企业参与“一带”建设，较上年增加23家；共167家企业参与“一路”建设，较上年增加49家（见表24）。

表24　2014—2018年民营企业500强“一带一路”投资状况

单位：家

投资区域	2018年	2017年	2016年	2015年	2014年
投资“一带”沿线的企业数量	179	156	147	126	106
投资“一路”沿线的企业数量	167	118	103	86	89

2018年民营企业500强“走出去”的主要动因仍为拓展国际市场和获取品牌、技术、人才等要素，以及获取国外原材料。其中，拓展国际市场企业数量共363家，较上年增加13家，增幅为3.71%；利用当地劳动力等要素来降低产品成本的企业数量共95家，较上年增加18家，增幅为23.38%（见表25）。

表25　2016—2018年民营企业500强“走出去”的主要动因

动因	2018年			2017年			2016年		
	企业数量（家）	占500强比例	占实际填报企业比例	企业数量（家）	占500强比例	占实际填报企业比例	企业数量（家）	占500强比例	占实际填报企业比例
拓展国际市场	363	72.60%	89.85%	350	70.00%	88.83%	345	69.00%	87.79%
获取品牌、技术、人才等战略要素	224	44.80%	55.45%	223	44.60%	56.60%	226	45.20%	57.51%

续表

动因	2018年			2017年			2016年		
	企业数量（家）	占500强比例	占实际填报企业比例	企业数量（家）	占500强比例	占实际填报企业比例	企业数量（家）	占500强比例	占实际填报企业比例
获取国外原材料等资源	176	35.20%	43.56%	113	22.60%	28.68%	141	28.20%	35.88%
优势产能合作	112	22.40%	27.72%	113	22.60%	28.68%	118	23.60%	30.03%
利用当地劳动力等要素降低产品成本	95	19.00%	23.51%	77	15.40%	19.54%	91	18.20%	23.16%
实际填报企业数量	404	–	–	394	–	–	393	–	–

八、民营企业500强学法用法遵法守法意识进一步增强

2018年，民营企业500强已建立现代企业制度的企业达486家，较上年增加7家，占民营企业500强比重为97.20%（见图10）。

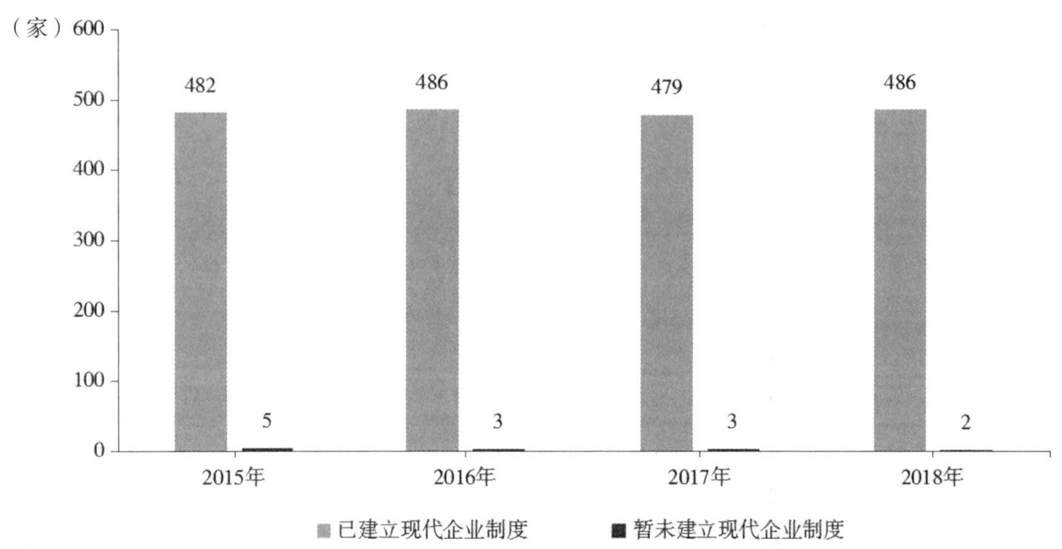

图10　2015—2018年民营企业500强现代企业制度建立情况①

2018年共有477家500强企业已完善公司决策机制，467家已形成讲法治、讲规则、讲诚信的企业法治文化，456家已建立健全的法律风险控制体系和预警防范机制，439家企业已推进厂务公开和民主管理（见表26）。

① 民营企业500强的入围企业名单发生变化。

表26　2015—2018年民营企业建设法治企业进展情况

类型	2018年			2017年			2016年			2015年		
	企业数量（家）	占500强比例	占实际填报企业比例	企业数量（家）	占500强比例	占实际填报企业比例	企业数量（家）	占500强比例	占实际填报企业比例	企业数量（家）	占500强比例	占实际填报企业比例
已完善公司决策机制，确保依法决策、民主决策、科学决策	477	95.40%	98.55%	466	93.20%	97.90%	469	93.80%	96.70%	467	93.40%	96.89%
已形成讲法治、讲规则、讲诚信的企业法治文化	467	93.40%	96.49%	459	91.80%	96.43%	460	92.00%	94.85%	447	89.40%	92.74%
已建立健全合同审核、决策论证等相关环节法律风险控制体系和预警防范机制	456	91.20%	94.21%	458	91.60%	96.22%	452	90.40%	93.20%	444	88.80%	92.12%
已推进厂务公开和民主管理，妥善处理劳动争议，在法治框架内构建和谐劳动关系	439	87.80%	90.70%	435	87.00%	91.39%	437	87.40%	90.10%	430	86.00%	89.21%
实际填报企业数量	484	–	–	476	–	–	485	–	–	482	–	–

九、民营企业500强积极履行社会责任

民营企业500强社会责任意识不断得到增强，承担社会责任的力度进一步加大。2018年，发布社会责任报告的企业数量达到247家，较上年增加32家，占500强企业总数的49.40%，较上年增加6.40个百分点。参与社会捐赠的企业数量达到466家，较上年增加10家，占民营企业500强的比重为93.20%，较上年增加2个百分点；参与扶贫开发的企业数量达到432家，较上年增加42家，占民营企业500强的比重为86.40%，较上年增加28.40个百分点（见表27、表28）。

表27　2015—2018年民营企业500强社会责任报告披露情况

	年份	企业数量（家）	占500强比例
发布社会责任报告	2018	247	49.40%
	2017	215	43.00%
	2016	216	43.20%
	2015	202	40.40%

表28　2016—2018年民营企业参与社会捐赠与扶贫开发情况

参与类型	2018年		2017年		2016年	
	企业数量（家）	占500强比例	企业数量（家）	占500强比例	企业数量（家）	占500强比例
参与社会捐赠	466	93.20%	456	91.20%	463	92.60%
参与扶贫开发	432	86.40%	290	58.00%	358	71.60%

十、民营企业500强区域分布呈现东部优、中西部追赶的格局

调研显示，2018年民营企业500强中，东部、中部地区入围企业数量分别为390家、53家，分别占78%、10.60%；西部地区入围企业数量与上年持平；东北地区入围14家，较上年增加5家，增幅为55.56%。

从整体营业收入来看，东部地区增长趋势明显，增幅为16.68%；涨幅最大的为东北地区，为28.20%；中部和西部地区涨幅分别为13.66%、11.41%。其中，东部地区营业收入规模234574.94亿元，占比为82.30%，较上年增加0.18个百分点。

从整体资产规模来看，资产规模涨幅最大的仍为东部地区，为26.58%，较上年增加6.55个百分点；中部、东北和西部地区涨幅分别为22.09%、17.58%、0.17%。其中，东部地区资产规模277668.16亿元，占比为80.22%，较上年增长2.41个百分点（见表29）。

表29　2016—2018年民营企业500强地区分布

地区		入围企业（家）			营业收入（亿元）			资产规模（亿元）		
		2018年	2017年	2016年	2018年	2017年	2016年	2018年	2017年	2016年
东部	数量	390	396	392	234574.94	201035.25	159224.43	277668.16	219365.01	182754.00
	占500强比例	78.00%	79.20%	78.40%	82.30%	82.12%	82.24%	80.22%	77.81%	78.12%
中部	数量	53	52	57	19386.00	17056.07	14005.28	20180.91	16529.58	13461.54
	占500强比例	10.60%	10.40%	11.40%	6.80%	6.97%	7.23%	5.83%	5.86%	5.75%
西部	数量	43	43	42	21496.04	19295.15	15778.79	33671.08	33614.72	25527.47
	占500强比例	8.60%	8.60%	8.40%	7.54%	7.88%	8.15%	9.73%	11.92%	10.91%
东北	数量	14	9	9	9576.69	7407.36	4607.64	14607.37	12422.90	12183.22
	占500强比例	2.80%	1.80%	1.80%	3.36%	3.03%	2.38%	4.22%	4.41%	5.21%

十一、民营企业500强转型升级专题

2018年民营企业500强中，82.40%的企业为做强做大而主动选择转型升级，较上年增加4.4个百分点；53%的企业因政策支持引导选择转型升级，与上年比重持平。由于国内经济增长趋缓、企业生存的压力、企业成本负担上升、产品技术升级换代而选择转型升级的企业分别占41%、32.4%、37.8%和49.6%，较上年分别增长4.6个百分点、2.6个百分点、1个百分点和-0.8个百分点（见表30）。

表30　2016—2018年民营企业500强转型升级的动因

单位：家

转型升级动因	2018年			2017年			2016年		
	企业数量	占500强比例	占实际填报企业比例	企业数量	占500强比例	占实际填报企业比例	企业数量	占500强比例	占实际填报企业比例
做强做大企业的愿望	412	82.40%	88.79%	390	78.00%	85.53%	389	77.80%	84.38%
国内经济增长趋缓	205	41.00%	44.18%	182	36.40%	39.91%	248	49.60%	53.80%
产品技术升级换代	248	49.60%	53.45%	252	50.40%	55.26%	235	47.00%	50.98%
政策支持引导	265	53.00%	57.11%	265	53.00%	58.11%	225	45.00%	48.81%
成本负担上升	189	37.80%	40.73%	184	36.80%	40.35%	187	37.40%	40.56%
行业产能过剩	138	27.60%	29.74%	184	36.80%	40.35%	167	33.40%	36.23%
企业生存的压力	162	32.40%	34.91%	149	29.80%	32.68%	159	31.80%	34.49%
现有模式不可持续	98	19.60%	21.12%	111	22.20%	24.34%	119	23.80%	25.81%
国际市场持续低迷	66	13.20%	14.22%	66	13.20%	14.47%	104	20.80%	22.56%
其他	–	–	–	16	3.20%	3.51%	11	2.20%	2.39%
实际填报企业数量	464	–	456	–	461	–	–	–	–

2018年，融资成本、原材料成本、缴税负担仍为民营企业500强最主要的成本负担，但结构上有所变化。融资成本仍为第一，占500强企业的56%；原材料成本超过缴税负担成为第二，占500强企业的53%；缴税负担降至第三，占500强企业的52.20%（见表31）。

表31　2018年影响民营企业500强发展的成本因素

序号	影响企业发展的因素	企业数量（家）	占500强比例	占实际填报企业比例
1	融资成本	280	56.00%	62.78%
2	原材料成本	265	53.00%	59.42%
3	缴税负担	261	52.20%	58.52%
4	工资成本	243	48.60%	54.48%
5	社保成本	181	36.20%	40.58%
6	环境保护成本	157	31.40%	35.20%
7	缴费负担	152	30.40%	34.08%
8	土地成本	140	28.00%	31.39%
9	物流成本	136	27.20%	30.49%
10	能源成本	112	22.40%	25.11%
11	制度性交易成本	71	14.20%	15.92%
12	中介服务费	18	3.60%	4.04%
13	其他	0	0.00%	0.00%
实际填报企业数		446	–	–

2018年，民营企业500强推动转型升级最主要的方式为聚焦主业、提升核心竞争力（见表32）。

表32　2018年民营企业500强转型升级推动途径

类型	转型升级的途径	企业数量（家）	占500强比例	占实际填报企业比例
依靠产业升级	聚焦主业，提升核心竞争力	421	84.20%	90.54%
	整合产业链资源，向产业链上下游延伸布局	348	69.60%	74.84%
	发展生产性服务业，提供制造家服务的整体解决方案	171	34.20%	36.77%
依靠创新	通过技术创新，提升关键技术水平	383	76.60%	82.37%
	提高产品附加值，走“专、精、特、新”发展道路	310	62.00%	66.67%
	实施技术改造和设备升级	327	65.40%	70.32%
	通过管理创新，提升管理水平，降低成本、提高效率	398	79.60%	85.59%
依靠质量品牌	严格质量控制，提升产品质量水平	405	81.00%	87.10%
	参与行业标准制定	289	57.80%	62.15%
	打造知名品牌，提升市场影响力	387	77.40%	83.23%
依靠绿色环保	提高现有产品环保性能	360	72.00%	77.42%
	研发生产绿色产品	230	46.00%	49.46%
依靠两化融合	运用互联网、大数据、人工智能等技术，发展新业态、新模式	351	70.20%	75.48%
	推进智能化生产，实现信息化和工业化深入融合	349	69.80%	75.05%
依靠国际合作	建立国际化销售渠道，拓展国际市场	283	56.60%	60.86%
	境外投资设厂，面向全球配置要素	135	27.00%	29.03%
	实施海外并购，增强国际竞争力	116	23.20%	24.95%
实际填报企业数		465	–	–

十二、民营企业500强营商环境专题

2016—2018年，影响民营企业发展的因素仍主要为用工成本上升、税费负担重、融资难融资贵等（见表33）。

表33　2016—2018年影响民营企业500强发展的五大因素对比

序号	2018年		2017年		2016年	
	影响因素	企业数量（家）	影响因素	企业数量（家）	影响因素	企业数量（家）
1	用工成本上升	313	用工成本上升	307	用工成本上升	337
2	税费负担重	269	税费负担重	274	税费负担重	288
3	融资难融资贵	265	融资难融资贵	254	国内市场需求不足	248
4	国内市场需求不足	185	市场秩序不够规范	178	融资难	235
5	市场秩序不够规范	169	国内市场需求不足	169	市场秩序不够规范	220

2018年，参与营商环境改善情况调研的500强企业共447家。247家企业认为政府服务企业的力度加大，245家企业认为有利于民营经济发展的舆论氛围进一步加强，188家企业认为有利于科技创新的氛围进一步增强，181家企业认为税费负担有所降低，分别占实际填写企业总数的55.26%、54.81%、42.06%、40.49%（见表34）。

表34 2018年民营企业500强企业营商环境改善情况

影响因素	企业数量（家）	占参与调查企业比例
政府企业服务力度加大	247	55.26%
有利于民营经济发展的舆论氛围进一步加强	245	54.81%
有利于科技创新的氛围进一步加强	188	42.06%
税费负担有所降低	181	40.49%
市场监管进一步加强	148	33.11%
“亲”“清”新型政商关系进一步构建	130	29.08%
司法公正进一步加强	110	24.61%
市场信用体系建设有所改善	102	22.82%
政府诚信有所改善	101	22.60%
涉企执法更加公正	79	17.67%
产权保护有所改善	75	16.78%
市场准入有所改善	61	13.65%
企业维权难度降低	58	12.98%
融资支持有所改善	57	12.75%
实际填报企业数量	447	–

民营企业500强与中国企业500强对比分析[①]

根据中国企业联合会、中国企业家协会每年发布的《中国500强企业发展报告》中的数据，分析对比了自2007年以来中国民营企业500强以及中国企业500强的相关指标，发现：中国民营企业500强的营业收入总额、资产总额、税后净利润等规模指标虽相对较小，但多项指标的增速连续十年超过中国企业500强，特别是在营业收入增速和资产总额增速方面，中国民营企业500强优势较为明显。入围中国企业500强的企业中，国有及国有控股企业依旧保持主导地位，利润水平较高的前

① 本报告中有关中国企业500强数据均来自中国企业联合会发布的《2019中国500强企业发展报告》。

十家企业大多分布在商业银行领域；中国民营企业500强中利润水平前十的企业大多分布在房地产、制造业及互联网和相关服务等竞争性较强的行业。在缴税和吸纳员工就业等方面中国民营企业500强也做出了突出的贡献。

一、中国企业500强民营企业上榜数量持续增加

近十年来，民营企业在中国企业500强中的上榜数量逐年增加，国有企业数量占比整体呈逐年下降趋势，但仍保持主导地位（见图1）。2018年，中国企业500强国有企业数量占比为53.00%。从经营指标来看，国有企业的优势更加明显，2018年国有企业共实现营业收入55.97万亿，占比70.76%；净利润2.49万亿，占比70.52%；资产总额264.75万亿，占比高达88.50%。

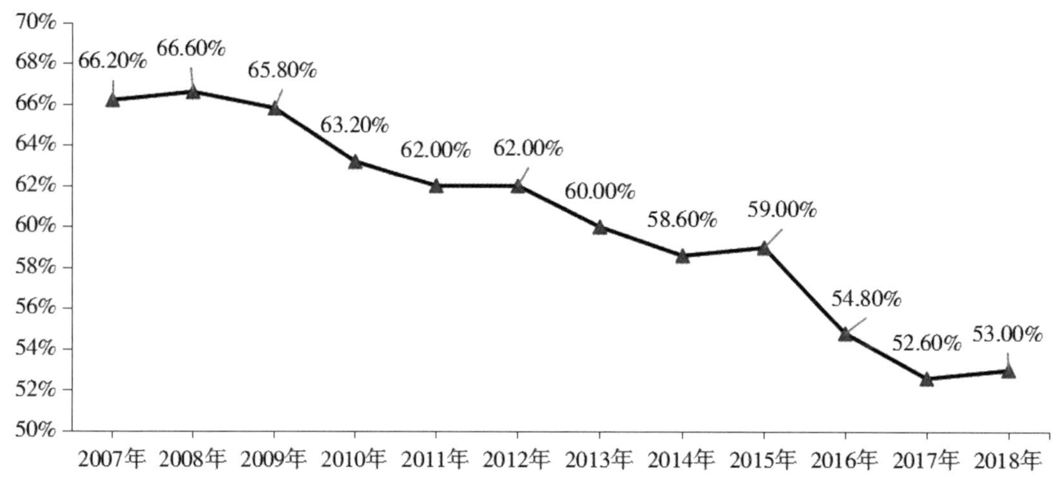

图1　2007—2018年中国企业500强国有企业数量占比情况

二、民营企业500强与中国企业500强规模差距不断缩小

中国民营企业500强与中国企业500强的入围门槛均呈现逐年增长趋势。从入围门槛来看，2018年中国民营企业500强入围门槛继续提升，为185.86亿元，较上年增加29.02亿元；中国企业500强的入围门槛为323.25亿元，较上年增加16.36亿元。从增长率来看，2007—2018年间，中国民营企业500强入围门槛增速连续超过中国企业500强入围门槛增速，其中2018年增速高出中国企业500强13.17个百分点。中国企业500强入围门槛规模与中国民营企业500强入围门槛规模的差距已由2007年的3.60倍缩小至2018年的1.74倍（见表1）。

表1　2007—2018年中国民营企业500强与中国企业500强入围门槛比较

年度	中国民营企业500强		中国企业500强	
	入围门槛（亿元）	增长率	入围门槛（亿元）	增长率
2018年	185.86	18.50%	323.25	5.33%
2017年	156.84	30.14%	306.89	8.40%

续表

年度	中国民营企业500强		中国企业500强	
	入围门槛（亿元）	增长率	入围门槛（亿元）	增长率
2016年	120.52	18.44%	283.11	16.29%
2015年	101.75	7.00%	243.46	3.12%
2014年	95.09	4.24%	236.10	3.28%
2013年	91.22	17.37%	228.60	15.07%
2012年	77.72	18.31%	198.67	13.48%
2011年	65.69	29.82%	175.07	23.30%
2010年	50.60	38.23%	141.99	28.10%
2009年	36.60	23.27%	110.84	5.18%
2008年	29.70	14.97%	105.38	13.25%
2007年	25.83	41.34%	93.05	28.95%

营业收入方面，除2008年外，中国民营企业500强的营业收入增速均高于中国企业500强。2018年中国民营企业500强的营业收入增速为16.44%，高于中国企业500强5.3个百分点（见图2）；资产总额方面，除2008年外，中国民营企业500强资产总额增速均高于中国企业500强。2018年中国民营企业500强的资产总额增速为22.77%，高于中国企业500强13.69个百分点（见图3）；净利润方面，自2013年以来，中国民营企业500强的净利润增速均高于中国企业500强，2018年中国民营企业500强增速为13.87%，高于中国企业500强3.59个百分点（见图4）。

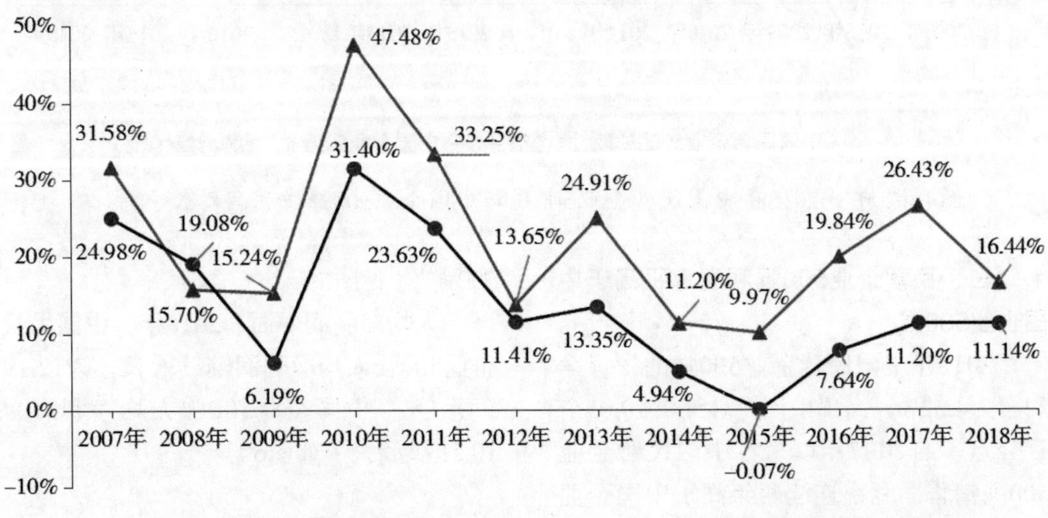

图2　2007—2018年中国民营企业500强与中国企业500强营业收入增长率对比

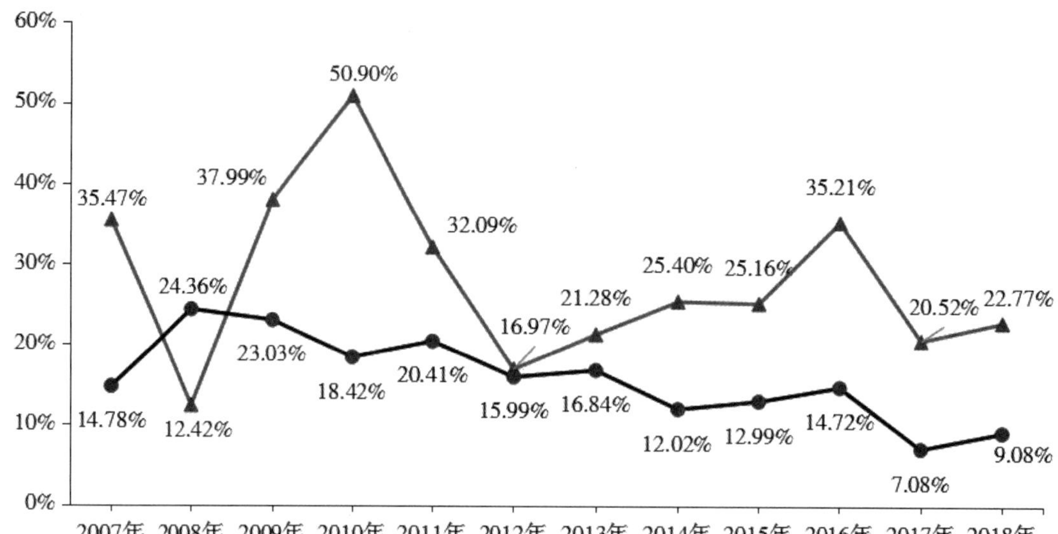

图3　2007—2018年末中国民营企业500强与中国企业500强资产总额增长率对比

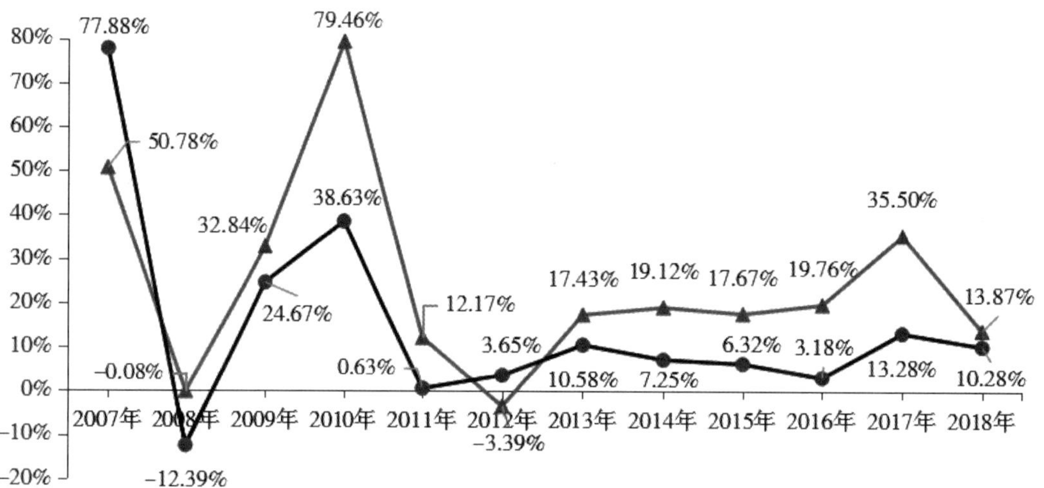

图4　2007—2018年中国民营企业500强与中国企业500强净利润增长率对比

三、民营企业500强利润水平高于中国企业500强

2018年中国民营企业500强的销售净利率为4.52%，高出中国企业500强0.05个百分点。自2007年以来，中国民营企业500强销售净利率连续两年高于中国企业500强[①]（见图5）。

人均净利润方面，2018年，中国民营企业500强人均净利润继续增长，为12.19万元/人；中国企业500强人均净利润为10.51万元/人（如图6）。

① 民营企业500强销售净利率第一次超过中国企业500强为2011年，第二次为2017年。

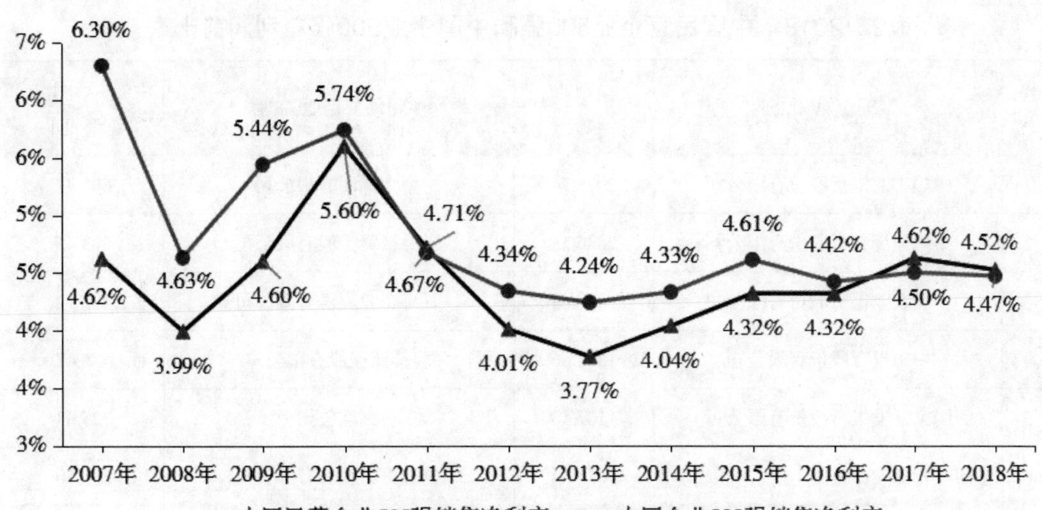

图5　2007—2018年中国民营企业500与中国企业500强销售净利率比较

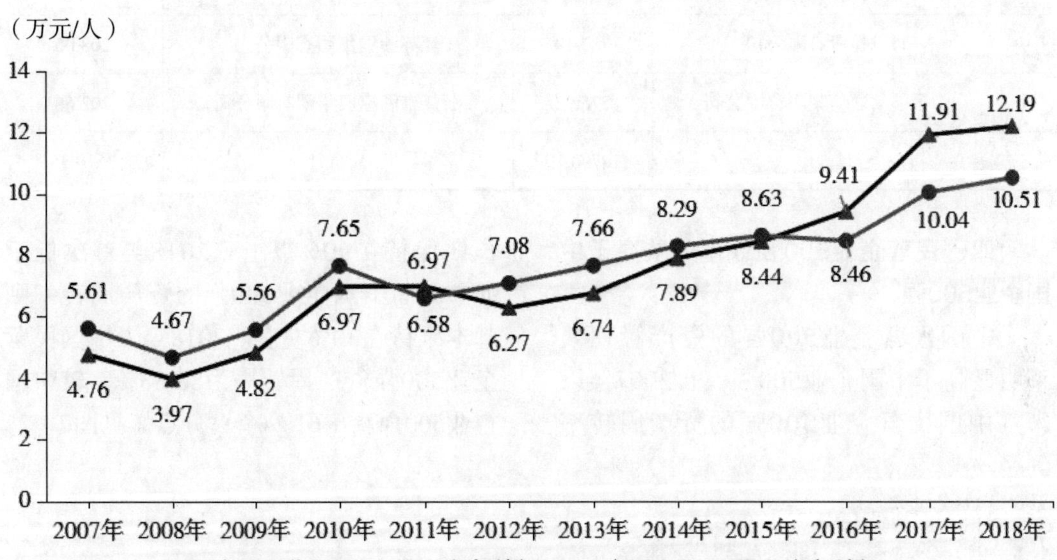

图6　2007—2018年中国民营企业500强与中国企业500强人均净利润比较

从净利润排名的情况来看，中国民营企业500强的前十家与中国企业500强的前十家在行业分布上存在明显差异。中国民营企业500强前十大盈利企业主要集中于房地产业，计算机、通信和其他电子设备制造业，互联网和相关服务，电气机械和器材制造业，综合，黑色金属冶炼和压延加工业及汽车制造业等竞争性行业，2018年实现净利润共计3510.35亿元，占中国民营企业500强的27.23%；中国企业500强前十大盈利公司集中于金融（以商业银行为主）、互联网服务、电讯服务等行业，2018年共实现盈利14790.19亿元，占中国企业500强的41.87%（见表2）。由于商业银行、电讯服务等垄断行业门槛较高，而绝大多数民营企业集中于竞争性领域，因此也导致了中国民营企业500强与中国企业500强在行业利润贡献上的差距。

表2　2018年中国民营企业500强和中国企业500强净利润前十家

序号	中国企业500强	净利润（亿元）	中国民营企业500强	净利润（亿元）
1	中国工商银行股份有限公司	2976.76	恒大集团有限公司	665.47
2	中国建设银行股份有限公司	2546.55	华为投资控股有限公司	593.45
3	中国农业银行股份有限公司	2027.83	万科企业股份有限公司	492.72
4	中国银行股份有限公司	1808.86	碧桂园控股有限公司	485.42
5	国家开发银行股份有限公司	1107.58	百度公司	225.83
6	中国平安保险（集团）股份有限公司	1074.04	美的集团股份有限公司	216.50
7	阿里巴巴集团控股有限公司	878.86	大连万达集团股份有限公司	211.32
8	招商银行有限公司	805.60	龙湖集团控股有限公司	208.91
9	腾讯控股有限公司	787.19	江苏沙钢集团有限公司	208.05
10	中国移动通信集团有限公司	776.92	浙江吉利控股集团有限公司	202.68
合计		14790.19	合计	3510.35

四、民营企业500强效率效益高于中国企业500强

中国民营企业500强的资产管理效率明显高于中国企业500强。自2007年以来，中国民营企业500强的资产周转率长期保持在90%以上，2018年首次低于90%，而中国企业500强的资产周转率则基本维持在30%左右。2018年末中国民营企业500强资产周转率为88.83%，较中国企业500强高出61.24个百分点（见图7）。

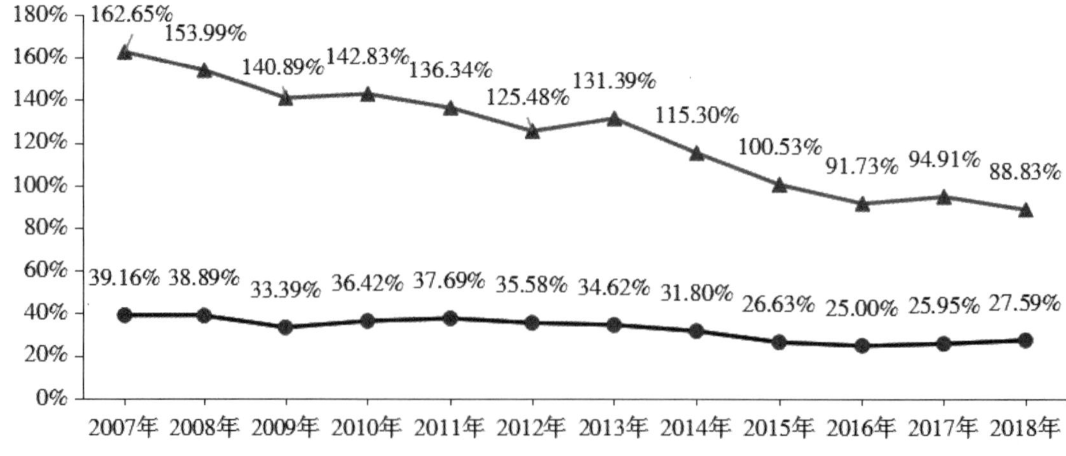

图7　2007—2018年末中国民营企业500强与中国企业500强总资产周转率对比

中国民营企业500强的资本运营效率高于中国企业500强，在2007年到2018年间，其资产净利率和净资产收益率水平一直高于中国企业500强。2018年末中国民营企业500强资产净利率为4.02%，较中国企业500强高出2.84个百分点（见图8）；2018年末中国民营企业500强净资产收益率为13.02%，较中国企业500强高出3.37个百分点（见图9）。中国民营企业500强的资本获利能力强于中国企业500强。

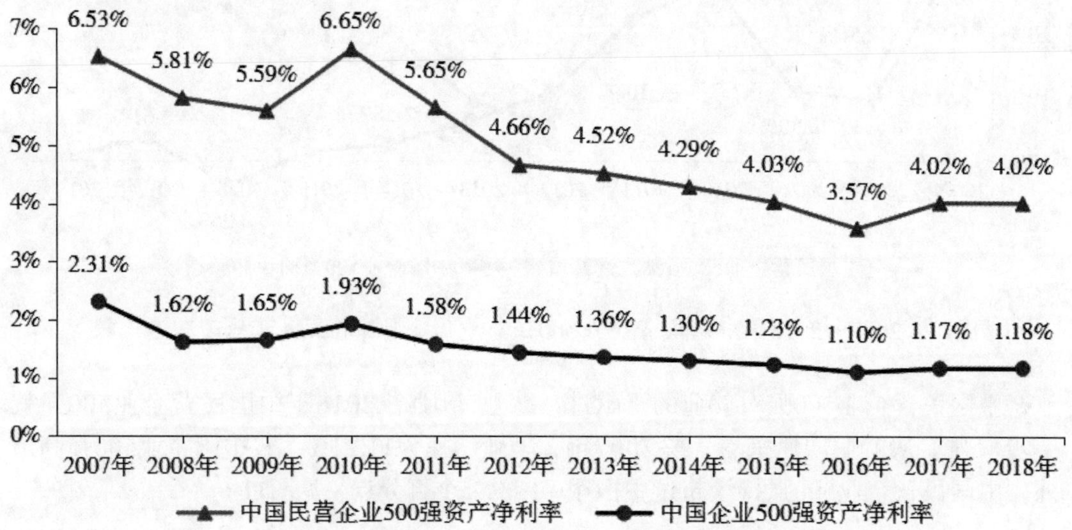

图8 2007—2018年末中国民营企业500强与中国企业500强资产净利率比较

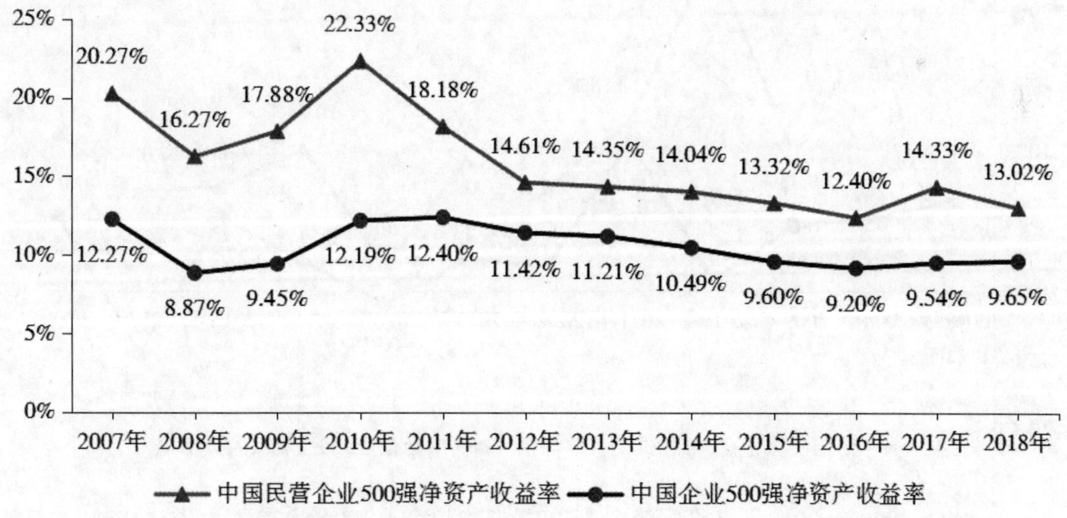

图9 2007—2018年末中国民营企业500强与中国企业500强净资产收益率比较

五、民营企业500强的社会贡献日益加大

从纳税增长率来看，近年来，中国民营企业500强的纳税增长率一直高于中国企业500强。2018年，中国民营企业500强纳税总额增速为27.75%，高于中国企业500强27个百分点（见图10）。

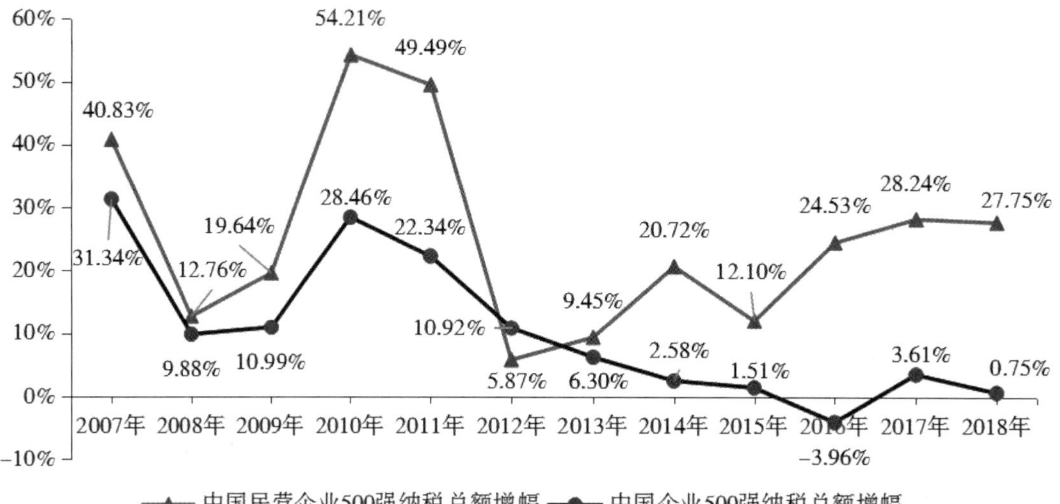

图10　2007—2018年中国民营企业500强与中国企业500强纳税总额增速比较

中国民营企业500强对就业的贡献进一步增强。从就业增速来看，除2007年外，中国民营企业500强持续超过中国企业500强。2018年中国民营企业500强就业增速为11.21%，较中国企业500强高出5.95个百分点（见图11）。

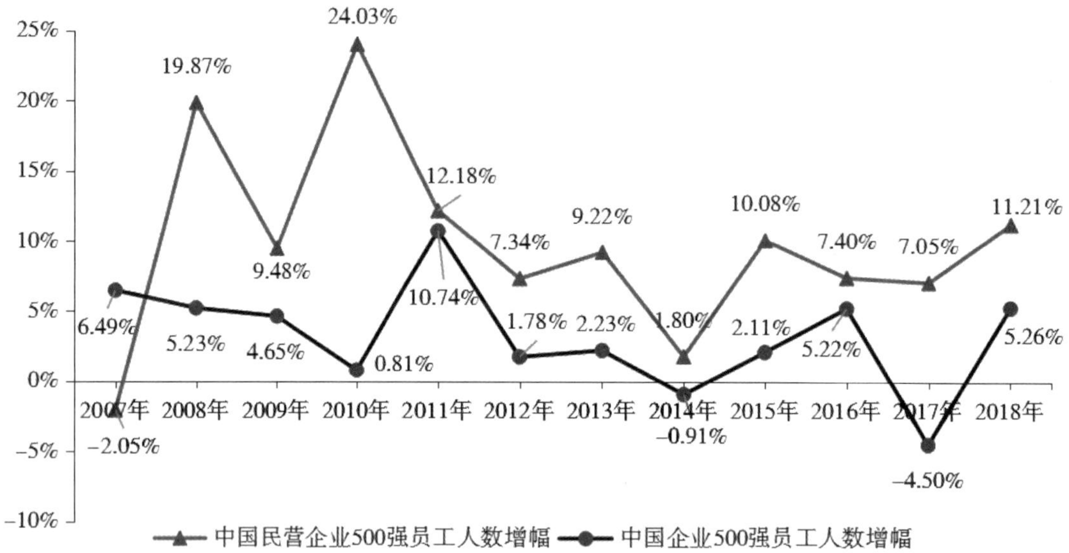

图11　2007—2018年中国民营企业500强与中国企业500强员工人数增速比较

六、民营企业500强以第二产业、竞争性行业为主

1. 民营企业500强和中国企业500强仍以第二产业为主

从入围企业数量和营业收入来看，中国民营企业500强与中国企业500强都集中在第二产业，但中国民营企业500强第二产业营业收入总额占比较上年略有下降。2018年，中国民营企业500强有337家企业居于第二产业，较上年增加

4家；中国企业500强有318家企业居于第二产业，比上一年减少10家（见图12）。中国民营企业500强第二产业的营业收入占比达60.27%，较上年下降0.49个百分点，中国企业500强第二产业的营业收入占比达59.85%，较上年增加1.92个百分点（见图13）。

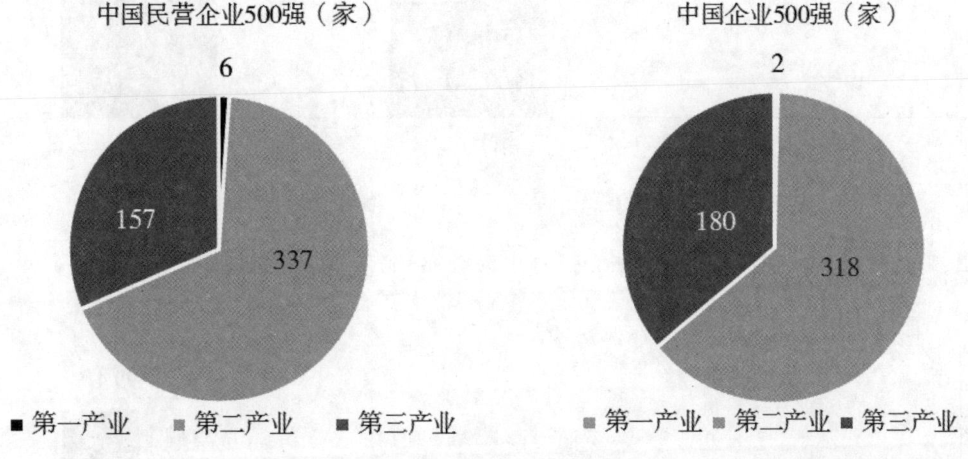

图12　2018年中国民营企业500强与中国企业500强三次产业入围企业数量情况

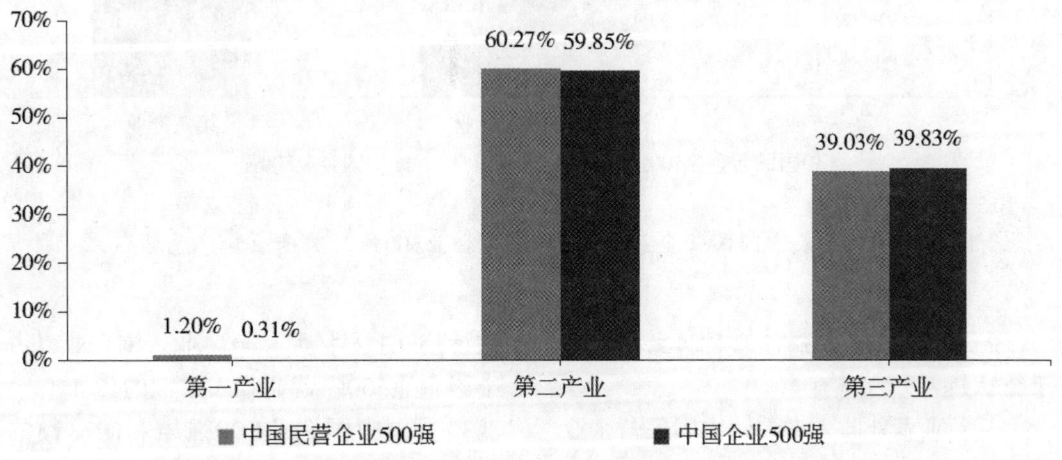

图13　2018年民营企业500强与中国企业500强三次产业营业收入占比

从净利润来看，中国企业500强的净利润集中于第三产业，占净利润总额比重为69.02%，较上年下降5.06个百分点；而中国民营企业500强的净利润则集中于第二产业，占净利润总额比重为61.61%，较上年增加1.38个百分点（见图14）。

从资产总额来看，中国民营企业500强和中国企业500强的资产均集中于第三产业。2018年末，中国民营企业500强的第三产业总资产占资产总额的比重为59.42%，较上年增加0.74个百分点；中国企业500强的第三产业总资产占资产总额的比重为79.41%，较上年下降1.12个百分点（见图15）。

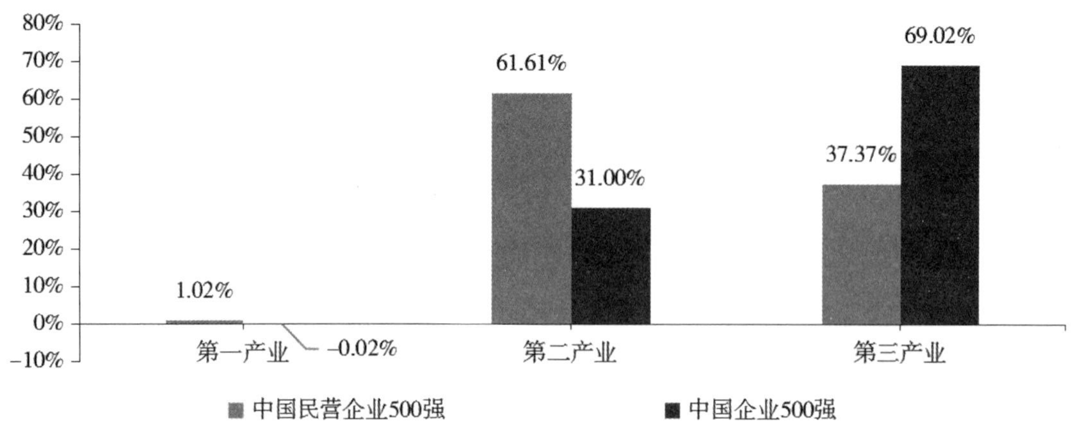

图14　2018年民营企业500强与中国企业500强三次产业净利润占比

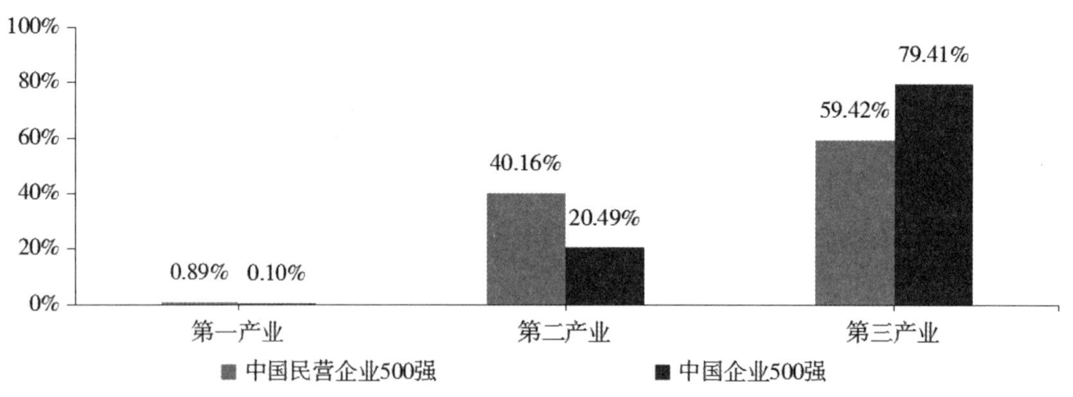

图15　2018年末中国民营企业500强与中国企业500强三次产业资产总额占比

2. 中国企业500强行业利润主要集中于金融领域

从行业营业收入来看，中国民营企业500强前十大行业均分布在竞争性行业；中国企业500强前十大行业则主要分布于商业银行、房屋建筑、黑色冶金，汽车及零配件制造，石油、天然气开采及生产业，石化及炼焦，煤炭采掘及采选业，电网，保险业及一般有色等行业。入围中国企业500强金融业[①]的企业数量为33家，营业收入共计98377.50亿元，净利润共计15261.23亿元，金融业入围企业以占中国企业500强营业收入总额的12.44%，获得了占中国企业500强净利润总额的43.21%，利润相对集中。其中，商业银行入围企业数量为19家，净利润占中国企业500强净利润总额的41.50%。

中国民营企业500强前十大行业共有企业310家，营业收入总额占比61.66%，净利润占比70.49%；中国企业500强前十大行业共有企业199家，营业收入总额占比50.66%，净利润占比60.42%（见表3）。

① 金融业包括商业银行、保险业、其他金融业的入围企业，含有投资、资本市场服务等多种类业务的大型综合集团公司所属行业列入“综合”类行业，未计入“金融业”领域。

表3 2018年中国民营企业500强与中国企业500强营业收入前十大行业

序号	中国民营企业500强				中国企业500强			
	所属行业	入围企业数量（家）	营业收入占比	净利润占比	所属行业	入围企业数量（家）	营业收入占比	净利润占比
1	综合	55	9.71%	12.53%	商业银行	19	8.82%	3.76%
2	房地产业	39	10.18%	26.35%	房屋建筑	44	6.58%	3.62%
3	黑色金属冶炼和压延加工业	37	5.01%	4.30%	黑色冶金	46	5.95%	5.05%
4	有色金属冶炼和压延加工业	29	5.24%	7.37%	汽车及零配件制造	19	5.56%	41.50%
5	零售业	26	3.59%	2.91%	石油、天然气开采及生产业	3	4.56%	3.16%
6	计算机、通信和其他电子设备制造业	24	6.75%	7.26%	石化及炼焦	15	4.47%	0.73%
7	建筑业	22	3.03%	0.79%	煤炭采掘及采选业	19	4.16%	0.75%
8	电气机械和器材制造业	21	4.01%	3.63%	电网	3	4.02%	0.78%
9	房屋建筑业	32	3.86%	3.36%	保险业	12	3.34%	1.79%
10	化学原料和化学制品制造业	21	3.47%	3.16%	一般有色	19	3.19%	0.31%
	合计	310	61.66%	70.49%	合计	199	50.66%	60.42%

3. 多数行业的民营企业500强效益高于中国企业500强

从行业经营效益来看，多数行业的中国民营企业500强在销售净利率、资产净利率、净资产收益率、人均营业收入和人均净利润等经营指标超过中国企业500强。

在汇总对比的35个行业①中，中国民营企业500强有31个行业销售净利率高于中国企业500强，占比88.57%②；有32个行业资产净利率高于中国企业500强，占比91.43%；有26个行业净资产收益率高于中国企业500强，占比74.29%；有20个行业人均营业收入高于中国企业500强，占比57.14%；有27个行业人均净利润高于中国企业500强，占比77.14%。总体来看，中国民营企业500强表现出更强的盈利能力（见表4）。

① 中国民营企业500强和中国企业500强所属行业共计56个。其中，中国民营企业500强所属行业共47个，中国企业500强所属行业共44个。

② 88.57%=31/35，下同。企业500强所属行业共44个。

表4 2018年（末）中国民营企业500强与中国企业500强主要行业经营指标分析

单位：万元／人

所属行业	中国民营企业500强					中国企业500强				
	销售净利率	资产净利率	净资产收益率	人均营业收入	人均净利润	销售净利率	资产净利率	净资产收益率	人均营业收入	人均净利润
农业	3.16%	3.45%	10.11%	175.66	5.55	–	–	–	–	–
畜牧业	5.38%	7.95%	13.70%	107.48	5.78	–	–	–	–	–
农、林、牧、渔专业及辅助性活动	2.63%	2.71%	5.07%	112.03	2.94	–0.33%	–0.27%	–1.66%	38	–0.13
煤炭开采和洗选业	9.64%	4.80%	13.60%	795.56	76.71	0.80%	0.45%	3.00%	216.00	1.74
石油和天然气开采业	–	–	–	–	–	1.82%	1.15%	2.47%	223.87	4.06
有色金属矿采选业	9.81%	4.97%	10.33%	457.43	44.90	1.19%	1.06%	5.71%	225.72	2.69
农副食品加工业	3.47%	6.60%	13.82%	315.33	10.93	2.85%	3.79%	13.60%	236.95	6.75
食品制造业	10.58%	16.50%	25.76%	138.70	14.68	2.34%	2.05%	7.08%	146.97	3.44
酒、饮料和精制茶制造业	6.48%	10.37%	16.49%	244.76	15.86	14.13%	12.57%	20.65%	211.41	29.87
纺织业	3.61%	5.47%	13.94%	255.05	9.20	2.65%	3.11%	11.35%	402.08	10.64
纺织服装、服饰业	5.41%	6.56%	11.50%	180.79	9.78	4.23%	4.53%	10.12%	385.64	16.30
皮革、毛皮、羽毛及其制品和制鞋业	15.67%	22.38%	34.27%	118.17	18.51	–	–	–	–	–
木材加工和木、竹、藤、棕、草制品业	6.19%	5.59%	10.74%	105.86	6.55	–	–	–	–	–
造纸和纸制品业	7.75%	8.68%	18.98%	323.90	25.11	4.46%	4.24%	12.27%	113.53	5.06
文教、工美、体育和娱乐用品制造业	5.44%	9.08%	23.87%	208.81	11.36	–	–	–	–	–
石油加工、炼焦和核燃料加工业	3.67%	6.34%	16.07%	877.93	32.20	1.79%	2.30%	6.83%	508.90	9.10
化学原料和化学制品制造业	4.09%	6.28%	14.65%	476.00	19.48	0.93%	0.75%	7.07%	384.63	3.57
医药制造业	6.25%	5.11%	11.01%	151.81	9.49	2.72%	4.51%	12.94%	181.47	4.93
化学纤维制造业	2.73%	5.99%	16.17%	663.48	18.11	1.51%	2.71%	13.51%	603.40	9.10
橡胶和塑料制品业	4.97%	6.61%	15.99%	271.75	13.51	5.26%	6.50%	17.36%	167.39	8.80
非金属矿物制品业	10.59%	8.49%	15.48%	227.02	24.05	2.82%	1.67%	9.34%	222.11	6.27
黑色金属冶炼和压延加工业	5.84%	11.50%	25.45%	510.24	29.78	2.82%	2.80%	11.19%	330.96	9.34
有色金属冶炼和压延加工业	2.83%	4.26%	8.46%	601.87	17.01	1.03%	1.28%	4.77%	107.74	1.11
金属制品业	2.15%	4.83%	12.65%	445.33	9.57	1.55%	1.44%	6.38%	251.28	3.91
通用设备制造业	3.57%	3.83%	8.53%	177.30	6.33	1.31%	1.01%	6.37%	301.95	3.94
专用设备制造业	9.67%	7.28%	18.70%	278.88	26.98	2.39%	1.13%	7.66%	240.21	5.75
汽车制造业	4.39%	4.20%	12.28%	153.40	6.73	2.54%	2.76%	12.33%	212.11	5.39

续表

所属行业	中国民营企业500强					中国企业500强				
	销售净利率	资产净利率	净资产收益率	人均营业收入	人均净利润	销售净利率	资产净利率	净资产收益率	人均营业收入	人均净利润
铁路、船舶、航空航天和其他运输设备制造业	6.90%	3.39%	9.40%	156.86	10.82	2.94%	1.67%	6.18%	131.71	3.87
电气机械和器材制造业	4.14%	4.83%	13.78%	275.34	11.39	3.45%	3.48%	14.33%	176.90	6.10
计算机、通信和其他电子设备制造业	4.87%	4.76%	15.16%	235.45	11.46	5.26%	6.26%	20.89%	297.06	15.64
其他制造业	3.64%	4.69%	10.27%	198.71	7.23	–	–	–	–	–
废弃资源综合利用业	4.09%	5.01%	10.47%	3470.32	141.97	–	–	–	–	–
电力、热力生产和供应业	–	–	–	–	–	1.94%	0.87%	3.31%	234.47	4.54
燃气生产和供应业	9.23%	7.37%	20.63%	231.62	21.38	–	–	–	–	–
批发业	1.18%	3.49%	9.81%	747.81	8.82	0.47%	0.43%	2.91%	1715.24	8.07
零售业	1.51%	2.54%	7.73%	249.59	3.77	1.12%	1.65%	8.09%	335.54	3.76
铁路运输业	–	–	–	–	–	1.20%	1.33%	13.01%	715.37	8.57
道路运输业	3.04%	9.50%	19.73%	22.57	0.69	2.87%	0.51%	2.23%	210.75	6.05
水上运输业	–	–	–	–	–	6.40%	2.30%	8.54%	250.79	16.05
航空运输业	–	–	–	–	–	2.94%	1.58%	7.43%	137.13	4.03
多式联运和运输代理业	–	–	–	–	–	0.80%	2.35%	13.35%	927.69	7.45
装卸搬运和运输代理业	3.98%	2.05%	3.47%	734.18	29.20	–	–	–	–	–
仓储业	3.34%	3.76%	6.60%	1553.13	51.81	–	–	–	–	–
邮政业	4.91%	7.92%	18.71%	92.37	4.53	4.83%	0.32%	8.42%	549.37	26.54
餐饮业	3.06%	6.26%	8.65%	28.10	0.86	–	–	–	–	–
电信、广播电视和卫星传输服务	–	–	–	–	–	6.02%	2.82%	5.86%	131.55	7.92
互联网和相关服务（调整后）①	4.35%	5.83%	12.94%	319.45	13.90	11.60%	7.93%	17.66%	318.77	36.98
软件和信息技术服务业	10.52%	8.97%	21.26%	202.31	21.28	0.49%	0.37%	5.00%	488.92	2.39
货币金融服务	–	–	–	–	–	21.01%	0.92%	12.38%	1395.85	293.26
保险业	5.36%	1.32%	13.19%	100.37	5.38	1.76%	0.46%	6.84%	107.66	1.89
其他金融业	–	–	–	–	–	6.35%	0.42%	4.91%	20.13	1.28
房地产业	11.70%	3.62%	19.63%	283.32	33.16	7.01%	1.77%	16.89%	323.30	22.66
商务服务业	1.71%	3.16%	9.11%	722.97	12.39	0.28%	0.50%	2.72%	681.29	1.89
文化艺术业	1.78%	2.45%	6.44%	431.12	7.69	–	–	–	–	–
综合	4.42%	2.55%	8.06%	303.16	13.39	3.93%	0.95%	9.72%	267.70	10.53
建筑业	3.89%	6.02%	19.85%	114.49	4.45	2.16%	1.52%	11.29%	1623.18	35.01

① “互联网和相关服务”行业已剔除异常数据影响。

第五部分　全国工商联2019年大事记

一月

14日　徐乐江书记等会领导在机关出席2018年度直属党组织书记抓党建述职评议考核会。

15日　高云龙主席、徐乐江书记等会领导在京出席全国工商联民营企业防范化解风险工作会议。

26日　樊友山党组副书记、副主席在商会改革和发展研讨会上强调：要更好发挥商会在统战和经济工作中的重要作用。

31日　高云龙主席、徐乐江书记等会领导在机关出席全国工商联机关团拜会。

二月

16—17日　挖掘龙江禀赋优势，助力东北振兴发展，徐乐江书记赴黑龙江调研。

17—19日　高云龙主席访问德国。

20—22日　高云龙主席访问老挝。

26日　2019年工商联系统调查研究工作会议在京召开。

三月

3日　最高检全国工商联出台意见建立健全联系机制。

5日　全国工商联两会团体提案，聚焦民营经济高质量发展。

8日　全国工商联十二届八次主席会议召开。

29日　国家协调劳动关系三方会议第二十四次会议在京举行。

四月

17—18日　徐乐江书记等会领导在江西出席“三区三州”深度贫困地区“智慧村医”健康扶贫工作研讨会。

25日　高云龙主席等会领导在京出席第二届“一带一路”国际合作高峰论坛“一带一路”企业家大会和境外经贸合作区分论坛开幕式。

五月

13日　全国民营企业党组织书记培训示范班在大庆开班。

29日　高云龙主席出席全国年轻一代民营企业家理想信念教育活动并授课。

六月

20日　全国工商联党组理论学习中心组学习（扩大）会议开展“不忘初心、牢记使命”主题教育专题学习研讨。

22日　高云龙主席在京参加民营企业党的建设经验交流会并讲话。

25—28日　全国工商联分别在红豆集团、浙江大学、叶青大厦挂牌设立“全国非公有制经济人士理想信念教育基地”。

28日　高云龙主席、徐乐江书记在长沙出席2019中非民营经济合作论坛。

七月

3日　高云龙主席、徐乐江书记在长沙出席2019中非民营经济合作论坛。

11日　高云龙主席、徐乐江书记等会领导在京出席全国构建和谐劳动关系先进表彰会。

12日　徐乐江书记为全国工商联机关、直属单位、直属商会讲专题党课。

14日　全国工商联党组理论学习中心组学习（扩大）会议开展主题教育专题研讨。

16日　高云龙主席等会领导在机关出席当前就业形势分析座谈会。

28日　高云龙主席、徐乐江书记等会领导在温州市出席全国工商联组织工作会议。

30日　高云龙主席、徐乐江书记等会领导在机关出席主题教育调研成果交流会。

八月

1日　徐乐江书记在京出席中央统战部主题教育调研成果交流会。

2日　徐乐江书记等会领导出席民营企业南疆行活动大会，并率第一联系调研组在新疆开展调研。

16日　全国工商联党组召开理论学习中心组扩大学习报告会，集体学习中国共产党党史。

23日　全国工商联发布《2018年民营企业劳动关系报告》。

23日　全国工商联发布《中国民营企业社会责任报告（2019）》。

23日　全国工商联发布《中国民营企业“一带一路”可持续发展报告（2019）》。

九月

2日　全国工商联推动构建“亲”“清”新型政商关系工作会议在郑州召开。

21日　徐乐江书记出席民营企业助力长江三角洲区域一体化发展战略座谈会。

21—23日　徐乐江书记在深圳调研时指出，民营企业要发挥特色优势，争做中国特色社会主义先行示范区建设者。

22—23日　徐乐江书记赴广东省深圳市调研。

十月

10日　全国工商联有力有序推进第二批主题教育。

十一月

4日　全国工商联发布《2019年万家民营企业评价营商环境报告》。

8日　“积极担当行业责任 控制中药源头质量——中医药‘清源’行动”倡议发布。

十二月

18日　全国工商联十二届三次执委会议在南昌开幕。

18日　全国知名民营企业助推江西高质量跨越式发展大会举办。

第六部分　地方工商联工作

北京市工商业联合会2019年工作综述

一、政治引领凝聚代表人士共识

一是弘扬主旋律，组织参与庆祝新中国成立70周年系列活动。组织广大非公经济代表人士参与首都统一战线庆祝新中国成立70周年主题教育系列活动，策划制作《我们的新时代》《让精准扶贫插上创新之翼》《让民营企业感受更好的法治营商环境》宣传片。

二是传递正能量，持续深化非公经济人士理想信念教育。组织民营企业家深入学习贯彻党的十九届四中全会精神，引导广大非公经济人士找准企业发展与制度落实的结合点，为完善首都治理体系发挥积极作用。进一步完善守法诚信承诺示范机制，引导推动守法诚信承诺示范单位超过700家，基本实现了市工商联执常委企业和“四好”商会全覆盖。

三是提升凝聚力，不断加大非公党建工作和代表人士教育培训力度。持续深化“五个一批”党建品牌培育工程，召开北京市工商联非公党建工作推进会，发布《坚定不移跟党走，推动企业高质量发展》倡议书，培育党建工作示范典型近千家。印发《北京市工商联2018—2022年教育培训工作规划》，举办商协会党组织负责人培训班、商会领导班子培训班、北京市民营经济代表人士专题研讨班，成立市工商联青年企业家专委会。

二、使命担当主题教育成为新引擎

一是党组高度重视，以上率下明方向。结合实际制订“不忘初心、牢记使命”主题教育工作方案，领导班子率先垂范，认真参加学习教育，扎实开展调查研究，实事求是检视问题，不折不扣整改落实，确保主题教育取得实效。

二是强化理论武装，学习研讨见实效。先后组织7场专题辅导报告和现场教学，机关干部围绕形势任务、纪律规矩、职责定位等，认真学习研讨，不断增强“四个意识”、坚定“四个自信”，做到“两个维护”。

三是深入开展调研，检视问题强服务。以“百千万”联系服务为抓手，聚焦优化营商环境、减税降费、产权保护等8个调研专题，扎实开展服务民营企业大走访、大调研。主动对接政府部门、司法机构、相关单位40余次，组织召开各类对接活动100余场，实现16区工商联调研走访全覆盖。

三、打造品牌提供新动能

一是树品牌，做精做细百强调研与发布。进一步优化百强调研指标体系，加强与兄弟省市民营企业百强对比研究，形成多篇调研报告，为党委、政府部门决策提供科学依据。召开2019北京民营企业百强发布会，直播发布2019北京民营企业百强、科技创新百强、文化产业百强、社会责任百强榜单和调研分析报告。

二是抓痛点，建立民营企业产权保护社会化服务体系。以市委统战工作领导小组名义印发《关于建立北京民营企业产权保护社会化服务体系的意见》，成立由市委统战部牵头，市工商联具体负责，10家党委政府部门和司法机关为成员单位的体系工作领导小组。与18家相关单位签订合作协议，创建体系微信公众号、民营企业普法大讲堂直播间政务头条号，开通“400”维权服务热线。体系已接待产权保护问题咨询897次，受理案件709件，其中调解案件383件，调解涉及标的额逾219.14亿元，调解成功案件256件。

三是解难题，做深做实服务民营企业品牌活动。召开优化营商环境政策“9+N”2.0版系列宣讲会，邀请市发展改革委等10部门面向1500家企业负责人进行政策宣讲；形成优化营商环境第三方评估报告，陈吉宁同志做出重要批示。举办首都民营经济金融服务推进会，整合产业链企业资源，发布金融服务方案。联合市金融局举办“畅融工程”系列活动、开展金融服务和百强企业银企对接等活动。

四、精准服务民营企业参与国家重大战略

一是鼓励支持民营企业积极参与“一带一路”建设。组织参与第二届“一带一路”国际合作高峰论坛、第二届进博会、中国—东盟首届企业家峰会等各项活动；完成沿线国家及地区企业项目征集工作；支持北京融商“一带一路”法律与商事服务中心发起“一带一路服务机制北京倡议”，来自12个国家的23个机构和代表共同签署了倡议。举办服务企业“走出去”专题报告和风险发布系列活动，建立服务民营企业“走出去”商事服务保障机制。

二是服务民营企业深度参与京津冀协同发展和2022年冬奥会、冬残奥会工作。举办第四届京津冀非公经济产业对接交流会暨三地民营企业走进北京城市副中心推介会，推动三地工商联深入合作。组织商会、企业参加2019投资北京洽谈会暨京津冀投资推介会、北京·廊坊北三县项目推介洽谈会、京津冀民营企业发展高峰论坛等，促成了一批项目精准对接。与冬奥组委联合举办相约北京系列冬季体育赛事市场开发计划民营企业专场沟通说明会，组织相关企业与冬奥组委进行专项洽商。

三是引导民营企业扎实开展精准扶贫和对口帮扶工作。本年，共引导382家民营企业帮扶1256个村，帮扶贫困人口3392户，近12万人，其中，产业帮扶11.2亿元，惠及10742人；公益帮扶4872万元，惠及80372人。组织民营企业赴乌兰察布、张家口、拉萨、玉树、临夏、十堰开展扶贫对接，促成一批扶贫协议、合作项目、公益捐赠落地落实。

五、政企沟通取得新成效

一是持续拓宽政企沟通平台渠道。积极参与中央政治局常委、国务院副总理韩正同志对北京市减税降费工作调研，代表民营企业做专题汇报并提出具体建议。会后，与市税务局开展减税降费专题调研。组织商会、企业参与市人大常委会主任李伟同志对中小企业促进法贯彻实施情况调研，并围绕减税降费、改善融资环境等提出意见建议。

二是充分发挥特邀顾问平台作用。召开两场促进民营经济高质量发展座谈交流会，邀请市发展改革委等30余家特邀顾问单位与企业家面对面交流，现场办公为企业答疑释惑。将企业家意见建议整理上报，得到蔡奇同志和陈吉宁同志重要批示，并纳入市委市政府督查事项。

三是围绕中心工作高水平建言资政。针对民营经济发展中的热点难点问题，坚持问题导向、小切口入手，向市政协十三届二次全会提交14份发言和提案，“关于精准破解民营企业融资难题”和“关于鼓励民间资本参与海绵城市建设”两份提案得到蔡奇同志批示，殷勇同志带队调研融资提案办理情况。组织民营企业家参加协商议政会、恳谈会和各类座谈会，围绕老城保护、绿色交通等主题积极建言献策。将参政议政智库基地扩容至20家，充分发挥智库基地专家智力优势，为首都改革发展献计出力。

六、自身建设实现新突破

一是着力深化工商联和所属商会改革。深入研究商会改革发展中所属商会界定、统战职能作用发挥等问题，形成《北京市促进工商联所属商会改革和发展的实施方案》，并以市委办公厅、市政府办公厅名义印发。开展所属商会改革发展、承接政府转移职能和参与政府购买服务项目专项调研，形成系列调研报告。对标全国工商联，以优化职能、创新机制、提升服务为切入点，深入研究实践北京市工商联深化改革工作，取得初步成效。

二是着力夯实基层组织建设。完善“五好”区级工商联建设考核评比实施细则，推荐13家区工商联申报2018—2019年度全国“五好”县级工商联。与内蒙古工商联共同开展“五好”县级工商联互学互促工作。制定《北京市工商联所属商会认定管理办法》及相关配套制度，不断加强所属商会制度化、规范化建设。深挖商会组织特色活动、品牌服务和亮点工作，编制《商会发展蓝皮书》，选树和培育一批商会组织创新发展典型。

三是着力加强机关自身建设。梳理职权目录和责任清单，形成党组权责清单和选人用人、财务管理等重点工作流程风险防控图。紧盯“四风”问题做好廉政提醒，深入开展警示教育，营造风清气正的良好政治生态。修订完善并严格落实各项组织人事制度，切实加强干部的日常管理和监督。扎实开展机关公务员职务与职级并行工作，加大选派优秀干部挂职和轮岗交流力度。

天津市工商业联合会2019年工作综述

2019年，天津市工商联坚持以习近平新时代中国特色社会主义思想为指导，深入学习贯彻党的十九大和十九届二中、三中、四中全会精神，特别是习近平总书记关于民营经济的一系列指示精神，贯彻落实市委十一届五次、六次、七次全会精神，按照全国工商联部署要求，强化政治功能，服务中心大局，广泛凝聚共识，各项工作保持齐头并进、创新竞进的良好态势，以促进“两个健康”新成效助力“五个现代化天津”建设。

一、加强党的领导，不断夯实党在非公有制经济领域的执政根基

1．扎实开展“不忘初心、牢记使命”主题教育。牢牢把握“十二字”总要求和“五句话”目标任务，把主题教育作为重大政治任务抓紧抓实，制订实施方案，召开动员部署会，成立5个专题调研组深入基层帮扶调研，制定整改措施，建立完善制度，狠抓整改落实。开展主题教育“回头看”，巩固教育成果。

2．加强机关党的建设，坚定政治方向。发挥党组领导核心作用，完成机关党委换届，加强党支部建设。组织参观新中国成立70周年大型成就展等展览。推进党风廉政建设，开展警示教育系列活动，持续加大监督执纪问责力度。

3．加强所属商会党的建设，增强政治功能。成立会员企业党委。召开非公党建工作动员部署会，制定所属商会党建工作指导意见。举办会员企业党组织书记示范培训班、入党积极分子和发展对象培训班，参观“天津时代记忆纪念馆”。建立商会负责人审核和动态监督机制，推进党的组织和党的工作双覆盖。共接管56家所属商协会党组织，75%设立专门党建活动场地。

二、注重政治引领，广泛凝聚非公有制经济人士的思想共识

1．以庆祝新中国成立70周年为主线，激发民营企业家爱国热情。编辑《砥砺前行——天津民营经济发展历程》（天津文史资料选辑第131辑），在《天津日报》开辟《非公有制经济领域礼赞新中国70周年》专版，在津云新媒体开设“壮丽70周年·奋进新时代——天津民营企业风采”栏目，讲述民营企业的奋斗故事。支持鼓励商会开展丰富多彩的纪念、庆祝、教育活动。

2．以“守法诚信经营、坚定发展信心”为重点，持续深化理想信念教育。利用统战部长讲统战、商会培训、年会和调研等时机，会领导带头宣讲习近平新时代中国特色社会主义思想、党的十九届四中全会精神33场次，举办7期专题培训班、3期“创新大讲堂”、15期“商会讲习所”，宣讲范围达5000余人次。举办“不忘创业初心、牢记报国使命”专题培训班，开展“爱党爱国爱天津爱企业”活动。推进民营经济领域诚信体系建设。张荣华、江浩然当选第五届优秀中国特色社会主义事业建设者。

3．以年轻一代民营企业家教育培养为着力点，扩大工商联服务范围。成立“天津市青年商会”。推动区工商联成立青年商会。举办“港澳研修班充电营”“天津—澳门青年企业家交流活动”。推荐青年企业家代表和新生代创新创业者参加全国工商联教育培训，6位青年企业家成为全国工商联“青商百杰”候选人。

三、服务中心大局，发挥工商联在推动经济社会发展中的重要作用

1．决胜脱贫攻坚，履行社会责任。牵头天津市“万企帮万村”专项工作，9次赴受援地推进帮扶工作，引导1586家企业帮扶甘肃、新疆、西藏、青海、承德等地2498个贫困村，帮扶资金达1.44亿元，圆满完成“万企帮万村”1462个贫困村的帮扶任务。加大援藏、援疆、援青力度，投入帮扶资金6280余万元，签约扶贫项目3.5亿元。举办民营企业招聘会和残疾人专场招聘会，开展书画慈善拍卖。救助420多名先心病患儿。支持“雅爱社”、阳光义工爱心社开展活动。对口帮扶武清区南蔡村镇八间房村和南靳庄村。

2．承办重大活动，扩大天津影响。圆满完成第二届“青峰会”承办任务。全国工商联党组书记徐乐江，天津市委书记李鸿忠等领导同志出席会议。全国700余名青年企业家代表参会。活动的成功举办，广泛凝聚青年企业家思想共识，扩大了天津影响，促进了交流合作。协助举办“融洽会暨民洽会”、首届天津2019·中国企业家大会。

3．聚焦关键领域，优化营商环境。广泛宣讲“民营经济19条”等政策文件，帮助企业用好用足政策。召开意见征询会，对天津市“优化营商环境条例”“知识产权保护条例”提出意见建议。与司法监察机关建立优化民营企业营商环境法律服务机制。围绕优化营商环境等专题，在市政协议政建言。参与全国工商联“2019万家民营企业评价营商环境”调查工作。

四、履行职能作用，全面提升服务企业能力水平

1. 升级银企交流平台，助力解决融资难题。发起成立津民投（天津）投资管理中心，推动设立民营企业发展基金。组织金融机构与商会企业达成多项合作意向。整合银行、商会等资源，筹备成立线上融资平台。与相关单位举办金融产品推介会、融资说明会。

2. 搭建政企对接平台，构建“亲”“清”政商关系。完善“亲”“清”政商关系实施意见。在商会三次承办由张国清市长主持召开的民营企业座谈会。完善政企对接座谈制度，每月一次、每次一个主题，先后召开座谈会10余次，多位市领导出席，帮助百余位商会和企业负责人解决问题几十项。

3. 优化法律服务平台，维护企业合法权益。优化法律服务平台，建立服务民营经济发展工作机制。推进人民调解工作，建立民营企业公司律师试点和商会特约调解员试点。组建律师服务团。开展“七五”普法和“法律三进”。编纂《服务民营经济发展法律选编》。开展法治征文、知识竞答活动，组织平安天津建设培训班。

4. 拓展商务联络平台，促进商务经贸往来。组团出访9个国家和地区，接待12个国家和地区代表团来访。组织企业参加“一带一路”高峰论坛及“津洽会”“华博会”等重大商贸活动。联合京冀工商联制定工作规划，促进民营经济协同发展。开展“长春民企天津行”活动。

5. 完善健康引领平台，助力企业创新发展。开展民营企业“健康成长工程”，评选销售收入、依法纳税等百强企业。开展关键领域核心技术等专项调查。与市科学技术协会签订《服务民营经济高质量发展合作协议》。推动军民融合发展。

五、深入调查研究，着力提高工商联建言资政质量

1. 民营经济智库建设稳步推进。推进民营经济智库建设，与南开大学、市社科院等科研院所开展合作，形成《天津产业现状研究》《天津民营企业智能经济发展调研报告》等成果，得到李鸿忠书记、张国清市长等市领导肯定和批示，并批转有关部门阅研。

2. 民营企业调查点工作成绩突出。召开部署培训会，引导更多商会参与其中，调查点企业数量增加至880家。完成六次调查任务，平均填报率在省级工商联中位居前列，被全国工商联评为“民营企业调查点试点工作突出贡献单位”和“2019年民营企业调查点工作省级先进单位”。每季度撰写分析报告，掌握企业运行状况。

3. 调查研究成果丰硕。围绕助推民营经济高质量发展等5个专题，开展重点调研。参与全国工商联调研，开展民营企业参与“一带一路”建设、党建引领基层治理体制机制创新等专题调研。2篇调研报告荣获市第十四届优秀调研成果三等奖，多篇报告获全国工商联、市政协、市委统战部奖项。编印《天津市工商联系统优秀调研成果汇编（2018年度）》。

4. 议政建言水平不断提升。制定工商联参与政协工作实施细则。在市政协大会、专题议政性常委会、专题协商座谈会发言4次，提交团体提案21件，其中20件被列为A类提案，1件被列为市政协主席重点督办提案。3篇提案被评为市政协2018—2019年度优秀提案。完成人大代表建议和政协委员提案办理工作。

六、深化机构改革，不断激发工商联商会组织活力

1．落实改革任务，推进所属商会改革发展。牵头起草贯彻落实天津市商会改革和发展的分工方案，召开专题座谈会和工作推动会，赴温州举办2019年商会工作培训班。开展“四好”商会认定和商会年度亮点推选工作。建立商会信息档案和电子数据库。指导成立各级商会，所属商会达148家，比去年增加48家。

2．完善各项制度，加强基层组织建设。召开组织工作会议，制定健全各项工作制度，推进各级工商联标准化建设。建立天津市优秀民营企业家人才库。举办会员企业软件正版化工作培训班。13家区级工商联被评为2018—2019年度全国五好县级工商联。

3．推进机构改革，加强干部队伍建设。坚持党管干部原则，启动机关机构改革。举办专业能力培训班，提高党员干部政治素质和能力水平。引进“钉钉”办公软件，提升办公效率。加强安全保密工作。召开信息工作会议和培训班，加强“湾区网”和微信平台建设，创办《天津市工商联工作动态》期刊。

河北省工商业联合会2019年工作综述

2019年以来，在河北省委、省政府的正确领导下和全国工商联的具体指导下，河北省工商联认真学习贯彻习近平新时代中国特色社会主义思想，全面贯彻落实习近平总书记关于民营经济发展的重要论述和对河北工作的重要指示批示精神，紧紧围绕中央和省委、省政府的决策部署，牢牢把握“两个健康”主题，强信念、转作风、抓落实，推动各项工作取得了新成绩、新进展。

一、坚持旗帜鲜明讲政治，切实把总书记重要讲话精神落到实处

把深入学习贯彻习近平新时代中国特色社会主义思想和习近平总书记重要讲话精神作为首要政治任务来抓，教育引导全省广大非公有制经济人士坚定理想信念，不断增强“四个意识”，坚定“四个自信”，做到“两个维护”。一是认真组织学习宣传。深入抓好习近平总书记重要讲话、全国两会、党的十九届四中全会精神的学习贯彻工作，深入市县工商联和商会开展调研宣讲，举办专题报告会，教育培训各级工商联干部和民营企业家4000余人次。二是开展理想信念教育。以“守法诚信经营，坚定发展信心”为重点深入开展理想信念教育，组织民营经济人士参加理想信念专题培训，到爱国主义教育示范基地接受教育，组织民营企业庆祝新中国成立70周年，开展了“庆祝新中国成立70周年河北省民营企业视频展播”，与河北广播电视台联合开展《冀商在路上》等宣传活动。三是加强商协会党建。推动商会党组织“应建尽建”、支部换届“应换尽换”，对党支部书记进行了轮训，注意从商会领导班子成员中吸纳优秀人才，商会党支部总数达到44个，党员达200余人。

部署开展非公有制经济人士理想信念教育暨非公企业党建示范点、基层党建示范点工作，确定60余家民营企业优秀党建案例并授牌为示范点，首批选树6家商协会党建示范点。

二、加强与民营企业的联系，提升服务民营经济发展的能力和水平

认真落实省委、省政府“三深化三提升”活动部署，搭建政企沟通平台，密切联系民营企业，进一步推动营商环境改善。一是开展“三进三服务”活动。落实省工商联领导联系调研制度，走访县级工商联、商会、民营企业等近260家，组织各类企业座谈会80余次，召开河北省招商推介会、第四届京津冀非公经济产业对接交流会、第七届海内外冀商商协会联谊会等，进一步加强了与民营企业、商会的联系。二是反映企业意见诉求。围绕民营经济发展深入调研，了解实情，提出建议，形成16篇较高质量的调研报告，其中《关于社保入税对民营企业发展影响的调研报告》《河北民营钢铁企业发展情况调研报告》得到省长许勤等省领导批示肯定，6篇调研报告被评为2019年全国工商联系统优秀调研成果，我会被全国工商联评为2019年民营企业调查点工作省级先进单位。三是打造“冀商e家”平台。“冀商e家”平台年初上线运行后，赴各市工商联、民营企业开展推广培训，对接了省市场监督局、发改委、税务局、商务厅等部门民营企业数据151万余条，整理发布政策信息11万多条，为各级工商联建立186个独立子站。四是加强民营企业家培训。落实年度培训工作计划，举办25期民营企业专题培训班，印发《关于进一步加强民营企业职业经理人队伍建设的通知》，联合有关教育培训机构推进职业经理人培训，为民营企业发展提供人才支持。

三、深化与有关部门工作协作，推动民营经济发展环境持续优化

发挥工商联桥梁纽带和助手职能作用，密切与有关部门的联系合作，共同为民营经济营造良好发展环境。一是畅通政企沟通。会同省委统战部组织召开2次行业性民营企业座谈会，邀请省委、省政府领导及省直部门负责人与企业家座谈交流，面对面征求意见建议，帮助企业协调解决问题。完成了“冀商e家”诉求平台与“省政企服务直通信息化平台”的对接，实现企业诉求“提交、转办、答复反馈、督办追溯”的管理闭环。二是维护企业合法权益。与省检察院建立联系合作机制，共同维护民营企业合法权益，今年以来跟踪协调并推动6个企业维权热点案件。与省工信厅、省司法厅、省总工会共同组织举办“金色阳光”法律服务活动，举办15场讲座，服务企业2000余家。三是推进冀商回归兴业。成功举办第三届世界冀商大会，海内外冀商和全国知名民营企业家800多人应邀参会，有45个项目签约或达成意向，总投资额1490.3亿元，其中签约项目32个，总投资额1071.3亿元。全国政协副主席、全国工商联主席高云龙，省委书记王东峰，省长许勤出席大会并给予批示肯定。

四、持续深化“千企帮千村”行动，推动扶贫行动提质增效

以“千企帮千村”精准扶贫行动为载体助力全省脱贫攻坚，1.14万家民营企业（商会）参与行动，帮扶1.67万个村，投入资金57.26亿元，惠及148.22万贫困人口，参与企业数量、受帮扶村数量均居全国首位，得到了全国政协副主席、全国工商联主席高云龙批示肯定。一是筹办全省脱贫防贫暨“千企帮千村”工作推进会。此次会议是河北首次以省委、省政府名义召开，安排部署“千企帮千村”行动的重要会议，省委书记王东峰在讲话中对“千企帮千村”行动给予充分肯定，并提出具体工作要求。会上还向全省民营企业家发出《“千企帮千村”精准扶贫行动助力脱贫防贫倡议书》。二是组织村企结对帮扶。落实省委、省政府关于村企结对帮扶部署，制定“千企帮千村”行动助力脱贫防贫意见，组织省工商联执常委、所属商会与206个深度贫困村对接帮扶，指导督促各市发动企业与全省7746个建档立卡贫困村全部完成村企结对工作，通过举办消费扶贫大会、发布民营企业社会责任报告等进一步调动广大民营企业积极性。三是指导中冀扶贫基金会助力扶贫。推动中冀扶贫基金会通过多种形式助力扶贫，累计资助扶贫项目30项，出资3000余万元。

五、大力培树民营企业先进典型，激发企业家创新创业热情

注重发现和培树民营企业先进典型，激励广大民营企业家奋发进取、创新创业。一是以典型引领高质量发展。开展2018年度河北省民营企业百强调研，发布民营企业100强榜单，形成《河北省民营企业100强调研分析报告》。组织民营企业参与全国工商联上规模民营企业调研，33家企业入围中国民营企业500强。二是以典型强化社会责任担当。开展“千企帮千村”精准扶贫行动先进民营企业（商会）推选，表扬了100家参与扶贫行动的先进民营企业（商会）。河北省7家民营企业被全国工商联、国务院扶贫办表彰为全国“万企帮万村”精准扶贫先进民营企业。三是以典型激发企业家荣誉感。积极向上级单位和有关部门推荐民营经济领域典型和人选，4名民营企业家荣获“第五届全国非公有制经济人士优秀中国特色社会主义事业建设者”荣誉称号，1家直属商会荣获“2018年度社会组织助力脱贫攻坚突出贡献单位”，1名商协会党支部书记被授予“千名好支书”荣誉称号，推荐23人为全国工商联专业委员会领导班子人选，9人为全国工商联直属商会副会长人选。

六、不断深化工商联和所属商会改革，提升工商联凝聚力影响力执行力

加大工作力度，创新体制机制，确保工商联及所属商会改革任务稳步推进。一是坚持从省级层面加强对深化工商联改革工作推动，召开全省商会改革发展培训工作会议、组织工作会议、会员组织统计工作会议，对工商联和所属商会改革工作进行部署。二是加强代表人士队伍建设，开展企业家副主席副会长2018年度履职情况评价，对综合排名前10名予以通报表扬；组织直属商会会长2017—2018年度工作考评，认定“十佳会长”。三是加强县级工商联建设，与贵州省工商联深入开展全国“五好”县级工商联互学互促工作，全省共有76个县级工商联被全国工商联确认为全国“五好”县级工商联。四是认真落实全国工商联安排我会承担的商会改革试点任务，加大在重点行业和新兴产业领域组建商会的力度，全省共新组建65家新兴业态商会，吸收33家社会组织为团体会员，还有25家商会正在筹建。五是加强机关建设，认真开展“不忘初心、牢记使命”主题教育，切实抓好学习教育、调查研究、检视问题和整改落实，在加强机关建设、搭建服务平台、推动支持民营经济发展政策落实、维护民营企业合法权益、改善营商环境等方面取得一定成效；制定《省工商联党组会议议定事项督查反馈工作制度》《省工商联党内谈心谈话制度（试行）》《省工商联（总商会）领导成员联系市县工商联和直属商会的实施办法（试行）》等，进一步转变工作作风，强化督查检查，提升工作水平。

山西省工商业联合会2019年工作综述

在全国工商联的有力指导下，在省委、省政府和省委统战部的正确领导下，山西省工商联紧扣“两个健康”工作主题，围绕“政治建会，团结立会，服务兴会，改革强会”建设，深入开展“不忘初心、牢记使命”主题教育，“改革创新、奋发有为”大讨论，在理想信念教育、广泛调查研究、积极参政议政、精准高效服务、法律诉求维权、决胜脱贫攻坚、基层组织建设、非公企业和商会党建等方面取得了新的突破，有力地促进了“两个健康”发展，进一步增强了工商联的凝聚力、影响力、执行力。

一、坚持政治建会，进一步强化政治引领

一是扎实开展主题教育。根据中央和省委“不忘初心、牢记使命”主题教育安排部署，严格落实“守初心、担使命、找差距、抓落实”总要求，扎实开展学习教育、调查研究、检视问题、整改落实，先后召开8次任务推进会和部署会，组织13次集中学习，梳理检视101个问题清单，有效推动习近平新时代中国特色社会主义思想在工商联系统的学用结合，保证了年度各项工作的顺利推进和高标准完成。

二是精心组织“改革创新、奋发有为”大讨论。根据省委开展“改革创新、奋发有为”大讨论有关要求，开展学习交流研讨、挖掘“十个不”共性问题、制定三个目标清单、组织“我为改革创新做什么”大家谈、深入一线开展“千户民企”调研等务实举措，突出问题导向，对标一流找差距、定措施、明整改，有效提升了工作的积极性、主动性、创造性。

三是推进实施“112233”非公党建工作。成立了中国共产党山西省工商联非公企业和商协会行业党委，制定出台《关于加强和改进工商联所属商协会党的建设工作的实施意见》，开展商会派驻党建指导员工作，进一步发挥党支部战斗堡垒作用，用党建促会建，不断延伸非公经济领域统战工作的触角，推动实现党的组织全覆盖。

四是持续抓好宣传教育引导。成功举办12期晋商大讲堂，叫响了工商联的宣传品牌。实行“接力计划”，省财政将培训经费列入财政预算，每年拨付300万元。按照《山西省工商联2019—2021年度培训规划》，全年举办专题培训17个班次，培训人数达3200余人。在新华社、人民日报、中华工商时报、山西日报、山西经济日报等主流媒体发文200多篇，进一步扩大了山西省工商联品牌工作的影响力和知名度。自办媒体“晋联通”全年共发送信息209期1000余篇，《破题商会党建难点痛点 打造非公党建“山西”品牌》被评为2019年度“创新中国”省级工商联最佳案例。

二、坚持团结立会，不断促进民营经济人士健康成长

一是调查研究有了新成果。围绕“三走一请”开展了“千户民企”大调研、异地商协会走访调研、基层工商联和商会组织调研等重点调研活动。“千户民企”大调研报告得到省委常委、统战部部长徐广国的重要批示，省委书记对调研报告给予

充分肯定，并责成省政府落实好调研报告中所提出的问题及建议。创新性开启认领课题研究新模式，全年共收到优秀调研报告68篇。在2019年全国工商联优秀调研成果评选活动中，我会荣获两个二等奖、两个三等奖。

二是参政议政有了新提升。广泛联系调研，收集提案素材，召开各类座谈会恳谈会10余场，形成了一系列重点提案建议，2件提案被全国工商联采纳。省两会期间，向省政协提交了26件团体提案，多项提案由省领导亲自督办。积极参与《营商环境条例》等多项人大立法，配合省政协开展专项调研，完成50余件政策征求意见反馈，工商联参政议政影响力提升明显。

三是“亲”“清”政商关系有了新举措。积极践行习近平总书记关于构建“亲”“清”政商关系重要论述，开展领导干部联系民营企业工作，目前全省2056名领导干部联系3511家民营企业，领导干部与企业沟通机制实现常态化。与省委统战部联合出台了《关于构建“亲”“清”新型政商关系若干意见》，研究出台《山西省工商联构建“亲”“清”政商关系正负面清单》，让“亲”“清”政商关系有章可依。我们组织开展了两期“向企业家学习”活动，同时为进一步营造重商、亲商、爱商的浓厚氛围，得到了党委、政府、社会广泛的认可和关注。

四是对外联络有了新突破。召开了异地山西商会负责人座谈会，搭建与异地晋商组织的联系平台，为山西经济高质量发展建言献策。开展异地晋商组织调研，建立外省晋商组织数据库，形成《关于走访调研外省工商联和异地晋商会有关情况的报告》获全国工商联组织建设探索实践奖。截至2019年，建立联系的异地晋商组织（含国内外）共134家，新增24家。

五是“千企帮千村”精准扶贫行动有了新成效。以产业扶贫、就业扶贫、消费扶贫为重点，助推山西省脱贫攻坚决战决胜。截至目前，全省2419家企业投入37.43亿元，实施项目9383个，帮扶5536个村的41.13万贫困人口，121家企业和58个贫困县签订企县帮扶协议，3家企业获评2019年全国“万企帮万村”行动先进民营企业。

三、坚持服务兴会，积极探索经济法律服务新模式

一是“民营企业助力县域经济高质量发展系列行”活动结硕果。首站“右玉行”活动，150余名企业家参加了县企、企企、银企交流对接，省委常委、统战部部长徐广国出席并讲话。原省委书记骆惠宁批示：此行有益，提议也好。省委书记楼阳生要求我们做好后续工作。目前20多个已经签约项目正在持续推进中。后续又开展了“光彩事业石楼行”“消费扶贫中阳行”“能源革命园区行”等活动，在全省影响力持续提升。

二是举办“2019山西民营企业100强”发布会。连续三年组织发布山西民营企业百强榜单，8家民企营业收入迈上200亿元新台阶。并对进入全国民企500强的7家企业，每家奖励100万元，邀请专家进行政策宣讲，在全省形成了民营企业抢抓机遇、转型创新、争当先锋的浓厚氛围。

三是创新打造“12345”法律服务模式。“1”是充分发挥好民营经济综合服务窗口作用。全年接待来访1000余人次，接到投诉建议29件，已经办结17件，办结率达59%，其余12件正在积极推动中。“2”是建立“政企双月”对接制度。举办5期政企对接会，收集民营企业意见建议380条，近200条意见建议被相关部门吸收采纳，大多数民企诉求得到有效推进。“3”是深入开展“法律三进”活动，指导民营企业防控风险。“4”是与政法系统四部门联系协作，搭建法律服务民企工作体系。“5”是建立五项法律服务民企工作制度，与省检察院、省高院、省司法厅、省商务厅建立了法律服务民营企业五项长效工作机制。

四、坚持改革强会，不断提升工商联执行力、战斗力

一是加强“五好”县级工商联建设。加强工商联系统建设，太原市杏花岭区工商联等58家被评为“五好”县级工商联。

二是积极推动商会改革。以省委省政府两办名义制定出台了《山西省促进工商联所属商会改革和发展的实施方案》，完善顶层设计，加强对所属商会的指导、引导、服务工作。截至目前，省工商联已审核同意4家商会作为所属商会，7家商协会组织申请工商联作为业务主管部门，5家商协会以团体会员身份加入工商联，各市工商联所属商会改革正在推进中。

三是强化机关内部建设。全年修订完善了预算和财务管理办法等13项制度规定，构建工作督导、工作交流、工作保障三个平台，确保机关工作运行更加流畅。建立了覆盖机关部室、各市、县工商联，各省直商协会的信息队伍，实现系统内工作信息的交流互通。加强对机关干部新时代、新知识的教育培训，全面提升工商联干部的综合能力，分两批组织机关干部参加了“统战系统干部改革创新能力提升班”，探索开展了工商联干部赴民营企业、商会工作人员到工商联机关“双向挂职”，首批4名机关入企和商会到机关工作人员已经到位。

下一步，我会将继续按照全国工商联、省委省政府战略部署要求，进一步强化思想政治引领，在加强非公经济人士统战工作上持续发力；畅通建议诉求渠道，在促进非公经济人士健康成长上持续发力；完善法律维权制度，在助力非公经济健康发展上持续发力；加强基层组织建设，在推动系统执行力上持续发力，进一步加强党对非公经济工作的领导，把广大非公经济人士的智慧和力量凝聚到党的目标任务上来，在新时代“两个健康”工作中做出新的贡献。

内蒙古自治区工商业联合会2019年工作综述

2019年，内蒙古自治区工商联以习近平新时代中国特色社会主义思想为指导，牢固树立“四个意识”，坚定“四个自信”，做到“两个维护”，认真学习贯彻中央和自治区重要会议精神、重大决策部署，围绕“两个健康”工作主题，紧扣“政治建会、团结立会、服务兴会、改革强会”要求，深入开展工商联总体改革和所属商会改革，广泛开展“大培训、大调研、大走访、大交流”活动，引导民营企业家自觉做爱国敬业、守法经营、创业创新、回报社会的典范，推动民营经济高质量发展，较好完成各项工作任务。

一、加强政治引领，促进非公有制经济人士健康成长

1．持续深化理想信念教育实践活动。一是深入开展非公有制经济代表人士“大培训”活动。举办自治区工商联（总商会）领导班子成员“不忘初心，牢记使命”专题学习班、年轻一代民营企业家培训班、全区民营企业家爱国主义教育培训班等，全年共举办理想信念教育、业务知识、非公党建等各类培训20多期，培训人数2300多人次。二是加强宣传教育引领。举办庆祝新中国成立70周年暨习近平总书记民营企业座谈会重要讲话发表1周年专场文艺演出，举办所属商会与非公企业党建示范展，指导全区工商联系统开展"我和我的祖国"宣传教育活动、"壮丽70年、奋斗新时代"征文活动、"青商百杰"推介宣传活动。在官方微信开辟专栏，宣传优秀中国特色社会主义事业建设者、我区表彰的49家优秀民营企业、"万企帮万村"行动先进集体和先进个人等先进事迹。组织动员全区民营企业观看电影《海林都》。加强舆情工作，建立舆情信息员队伍，收集民营企业网络舆情信息。

2．推动构建"亲""清"新型政商关系。一是广泛开展亲商"大走访"活动。与自治区党委统战部共同制定领导干部联系走访民营企业工作制度，开展"新春首日访民企"活动，走进民营企业，听取和反映企业困难和诉求。二是代自治区人民政府拟制《聘请民营企业家担任政策落实及涉企服务监督专员管理办法（送审稿）》。

3．民营企业积极履行社会责任。一是"万企帮万村"精准扶贫行动实际效果明显。截至12月底，1027家企业与2248个嘎查村结对，2368个项目累计投入33.3亿元，带动建档立卡贫困户5.6万户14.37万人。开展精准扶贫行动台账评估交流专项行动。完成与北京市、河北省工商联精准扶贫行动台账交叉检查工作。组织企业参加中国慈展会消费扶贫展，内蒙古展示交流团现场实现订单采购68.7万元，被评为优秀参展机构。因在脱贫攻坚工作中表现突出，两家公司荣获"全国脱贫攻坚奖"称号，5家民营企业荣获"全国'万企帮万村'精准扶贫行动先进民营企业"称号，10家民营企业、6位民营企业家、1位工商联干部受到自治区扶贫开发领导小组表彰。二是京蒙扶贫协作取得实效。我区31个旗县工商联与北京市各对口支援区工商联进行了对接，推动58家企业（项目）落地内蒙古，预计总投资7.88亿元；300余家企业捐赠了5612万元和价值2608万元物资。

4．非公有制经济组织党建工作扎实推进。根据自治区党委组织部批复成立了自治区总商会党委，召开自治区总商会党委第一次党员代表大会，推动指导全区工商联所属商会与非公企业党建工作，领导管理自治区工商联直属商会党建工作。扎实推动直属商会党组织开展第二批"不忘初心、牢记使命"主题教育。面向全区园区党工委书记、百强民营企业党组织书记、民营企业党员出资人、全区工商联系统党务工作者等举办6期培训班，近300人参加培训。

二、发挥职能作用，促进民营经济高质量发展

1．深入调查研究，积极参政议政。扎实开展"大调研"活动。着力开展《加快科技创新平台建设 促进民营经济高质量发展》重点课题调研，在自治区2019年重点课题调研成果汇报会上做专题汇报。开展民营企业运行情况及防范化解风险调研、开展上规模民营企业、优化营商环境、民营企业核心技术创新、"一带一路"建设、践行"亲""清"政商关系等专题调研，开展民营企业运行状况、拖欠民营企业账款情况等调查，全年形成并上报高质量调研报告10余篇。积极参政议政、建言献策。《关于充分落实非公有制经济相关政策的提案》被自治区政协评为优秀提案。完成自治区人大12件建议、自治区政协25件提案的办复工作，办复率100%。

2. 开展信息、技术、融资等服务。一是引导企业绿色高质量发展。与鄂尔多斯市政府共同举办民营经济助推鄂尔多斯绿色发展论坛，指导阿拉善SEE内蒙古项目中心举办2019首届内蒙古绿色环保发展大会，指导民营企业联合设立绿色发展基金，积极宣传亿利集团和蒙草公司等先进典型。二是开展企业科技创新服务。向全国工商联推荐5个科技成果候选项目、4位科技创新和技能人才候选人，联合自治区发改委、科协等部门举办“首届内蒙古品牌发展论坛”、内蒙古知识产权战略巡讲暨科技成果转化推进会。三是开展投融资服务。与自治区金融监管局搭建政银企信息对接平台，解决融资信息不对称问题，提高融资对接效率。持续推动“蒙商鸿雁卡”活动，总授信额度达5.08亿元，支持587家企业发展。与建行内蒙古分行、邮储银行内蒙古分行举办金融服务推进会，建行内蒙古分行承诺三年内意向民营企业授信金额不低于200亿元，邮储银行为12家企业发放贷款5710万元。开展大培训活动。以融资服务、法律保障等为主题，举办了5期民营经济大讲堂，积极宣传解读自治区促进民营经济高质量发展26条措施；举办了招投标专业知识培训、扶贫政策培训、“企业境外上市知识讲座”“2019金融知识专题大讲堂港交所走进内蒙古”活动、商会人民调解员培训等。

3. 开展经贸合作服务。发挥民间外交优势，广泛开展经贸“大交流”活动。一是引导民营企业参与“一带一路”建设。组织22家民营企业赴英国伦敦参加第十五届世界华商大会，与苏格兰商会签订友好商会，举办“蒙商走进伦敦·内蒙古暨呼和浩特经贸合作推介会”，会上中英企业签署4项合作协议。组织企业参加第二届中国国际进口博览会，达成交易合同27项，交易额达1.42亿美元。组织企业赴蒙古国参加“2019第四届乌兰巴托·中国内蒙古商品展览会”，达成合作意向11项。二是开展招商引资引智服务。承办内蒙古自治区第三届蒙商大会，国内外蒙商500余人参加大会，现场签约35个项目、签约总金额达1481亿元，与自治区国资委等部门共同举办自治区混合所有制改革项目推介会，组织民营企业参与2020年第十四届世界冬运会文创产品研发工作，选定4家企业研发出上百种产品样品，报自治区政府审定。发布民营企业100强榜单及分析报告。三是积极搭建经贸交流平台。组织企业参加第二届“一带一路”国际合作高峰论坛、第三届中蒙博览会、中国民营企业500强峰会等会议和活动。

4. 开展民营企业法律维权服务。推动自治区党委政法委等六家单位共同建立民营企业家法律维权服务联席会议制度。与自治区人民检察院建立沟通联系机制，积极搭建依法保护民营企业家合法权益工作平台。成立45家商会人民调解委员会。先后协调解决民营企业维权事件50余件。帮助进入黑名单的4家执委企业完成信用修复工作，移出黑名单。

5. 引导民营企业积极参与构建和谐劳动关系。对全区12个盟市20多个行业642家企业进行了深入调研，首次编印《内蒙古自治区民营企业社会责任报告（2019）》。完成盟市党政领导班子2018年构建和谐劳动关系考核工作、和谐劳动关系综合试验区检查验收工作，开展和谐劳动关系“宣传月”活动、全国模范劳动关系和谐企业巡回演讲活动。完成和劳动关系状况监测问卷调查，撰写《内蒙古自治区民营企业劳动关系状况监测数据分析报告》。7家民营企业荣获“全国模范劳动关系和谐企业”称号，民营企业积极参与社会就业。联合自治区人社厅等单位举办全区民营企业招聘月活动，全区共计举办84场招聘会，达成意向5万多份。与自治区总工会等单位举办“京津冀蒙工会跨区域大型人才招聘会”，达成就业意向2万多份。

三、强化自身建设，提高工商联履职能力和水平

1．加大商会改革和发展力度。推动内蒙古自治区党委办公厅、政府办公厅于12月17日印发《关于促进工商联所属商会改革和发展的实施方案》。指导推动“四好”商会建设，内蒙古山东商会等10家商会组织被全国工商联确认为全国“四好”商会。截至12月底，全区工商联系统共有会员108480个，其中团体会员1175个，企业会员48856个，个人会员58449个。自治区工商联共有团体会员158个（自治区工商联直属商会40个，行业商协会69个，综合类商会40个，异地商会37个，外埠商会12个），比去年同期增长9.2%。

2．加强基层工商联建设。开展“五好”县级工商联互学互促活动。指导推动全区53家旗县级工商联达到全国“五好”县级工商联标准，70家旗县级工商联达到全区“五好”旗县级工商联标准。

3．加强机关自身建设。一是机关党的建设进一步加强。切实加强政治建设。扎实开展“不忘初心、牢记使命”主题教育，制订工作方案，邀请专家进行6次专题讲座，集中观看2部警示教育片，召开对照党章党规找差距等3个专题会议，开展5次主题党日活动，制订6项专项整治方案，取得了实实在在的成效。严格落实意识形态工作责任制，意识形态阵地建设和管理不断加强。切实加强思想作风建设。全年召开3次领导班子民主生活会，党组理论学习中心组集中学习42次，专题研讨12次。开展“两优一先”创建表彰活动，3名党员干部、1个基层党组织受到直属机关工委表彰。切实加强组织建设。严肃党内政治生活，严格落实“三会一课”、主题党日等党的组织生活基本制度。发挥工会、共青团、妇委会等群团组织作用，开展纪念五四运动、迎新春茶话会、义务献血、健步走等爱国主义、集体主义教育活动。切实加强纪律建设。深入贯彻落实中央八项规定及其实施细则精神，持续整治形式主义、官僚主义突出问题。精文简会，努力为基层减负，激励干部担当作为。深化标本兼治认真落实领导主体责任，深入开展整治“四官”问题、净化政治生态行动。二是机关规范化建设进一步加强。经自治区编制委员会批复，成立了调查研究室、宣传教育部，工商联组织机构进一步健全。完成内部控制报告工作，配合自治区审计厅完成预算执行和其他财政收支情况审计调查工作。三是机关干部队伍素质进一步提升。通过举办全区工商联系统信息、统计、组织工作等业务知识培训，以及参加双休日大讲堂、干部自主选学、法学在线学习、公务员知识更新等学习培训，提升机关干部职工综合素质和业务能力。通过使用空编考录公务员、招聘事业编制人员、借调工商联兼职副主席副会长成员单位工作人员、安排大学生志愿者等方式，充实机关工作力量。

辽宁省工商业联合会2019年工作综述

一、学习贯彻习近平新时代中国特色社会主义思想和党的十九大精神

一是做好新中国成立70周年主题宣传。组织直属商会、执委企业参观“辽宁省庆祝中华人民共和国成立70周年成就展”，参观“辽宁改革开放40年成就展”，引领民营企业家回顾新中国70年丰功伟绩，进一步坚定“四个自信”。开展“壮丽70年·奋斗新时代”征文活动，征集文章23篇。与辽宁广播电视台举办“新经济环境·新公益力量”2019年辽宁广播电视台第四届企业家春晚，展示民营企业家良好社会形象，营造亲商护商的良好氛围。二是加强宣传的有效覆盖。与央媒、省媒合作累计宣传工商联工作成果、报道民营企业发展情况500余篇次。与中国广播总台国际在线辽宁频道开展“服务‘一带一路’，我为辽企代言”系列访谈活动，宣传企业8家。与辽宁广播电视台经济广播联合推出“新时代、新辽商”系列访谈活动，宣传民营企业5家。各市工商联、省直属商会与各媒体合作宣传工商联工作成果、报道民营企业发展情况累计900余篇次。三是加强学习培训。与省委统战部一道举办2期全省非公有制经济代表人士学习贯彻习近平总书记在辽宁视察和在深入推进东北振兴座谈会上的重要讲话精神专题研讨班。举办1期工商联系统干部培育壮大民营经济专题研讨班、1期省直属商会会长培训班、1期“利用多层次资本市场助力民营企业发展”讲座、2期年轻一代民营企业家培训班和四期非公经济大讲堂。全年共完成9个班次培训，指导各市工商联、省直属商会以大讲堂、培训班、报告会及沙龙等形式共完成90余个班次，累计培训非公有制经济人士和工商联系统党员干部7200余人次。

二、扎实开展“不忘初心、牢记使命”主题教育

一是加强组织领导。成立了领导小组，下设办公室，统筹协调主题教育各项工作。制订了主题教育各类方案，召开了动员大会，统一思想，提高认识。二是着力抓好学习教育。重点学习规定章节，及时跟进学习习近平总书记最新重要讲话精神，分13个专题组织研讨，同时大胆创新学习形式，丰富了主题教育学习内容。三是深入开展调查研究。开展了全省促进民营经济发展23条专题调研，形成5份调研报告，解决了6个具体问题。四是全面检视查摆问题。在做好自查和各方面征询意见基础上，领导班子梳理出问题16个，班子成员共梳理出问题61个；专项整治在10方面，就28个问题进行检视剖析。五是切实做好整改落实。持续推进整改落实工作，及时对主题教育整改落实情况进行“回头看”，针对领导班子和成员存在的77个问题，制定了133项整改措施，全部得到落实，专项整治制定了57项整改措施也全部得到落实。

三、落实中央及省委决策部署，为辽宁全面振兴、全方位振兴发展做贡献

1. 首次组织开展2019辽宁民营企业100强评选工作。在省委的领导下，我们积极组织开展2019辽宁民营企业100强评选，制订工作方案，设计指标体系，组织

评审并形成名单，同时对百强民营企业进行分析，形成专题报告。9月16日，2019辽宁民营企业百强发布会暨推进民营企业发展23条措施落实情况会议在沈阳召开。省委书记、省人大常委会主任陈求发，省委副书记、省长唐一军出席会议并讲话，省政协副主席、省工商联主席赵延庆发布2019辽宁民营企业百强榜单。会议以电视电话会议形式召开，相关省领导在省主会场出席会议。各市、县(市、区)设分会场，全省共1.42万人参加会议。

2．不断加强参政议政工作。利用省工商联直通车渠道，向省委提出推动构建“亲”“清”新型政商关系的建议。省委陈求发书记批示要求吸纳省工商联相关建议意见。省委常委、省委统战部部长范继英同志也就贯彻落实工作做了批示。在辽宁省政协十二届二次会议上，商会就进一步加强辽宁省营商环境建设进行了大会发言，并向大会提交了5件团体提案。在省政协专题常委会上，就民营企业金融风险防范和促进制造业高质量发展进行了大会发言。积极参与省委省政府各类座谈会协商会，并提出意见建议。完成省工商联（1986—2005）会志编写工作。协助办理了7件提案，全部得到满意答复。

3．推动纾解民营企业融资难、融资贵难题。各市工商联与建行签订了战略合作协议，持续组织开展了350多场形式多样的业务交流活动，为1652户工商联会员单位办理了“辽商单位结算卡”，为270家单位提供了近1.73亿元的普惠金融贷款支持。分别在沈阳和大连组织两期培训班，帮助企业树立现代金融意识，提升经营管理水平。与省担保集团、省邮储银行开展“工商联、商会、担保、邮储、万户送贷行动”。

4．引导支持民营企业转型升级。开展项目类科技成果和科技创新人才评选工作，组织动员全省民营企业参与项目类科技成果和科技创新人才评选工作，向全国工商联推荐10项科技成果、10名科技创新人才。与辽宁省老科学技术工作者协会结盟成为战略合作伙伴，开展“助力民企创新服务行动”。深入开展军民融合工作，组织推荐15项军民两用高新技术和成果给全国工商联，列入《军民两用高新技术民营企业及产品推荐目录》，组织30多家民营企业参加全国军民融合发展高技术装备成果展览。

5．推动民营企业积极参与“一带一路”建设。组织省内民企参加第二届“一带一路”国际合作高峰论坛企业家大会，4个项目签约。推动完成出访马来西亚、缅甸、孟加拉国任务，与5家国外商会签署了以“一带一路”建设为重点的合作备忘录。先后组织参与了2019中国企业走出去风险发布会、辽宁省—忠清南道双向投资推介会、中国辽宁·荷兰欧渥艾索企业对接交流会、对朝经贸交流说明会等十余场活动，参与企业100余家，有效推动了民营企业走出去请进来。

6．切实维护民营企业合法权益。协调处理致诚集团等重点案件，切实维护民营企业家合法权益。与省司法厅联合举办全省“开展商事纠纷调解 助力民营企业发展”专题培训班，100余人参加培训。开展法治建设调研，普法讲法，积极推动地方民营领域法治建设。参加辽宁省协调劳动关系三方会议，向国家人社部提出和谐劳动关系相关意见建议。加强民营企业信用建设，对执委会员企业失信问题进行信用修复，形成报告。

7．深入开展扶贫攻坚与社会服务工作。一是着力做好“千企联千村”精准扶贫工作。加强台账管理，认真开展自查、省际间交叉检查和先进典型推荐工作。2019年，全省参与企业1301家，受帮扶贫困村1203个，投入总额6.4亿元，帮助贫困人口10.9万人。二是组织民营企业参与第七届“光彩事业国土绿化贡献奖”的评选工作，辽宁省展鹏集团在北京获得现场表彰。三是开展援疆援藏、东西部扶贫和定点扶贫工作。组织全省20名非公有制经济代表人士赴新疆“一地两师”开展民族交往交流交融活动。组织有关商会和企业与西藏那曲市开展相关产业合作。组织工商联会员企业赴贵州六盘水市考察开展产业对接，召开对接洽谈会3场，参会企业50余家。组织企业家到抚顺县、清河门区开展项目考察对接活动，赴扶贫联系点铁岭市西丰县桦木村和东昌村实地考察帮扶项目，捐款20余万元。

四、深入整治形式主义、官僚主义，不断加强自身建设

1．突出整治形式主义、官僚主义。认真学习习近平总书记关于坚决整治形式主义、官僚主义一系列重要讲话和批示精神，机关处以上干部共13人填报了《自查自纠问题排查表》，共查摆出问题25个，经认真整理归纳形成4个主要问题，全部整改完毕。

2．组织建设取得新成绩。制定了《辽宁省工商联深化改革实施方案》，通过省深改委全会审议，以省委统战部文件下发。完成了《辽宁省关于促进工商联所属商会改革和发展的实施方案》起草、沟通及相关审查工作，并经省深改委会议审议通过。做好2019年度全国“五好”县级工商联和“四好”商会申报确认及互学互促工作。

吉林省工商业联合会2019年工作综述

2019年，吉林省工商联以习近平新时代中国特色社会主义思想为指导，深入学习贯彻党的十九大精神，深入贯彻落实习近平总书记关于东北振兴的系列重要指示和在民营企业座谈会上的重要讲话精神，进一步解放思想，围绕中心，服务大局，深入推动新时代工商联各项改革发展任务，为推动吉林全面振兴做出了积极贡献。

一、强化政治引领，凝聚广大非公有制经济人士思想共识

不断深化理想信念教育。利用执委会、常委会、党组（中心组）学习会等多种方式学习宣传习近平新时代中国特色社会主义思想，深入宣传习近平总书记关于民营企业座谈会等系列重要讲话，引导广大非公有制经济人士听党话、跟党走，争做优秀中国特色社会主义事业建设者。指导各地工商联深入开展理想信念教育实践活动。吉林省通用机械（集团）有限责任公司董事长李吉宝荣获第五届全国非公有制经济人士优秀中国特色社会主义事业建设者荣誉。持续推进企业党建和商会党建。10家民营企业党建经验被评为全国非公党建优秀案例。吉林万通集团党建经验入编《全国民营企业思想政治工作优秀案例》。欧亚集团、东宝集团、白山方大集团入选《吉林省著名企业（企业家）列传》。大力加强舆论宣传。大力宣传中央和省委毫不动摇鼓励、支持、引导非公经济健康发展的坚定决心，与中华工商时报、吉林日报、吉林电视台等主流媒体合作，开辟专版专栏进行宣传报道230篇，集中展示了吉林省民营经济发展成就和企业家良好形象。

二、强化经济服务，团结带领广大非公有制经济人士共谋振兴发展

经济服务成效显著。研究起草了《吉林省民营企业评议政府工作方案》，由“两办”联合印发，计划于2020年指导试点市稳步推进。开展“减税降费惠民生”活动。多部门联合助力服务民营经济发展，联合税务局、软环境办、小微企业商会开展“减税降费惠民生”活动；积极开展银企对接活动，为企业搭建良好的融资平台。与建设银行、民生银行签署战略合作协议。4月12日，联合民生银行吉林省分行在吉林省闽商总会召开银企对接专题会议。4月29日，利用全省工商联系统组织工作会议契机，邀请建设银行、民生银行、吉林银行、九台农商行及长吉贷公司等5家金融机构，与30余家商会组织开展银商对接会。5月22日，与建设银行吉林省分行联合下发《关于联合做好民营企业金融服务的通知》，进一步深化各级工商联与各级建设银行业务对接合作。9月29日，助力吉林省建行在长春市举办“小微梦想 贷动未来”主题普惠金融系列产品发布会。10月31日，携手北京天九集团召开企业转型升级赋能大会，签约项目16个涉及资金623万元。同时召开“吉林省工商联银企对接会”，邀请省内多家银行和东北再担保公司推介相关金融服务，反响良好。法律服务形式多样。组织开展“法律三进”活动；深化部门合作机制，联合省检察院制定印发了《关于加强沟通联系促进民营经济健康发展的实施意见》；会同省高级人民法院联合印发了《关于开展民营经济领域纠纷诉调对接工作的意见》；利用省民营企业法律服务律师团加强与省直政法机关合作，为多家民营企业协调解决问题、排忧解困、维权救济。11月份，推动成立了省工商联法律维权服务中心，组织召开了“法律服务工作推进会议”，进一步畅通民营企业维权服务渠道。经贸交流合作不断深化。协助商务厅举办了第四届吉商大会开幕式，完成吉商荣耀的评选和表彰工作。完成第十二届中国—东北亚博览会招商工作，邀请170名省外企业、商协会人员参会。加强对吉商联合会的指导联系。组织民营企业参加“2019民营企业境外风险投资发布会”、第二届“一带一路”国际合作高峰论坛、“一带一路”企业家大会等系列活动。深入开展调查研究。重点加强了非公党建、工商联组织建设、防范化解风险和民营企业履行社会责任等方面调研。有效开展线上调查。组织全省民营企业调查点开展信息直报系统网上调查；开展上规模企业调研和民营企业履行社会责任调研；开展全省民营企业生产经营情况固定观察点调查，形成调查分析报告，为省委省政府领导决策提供情况参考。积极参政议政建言献策。在全国、全省“两会”期间，撰写、提交团体提案26件，协助有关部门办理提案答复15件；组织参加国务院办公厅召开的《打通“放管服”改革最后一公里》协商会，参加省政协优化营商环境促进民营经济发展专题议政协商课题；参加省人大、省政法委、省税务局召开的《吉林省优化营商环境条例（草案）》《吉林省政法机关依法保障促进民营企业健康发展三十条意见》《吉林省税务行政处罚裁量基准》等系列征求意见会议，一些意见建议被吸纳。深入推进精准扶贫。召开全省工商联系统经济服务暨扶贫工作会，落实“万企帮万村”台账管理工作，在全国工商联“万企帮万村”行动互检中获得好评。6月21日，“万企帮万村”行动情况向省委常委会做了专门汇报。神华集团和华宇集团被为全国“万企帮万村”先进民营企业。拍摄制作了全省“万企帮万村”活动纪实片。2019年底，省工商联广泛发动社会力量参与精准扶贫，完成了省委下达的保障贫困地区饮水安全的打井任务。稳步推进援疆援藏。主动与新疆西藏援建地区沟通，组织省内民营企业家赴新疆阿勒泰地区对接援疆工作，召开5次座谈会，捐助资金70万元。协助日喀则市开展招商引资项目推介会。大力推进军民融合。指导成立了吉林省工商联军民融合发展工作领导小组和办公室。起草下发了《吉林省工商联关于推动民营企业参与军民融合深度发展的意见》。组织8户民营企业参观军民融合展。组织开展全国工商联第九次民营企业军民两用高新技术及产品研发生产情况专项调查。做好上规模民营企业调查摸底工作。修正药业集团、新星宇集团进入全国民营企业500强。配合省财政厅等部门开展清欠工作。推动解决民营企业、中小企业账款拖欠问题。共160户企业涉及资金29亿多元。会同省人社厅、省教育厅、省总工会举办民营企业招聘周活动。4605家企业共提供岗位信息3.8万个，举办招聘活动137次，签订就业（意向）协议7589人，印发宣传资料21万份。

三、深化改革发展，推动工商联事业取得更大进步

推动商会建设规范化。加强考核管理。对所属商会会长任前进行综合评价、秘书长和监事长进行任前考核，年底统一组织商会进行述职。大力推动诚信建设，印发了《在省工商联所属商会中开展诚信建设活动的通知》，指导工商联所属商会建立行业自律公约，签订诚信承诺，引导会员企业诚信守法经营。指导商会按照“五有五好”标准加强规范化建设，按好中差进行分类指导。推广典型经验。组织召开了工商联所属商会会长秘书长联席会。开展清理排查活动。对管理不规范、领导班子薄弱、开展活动不经常的7家商会进行了约谈。探索建立商会动态管理和退出机制，就省异地商会管理、商会的注销和撤销等问题与省民政厅民间组织管理局加强沟通协调。推动商会作用发挥特色化。出台了《吉林工商联(总商会)领导班子联系市州工商联、直属商会、会员企业工作制度》，构建起会领导和机关部室与商会的多层次、常态化沟通联络体系。搭建商会组织、民营企业家与政府领导和职能部门之间的面对面对话机制。创新服务平台，探索建立工商联机关干部和商会专职人员交叉锻炼工作机制。扩大商会在重点支柱产业领域的覆盖。组建了吉林省工商联科技装备业商会等3家直属商会，吸收与政府职能部门脱钩的吉林省汽车电子协会等7家商协会加入省工商联。推动党的工作向商会组织覆盖。积极争取组建省工商联商协会党委。先后两次向省委组织部非公党建办公室就所属商会党建问题进行汇报，建议组建省工商联商协会党委，设立专门的工作机构、配备专职工作人员。大力推动具备成立条件的商会建立党组织，20家商会成立了党组织。

推动县级工商联组织建设取得新突破。一是认真总结“五好”县级工商联建设经验，对历次确认的全国“五好”县级工商联进行汇总梳理，为确认工作做好基础准备。二是按照全国工商联通知要求，制订了吉林省申报工作方案，对市、州“五好”县级工商联建设情况加强指导服务。三是主动协调积极申报，27县级工商联家被评为全国“五好”县级工商联。

创新活动方式，加强执常委队伍建设。一是在辽源市组织召开吉林省工商联十一届七次主席（扩大）会议暨辽源项目推介会，通过会领导班子成员交流活动下企业，搭建了企业家相互交流、共同发展的平台。二是组织召开吉林省工商联第十一届三次常委会议暨公主岭和长春同城化项目推介会。三是起草制定了《关于更好发挥吉林省工商联（总商会）企业家副主席（副会长）作用的若干意见》和《吉林省工商联企业家副主席副会长履职情况评价办法》。

大力加强工商联机关建设。进一步加强机关党的思想、组织、作风和制度建设，深化巩固“不忘初心、牢记使命”主题教育成果，推进“两学一做”常态化制度化建设。制定实施干部队伍建设规划。加强内部控制规范化建设。推进省工商联机关群团改革工作。推进工商联信息化建设工作，筹备成立了吉商信息服务中心。

黑龙江省工商业联合会2019年工作综述

2019年，在省委省政府的正确领导下，在全国工商联的精心指导下，省工商联深入学习宣传贯彻党的十九届四中全会和省委十二届六次全会精神，以习近平总书记关于鼓励支持民营经济发展的系列重要讲话精神为指导，按照中央和省委决策部署，牢牢把握“两个健康”主题，扎实开展“不忘初心、牢记使命”主题教育，以“政治建会、团结立会、服务兴会、改革强会”为统领，围绕中心服务大局，认真履行职能，圆满完成各项工作。

一、强化政治引领，夯实民营经济人士思想政治基础

一是抓好中央和省委重大政治方针政策的学习宣传贯彻。以座谈会、培训班、专题讲座、基层调研等形式，宣传和解读中央、省委支持民营企业发展的政策措施。全年深入商会、企业和基层工商联宣传宣讲100余次。二是扎实开展“不忘初心、牢记使命”主题教育。举办全省县区工商联主席（书记）“守初心、担使命”促进民营经济高质量发展培训班。指导18家直属商会扎实开展第二批“不忘初心、牢记使命”主题教育，开展集中学习、研讨交流、专题讲座等活动30余次。班子成员组成8个督导组，深入所联系商会进行调研指导并参加组织生活会。三是深化理想信念教育实践活动。开展民营经济人士井冈山精神、延安精神、西柏坡精神和黑龙江省“四大精神”红色教育。召开商会、企业诚信建设座谈会，签订守法诚信宣言。

二、研究破解之策，推动民营经济发展壮大

一是引进增量，扩大民营经济市场主体。邀请省内外企业家13批、500多人次来黑龙江省考察投资，65个项目达成合作意向。组织亚布力中国企业家论坛考察团先后三批开展产业对接活动；协调全国工商联第八联系组60位企业家赴牡丹江、黑河等4市29个县区调研走访对接，助力县域经济发展。二是开展“千企联帮带”活动，帮助民营企业扩量升级。举行“千企联帮带”活动签约仪式，现场共有10对企业和2对商会结对签约。目前，参与联帮带企业1090户，其中，实现个转企966

家，小升规103家，规上亿21家。持续推进与粤港澳大湾区的合作对接。三是深化品牌行动，解决企业实际困难。金助民企行动。创新开展首贷培植行动，首批282家首贷培植企业白名单已推荐至人民银行哈尔滨中心支行审核。创新"众银帮"联合授信模式，实现企业和商业银行的互利共赢。金税惠企行动。聚焦与省税务局联合召开的民营企业家座谈会上整理的37个问题，共同推动减税降费相关政策落实。全省享受新出台的四项小微企业普惠性政策纳税人81.62万户，共计减免税金28.34亿元。助企成长行动。全年共举办民营科技型企业"学深圳创新发展"、年轻一代企业家弘扬"四大精神"建功龙江发展等6期培训班，组织会员企业参加"2019中国（黑龙江）黑土地论坛"等活动。四是引导企业深度参与"一带一路"建设。全年共组织500多家企业参加多项国际经贸活动。与欧洲华侨华人社团联合会等5家海外工商社团缔结友好商会。与省外办联合举办重点民企外事管理培训班，组织企业参加黑龙江省商务领域业务知识培训会。东方集团、蓝盾安保集团被评为民营企业参与"一带一路"建设典型。

三、发挥商会职能，助力实现"六个强省"

一是助力"工业强省"。全国工商联科技装备业商会与省委军民融合办、省工商联共同签署战略合作协议，计划三年完成投资100亿元建设科技装备业产业园区。与中国化工企业管理协会等单位联合主办"石化500强企业助力龙江油头化尾研讨会"。协调全国工商联汽车摩托车配件用品业商会支持大庆汽车产业发展和举办汽车赛事活动，助力大庆市打造特色"赛车小镇"。二是助力"农业强省"。与河南省工商联和粮食部门签订战略合作协议，黑龙江省24家粮食企业与河南29家粮油食品企业签订合作意向，总金额25.8亿元。宁波商会组织了"全国甬商聚力哈尔滨发展交流会"，省福建商会与五常市开展对接交流活动，推动乡村振兴。三是助力"科教强省和生态强省"。推动省外企业与哈工大等高校、七〇三所等科研机构开展科技成果转化对接。与省生态环境厅建立工作协调机制，共同组织召开"深化作风整顿优化营商环境'办事不求人'专题座谈会"，努力让企业"环评不求人"。结合宣传世界环境日，组织开展"助力生态强省民企是行动者"主题活动。

四、多方合力赋能，优化民营经济发展环境

一是制定省领导联系民营企业家制度。与省委统战部联合制定《省级领导干部联系服务民营企业制度》。参与制定《黑龙江省企业家参与涉企政策制定实施办法（征求意见稿）》。制定《省工商联领导联系市地工商联和所属商会的实施意见》，实行对13市地工商联、直属商会包保责任制。二是加强企业家权益保护。深化"法治建设年"活动，延伸与政法系统"一体两翼"联动工作机制。与省司法厅联合开展"法律进民企"活动，深入1400余家民营企业开展"法治体检"，帮助企业防范化解法律风险。通过多方协作，一批多年未解决的企业维权案件得到根本解决。举办首届"龙江法治论坛"和全省民营企业防范法律风险高级研修班，提高企业依法治企能力。三是助力改善营商环境。推动省工商联制定的"亲""清"政商关系自律"双十条"贯彻落实，会同省纪委监委、团省委、省市场监管局、省营商环境局等部门，举办10场民营企业座谈会，梳理问题建议50余条、现场解决10余条。与省营商环境局建立合作机制，发挥好18个营商环境监测站和39名特邀监督员对黑龙江省营商环境改善、优化的监督作用。

五、深化光彩行动，持续引导民营企业投身脱贫攻坚

全省参与帮扶民营企业1413户，实施项目3047个，企业投入总金额17.12亿元，受帮扶村1633个，累计帮扶贫困人口13.5万人。黑龙江省9家工商联会员企业荣获2019年度全省脱贫攻坚奖，黑龙江华腾生物科技有限公司、龙江元盛和牛产业股份公司2户民营企业荣获全国“万企帮万村”精准扶贫行动先进民营企业。驻甘南县巨变村工作队先后完成冷冻食品厂等帮扶项目4个，为村购买喷灌设备10套。完成小学校舍、村委会办公室维修，2.4万延长米路肩铺垫，加强“两舍一市”建设，完善安装150盏路灯亮化工程，持续加强村容村貌整治。省江西商会开展爱心义诊和送药、送温暖活动。

六、推动科学决策，积极参政议政建言献策

向全国政协、省政协递交提案10余件。其中《关于降低装备制造业税费负担的提案》被全国工商联确定为重点提案递交全国政协，得到国家财政部批复，装备制造业税费由16%降到13%，为推动制造业减税降费做出了突出贡献。在省政协十二届二次会议上提出的《关于推动〈条例〉落实的建议》作为省政协重点提案督办落实。6个调研报告获全国工商联优秀调研奖二等奖1项，三等奖2项；优秀成果奖2项；优秀创新奖1项。北京龙商会获商会创新奖。哈尔滨市、齐齐哈尔富拉尔基区工商联获“创新中国”工商联（商会）工作优秀案例奖，哈尔滨市道外区工商联获县区创新奖。

七、持续深化改革，加强商会、基层工商联组织和机关建设

一是深入推进工商联和所属商会改革。起草完成《黑龙江省关于促进工商联所属商会改革和发展的实施方案》，由省委、省政府办公厅联合下发执行。举办商会改革发展培训班。二是加强基层组织建设。加大基层行业商会组建力度，完成省化工、商用家具、古玩、科技装备业等行业商会组建。吸收省绿色食品协会、哈尔滨文化产业协会、民营经济发展促进会为我会团体会员。三是狠抓机关自身建设。梳理机关工作流程，建立机关工作项目台账和工作周报机制。制定党组抓党风廉政建设第一责任、分管领导“一岗双责”和处室负责人履行岗位监督职责“三个责任清单”。严格按照干部选任工作规定和程序选拔任用干部，做到公平公正公开，端正选人用人导向。

上海市工商业联合会2019年工作综述

2019年，市工商联在全国工商联的指导下，在市委、市政府以及市委统战部的领导下，坚持以习近平新时代中国特色社会主义思想为指导，全面学习贯彻落实党的十九届三中、四中全会精神和习近平总书记考察上海重要讲话精神，推动《关于全面提升民营经济活力大力促进民营经济健康发展的若干意见》（民营经济27条）落地落细，着力抓推进、促落实、补短板，各项重点工作有序开展。

一、认真学习领会中央、市委重要精神，广泛凝聚思想共识、提振发展信心

深刻学习领会十九届四中全会和习近平总书记系列重要讲话精神要义和丰富内涵。召开中心组（扩大）学习会、机关党委（扩大）会、支部生活会、主题党日活动，组织机关干部、非公经济人士、商会组织、老同志老党员学习领会习近平新时代中国特色社会主义思想，掌握核心要义和丰富内涵。

积极宣传贯彻落实民营经济27条及促进民营经济健康发展相关政策。会同市经信委等部门举办系列宣讲活动26场，2365人次参加。按照民营经济27条的责任分工，积极推动由市工商联作为牵头单位之一的“充分发挥商会、协会等行业组织作用”“畅通企业诉求和权益保护的反映渠道，发挥第三方评估作用，搭建政企沟通制度化平台”“营造重商亲商良好氛围，建立民营企业家参与重大涉企政策决策制度”三个方面工作的推进落实。与市经信委共同召开民营经济发展情况新闻发布会，通报本市民营经济情况和民营经济27条发布一周年以来落实情况。

开展“不忘初心、牢记使命”主题教育。成立主题教育领导小组，分设21个研讨课题先后组织14次集中研讨、党员领导干部带头发言。召开专题民主生活会和专题组织生活会，边学边改抓好整改落实。

二、积极服务国家重大发展战略、中央赋予上海的三项重大任务落实落地和上海重点领域关键环节改革，进一步促进优化营商环境

参与本市关于民营企业总部直接认定工作。与市商务委、市发展改革委、市经济信息化委共同制订《上海市鼓励设立民营企业总部的若干意见》，首批认定民营企业总部44家。

开展深化改革、增强服务试点工作。在区工商联和异地商会、基层商会部署开展深化企业融资服务、推动军民融合企业服务、校企合作、探索商会诚信体系建设、加强会员数据应用、加强民营经济网络服务平台及企业呼声直通车功能等六个方面试点工作。首批主动报名参与试点的有浦东、普陀、虹口、杨浦、松江、嘉定区工商联和19个基层商会、上海市浙江商会、上海市宁波商会。

引导民营企业参与混合所有制改革。与市国资委共同制订《关于促进本市民营企业与国有企业合作发展混合所有制经济的意见》，举办“金融服务民营企业发展”产融结合专题活动，鼓励民营资本参与国有企业混合所有制改革以及重大投资、成果转化和资产整合项目。

发挥长三角商会组织联席会议机制作用。与江苏、浙江、安徽工商联（商会）联合主办长三角工商界聚力高质量发展峰会、民营企业助力安徽省实施长江三角洲区域一体化发展战略座谈会，商会联席会议秘书处与长三角G60科创走廊联席会议办公室签订战略合作协议。开展长三角地区高质量一体化发展企业需求和产业分布调研。组织长三角民营企业考察团赴黑龙江、福建省考察，促进区域协同发展。

引导服务民营企业走出去参与“一带一路”建设。组织民营企业参加第二届“一带一路”国际合作高峰论坛的“一带一路”企业家大会，上海豫园旅游商城股份有限公司投资收购比利时国际宝石学院、上海民图投资控股有限公司投资菲律宾马卡蒂市地铁项目举行签约仪式。协助在沪举办“葡萄牙中国经济研讨会”，葡萄牙总统与本会主要领导举行会见座谈。组织企业参加中非民营经济合作论坛、首届中国—东盟民营企业家峰会、第12届亚洲金融论坛，连续第9年组织企业赴京都、大阪开展经贸投资洽谈。

参与第二届进博会相关工作。加大民营企业特别是中小企业专业观众邀请力度，发动709家民营企业共3596人注册专业观众，较2018年增长约28%。与白俄罗斯、澳大利亚、伊朗等海外友好商会及全国工商联战略合作伙伴中国银行合作举办商务论坛和专场推介会。

引导民营企业参与东西部扶贫协作和对口支援。按照市委主要领导要求落实部分对口帮扶贵州遵义扶贫项目，有效推进1个项目加速落地、2个项目达成合作意向和促成1个项目当场签约。聚焦沪连对口合作工作重点，组织民营企业赴大连开展交流。组织长三角民营企业赴湖北恩施扶贫考察，签署项目逾11.3亿元。市工商联系统商会、企业参与上海“双一百”精准扶贫行动共结对474个村。上海共411家民营企业参与全国工商联“万企帮万村”精准扶贫行动，帮扶金额7.3亿元。

积极开展调查研究和建言献策。开展民营经济运行情况、构建“亲”“清”新型政商关系、进一步促进减税降费、民营经济27条相关政策第三方评估、中美贸易摩擦对民营企业发展的影响、民营企业关键技术核心领域“卡脖子”情况、专业技术人员职称评审难点分析等调研，相关报告得到全国工商联和市领导批示。持续做好大调研工作，调研走访各类对象1375个、调研次数678次、收集问题414个、已有效解决或明确解决路径问题225个、收集意见建议256条、形成制度清单9项。获得全国工商联信息工作示范单位、上海统战信息工作先进单位特等奖、上海统战理论政策调研优秀组织奖。

深化民营经济运行监测预测机制。与国家统计局调查总队合作完善本市民营经济基于PMI分析及预测工作。

三、完善工作平台和服务机制，促进民营企业高质量发展

继续发挥市民营经济发展联席会议作用。召开联席会议第五次全体会议，部署和推进建立企业和行业协会商会参与涉企政策制定机制、民营企业增信机制、科创风险投资和产学研平台、促进民营企业绿色发展协同联动机制、长三角地区产业分布情况研究、发挥知识产权行政和司法保护作用等6项议题。与市服务企业联席会议联合举办“上海市企业服务云”专场宣讲会。

继续深化与公检法司合作机制。与市检察院共同签发关于建立健全沟通联系机制进一步服务保障民营经济发展的工作意见。与市司法局签署关于加强合作营造非公经济健康发展良好法治环境协议共同开展法治体检活动。与市高级法院签署关于加强合作促进民营经济健康发展的合作意见备忘录。与市公安局经侦总队形成关于进一步深化民营企业法律风险防范工作机制的会议纪要。

推进民商事调解工作和网络体系建设。市工商联民商事调委会驻浦东新区法院自贸法庭、市三中院（知识产权法院）、市二中院和市劳动人事争议仲裁院开展案件调解，共调解民商事和知识产权案件213件、成功调解176件、涉及金额2268万元多，调解劳动争议案件315件、成功调解256件。与司法局共同推动建立乡镇（街道）商会与基层司法所合作机制，已在金山区多个乡镇（街道）试点。

积极做好法律服务工作。开展依法维权工作，受理经济纠纷、破产重整、刑事处罚、资产查封扣押、法院执行问题、涉政府产权纠纷等案件20起，协调外省市监察和公安等部门相关案件3起，办理有关刑事、民事案件申诉、提请再审等案件4起。参与本市营造法治化营商环境保护民营企业发展专项督查工作。

进一步发挥“上海市协调劳动关系三方委员会”成员单位作用。与市人社局、市总工会、市企联共同审议通过并由市劳动关系三方决定授予75家中央在沪企业、326家市企业（集团）公司下属企业和本市3080家企业“上海市和谐劳动关系达标企业”称号。

不断深化商会对外交流合作平台和沪港澳台工商界及青年工作。与鹿特丹发展促进署签订友好合作备忘录。组织经贸代表团访问台湾。接待沪港青年会、台湾贤德惜福文教基金会来访。落实台湾大学生暑期在沪实习岗位。

继续发挥民营企业科技创新成果展示平台作用。参展第七届“上交会”，增设长三角商会联合展台，34家企业近80个技术项目集中展示民营企业创新发展新成就。

四、加强教育引导工作，促进非公有制经济人士健康成长

持续深化“守法诚信经营，坚定发展信心”理想信念教育。制订进一步加强理想信念教育指导点建设的实施意见，督导推动形成区域工作特色和亮点。开展理想信念教育系列奖项评定工作，发挥指导点、示范点的引领作用。

加强非公经济代表人士特别是年轻一代教育培养工作。举办市非公经济代表人士培训班、“两新”组织高层次人才第16期民营企业家研修班、第十期青年企业家专题研修班。组织33支队伍近800人参加青年创业者徒步行活动。开展以推动非公青年企业家积极参与“三大任务，一个平台”建设的研究。本市各级工商联青创组织成员达3000多人。

开展庆祝新中国成立70周年系列活动。6位企业家摄影作品入选市委统战部“壮丽70年，共筑中国梦”主题展。组织18支队伍770余人参加“讴歌70载光辉历程，共铸民族伟大复兴”青创联合唱展演。

引导民营企业积极投身光彩事业。组织上海民营企业赴江西红色革命老区开展“光彩之行，文化之旅”活动，赴临夏参加中国光彩会助力临夏脱贫系列活动。组织企业参加中国光彩事业南疆行活动，签约投资金额13.5亿元。市光彩会、市工商联、中国农业发展银行上海市分行共同推出金融支持产业扶贫企业指导名录及政策性金融支持“万企帮万村”精准扶贫专项产品。上海复星公益基金会与团中央青年志愿者行动指导中心合作在大学生志愿服务西部计划下设立关爱乡村医生专项。

五、着力加强组织建设和自身建设，进一步提高执行力

大力推进工商联所属商会改革和发展工作。市工商联所属商会和各区工商联211个所属街道、乡镇商会全部完成依法注册登记。与市民政局共同形成工商联所属商会章程示范文本。派遣党建联络员开展党建共建活动。制订完善上海市“五好”工商联建设标准和2019—2020年“四好”商会建设工作实施方案。筹备组建市工商联金融商会。

继续扩大会员覆盖面。完善优秀民营企业发现机制，有关部委和各区工商联上报优秀民营企业1300多家，该项工作被全国工商联评为省级工商联创新及特色工作。

深入推进机关党的建设和干部队伍建设。全面落实从严治党要求，召开党的建设和党风廉政建设工作会议，坚持不懈落实“四责协同”。机关8个党支部完成换届、经发中心成立党支部。举办市工商联系统干部培训班。

江苏省工商业联合会2019年工作综述

2019年是新中国成立70周年，是全面建成小康社会、实现第一个百年奋斗目标的关键之年。一年来，省工商联以习近平新时代中国特色社会主义思想为指导，坚决贯彻落实中央和省委、省政府决策部署，聚焦民营经济高质量发展，积极谋划、主动作为，用创新实干的务实举措着力推动江苏民营经济走向更加广阔的舞台。

一、发挥职能优势，在落实民营企业座谈会精神上下功夫

围绕民营企业座谈会精神的贯彻落实，在减轻企业负担、优化营商环境、完善政策执行方式、保护企业家权益等方面下功夫，进一步发挥工商联职能优势，彰显工商联地位作用。

一是参与制定促进民营经济高质量发展的相关政策。着眼充分反映民营企业诉求，推动优化顶层设计，与省发改委共同起草了促进民营经济高质量发展30条，与省科技厅联合印发了推动民营企业创新发展的实施意见，配合省纪委制定了构建“亲”“清”新型政商关系的意见，配合省地方金融监管局、省银保监局出台了促进金融高质量服务民营企业的若干政策等，积极为民营经济高质量发展营造良好外部政策环境。

二是汇聚促进民营经济高质量发展的持久合力。创新构建“1+N”合作机制，与省司法厅、省律协共同签署法律服务发展框架协议，共同发布“十项举措”，与省法院、省检察院形成民营经济商事纠纷快速有效化解和“检商对话”工作机制，与省银保监局合作建立金融服务联合会诊帮扶机制，与省生态环境厅围绕推动绿色环保产业发展等7方面形成深度合作等，在畅通政企沟通渠道、优化政务环境、促进政策落实上形成了持久合力，放大了与政府部门合作的叠加效应。

三是突出第三方评估推进政策落地的工作实效。认真开展“区域民营经济营商环境评价”“促进民营经济高质量发展政策落实情况”“民营企业减税降费获得感评估”等第三方评估工作。其中，探索建立的区域性民营经济营商环境评估机制，被省纪委纳入“江苏省区域政治生态评估体系”，在第一时间向省委省政府和13个设区市党委政府反馈的2018年度区域民营经济营商环境的试验性评估报告，得到各市党政主要领导的高度重视和充分肯定。根据省委省政府的工作部署，重点围绕“促进民营经济高质量发展30条”等四项政策落实情况，开展覆盖13个设区市的专项评估，积极从政策的制定、宣传、配套、执行和实效五个方面向省委省政府建言献策，在狠抓政策落实落地上又一次发挥了工商联的作用。

二、创新思路举措，在引导民营企业家健康成长上作文章

高度重视民营企业家的思想政治引领，以召开第二届江苏发展大会暨首届全球苏商大会为契机，以“守法诚信经营、坚定发展信心”为重点，在开展理想信念教育、推进精准扶贫行动等方面巧做文章，大力弘扬新时代苏商精神。

一是高擎苏商旗帜，促进苏商成长。积极推动举办第二届江苏发展大会暨首届全球苏商大会，集聚了1200多名海内外嘉宾，展现了江苏开放奋进的新形象。承办的“扬子江工商峰会”有11位省领导莅临指导，500余位海内外工商界人士踊跃参加。现场签约了32个项目，总投资超过2000亿元；发布了新时代《苏商宣言》《苏商回乡投资报告》和《百年苏商》专题片，号召更多的民营企业家积极参与“强富美高”新江苏建设实践，在全社会引起强烈反响。

二是突出信念教育，丰富苏商内涵。紧扣“守法诚信经营、坚定发展信心”主题，举办了庆祝新中国成立70周年系列宣传活动，通过全方位、多角度宣扬民营经济的重大成就和突出贡献；组织开展了“不忘初心、牢记使命”民营经济组织党组织负责人培训班及“坚定信念跟党走，共谱发展新华章”商会党建先锋分享等主题活动，开展了年轻一代企业家赴井冈山、延安、西柏坡等地的教育实践活动，引导广大苏商坚定听党话、跟党走，传承红色基因，厚植家国情怀，丰富苏商内涵。

三是聚焦精准扶贫，展现苏商风貌。以精准扶贫基金为抓手，引导全省民营企业和各级商会组织积极投身“百企帮百村”扶贫活动、东西部扶贫协作和对口支援，共落实帮扶项目1948个，投入资金62.18亿元，帮扶经济薄弱村1718个、覆盖人口29.3万人。其中，精准扶贫基金确认捐赠总额2.15亿元，到账1.2025亿元，实施帮扶项目40个，累计支出6400万元，一批立得住、能复制、可借鉴的精准扶贫示范项目落地生根，一批发展上有本身、责任上有担当的民营企业家脱颖而出、健康成长。

三、精准靶向发力，在推动民营经济高质量发展上出实招

坚持问题导向，围绕省委省政府中心工作，服务促进民营经济高质量发展大局，找准工商联工作的切入点，在探索改进服务方式、手段和载体上出实招，切实提升服务民营经济高质量发展的精准度、覆盖面和长效化。

一是注重调查研究，破解难题助力发展。聚焦物联网产业发展、防范化解风险、履行社会责任、商会党组织建设等重点课题开展调查研究，在破解发展瓶颈难题上发力。注重发挥民营企业调查点“数据阵地”作用，全年开展6次调查，回收有效问卷5000余份，快速汇集了民营企业问题诉求的第一手数据资料。协调省发改委等11个部门，及时编发季度《江苏省民营企业运行情况数据分析报告》，为省委省政府提供决策参考。注重发挥政协平台作用，建立省工商联界别委员“活动之家”，创新“3+6”委员活动机制（分3个小组一年开展6次活动），为民营经济健康发展聚智聚力。

二是立足经济服务，激发活力推动创新。创立“中小企业服务快讯”公众号，打造信息服务、政策解读、交流合作的特色品牌和重要窗口。举办“三个一”进高校活动，推动180多家企业发布近3000个岗位需求，96家企业与高校进行了112项科研需求对接，实现了校企在增就业、促创新方面的优势互补。首次发布江苏民营企业暨制造业“双百强”榜单，树立更多民营企业高质量发展的新标杆。开展军民融合专题培训和专项调查，推荐21家企业入选全国工商联

《推荐目录》，为深化“民参军”机制奠定扎实基础。

三是加强联络联谊，拓展渠道倡导合作。积极搭建对外联络联谊的高端合作平台，稳步推进海外江苏商会建设，分别在西班牙、菲律宾和日本新成立江苏商会；助推江苏境外园区发展，大力推介以江苏民营企业为主建设的柬埔寨西港特区等四家境外园区；积极鼓励国际合作，召开江苏省总商会国际合作联谊会等，构建了民营企业走出去发展的渠道优势。把服务引导民营企业参与“一带一路”建设作为重要任务，与中国银行签署战略协议，与省公安厅出入境管理局开展有效合作。

四是创新法律服务，加强保障维护权益。主动与人大、公、检、法、司等部门对接磋商，打造民企法律服务和权益保护新平台。挂牌成立江苏省总商会人民调解委员会，启动选拔调解员、制定调解规则等工作。组建律师、税务师、会计师等综合专家团队，开展法律培训“金课菜单”，实行商会和企业“点餐”、律师顾问团“收单”的培训模式，同时开设线上税法小课堂，为企业依法生产经营提供法律保障。认真处理维权案件，全年累计处理维权案件37件，有效维护了民营企业和企业家的合法权益。

四、深化改革发展，在加强工商联组织建设上求突破

按照《全国工商联深化改革总体方案》要求，加快推进所属商会改革发展，在推动工商联组织和工作扩大覆盖面上求突破，充分彰显统战性、经济性、民间性有机统一的综合优势。

一是商会改革发展持续推进。以工商联所属商会改革发展为契机，制定出台“商会改革发展实施方案”，编写《商会工作手册》，为工商联所属商会建设锚定根基。推动建设商会发展生态圈，全省累计建成各类商会组织4277家，各级会员总数34.8万个，并以此为依托，举办全球江苏商会工作会议、2019长三角工商峰会、首届沿海优秀苏商江苏行等活动，打造多方参与、深度合作的发展平台，形成了商会组织间资源互动、跨界发展、产业链融合的活跃生态。

二是商会党组织建设不断规范。召开商会党建工作推进会，培育、选树20家首批省级商会党建示范点。开展商会党组织组建专项攻坚行动，落实“党建入章”“一会一策”，将省直属商会和省级异地商会组建党组织数量提高到20家，覆盖率接近50%。研究制定“商会党建工作实施意见”，汇编商会党组织规范化建设工作手册，明确商会党组织组建一系列制度规范，初步形成了商会党建工作的标准化体系，商会党组织的战斗堡垒作用不断增强。

三是工商联组织建设不断强化。依托“五好”工商联和“四好”商会建设，成立组织工作委员会，制定“四好”商会建设等多项实施方案，审核认定全省299家“四好”商会，88家商会被全国工商联认定为“四好商会”，数量位居全国第一，进一步促进了基层组织整体工作提档升级。高度重视机关自身建设，组织“工作奋进年”活动，开展“不忘初心、牢记使命”主题教育，有序推进职级并轨等干部人事制度改革，实现了干部年度培训全覆盖，切实增强机关全体党员干部服务“两个健康”的工作本领和综合素质。

浙江省工商业联合会2019年工作综述

2019年，浙江省工商联以习近平新时代中国特色社会主义思想和党的十九大精神为指导，全面贯彻习近平总书记民营企业座谈会重要讲话精神，深入贯彻全国工商联十二届二次执委会议和省委十四届六次全会精神，紧扣“两个健康”工作主题，扎实开展“不忘初心、牢记使命”主题教育，深入推进“服务企业、服务群众、服务基层”（三服务）活动，办成了一批大事要事难事，不断开创工作新局面。一年来，省委、省政府主要领导对省工商联工作批示41次。在去年全国工商联首次开展的省级工商联工作评价中荣获第一。

一、持续深入贯彻落实习近平总书记民营企业座谈会重要讲话精神，推动营造更好发展环境

推动实施融资畅通工程会同人行杭州中心支行开展“万家民企评银行”活动，组织14738家民营企业对千余家银行机构开展评价，评出100家“民营企业最满意的银行”；会同省银保监局等部门召开银企调研座谈会，缓解民企融资难融资贵问题，为民企解决融资需求1857亿元。紧扣重点工作议政建言。直接参与《浙江省民营企业发展促进条例（草案）》起草修改。参与开展全省民营经济高质量发展工作情况专项督查活动。组织1978家民企参与万家民营企业评价营商环境调研，浙江营商环境满意度总体排名全国第二，其中政务环境位居第一。4篇调研报告获得全国工商联系统优秀调研成果一等奖，1篇报告被评为全省党政系统优秀调研成果一等奖，1个团体提案被省政协十二届二次会议列为1号提案。推动构建“亲”“清”政商关系。组织41位民营企业家参加省委经济工作会议、10位优秀省外浙江商会会长代表列席省政协十二届二次会议。与省委组织部共同举办促进民营企业健康发展专题研讨班，首次邀请知名民营企业家代表为市县党政分管领导授课。召开构建“亲”“清”政商关系宁波试点工作现场会。深入推进清廉民企建设。积极维护企业合法权益。依靠党委政府和司法部门，协调解决企业疑难案件，化解企业危机；法治体检民营企业和商协会10.8万家，解决法律问题6.26万个；推动5件涉政府产权纠纷被列入省市重点督办案件；开展涉非公经济案件立案监督和羁押必要性审查专项活动。

二、创新优化非公有制经济人士思想政治引领工作，坚定听党话跟党走的理想信念

浙江共有7位非公有制经济人士荣获第五届优秀中国特色社会主义事业建设者称号。创新改进思想政治工作。组织浙江民营企业家新时代讲习团，围绕全国两会精神等开展4次集中宣讲。举办浙江省民营企业歌唱祖国文艺晚会等新中国成立70周年系列庆祝活动。与省委组织部共同举办浙江·清华大学新时代民营企业“强信心、增动能”专题研修班。开展11场“优秀企业家进校园”“浙商领读人走基层”活动。抓住主题教育契机开展学习教育。带动民营企业家一起学受教育、守初心担使命。组织民营企业家代表赴浙江省革命烈士纪念馆开展“初心之行”活动，被新华社《国内动态清样》第2491期开篇报道。加强宣传教育阵地建设。加强浙江省商会微信公众号、《浙江工商》杂志等宣传阵地建设。成立浙江民营企业记者采风团。探索设立首批4家“浙江省民营经济人士理想信念教育基地”。加强网络舆情管理引导。联合省委网信办举办新时代民营企业网络舆情管理培训班，摸排整治恶意攻击浙江民营企业的自媒体账号。组建工商联系统网络舆情工作队伍、重点企业舆情员队伍，妥善应对重大涉企舆情。加强商协会和民营企业党建工作。召开省工商联社会组织党委第一次党员大会，制定商协会党组织和党员关系转接工作规范。指导直属商协会党组织抓好第二批主题教育。支持推动嘉兴开展非公党建试点工作，探索推进非公企业党建创新工作试点。

三、精准发力稳企业增动能，全力服务民营企业高质量发展

浙江92家民营企业入围中国民营企业500强，连续21年位居全国首位。持续深化“三服务”活动。全省各级工商联开展“三服务”活动1176次，报送相关部门问题2346个，推动解决企业问题1367个。制定实施围绕“最多跑一次”改革提升服务企业能力行动方案。组织引导民营企业投身重大发展战略。开展“携手浙商—境外产业园区行”系列活动，达成合作意向16个。举办民营企业境外投资贸易风险防范培训班。与省商务厅建立外经合作机制。举办30余场重要涉外经贸活动，与20余家境外工商社团和经贸机构建立合作联系。举办2019年浙江省大湾区建设知名企业家圆桌会活动，助推民企参与长三角一体化建设。成功举办第五届世界浙商大会。大会以“聚力高质量、共筑中国梦”为主题，举办29项主题活动和“一带一路”建设点线联通仪式、浙商助力“长三角一体化”仪式。约70%参会嘉宾是浙商代表，5项活动直接由民企承办，表彰15家“高质量发展”领军企业。大会共达成拟签约项目124个，协议总投资3486.05亿元，开通浙江为侨服务全球通平台、浙江省金融综合服务平台、浙江省企业服务综合平台。浙江省省长袁家军在新年贺词中点赞“世界浙商大会吹响了民营经济高质量发展的新号角”。支持温州创建新时代“两个健康”先行区。推动将省级层面服务改革事项落实情况列入省级单位年度改革考核体系。共同承办第二届中国（温州）新时代“两个健康”论坛。温州“两个健康”创建工作荣获2019年中国改革十大年度案例奖。服务民营企业创新发展。联合相关部门举办浙商品牌创建、推进智能化改造、“凤凰群英汇”助企上市、浙江省先进技术转化应用大赛等活动。组织461家民营龙头企业和商会会长企业，与846家产业链上的中小微企业结对服务。组织1057家民企参与劳动关系监测专项调研。

四、组织引导广大浙商投身三大攻坚战，为决胜全面建成小康社会贡献力量

引导民营企业防范化解金融风险。全省三级工商联联动开展4次稳企业防风险大调研，面对面走访企业5094家、商协会453家，召开座谈会422场，形成稳企业防风险系列调研报告，有关意见建议转化为部门出台的政策举措，并在省政府五次稳企业防风险专题会议上做汇报。引导民营企业投身精准脱贫攻坚战和乡村振兴战略。开展“东西协作浙商助力”产业帮扶活动，推进“万企帮万村”精准帮扶行动，联合推出“浙里汇”——浙江省消费扶贫购销平台。目前浙江民营企业参与东西部扶贫协作和对口支援地区结对数2852个，建档立卡贫困村2566个，投入资金5.56亿元；开展光彩事业活动，捐款捐物1.81亿元。深入推进“千企结千村、消灭薄弱村”专项行动，目前全省共有3715家企业结对3746个村，落实帮扶项目3248个，到位资金12.7亿元。引导民营企业参与污染防治攻坚战。承办第一期全国民营企业家及工商联干部污染防治专题培训班。组织198家民营企业代表参与污染防治攻坚战专题调查。引导1081家民营企业积极当好绿色发展典范。

五、着力加强自身建设，扩大工商联组织覆盖面和工作影响力

省委办公厅、省政府办公厅印发实施《浙江省工商联深化改革实施方案》《关于促进工商联所属商会改革和发展的指导意见》。推进工商联改革。推进省工商联深化改革方案落实。开展市县工商联工作评价，指导温州全域推进县级工商联改革。指导市县工商联高标准推进第二批主题教育，组织市县工商联党组书记参加主题教育专题读书班。14位企业家领衔开展课题调研。完成机关OA办公系统和省工商联网站改版升级。抓好所属商会改革发展。在全省13个地方或单位开展商会改革试点。制定省外浙江商会建设指导意见和异地商会管理办法，开展省外异地商会工作评价。加强机关建设。深入开展“不忘初心、牢记使命”主题教育。落实公务员职务与职级并行制度。深化党性党纪教育一刻钟、每月荐文等活动。开展“新时代工商联的新样子”大讨论活动，组织全省广大民营企业家、商协会代表和工商联干部深入开展笔谈、研讨、访谈等活动，锚定新时代新使命新坐标。

安徽省工商业联合会2019年工作综述

2019年，安徽省工商联坚持以习近平新时代中国特色社会主义思想为指导，全面学习贯彻党的十九大和十九届二中、三中、四中全会精神，深入贯彻落实习近平总书记民营企业座谈会重要讲话精神，围绕中心、服务大局，努力促进“两个健康”，各项工作取得新成效。

一、强化政治引领，促进民营经济人士健康成长

一是开展教育培训。组织第四期省工商联常执委培训班，实现十一届常执委培训全覆盖。组织年轻企业家代表参加全国工商联理想信念教育培训，举办3期安徽省工商联大讲堂，与省人社厅联合举办职业经理人赴香港培训等，组织民营企业家认真学习习近平新时代中国特色社会主义思想，特别是及时跟进学习习近平总书记最新讲话及党的十九届四中全会、中央经济工作会议等重要会议精神。全年共举办各类培训班26期，培训企业家近3000人。

二是推进商会党建。加强省工商联所属商会党的建设，经省委组织部、省委非公工委批准，成立省工商联所属商会党委，配齐配强党委班子力量，进一步理顺党建工作体制机制，确保党对商会工作的政治领导。加大省工商联直属商会党组织组建力度，目前已组建成立9个党支部和2个联合党支部。深入开展党建工作调研，加强对各市县工商联开展所属商会党组织建设工作的指导。

三是构建“亲”“清”政商关系。建立健全全省工商联驻会领导联系分工、民营经济代表人士谈心交心等制度，持续推进领导干部联系基层工商联、行业商会、企业和扶贫点工作。搭建与行业商协会、民营企业制度化沟通联络平台，围绕用好用活支持民营经济发展政策、保护民营企业产权等主题，召开民营企业家季度座谈会4次，主动听取民营企业家的意见建议，并动态跟踪督办。组织开展“送法进民企”“法律三进”等活动，引导民营企业家诚信守法经营。

四是弘扬企业家精神。推荐第五届全国优秀中国特色社会主义事业建设者人选，开展第六届安徽省优秀建设者评选活动。举办全省民营企业“致敬改革路，奋斗新时代”主题报告会，在全社会营造弘扬企业家精神、尊重企业家价值的浓厚氛围。结合新中国成立70周年，组织直属商会人员、民营企业家参加“沿总书记足迹、看新时代安徽变化”“歌唱祖国”歌咏大会、“壮丽70年，奋斗新时代”征文等庆祝活动。

二、围绕中心工作，服务民营经济健康发展

一是参与世界制造业大会工作。争取全国工商联、沪苏浙工商联、长三角商会组织联席会议支持，赴北京、上海、广东等地邀商推介；办好“中国民营制造业发展高峰论坛”，组织龙头民营企业赴合肥、六安、池州等地考察；牵头组织召开民营企业助力安徽省实施长江三角洲区域一体化发展战略座谈会，现场签约项目33个，总投资3347.6亿元，得到省委、省政府充分肯定，被组委会授予最佳组织奖。

二是开展“四送一服”。牵头赴滁州市开展送发展理念、送支持政策、送创新项目、送生产要素，服务实体经济活动，全年累计开展政策宣讲346次，走访企业1244家（次）、重点项目42个，解决重点难点问题120个，帮助企业融资约4.2亿元。全国工商联副主席李兆前专程赴滁州调研，安徽的经验做法在全国工商联构建“亲”“清”政商关系会议上专门做了介绍。

三是促进优化营商环境。围绕长三角一体化发展、促进民营经济发展等主题，及时向省委省政府反映情况、提出建议。运用政协平台协商议政，“引导工商资本下乡推进乡村振兴”提案被列入省委书记领衔督办系列提案，“推进长三角地区民营经济一体化发展”提案被评为省政协2019年度好提案。围绕优化民营经济发展环境深入调研，3篇《工商联直通车》得到省领导肯定和批示，6篇调研成果获全国工商联优秀调研成果一、二、三等奖，被评为2019年民营企业调查点工作省级先进单位。

四是推进产教对接、银企对接。与省教育厅签订合作框架协议，共同举办第一届安徽高校科技成果转移转化大赛、全省促进高校科技成果转移转化服务民企创新发展交流会，共征集了全省28所本科高校电子信息、节能环保等六大领域科技成果201项，优选出31项优质成果向市场发布，通过6场成果发布对接活动，促成落地8项科技成果，项目拟投资总额超过3.2亿元。开展防范化解金融风险专题调研，举办全省民营企业财税金融培训班，开展供应链金融、普惠金融和绿色金融3场银企对接活动。

五是服务开放发展。开展长三角地区产业分布情况和民营企业家需求调研，组织安徽省高新技术企业参加第七届上交会，做好“长三角工商峰会”、长三角区域一体化国际合作推介活动、承接粤港澳大湾区和沪苏浙民营企业转移等相关工作。协调联络蒙古国科布多省代表团来访，协助做好第一届中国—非洲经贸博览会、在白俄罗斯举办的“一带一路”区域发展论坛等重大经贸活动参会工作，开展安徽省“走出去”企业境外安全保障工作专项巡查。

六是开展百强排序和职称评审。联合有关单位出台安徽省百强排序活动排序规则调整方案，开展导向性更强的营收百强、制造业综合百强和服务业百强三项排序，并研究确定制造业综合百强的指标体系和权重比例。召开上规模民营企业调研及百强排序发布会，发布2018年度全省民营企业百强榜单、分析报告和安徽省民营企业社会责任报告。组织开展2019年建筑（电力）工程类职称评审，接收申报材料684份，评定中初级职称590人；向省住建厅提交高级职称申报材料114份。

七是服务脱贫攻坚。纵深推进“千企帮千村”，纳入台账管理民营企业8577家，累计投入资金45.64亿元，帮扶贫困村5952个、贫困人口73万人次，7家企业荣获全国“万企帮万村”精准扶贫行动先进民营企业称号，受表彰企业数量蝉联全国第一。抓好定点帮扶、对口帮扶，向金寨县漆店村、怀远县三关村，以及新疆和田、西藏山南地区援助各类资金135万元。加强与省光彩会对接，向9个深度贫困县各拨付光彩扶贫资金300万元，在此基础上向革命老区金寨县、太湖县各追加100万元。

三、坚持强基固本，推动自身能力素质提升

一是开展“不忘初心、牢记使命”主题教育。牢牢把握深入学习贯彻习近平新时代中国特色社会主义思想这一根本任务，组织党员、干部开展“不忘初心、牢记使命”主题教育。举办为期7天的读书班活动和5场集中研讨会，开展革命传统、形势政策、先进典型和“三个以案”警示教育。班子成员带头深入一线调查研究，面向基层讲党课，形成一系列优秀调研成果。推进机关党建“灯下黑”问题大排查及专项治理，召开“对照党章找差距”专题会议，按照刀刃向内、自我革命要求，检视反思问题，制定“四个清单”，认真召开专题民主生活会。

二是推进工商联及所属商会改革。推进工商联自身改革，配合省委统战部印发了《全省工商联深化改革实施方案》，按照方案组织实施工商联深化改革工作。推动出台《安徽省商会条例》，填补全国空白，受到中央统战部、全国工商联充分肯定。落实中央及省委关于商会改革决策部署，坚持省级先行、压茬推进，制定一揽子计划方案，加强调度推进和督促指导。完成安徽省商会和39家直属商会年检工作，指导11家直属商会完成换届，成立省军民融合产业商会，完成省工商联女企业家商会等在民政部门登记注册。推进基层工商联和商会建设，全省“五好”县级工商联84家，其中53家跻身全国“五好”，全省“四好”商会63家，19家跻身全国“四好”。

三是加强执委会常委会建设。制定《关于更好发挥省工商联企业家副主席、副会长和常委执委作用的意见》，以及履职情况评价、会议考勤等方面的制度规定，明确了履职情况评价标准和发挥企业家主体作用的方式方法，狠抓制度落实，推动民营企业家在促进“两个健康”中更好履职、发挥作用。

四是加强机关建设。提高政治站位，全力配合省委巡视工作，扎实推进巡视反馈问题整改，进一步完善和规范机关工作，落实全面从严治党各项要求。加强干部队伍建设，完成13名干部选拔任用，4名干部交流轮岗，29名非领导职务人员职级套转和21名干部职级晋升，树立重担当重作为的鲜明用人导向。扎实做好精神文明创建工作，支持机关工会、妇委会开展形式多样的活动，被省直工委精神文明建设指导委员会命名为“省直机关文明单位”。

福建省工商业联合会2019年工作综述

2019年，福建省工商联坚持以习近平新时代中国特色社会主义思想和党的十九大精神为指导，全面贯彻落实习近平总书记对福建工作的重要讲话重要指示批示精神和关于民营经济的重要论述，工作质量提升、亮点纷呈。在全国工商联对省级工商联的评价中，福建省工商联位居第三。5项工作入选工商联（商会）工作“创新中国”案例。构建“亲”“清”政商关系、助力精准扶贫、世界闽商大会、民企百强发布、组织建设、督查调研等工作获全国工商联高云龙主席、徐乐江书记和福建省委于伟国书记、唐登杰省长等领导批示肯定11件次。

一、强化教育引导，筑牢共同思想政治基础

深入开展以“守法诚信经营、坚定发展信心”为重点的理想信念教育，有效增进政治共识。周少雄、郑宝佑、刘渊毅、郭继光等4位企业家当选第五届全国非公有制经济人士优秀中国特色社会主义事业建设者，丁水波等95位企业家荣获福建省非公有制经济优秀建设者称号。

理想信念更坚定。全省各级工商联商会组织和民营企业家深入学习贯彻习近平总书记民营企业座谈会重要讲话和参加福建代表团审议时的重要讲话精神。围绕新中国成立70周年，举办“颂歌献祖国、永远跟党走”工商联所属商会歌咏比赛、优秀队伍展演。省民营企业商会、女企业家商会、青年闽商联合会等所属商会积极开展红色教育活动。新增省级商会党组织7个，所属商会党建“5543”工作机制得到全国工商联、省委“两新”工委的高度肯定。

培训宣传广覆盖。工商联主要领导走商会、进企业，宣讲习总书记关于民营经济的重要论述和党的十九届四中全会精神。持续推进“万人培训工程”，联合省委统战部举办3期培训班。重大活动宣传成效显著，第六届世界闽商大会推出的会歌《天下闽商》广为传唱，百强发布会媒体报道超5万条次、信息点击量超3000万次。指导闽商报社完成改制，发挥舆论阵地作用。

二、积极履职建言，彰显工商联协商民主优势

持续推动惠企政策落实落细，助力营商环境更趋国际化、法治化、便利化。

调查研究屡获佳绩。围绕关键领域民营企业核心技术创新、工商联组织建设等开展10多项调研，获省级以上优秀调研成果奖10件次。推进民营企业调查点工作，省工商联获评全国工商联先进单位，龙海市工商联等10家基层工商联、和特新能源等10家民营企业获评示范单位。成立省工商联智库委员会，服务参政议政的民营经济研究平台日趋完善。

协商议政卓有实效。提交省政协提案9件，意见建议获省主要领导批示并被有关部门采纳。在省政协全体会议和常委会议上作7次高质量发言，彰显工商联及民营企业家风采和作为。畅通民企诉求反映渠道，上报社情民意等各类信息近600条，信息工作获评全国工商联先进、省统战系统二等奖。

助力营商环境优化。落实省委省政府工作部署，会同有关部门就民营经济发展政策措施落实情况开展全省督查，报告获省委于伟国书记、唐登杰省长肯定批示并敦促整改解决，全力打造更好营商环境。参与《福建省民营经济发展促进条例》立法调研、草案修改。持续推动拖欠民营企业账款清理。

三、服务创新转型，促进民营经济高质量发展

完善多种服务载体，充分激发民营企业创新创造活力。宁德时代新能源入选第四批全国制造业单项冠军示范企业。

多渠道拓展服务领域。举办“2019福建民营企业100强发布暨助力福州自贸区发展”活动，首度发布民营企业制造业50强。参与承办第六届世界闽商大会，主办闽商发展高峰论坛。协助全国工商联“德胜门大讲堂”首次走进福建，就区块链融合发展发布倡议并揭牌设立应用研究中心。参与举办首届福建军民融合项目成果对接会。持续做好民营企业高端人才发现培养工作，职称评审申报人数大幅增长。指导省职业经理人协会开展职业经理人培训认定。

推动金融支持实体经济。联合省银保监局、省法院、公安厅、地方金融监管局构建银保企命运共同体。协助省深改办、科技厅推动解决科技型民营企业融资难题。加强与中国银行、建设银行、民生银行等银行机构的战略合作。推荐19家企业参评省地方金融监管局债券融资及担保需求对接项目。联合中信保福建分公司，建立企业“走出去”风险防范机制。指导省青年闽商联合会与海峡银行建立“商会+金融”服务新模式。

经贸交流合作不断拓展。办好中德经济合作对接会，组团参加中国进口博览会、“一带一路”国际合作高峰论坛、中国—东盟博览会、世界华商大会等重大经贸活动，加强与爱尔兰、加拿大、保加利亚等国家工商社团的交流合作。指导省民营企业商会、青年闽商联合会、旗袍协会分别举办中美民间经贸合作发展论坛、闽台青商论坛、海峡两岸旗袍文化交流会演。发动闽企为台籍高校毕业生提供210个就业岗位。协助上海民营企业考察团和新沪商联合会来闽洽谈。

四、加强法治保障，切实维护民营企业合法权益

进一步完善工商联法律服务平台，着力构建“亲”“清”新型政商关系，为民营经济健康发展保驾护航。

厅际协作有力。与省法院举办“福建法院司法护航民企体验日”活动，为所属商会赠阅《民营经济法律风险防控图解指南》。与省检察院举办“检察护航民企发展开放日”活动，支持推行“驻企检务”“检企联防”。与省司法厅常态化开展民营企业“法治体检”。与省公安厅达成建立服务保障民营经济合作机制的意向。

法律服务有效。持续推进“法律三进”活动，组织企业家参加“涉刑法风险和防范”讲座，提升依法治企能力。成立省工商联法律维权服务中心，邀请律师等专业人士定期服务。大力推进多元化解纠纷机制建设，省工商联所属商会已有37家成立人民调解委员会，占比超过50%。

五、勇担社会责任，引导民营企业家践行社会主义核心价值观

首度发布民营企业社会责任报告，展示企业家好形象。福耀集团曹德旺董事长获全国脱贫攻坚奉献奖，三棵树集团、恒申集团获评全国“万企帮万村”先进民营企业。盛辉集团、春伦集团、元初食品、杜氏木业获评“全国就业与社会保障先进民营企业”。

产业协作助力脱贫攻坚。贯彻习近平总书记给下党乡乡亲们的回信精神和省委于伟国书记部署要求，对下党乡及各行政村作深度调研，组织民营企业结对帮扶，开展种养技术培训，助力当地产业发展。召开“千企帮千村”精准扶贫行动推进会，通报表扬99家商会和企业。截至2019年年底，全省1300家民营企业和商会组织结对帮扶1397个贫困村，投入资金7.9亿元，惠及4.9万贫困人口。开展闽宁产业协作扶贫考察调研，引导商会和企业在福建宁夏商城消费扶贫1246万元。

持之以恒推进光彩事业。以光彩事业实施25周年为契机，举办理想信念暨光彩事业培训班。组织民营企业参加“中国光彩事业临夏行”活动，参与南平、连城等地灾后重建。持续推进光彩助学、助推大学生创新创业和“粉红丝带”行动。宁德成立光彩会，全省已有5个设区市成立光彩机构。省总商会副会长、永鸿集团董事长林雄申投入3亿多元人民币在仙游捐建文化、教育设施等公益事业。

六、持续深化改革，夯实工商联工作基础

截至2019年年底，全省工商联会员19.4万个；所属商会1600家，增幅9.9%，其中行业商会444家、镇街商会588家、园区商会7家，村级商会4家。

组织工作大力推进。认真配合全国工商联党组副书记、副主席樊友山带队的全国工商联第二联系调研组，分两批次对福建省5个设区市开展调研指导。召开全省工商联组织工作会议，实施《福建省工商联组织建设工作规划（2019—2022）》，开展设区市工商联工作评价，提升基层工作的系统性、规范性和执行力。与宁夏回族自治区工商联开展互学互促，鼓楼区工商联等64家被确认为全国“五好”县级工商联，覆盖率达77%。泉州、莆田、龙岩实现全国“五好”县级工商联全覆盖。

商会建设取得成效。召开所属商会改革和发展工作视频会议。组建省军民融合企业商会等8家商会，吸纳福建省重庆商会等3个团体会员。23家商会被确认为全国“四好”商会，82家商会被确认为福建省“四好”商会。全省新增101家镇街商会，福州、厦门、泉州、龙岩等地镇街商会发达。浙江省福建商会成立，省级异地福建商会实现全覆盖。

机关规范化水平日益提升。以党的政治建设为统领，贯彻“守初心、担使命，找差距、抓落实”的总要求，深入开展“不忘初心、牢记使命”主题教育并举办报告会，调研企业并征集民企诉求，协同有关部门逐步加以解决。省工商联深化改革总体方案经省委全面深化改革领导小组审核通过印发实施，同步改革工作正稳步推进。加强干部队伍廉政教育管理，机关3个党组织、16名党员干部获得各级各类表彰。深化机关文明单位创建，参加省直统战系统庆祝新中国成立70周年歌咏比赛并获奖。

江西省工商业联合会2019年工作综述

2019年，省工商联认真学习贯彻习近平新时代中国特色社会主义思想和党的十九大精神，以贯彻落实习近平总书记在民营企业座谈会上的重要讲话精神为统领，推动党委政府把民营经济放在更加重要的位置，营造重视、支持民营经济发展的浓厚氛围，落实各项工作任务，取得显著成效。

一、强化思想政治引领，扩大政治共识

我们认真落实习近平总书记关于深入开展理想信念教育实践活动的重要指示精神，以“守法诚信经营、坚定发展信心”为重点，不断强化思想政治引领，创新改进思想政治工作，不断增强民营经济人士对中国共产党和中国特色社会主义的政治认同、思想认同、情感认同。一是开展庆祝新中国成立70周年活动。开展优秀民营企业短视频作品拍摄、“壮丽70年·奋斗新时代”征文等系列活动，将优秀作品在微信公众号集中展播，传播正能量。二是开展党的十九届四中全会精神展宣讲。印发《关于认真学习宣传贯彻党的十九届四中全会精神的通知》，成立四个学习宣讲小组，在省工商联会员企业、商会中开展学习宣讲活动，推动党的十九届四中全会精神落地生根。三是加强民营企业家教育培训。针对民营企业家的培训需求，全年分层次开展副主席副会长企业家、执常委企业家、年轻一代企业家和工业园区工商联分会会长秘书长四期培训班，系统提升广大民营企业家转型升级、高质量发展的本领。四是提升非公党建“两个覆盖”质量。结合开展第二批“不忘初心、牢记使命”主题教育，指导省非公党委28家所属党组织开展好“六个一”活动，即组织一次学习研讨、开展一次红色教育、上好一次专题党课、开展一次问题查摆、组织一次志愿服务、召开一次组织生活会；印发《全省工商联领导和管理所属商会党建工作方案》，以“六好六强”党组织建设为目标，推动实施红色领航、红色港湾、红色领军、红色引擎等四大“红色工程”，着力提升商会党组织“两个覆盖”质量，增强党组织活力。五是持续弘扬“厚德实干、义利天下”新时代赣商精神。组织开展《赣商之歌》词曲征集和创作，第二届全球赣商大会召开前夕，正式发布由朱虹填词、田信国谱曲、阎维文演唱的《赣商之歌》MV，取得了热烈的社会反响，《赣商之歌》成为凝聚世界各地赣商的精神文化符号。

二、畅通政企沟通渠道，当好参谋助手

我们贯彻落实习近平总书记提出的“亲”“清”新型政商关系，围绕省委提出的打造“四最”营商环境，努力打造民营经济之家，为民营经济发展建净言献良策，为党委政府当好参谋助手，力求参当其时，谋当其用。一是召开政企座谈会。经过多年的探索和实践，每年省“两会”期间召开省委、省政府主要领导与民营企业座谈会已经成为常态，今年召开的“坚定信念信心，助推制造业高质量发展”民营企业座谈会，易炼红省长出席并讲话，要求全省各地各有关部门要真正把民营企业和民营企业家视为自己人，特别是要全力打通政策落地落实“最后一公里”，消除“中梗阻”，推动民营企业持续健康发展。二是持续开展营商环境和政策落实第三方评估工作。今年的营商环境评估报告不仅获得刘奇书记、易炼红省长的肯定批示，并且直接推动出台了《关于进一步降低企业成本30条政策措施》，切实解决了一批制约民营企业发展的难点痛点问题。指导九江、萍乡开展地方营商环境自评工作。三是推动出台江西省非公有制经济五年发展规划。在历时半年的广泛深入调研和反复研讨修改的基础上，4月以省政府名义正式出台，填补了江西省非公有制经济发展规划的历史空白。四是开展重点课题研究。省民营经济研究中心和民营经济研究会结合江西省民营经济发展现状，共开展了10个重点课题研究，严把课题成果质量关，注重研究成果转化和运用，10个课题均转化为提案或者《专报》，研究成果共获得省级以上领导批示28次，其中国家级领导批示2次。五是参政议政成果丰硕。印发《关于做好调查研究和参政议政工作的指导意见》，系统谋划提案的撰写、督办、回复、会办等工作。积极参与省直单位涉企政策制定，完成数十次涉企政策的征求意见回复，大多意见得到采纳。制定《2019年全省工商联系统参政议政工作方案》，广泛征集参政议政课题，拟报送省“两会”提案8项。

三、助力民营经济发展，彰显担当作为

我们充分发挥联系广泛的优势，对上争取资源，横向加强协调，对下加强指导，积极开展招商引资、融资对接、科技服务等，助力全省民营经济发展。一是成功举办全国知名民营企业助推江西高质量跨越工发展大会。在省委、省政府高度重视和大力支持下，争取全国工商联十二届三次执委会议在江西举办，并以此为契机大力开展民企招商工作，一大批民企项目落户江西，全省累计签约民企投资项目1270个，投资总额7220.97亿元，取得丰硕成果。12月18日，全国知名民营企业助推江西高质量跨越式发展大会成功召开，全国政协副主席、全国工商联主席高云龙，省委书记刘奇出席并致辞。中央统战部副部长，全国工商联党组书记徐乐江出席，省长易炼红主持。这次盛会的筹备过程中，省工商联全力以赴，组委会各成员单位通力协作，得到全国工商联领导和与会嘉宾的高度评价，产生了良好的社会反响，充分展示了江西形象、江西风采。二是融资服务取得实效。健全“银行+商会+民企”融资模式，省金融监管局、省工商联与23家银行签署金融支持民企战略合作协议，共为136个基层商会、700家企业提出意向性授信，并出台《“银行+商会+民企”发展模式考核激励管理办法》，推动省内各金融机构采取务实措施帮助民营企业融资：中国银行出台《支持民营企业发展加强信贷支持力度三年行动计划》，对签约企业和园区实现授信投放10亿元；建设银行创新推出“小微快贷”系列大数据信用贷款产品；北京银行创新推出“商会贷”系列产品，与20家商会达成合作意向；江西银行在省内率先设立全持牌小微金融专营机构，创新开展“无还本续贷”业务，推出“税e融”“微企贷”“掌上微贷”等线上产品。推动省内首家、全国第18家民营银行“裕民银行”筹备并获批正式开业。作为发起单位之一牵头组建江西普惠征信股份有限公司，整合企业信用数据，进一步完善地方金融征信体系建设。三是引导民营企业参与军民融合战略。开展“民参军”企业政策需求征集，为制定相关政策措施反映民营企业需求；组织150余家省内民参军企业代表参观第五届高技术装备成果展览；协调省科技装备业商会参与组织全国第三届先进技术转化应用大赛，江西省6个项目斩获1金1银4铜，进一步激发了全省民营企业参与军工产业的热情。四是持续开展“江西民营企业100强”发布。连续开展7年的上规模民营企业调研排序和百强发布，已经成为知名度不断提高的品牌工作，成为全省民营经济的“晴雨表”。2019年江西民营企业100强入围门槛达到19.64亿元，为近7年来最高值；营业收入超百亿元的企业有13家，比去年增加4家；企业资产超百亿元的企业有9家；创新发布会形式，增加了百强企业文化墙、圆桌论坛，影响力进一步提升。五是进一步丰富经贸活动内容。组织民营企业赴新疆克州地区开展商务考察，推动4个项目落地。在井冈山召开“江西省与全国工商联年轻一代企业家餐叙会”，推介江西省招商项目和营商环境。举办“全国湖南商会携手江西助推中部崛起推介交流会”“江西省百户国企引进战略投资者对接合作洽谈会”“江西省对接粤港澳大湾区投资合作推介会”“江西省对接海西经济区投资合作推介会”等。加强与东盟六国江西商会、加拿大赣商联合会、泰国江西总会、菲律宾江西总商会、澳大利亚国际商会及韩国忠清北道上海代表处等境外商协会组织的交流，在第二次世界赣商大会期间，邀请境外20家商会会长参加餐叙会，增进交流合作。协助省工商联直属会员商会赴越南、柬埔寨、老挝考察当地工业园和企业。

四、完善综合服务平台，创造江西经验

我们站在全省经济社会发展的高度，以系统思维科学谋划服务全省民营经济发展的顶层设计，打造一站式综合服务平台——“省非公经济发展服务中心”，推动各项服务落地，得到全国工商联的充分肯定，创造了江西经验，各省市（自治区）工商联纷纷到江西来考察取经。健全省非公经济发展服务中心工作机制。中心于2019年1月经省编办批复成立，加挂“省非公有制企业维权服务中心”牌子，为省工商联所属正处级公益一类事业单位，内设综合部、维权工作部、发展服务部，主要承担“一会七中心”的组建和运行管理工作。2019年6月中心正式运作，各项工作制度逐步建立。9月6日，省委书记刘奇同志到省非公企业维权服务中心调研，对一站式综合服务平台给予了高度肯定。建设江西省民营企业创新中心，着力打造中小微企业服务平台、新旧动能转换平台、国际资源对接平台、知识产权交易平台，目前民营企业创新中心已进驻办公，人员全部到位，已经开始承接业务，如打造崇仁变电小镇。发挥“一带一路”服务中心作用，引进第三方服务机构——跨境云（北京）网络科技有限公司，建立“一带一路”项目库，设立“一带一路”发展基金，建设江西“丝路智库联盟”，搭建江西“丝路电商”平台，引进粮食保税区落户。建设人才服务中心，通过与省人力资源市场合作，为企业提供人才招聘服务、人事档案管理、人才培训等基础服务；与北京外企（江西）人力资源服务有限公司合作，为企业提供高端人才猎头服务。建设金融服务中心，联合省金融监管局共同打造一站式金融综合服务平台，2019年6月正式上线，入驻金融机构105家，上线金融产品260个；入库企业71万户，注册企业3342户，银企对接461笔，融资余额10.01亿元，有效缓解了金融机构与中小企业之间投融资信息不对称问题，切实提升民营企业获得感。推进“网上工商联”项目，建设非公经济大数据中心，目前已经归集了超过20亿条各类数据，建立了5大类、50小类、175个维度数据分析决策视图；打通了服务云平台，实现了民企办事、投资地图、项目对接等具体办事业务一体化入口平台，民营企业可通过手机便捷享受到政策、金融、投资、法律、外贸、人才、培训、市场、医疗等9大服务。服务云平台好比专门为民营企业服务开的服务云超市，企业要进“超市”，只要下载“掌上工商联”APP，便可通过手机享受一网通办服务。建设赣商文化传播中心，挖掘、传播江右商帮文化和大力宣传“厚德实干、义利天下”新时代赣商精神，建设、运营、管理由同心柱、赣商文化长廊、赣商博物馆和赣商大讲堂四大元素支撑的文化传播平台，开展民营企业培训，推动民营企业文化建设。首期赣商大讲堂《民营企业人力资源管理“升级”与“增效”》于2019年9月已成功开讲，下一步将酝酿创办赣商学院，筹建面积达3000平方米的赣商博物馆。

五、助力保护企业权益，树立维权品牌

我们认真贯彻落实省委主要领导的指示精神，配合全省干部作风建设和优化营商环境举措，组建省非公企业维权中心，协调解决历史遗留问题和民营企业投诉，维护民营企业合法权益，得到中央统战部、全国工商联和省委、省政府的高度肯定和广大民营企业的高度认可。一是建立健全维权工作机制。建立诉求受理登记台账制度、日报周报制度，加强档案管理，实现对企业诉求的受理、转办、承办、回复、企业评价全流程服务。向省委、省政府报送的5期维权工作专报，刘奇书记和易炼红省长各作出4次批示，体现了高度重视和大力支持。二是加强协调形成工作合力。建立分办、沟通、反馈机制，充分发挥各承办单位的主体作用。与省高院、省检察院、省公安厅召开工作交流会，建立工作联系机制。发挥好各级法院非公企业维权工作办公室、公安系统服务民营企业发展工作领导小组作用，推动检察院在全省103个工业园区工商联分会和4家工商联所属商会设立检察联系点，和省司法厅一道持续深入开展民营企业“法治体检”活动，建立长效机制。三是指导推动各设区市开展维权服务。出台《关于加强非公企业维权服务工作的指导意见》，制定《江西省非公企业维权服务工作手册》，到2019年底，推动全省11个设区市和赣江新区组建维权中心，落实了人员或编制，吉安、赣州、景德镇、萍乡、赣江新区保障了工作经费。2019年各设区市共自主办理诉求143件。四是加强宣传扩大企业知晓面。定期向政企直通APP平台上31万多家企业推送宣传短信，利用电视、广播、报刊、新媒体等宣传报道非公企业维权工作的成功经验和典型案例，设立“法治民企微窗”栏目，与省检察院开展风险防范宣传。刘奇书记、易炼红省长在民营企业座谈会、世界赣商大会等多次推介省非公企业维权中心。《中央统一战线工作领导小组简报》（第6期）刊载了江西省非公企业维权服务中心经验做法，《江西日报》《中华工商时报》《法制日报》等媒体作了宣传，不断扩大企业知晓面，提升企业信任感。五是加强调研督办提高诉求办理质量和效率。督促承办单位切实履行职责，创新举措协调办理企业诉求、破解难题，省工商联主要领导和分管领导多次到市县和有关部门召开协调会，推动解决重点疑难复杂诉求。截至2019年12月12日，共受理实质性维权诉求381件，向各设区市、省直承办单位分办118件（已办结87件）、向省政法各单位移交涉法涉诉诉求88件（办结73件）、提请省检察院研判26件，中心自办121件、正在审核分办11件，提请全国工商联和外省工商联协助办理8件（已办结5件）。

六、推动履行社会责任，汇聚企业力量

我们积极引导广大民营经济人士弘扬光彩精神、履行社会责任，广泛动员民营企业投身脱贫攻坚战，扎实推进“千企帮千村”精准扶贫行动，截至2019年12月31日，全国“万企帮万村”台账管理系统显示，江西省民营企业参与行动总数3772家，村受行动帮扶总数5138个，贫困人口受行动帮扶总数521299人，帮扶实施项目9932个，扶贫资金总额30.96亿元，取得阶段性成果。一是聚焦深度贫困地区精准帮扶。加大全省269个深度贫困村结对帮扶力度；帮助结对帮扶产生初步成效的78

个贫困村巩固提升帮扶成果；对已结对但未进行实质性帮扶的39个贫困村，及时指导当地工商联精准施策，协调解决帮扶过程中遇到的困难和问题；对已开展教育、消费、捐赠等公益帮扶的133个贫困村，进一步创新帮扶举措；对需要重新结对帮扶的铜鼓县3个贫困村，协调省新生代企业家商会结对帮扶，确保深度贫困村帮扶取得实效。二是深入推进教育精准扶贫行动。进一步贯彻落实《关于开展江西省 “千企帮千村”教育精准扶贫行动的指导意见》，引导民营企业采取“一对一”“一对多”的方式对建档立卡尚未脱贫的贫困家庭考取普通高校的子女在生活费上给予资助。2019年有713家民营企业参与教育扶贫，共资助7191名学生，帮扶资金1968.8万元。2019年7月在甘肃临夏州召开的全国“万企帮万村”教育扶贫座谈会上，李青华书记做了题为“聚焦教育扶贫、助力脱贫攻坚”的典型发言，是工商联系统唯一发言单位。三是倡导消费扶贫。引导民营企业、商会树立“消费也能扶贫、消费就是参与脱贫攻坚”理念。通过“以买代帮”“以购代销”等方式，在企业食堂、商务接待、员工福利等环节优先采购贫困村贫困户产品，引导工商联所属商会在举办会议、会展、庆典、年会等活动时优先选用贫困村贫困户产品，引导民营企业组织员工到贫困村购买扶贫产品，组织民营企业下载全国工商联“联成e家”APP，购买包含江西扶贫馆在内的贫困地区产品。四是加强宣传培训讲好扶贫故事。两次召开全省“千企帮千村”精准扶贫行动工作推进会，通过典型交流、现场观摩、专题研讨等，促进精准扶贫行动提质增效。在工业园区商会会长秘书长培训班和全省工商联系统干部培训班上做脱贫攻坚专题辅导，引导广大民营企业家自觉在参与精准扶贫、履行社会责任中接受理想信念教育。及时表彰宣传民营企业参与帮扶的先进典型，讲好民营企业扶贫故事。在全省评选表扬40家踊跃投身脱贫攻坚的民营企业和16家在教育精准扶贫行动成效突出的民营企业，江西省推荐的4家民营企业被表彰为全国“万企帮万村”精准扶贫行动先进民营企业。五是首次发布民营企业社会责任报告。在广泛深入调研的基础上，编写发布《江西省民营企业社会责任报告2019》，系统总结江西省民营企业坚定理想信念，主动履行社会责任，致力于脱贫攻坚、慈善事业、生态环境保护、弘扬企业家精神，为实现江西高质量发展提供更强劲的动力和活力，并对江西省正邦集团、华宏汽车集团等10家具有代表性的民营企业履责实践进行了挖掘和提炼，以榜样的力量引领更多的民营企业履行社会责任。

七、着力加强自身建设，提升能力水平

我们坚持站在提升全省工商联系统能力的高度，在加强省工商联机关和下属单位建设的同时，不断强化县级工商联建设，深化工商联所属商会改革发展，科学谋划顶层设计，夯实基层基础，系统提升服务能力。一是加强省工商联建设。根据省编办批复，组建正处级公益一类下属事业单位，核定编制16人，目前已经从全省范围选拔8名干部；省民营经济研究中心引进高层次人才2名；调任2名处级干部到机关任职，省工商联机关和下属单位编制数达到71人。落实《全省工商联系统干部培训规划》，举办2期全省工商联系统干部培训班。加强干部培养使用，充分调动干部积极性。扎实开展“不忘初心、牢记使命”主题教育，推动全面从严治党落到实处，强化作风建设，持之以恒营造机关风清气正的政治生态，不断增强干部队伍战斗力。二是加强县级工商联建设。坚持抓基层、打基础，在巩固

"一个设立、五个有"全覆盖的基础上，深入推进"五好"县级工商联建设。坚持质量为先、动态管理、注重实绩、全面审核的原则，对"五好"县级工商联进行推荐确认，已经有56个县级工商联被全国工商联确认为全国"五好"县级工商联，增长64.7%，县级工商联整体工作水平有了明显提升。抓好督查指导，出台《省工商联专职会领导挂点指导县级工商联建设工作方案》，会领导带队深入到市县工商联调研，推动解决基层工商联工作中的具体问题。三是推动所属商会改革发展。推动由省委办公厅、省政府办公厅出台《关于促进工商联所属商会改革和发展的实施方案》，召开全省工商联所属商会改革发展电视电话会议进行工作部署。明确工商联统一归口管理异地商会，统一联系服务省外江西商会，统一管理商会党建工作，解决了商会管理政出多门的问题。推动组建省区块链行业协会、省工业合作协会等新经济领域商会，主动吸收一批与行政机关脱钩、能够较好承担统战工作职能的行业协会商会。协调省民政厅出台《江西省乡镇街道商会登记管理办法》，解决乡镇商会登记注册难题，目前，全省工商联所属商会达到3115家。配套制定《江西省工商联直属商会管理办法》，将实施方案规定的各项工作任务进一步具体化、制度化，把工商联对商会的指导、引导和服务落细落实。加强"四好"商会建设，全国"四好"商会达到20家、全省"四好"商会达到80家。四是提升园区分会履职能力。在实现省级以上工业园区工商联分会组织全覆盖的基础上，着力提升园区分会履职能力。召开工业园区工商联分会（企业商协会）工作会议，加强商会规范化建设，提升会长、秘书长履职能力。召开工业园区工商联分会会长秘书长培训班，加强培训交流，推广典型经验。是强化保障支持，争取工业园区在办公场所、工作人员等方面给予支持，使工商联分会建得起、管得活、用得好。南昌市高新区、经开区，萍乡市经开区等对园区分会专门安排办公场所和服务场地，安排专人协助开展工作。2019年4月，中央统战部副部长、全国工商联党组书记徐乐江在江西省调研期间专门视察园区分会建设，并给予充分肯定。

2019年以来，江西省工商联取得了一定的成绩，也还存在一定的不足，如商会改革力度还有待进一步加强、各设区市工商联工作开展不平衡、干部队伍建设有待进一步提高等。2020年，我们将以习近平新时代中国特色社会主义思想为引领，贯彻落实《关于加强新时代民营经济统战工作的意见》，推进服务型工商联建设，促进"两个健康"，为在加快革命老区高质量发展上做示范、在推动中部地区崛起上勇争先，描绘好新时代江西改革发展新画卷做出新的更大贡献。

山东省工商业联合会2019年工作综述

2019年，山东省工商联围绕中心、服务大局，深入实施"搭桥铺路工程"，强化担当作为，狠抓工作落实，全省工商联事业发展迈上了新台阶。

一、坚持政治建会，把准工商联事业发展正确方向

牢牢把握工商联作为政治组织、统战组织这一定位，加强对习近平总书记民营企业座谈会重要讲话精神及中央关于非公有制经济发展系列决策部署的学习领会和宣传解读，引导广大非公有制经济人士增进政治认同、思想认同、理论认同、情感认同，筑牢了共同思想政治基础。加强对所属商会党建工作的领导，理顺商会党组织管理关系，商会党建工作覆盖面不断扩大。严格落实“守初心、担使命，找差距、抓落实”总体要求，深入开展“不忘初心、牢记使命”主题教育，切实抓好学习教育、调查研究、检视问题和整改落实，制定印发《关于加强自身建设的意见》等四个制度性文件，集中推动解决了一些制约民营企业发展的痛点难点问题。

二、坚持团结立会，引导非公有制经济人士健康成长

教育培训有收获。以“守法诚信经营，坚定发展信心”为重点，深化非公有制经济人士理想信念教育。开展“青蓝接力”引导教育行动，组织50余名青年企业家赴井冈山进行革命传统教育，支持省工商联执委以上企业家二代赴省总商会挂职锻炼。举办两期省工商联执常委和所属商会负责人培训班，选派优秀青年企业家参加全国工商联举办的理想信念教育和传统文化培训，引导企业家认清新形势、把握新机遇、实现新作为。召开山东省总商会会长年度会议，打造了商会和企业互学互鉴、建言献策平台。舆论宣传重引导。围绕庆祝新中国成立70周年，组织开展“我和我的祖国”主题宣传教育活动，组织百余名民营企业家参观“70周年成就展”，做好优秀中国特色社会主义事业建设者、优秀企业家表彰人选推荐工作，运用省工商联微信公众号并配合大众日报、山东卫视等媒体，大力宣传我省民营经济发展的丰硕成果。省工商联被中华工商时报社评为2019年度民营经济新闻宣传工作先进单位，荣获省委宣传部、省政协办公厅“山东政协新闻奖”，被山东广播电视台评为优秀融媒通讯员单位，微信公众号荣获山东政务微信最具潜力奖。加强舆情收集、研判和处置，引导正确舆论方向。扶贫脱贫见实效。突出实践教育，引导民营企业家积极参与“千企帮千村”脱贫攻坚行动和“千企助千村”振兴行动，完成全国工商联系统台账交叉检查，举办省总商会系统助推乡村振兴暨脱贫攻坚推进会，成立山东省乡村振兴产业联盟，探索“1+8+4”乡村振兴模式，开展消费扶贫活动，在全国工商联推进实施乡村振兴战略现场会上作了典型发言。截至11月底，全省纳入全国工商联台账管理的民营企业1782家，精准帮扶贫困群众8.43万人，涉及2650个村，投入总金额10.35亿元。积极与西部对口支援和扶贫协作地区举办招商推介会、对接会，“民营企业南疆行”活动中山东省6家民营企业签约项目6个，与重庆对接考察签订合作意向协议9项，投资1.5亿元的云端现代农业综合体项目已落地，共有75家民营企业和商会组织与重庆74个村结对帮扶。

三、坚持服务兴会，助推民营经济高质量发展

实施“搭桥铺路工程”。打造“工商联+”工作模式，指导各直属商会和异地山东商会策划“双招双引”重大项目和活动，主动走访调研，建立问题台账，推动项目和活动加快落实。加强与异地山东商会的走访联系，先后在上海、天津、江苏省山东商会设立“山东省工商联招商引资招才引智联络站”，组织异地山东商会会长参加省委、省政府举行的海内外山东商会会长座谈会，并赴济宁考察投资环境。举办全国各级山东商会“走进沂蒙、助力发展、共赢未来”暨临沂市招商推介会，组织参加进博会、青洽会、蒙商大会、世界制造商大会等，协助各地推进项目对接和投资洽谈，推动了山东众客食品产业园、艺术中国牡丹古镇等一批项目在山东省落地建设。深化政策宣传落实。深入开展“送政策上门精准对接”服务民营企业活动，建立省工商联领导班子成员联系民营企业和商会制度，省市县三级工商联同步联动，走访本级工商联执委以上企业和所属商会，编制印发政策宣传材料5万余份，主动上门宣传解读政策、听取意见建议，促进了政策落地达效。加大政策宣讲力度，以闪电新闻视频直播的形式举办四期“齐鲁企业家大讲堂”，邀请全国工商联领导和省有关部门负责同志深入宣传解读党和国家重大方针政策，同步在线收听收看人数达40万人，荣获“创新中国”最佳工作案例。依托省工商联微信公众号、网上工商联、今日头条、大众网、闪电新闻等载体，持续发布支持民营经济发展的政策措施。积极建言资政。围绕民营经济政策落实、民营企业参与“一带一路”建设和“走出去”等课题深入调研，形成的政策落实专题报告获省委主要领导批示，省政协营商环境专题大会发言获省政协致函表扬。健全民营经济监测体系，抓好民营企业调查点工作，入库企业数量和数据分析质量大幅提升，省工商联荣获“全国工商联2019年民营企业调查点工作省级先进单位”并作会议典型发言。举办全省工商联系统提案和社情民意信息工作培训班，报送的集体提案有8件被省政协立案，1件被全国政协立案。认真完成民营企业社会责任、民营企业运行及防范化解风险摸底、支持民营企业参与污染防治等专题调研，与省生态环境厅共同制定印发《关于支持服务民营企业绿色发展的实施意见》，组织做好上规模调研和山东民营企业100强申报发布、全国民营企业500强推荐工作，入围数量继续位居全国前列。促进国际经贸交流合作。引导民营企业主动参与“一带一路”建设，组织企业家赴欧洲、东南亚等国家考察对接，组团参加世界华商大会、“一带一路”国际合作高峰论坛等，分别与省贸促会、国资委等部门联合举办对外投资说明会、跨境投资论坛。建立海外山东商会资源库，密切与境外商会的联络交流，为民营企业“走出去”搭建了交流合作平台，在全国工商联召开的引导服务民营企业参与“一带一路”建设推进会暨国际合作工作会议上作了典型发言。优化法律服务。充分发挥民商事调解中心、检察工作站、法律服务团的作用，整合优化网上工商联“法律维权服务”板块，扎实开展民营企业法治体检活动，与省高院联合召开服务保障民营经济高质量发展座谈会，发布了《服务保障民营经济高质量发展十条》，与省委政法委建立了省政法工作服务促进非公有制企业发展联席会议制度，建立完善产权纠纷多元化解机制。今年以来共受理涉企纠纷案件60余件，持续跟踪协调并推动解决20余件，维护了民营企业合法权益。

四、坚持改革强会，扩大工商联组织和工作覆盖面

制定印发《山东省工商联深化改革实施方案》，抓好省委办公厅、省政府办公厅《关于促进全省工商联所属商会改革和发展的实施方案》落实，稳步推进商会改革试点工作。探索开展对异地商会的归口管理改革，推动全省各级异地商会陆续归口工商联系统管理。以发展团体会员为重心，指导成立8家商会并完成注册登记，发展15家团体会员入会，推动山东省新疆商会开展筹备工作，加强会员组织数据统计调度，会员队伍不断壮大。继续深入开展“五好”县级工商联和“四好”商会创建活动，在微信公众号创建“四好商会风采”栏目，与省人社厅联合评选表彰全省工商联系统先进集体和先进个人，向全国工商联推荐全国“五好”县级工商联84家，在全国工商联组织工作会议上做了典型发言。制定发挥企业家执常委作用的工作制度，在网上工商联开通“企业家执常委履职”专栏，积极开展首次企业家执委履职监督与评价工作。加强机关自身建设，主动对标学习先进经验做法，深入整治形式主义官僚主义，精简会议文件材料，简报信息工作不断加强。强化机关内部管理，制定激励干部干事创业担当作为的制度办法，建立重点工作台账，每季度调度重点工作进展情况，确保了各项工作落实。认真做好“千名干部下基层”和“第一书记”驻村帮扶工作，选派干部深入基层、帮解难题，树立了良好形象。

河南省工商业联合会2019年工作综述

2019年，河南省工商联在省委、省政府的坚强领导和全国工商联的具体指导下，深入学习贯彻习近平新时代中国特色社会主义思想和党的十九大精神，深入学习贯彻习近平总书记在民营企业座谈会上的重要讲话精神、考察调研河南时的重要讲话精神，坚决贯彻落实省委、省政府重大决策部署，以扎实开展“不忘初心、牢记使命”主题教育为契机，紧扣“两个健康”主题，积极服务民营经济高质量发展，较好地完成了各项任务。

一、加强政治引导，促进非公有制经济人士健康成长

一是强化思想政治引导。深入学习宣传，充分利用省工商联网站、《河南工商界》内刊、微信公众号等多种载体大力宣传党的路线、方针、政策。召开河南省非公有制经济界学习习近平总书记全国两会重要讲话精神座谈会、学习贯彻习近平总书记考察调研河南时重要讲话精神座谈会、学习贯彻党的十九届四中全会精神暨纪念习近平总书记在民营企业座谈会上重要讲话发表一周年座谈会等，举办豫商课堂、培训班加强教育引导。二是深化理想信念教育。把理想信念教育融入促进“两个健康”各项工作，推动理想信念教育常态化。加强理想信念教育社会化、网络化、基地化建设，命名焦裕禄干部学院、圆方集团等6家单位为首批理想信念教育基地。加强与企业家自组织、教育培训机构等的合作，支持正和岛、嵩山会、格局商学等开展培训、举办活动。三是加大教育培训力度。把开展民营企业家高端培训作为提升民营企业家队伍整体素质的重要抓手，在清华大学举办首期“新时代中原民营企业家培养计划高端培训班”。围绕学习省委全会精神、宏观经济形势分析等，举办5期豫商课堂，邀请外交部原部长李肇星，人民大学校长刘伟等做报告，提升豫商课堂品质。联合河南电视台法制频道举办8场筑梦大讲堂活动，邀请名家主讲，5000多位企业家参加。加大对年轻一代企业家的培养培训，举办省工商联第六期青年企业家培训班。四是大力开展宣传表彰。利用《中华工商时报》《河南日报》产经专版、省工商联网站等宣传平台，大力宣传民营企业和企业家典型。河南省在《中华工商时报》头版头条上版率排名全国第二位，宣传报道达20余万字，被评为2019年度民营经济新闻宣传工作先进单位。五是推动构建“亲”“清”新型政商关系。深入贯彻落实《全国工商联践行“亲”“清”新型政商关系的实施意见（试行）》《河南省构建新型政商关系暂行办法》和省纪委、省监委《关于充分发挥纪检监察职能作用积极助推民营企业发展壮大的意见（试行）》。深化省工商界“反对贿赂·公平竞争”联盟活动，与省纪委共同举办深入贯彻落实全省促进非公经济健康发展大会精神着力推动构建新型政商关系座谈会。

二、强化服务引领，促进非公有制经济健康发展

一是深入调查研究，积极建言献策。与省社科院组成联合课题组，对激活河南民间投资问题进行了研究分析，调研成果得到省委主要领导批示。完成了民营企业运行状况调查、万家民营企业评营商环境调查等5次问卷调查，被评为全国工商联民营企业调查点先进单位。《打好污染防治攻坚战的建议》《关于延期截止我省国五排放标准机动车上牌时间的建议》《关于压缩消防验收“空窗期”避免出现预售商品房大面积“延期交付”的建议》得到了省政府有关领导的批示和有关部门的回复，促进了问题解决。二是开展系列政策宣讲活动。开展“政策春风润万企”系列政策宣讲，全年举办了5场集中宣讲。编印了《河南省促进非公有制经济健康发展政策汇编》。三是助推营商环境进一步优化。承办了全国工商联推动构建“亲”“清”新型政商关系工作会议暨优化营商环境大会，省委书记王国生出席会议并讲话，河南省大力优化营商环境的举措得到全国工商联主要领导的高度评价。四是组织参与重大经贸活动。完成了“第十三届中国（河南）国际投资贸易洽谈会”邀商工作，组织民营企业参加“第二届‘一带一路’国际合作高峰论坛”“首届中国—东盟民营企业家峰会”等。成功举办“百名客商河南（开封）行”，签约项目102个，总投资664.2亿元。联合省粮食和物资储备局，组织100余家企业赴黑龙江参加粮食企业龙江行对接洽谈，签约29个合作项目，总金额25.8亿元。五是积极开展法律服务。创新服务形式和载体，组织召开省工商联法律服务座谈交流会，与省高院联合召开发挥商会调解优势、推进民营经济领域纠纷多元化解机制建设座谈会。六是举办民营企业百强发布会。连续第七年发布河南省民营企业100强、制造业100强、现代服务业100强、现代农业100强和《100强调研分析报告》，榜单影响力、公信力进一步提升。连续第二年发布《河南民营企业社会责任报告》和河南民营企业社会责任百强榜，社会责任调研引导、体系建设工作再次走在全国前列。

三、服务中心大局，贯彻落实中央和省委重大决策部署

一是深入开展“不忘初心、牢记使命”主题教育。始终坚持把学习教育、调查研究、检视问题、整改落实有机融合、一体推进、贯穿始终。学习教育做到“四个落实”，调查研究坚持“四到四访”，检视问题、整改落实做到认真到位。查找出存在问题24个，制定了51项整改措施，全部整改到位。制订了专项整治方案，打通工作“堵点”3个、办好惠民实事6件。二是努力深化工商联所属商会改革发展。开展了商会改革发展调研，提交的《所属商会改革发展调研报告》获全国工商联突破创新奖，《直属商会组织党建工作调研报告》《县级工商联建设调研报告》获全国工商联2019年度组织建设优秀调研成果探索实践奖。做好省委统战工作领导小组《关于促进工商联所属商会改革和发展的意见》贯彻落实，在十二届四次常委会上进行专题安排部署。印发贯彻落实《意见》精神的通知，召开直属商会座谈会，深入基层召开8场学习宣讲座谈会，营造了良好的贯彻落实氛围。三是推动“千企帮千村”精准扶贫向纵深开展。引导广大民营企业积极参与“千企帮千村”精准扶贫向深度贫困地区倾斜，推进民营企业与深度贫困村结对帮扶，大力开展产业帮扶、就业帮扶、消费帮扶、公益捐赠。截至2019年年底，河南省进入“万企帮万村”精准扶贫行动全国台账管理的民营企业达7287家，精准帮扶12431个村（其中建档立卡贫困村5245个），帮扶96.41万建档立卡贫困人口，累计投入产业资金46.32亿元，公益捐赠4.93亿元，安置就业5.3万人，技能培训4.78万人。7家民营企业获得全国“万企帮万村”精准扶贫行动先进民营企业荣誉称号。四是服务支持民营企业绿色发展。与生态环境厅共同举办7期“企业服务日”活动，联合开展“千名专家进百县帮万企”绿色发展服务，受益企业3500余家。联合承办了全国工商联、生态环境部在郑州召开的支持服务民营企业绿色发展交流推进会，河南服务民营企业绿色发展的做法受到高度评价。五是引导服务民营企业防范化解风险。开展了民营企业运行情况及防范化解风险摸底调研。发挥省工商联银企应急转贷信息服务中心等平台作用，2019年共为218家企业提供转贷融资服务，总金额超23亿元。与建设银行河南省分行合作，在全国首次发布了省级工商联智慧服务平台。

四、加强自身建设，提升服务“两个健康”工作水平

一是加强领导班子建设。按照《全国工商联企业家副主席、副会长执委履职情况评价办法（试行）》要求，积极组织河南省推荐的15位企业家执委开展自评，并对其思想政治表现等多个方面进行评价。制定了《河南省工商业联合会代表大会代表任期制实施办法》，组织市、县工商联对执常委数据库、商会数据库、组织数据库和会员组织统计填报系统信息进行了更新和完善，执委信息入库率超过1万条。二是加强干部队伍建设。抓好机关集中学习，制订学习计划，坚持周四下午学习制度，积极参加省直工委、统战系统等组织的学习培训，提升机关党员干部工作能力和服务水平。举办强党性转作风专题培训班和公文写作培训班，提高政治素养和业务技能。三是加强基层组织建设。推进“四好”商会建设，加强对各级商会的指导、管理和服务，充分发挥“四好”商会示范带头作用，全年认定了60家省级“四好”商会，其中36家通过全国工商联认定。推进“五好”县级工商联创建，组织互学互促，79家县级工商联被全国工商联认定为全国“五好”县级工商联。

湖北省工商业联合会2019年工作综述

2019年，在全国工商联的有力指导下，在省委、省政府的坚强领导下，湖北省工商联坚持以习近平新时代中国特色社会主义思想为指导，以学习贯彻习近平总书记在民营企业座谈会上重要讲话精神为主线，以开展“不忘初心、牢记使命”主题教育为动力，认真学习贯彻党的十九大和十九届二中、三中、四中全会精神，坚持“政治建会、团结立会、服务兴会、改革强会”，牢牢把握“两个健康”工作主题，围绕中心、服务大局，推动民营经济高质量发展，全省工商联事业迈上了新台阶。

一、坚守初心使命，主题教育活动深入扎实

1．有力推进主题教育活动。认真开展“不忘初心、牢记使命”主题教育，坚持把学习贯彻习近平新时代中国特色社会主义思想贯穿主题教育全过程，做到会领导示范带头学、处级干部交流研讨学、机关干部全员参与学。在全省率先举办学习张富清同志先进事迹报告会，评选出4位全省工商联系统先进典型，举办主题教育先进典型事迹报告会。2019年，党组理论学习中心组集中学习21次，其中主题教育学习11次，干部在线学习学时达标率100%。第二批主题教育开始后，第一时间印发实施方案，召开推进会，成立6个指导组，深入46家商会、17家企业指导开展主题教育，分别在遵义、武汉举办所属商协会、直属会员企业党建工作培训班。

2．立行立改服务民企解难题。深入基层、企业、商会调研，听取意见建议37条，梳理汇总整改清单12项。针对企业反映突出的问题，与武汉海关、省地方金融监管局等开展“亲”“清”对话活动。针对基层反映机关作风方面存在的问题，制定《湖北省工商联干部“十五个严禁”行为规范》，精简合并会议，减轻基层负担。修订完善机关办文办会办事、新闻宣传、调研、培训、公文评审等20多项规章制度。

二、突出政治引领，思想政治工作强劲有力

1．推动习近平总书记在民营企业座谈会上重要讲话精神的贯彻落实。组织省、市、县三级工商联联动，围绕惠企政策落实情况开展调研督导；编撰涉企政策汇编，实行惠企政策“每日一推”。2019年前三季度，全省民营企业享受税费减免210.5亿元，占减税总额的44.2%，是减税降费的最大受益主体。

2．广泛深入宣讲四中全会精神。成立17个宣讲小分队，走进17家企业、46家商会，组织广大非公有制经济人士学习领会党的十九届四中全会精神，讲好全省非公有制经济领域学习贯彻四中全会精神的故事。

3．持续深化理想信念教育。与省委统战部联合举办全省经济领域统战工作专题研讨班、“聚焦主业实业、心无旁骛谋发展”专题培训班，召开“依法经营、守法诚信”企业家座谈会。对工商联执委企业信用情况进行技术比对，探索开展失信企业信用修复。制定《省工商联关于加强全省民营经济领域舆情工作的实施意见》，与省网信办、省市场监管局建立常态化涉企舆情沟通反馈机制。

4．大力弘扬优秀企业家精神。举办“壮丽70年·奋斗新时代”民营经济发展专题新闻发布会，在官网开设新中国成立70周年、全国扶贫日、第四届楚商大会等宣传专栏。宣传推介70名光彩之星、70名优秀楚商，陈东升、雷军、黄立、阎志、肖凯旋、严贤涛、曹亦农等7人荣获全国第五届优秀中国特色社会主义事业建设者称号。九州通、金马凯旋、奥山集团、山河控股、宝业建工等5家企业荣获全国“万企帮万村”优秀民营企业称号，42家企业获省工商联、省扶贫办通报表扬。盛天网络、劲牌公司荣获巾帼文明岗荣誉称号。

三、服务中心大局，脱贫攻坚彰显民企风采

1．推动800个待出列贫困村民企结对帮扶全覆盖。制定《湖北省工商联系统2019年助力800个贫困村出列的工作方案》，凝聚全省工商联系统力量，组织动员民营企业与贫困村结对帮扶。到2019年底，全省6669家民营企业结对帮扶6098个贫困村，建档立卡贫困村3560个，帮扶辐射75.6万贫困人口，投入产业帮扶资金54.8亿元。

2．助力深度贫困地区脱贫攻坚。做好民营企业家来鄂考察和扶贫对接工作，长三角地区与恩施州有关企业和单位签订合作协议5个、金额11.312亿元。北京、天津与十堰对口协作项目9个，支持教材、医疗器材等价值1.08亿元，签订招商引资项目17个，合同金额56.3亿元，村企结对签约13个，协议金额1169.3万元，51家企业、商会和个人向十堰捐赠1753.7万元。

3．推广电商扶贫、消费扶贫等新模式。向全省各级党政机关、企事业单位及社会各界发出《消费扶贫倡议书》，动员组织购买全省800个待出列贫困村的产品和服务，其中组织民营企业参与消费扶贫总金额8.59亿元。成功举办2019年助力800个贫困村出列电商消费扶贫培训班和消费扶贫展销对接会，达成消费扶贫订单139个、金额2.51亿元。

4．积极做好产业援疆援藏。分别与新疆博州、兵团第五师两地工商联签订《对口交流合作工作协议》，建立制度性援助机制。支持援疆援藏扶贫专项经费65万元。组织民营企业赴新疆博州、西藏山南考察对接，推动产业项目落地。

5．巩固提升驻村帮扶成果。全年筹措帮扶资金82.6万元、扶贫物资18万元，继续实施贫困户产业“1+1”奖励计划。落实爱心基金帮扶项目，动员商会、企业开展“茶叶”消费扶贫，购买茶叶400多斤、12.3万元，被《中国扶贫》第九期报道。目前，杨家河村贫困户人均收入11160元，同比增收1340元。

四、凝聚楚商力量，为湖北高质量发展注入新动力

12月19日至21日，以“奋进新时代、筑梦新楚商”为主题的第四届楚商大会成功举办，全国政协副主席、全国工商联主席高云龙出席开幕式并讲话，省委书记蒋超良致辞，省长王晓东向马云、陈东升颁发省政府经济顾问聘书。发布650个优质重点推介招商项目，大会现场签约项目33个，协议金额664亿元。马云等企业家在开幕式上的精彩致辞在网上持续发酵，累计阅读量过亿。

五、聚焦民企期盼，政商交往实现“亲”“清”共融

1．高位推动构建“亲”“清”政商关系。做好省“四大家”领导联系民营企业和商会的协调服务工作，省委书记蒋超良带头深入武汉、襄阳、荆门、咸宁等地，调研惠企政策落实情况。省长王晓东赴百步亭集团、卓尔控股、爱帝集团宣讲支持民营经济持续健康发展的政策。组织推荐37位民营企业家代表参加全省经济工作会议。湖北省构建“亲”“清”新型政商关系经验在中央统一战线工作领导小组简报刊发。“创新服务民企方式、促进政商良性互动”获评中央统战部实践创新成果。

2．政企对话搭建“亲”“清”交流平台。先后与武汉海关、省地方金融监管局、省文旅厅等举办3期“亲”“清”政商座谈会。走进海关活动中，30多位民营企业家与海关领导面对面交流，协商解决通关便利化、企业国际贸易、规范执法模式、基层海关不作为等问题。走进金融部门活动中，30多家银行机构和100多家民营企业对接，签订203.4亿元融资协议。

3. 上下联动畅通企业诉求反映渠道。按照"全省一张网、三级全覆盖"目标，加快省、市、县三级联动建设，17个市（州、林区）、68个县（市、区）成立投诉服务中心，核定增加238个编制，市州一级全覆盖，县级成立率68.7%，宜昌、恩施、十堰、孝感、荆州、荆门、随州实现市、县两级投诉服务中心全覆盖。

六、搭建服务平台，力推民营经济高质量发展

1. 搭建经济服务平台。高标准承办第二期全国工商联军民融合发展政策培训班。与工行湖北省分行等4家银行签订战略合作协议，支持民营企业融资服务。与省经信厅、人行武汉分行联合发文，遴选56家民营企业进入湖北省债务融资工具发行企业后备库。与人行武汉分行等8部门联合出台专项行动方案，帮助更多民营小微企业实现首次贷款融资。组织开展非公有制企业高级经济师申报工作，194人通过职称评审。深入开展上规模民企调研，百强发布会影响力不断扩大，2019年湖北民企百强入围门槛达21.36亿元，同比增长11.8%。首次发布湖北民营企业社会责任报告，收录劲牌公司等10家优秀企业案例。18家湖北民营企业入围2019年中国民营企业500强，比上年增加3家，居全国第七、中部第一。

2. 搭建法治宣传和法律服务平台。同省高院、省检察院、省司法厅等建立沟通联系长效机制，联合召开民营企业座谈会，出台优化民营企业法治环境的政策文件，开展法治宣传活动。成立湖北省总商会人民调解委员会，指导9家直属商协会成立调解委员会。

3. 搭建"走出去"服务平台。举办湖北民营企业参与"一带一路"建设培训班，组建印度湖北商会，在瑞典斯德哥尔摩、德国杜塞尔多夫、印度德里增设海外联络处，构建省工商联海外服务网络体系。省工商联"全球楚商交流合作平台"被省政府确定为2019—2022年前沿性、突破性开放发展标志性工程。

七、摸实情建真言，调查研究深入扎实

1. 重点调研深入扎实。制定《省工商联调研工作办法》，开展全省工商联系统优秀调研成果评选活动。与省委办公厅联合调研成果《推动县域民营经济高质量发展问题与对策》被中央统战部调研参考33期采用。6篇调研成果获评2019年全国工商联系统优秀调研成果，3篇调研成果获评2019年全国工商联组织建设优秀调研成果。

2. 建言献策坦诚务实。推动企业家参与涉企政策制定，组织商会、企业参加《中国（湖北）自由贸易试验区条例》《湖北省开发区条例》等法律法规征求意见座谈会。通过省"两会"、省委双月座谈会、省政协议政协商会等平台，提出促进民营经济发展的意见建议。向省政协报送省政协大会口头发言1篇、联组发言2篇、团体提案6篇；向全国工商联报送提案线索4篇。民企"五盼"发言得到省领导和企业家一致好评，被省委《政策》杂志刊发。

3. 信息工作提质增效。向省委办公厅报送信息48篇；向全国工商联编辑报送信息约280篇，被采用34篇；向省委统战部报送信息约160篇，采用20篇；编印《湖北民营经济》10期。拓展民营企业调查点范围，入库企业数3622家，同比增加822家。探索1+1模式，试点发布武汉市民营经济景气指数。被全国工商联评为"2019年民营企业调查点工作省级先进单位""民营企业调查点试点工作突出贡献单位”，34家区县工商联和样本企业受到全国工商联通报表彰。

八、改革创新，工商联组织基础更加坚实

1．加强领导机构建设。充分发挥企业家兼职副主席（副会长）作用，建立完善省工商联领导班子成员“三联”工作制度、企业家副主席副会长履职尽责档案、述职评议制度、重大事项报告制度、轮值工作制度等。每位兼职副主席、副会长轮值一个月。

2．加快推进所属商会改革发展。制定《湖北省工商联所属商（协）会管理办法》。开展首轮“四好”商会评定和商会示范点建设，16家商会被认定为全国“四好”商会、48家商会被认定为湖北省“四好”商会、7家商会被列为商会改革示范点商会。深入开展直属商协会党组织“规范建设年”活动，实现“两个全覆盖”。联合省民政厅出台《关于加强乡（镇、街道办）商会登记管理工作的通知》，破解了长期阻碍乡镇商会登记发展的制度瓶颈，目前已有484家乡（镇、街道办）商会在民政部门登记。制定《省工商联所属商会退出机制工作方案》，出台《省工商联所属商（协）会整改与退出办法》，清退3家长期不开展活动的商会。截至目前，全省工商联所属商协会2362个，会员企业263948个，省工商联直属商协会有69个，其中商会数比2017年、2018年分别增加了609个、235个；会员企业数分别增加了67095个、59003个；直属商协会增加了11个。

3．扎实推进“五好”县级工商联建设。61个县级工商联被确认为全国“五好”县级工商联，90个县级工商联被确认为全省“五好”县级工商联，其中33家被评为全省“五好”县级工商联标兵。

湖南省工商业联合会2019年工作综述

2019年以来，在湖南省委、省政府的正确领导和全国工商联、湖南省委统战部的具体指导下，湖南省工商联认真学习贯彻习近平新时代中国特色社会主义思想、十九大、十九届二中、三中、四中全会和习近平总书记在民营企业座谈会上的重要讲话精神，落实习近平总书记关于湖南工作重要指示精神，紧扣“两个健康”工作主题，坚持“三性”有机统一，围绕中心、服务大局，解放思想、改革创新，奋发进取、求实求为，努力推动湖南工商联事业新发展和“两个健康”新作为。

一、推进党的建设，政治建会力度持续加强

一是加强理论武装，政治意识自觉坚定。把贯彻落实习近平新时代中国特色社会主义思想、党的十九大和十九届四中全会精神的学习作为统领一切工作的总抓手。研究制定《2019年湖南省工商联工作要点》《湖南省工商联党组理论学习中心组2019年理论学习计划》《2019年湖南省工商联党建工作要点》等，扎实开展了13次党组中心组专题学习。下发《关于全省工商联系统学习贯彻党的十九届四中全会精神的通知》，在全省民营企业和商协会组织中全面推进学习贯彻党的十九届四中全会精神。扎实有序开展“不忘初心、牢记使命”主题教育，全方位推进学习教育、调查研究、检视问题、整改落实各环节工作。接受省委第十巡视组巡视，坚决落实巡视要求，站在对党忠诚、对事业负责的高度，认真落实巡视工作的各项要求，有条不紊地推进巡视组反馈的11个方面的问题整改。二是加强宣传教育，政治引领深入扎实。以开展商协会主题教育为契机，不断深化理想信念教育。在非公企业中开展寻找最美建设者主题宣传活动。在全省工商联系统广泛深入开展纪念新中国成立70周年系列活动，积极开展“我和我的祖国”主题宣传教育。不断推进非公领域诚信体系建设，举办全省工商联系统诚信体系建设暨软件正版化工作培训班，在执委以上企业和所属商会协会中推动开展诚信体系和软件正版化建设。积极推进非公领域意识形态工作，自觉强化党管意识形态工作的政治责任，先后出台《网络舆情管控办法》《新闻宣传管理办法》《关于加强工商联系统意识形态工作监管的意见》等规定。开展了非公有制经济统战意识形态工作专项督查调研，举办了意识形态专题培训班。出台《非公有制经济领域政治建设的意见》，编发2019全省工商联系统舆情报告，举办宪法宣传进商会活动。三是打造工作品牌，非公党建成效明显。强化商会协会党组织政治功能，打造非公党建“五化”建设，制定出台《湖南省工商联商协会组织党支部“五化”标准考核体系（试行）》。全力组织推进省工商联所属商协会“不忘初心、牢记使命”主题教育。重点指导26家商会协会新建基层党组织的规范化建设。举办了商协会秘书长培训班和商会协会入党积极分子培训班。选派党建专干组成3个调研组分赴12个商会协会基层党组织进行党建专题调研。指导直管党组织开展纪念建党98周年主题活动。四是加强组织引导，精准扶贫扎实推进。组织召开“全省‘万企帮万村’精准扶贫行动先进表扬暨‘万企帮万户’行动动员会”，通报表扬了53家“万企帮万村”先进企业和10家先进商会。聚焦深度贫困地区和特殊困难贫困户帮扶，深入推进“万企帮万村”精准扶贫行动，共有5785个民营企业以产业帮扶、基建帮扶、教育帮扶、就业帮扶、公益帮扶等方式精准帮扶7933个村，实施项目13405个，投入资金85.5亿元，带动贫困人口100.2万人。其中11个深度贫困县落实民营企业产业帮扶项目386个，提前超额完成既定任务目标。落实对山南市工商联、吐鲁番市工商联2018、2019年度帮扶经费60万元。推动湘商公益基金会积极发挥公益平台作用，引导爱心企业和商协会开展公益慈善活动，全年完成定向捐赠近400万元。

二、注重调查研究，参政议政影响持续扩大

一是深入开展调查研究。以推动民营经济政策落实落地为重点，联合开展“推进民营经济发展政策落实与完善”协商监督调研。会领导牵头开展各种调研并出具高质量调研报告8篇。开展并完成好2018年度上规模民营企业调研工作和2019年第四次民营企业运行状况调查。参与全国工商联民营企业核心技术创新、“一带一路”建设等重点课题调研。二是扎实做好提案和参政议政工作。办理省人大代表建议和省政协委员提案13件。其中，《把利好政策转化为民营经济发展的强大动能》的政协大会发言，以及2件集体提案得到了杜家毫书记等省领导批示。全国“两会”上提交个人建议、提案14件，通过全国工商联提交集体提案2件。通过省“两会”提交个人建议、提案52件，集体提案11件。积极推进省委、省政府促进民营经济高质量发展意见的贯彻落实。三是开展好第三方评估。受省政府委托，在全省范围内开展民营经济简政减税降费政策效果第三方评估，参与调研评估企业1万家，撰写第三方评估报告报省政府，得到许达哲省长批示，相关成果得到省政府及有关部门采纳。

三、服务中心大局，使命担当精神持续彰显

一是积极参与“创新引领、开放崛起”战略实施。与省委统战部联合印发《民营经济优环境·强信心行动方案》。组织召开了2019年“迎老乡、回故乡、建家乡”知名湘商新春座谈会。在南昌召开全国湖南商会庆祝新中国成立70周年暨2019年会长联席会议。组织召开“鲁商入潇湘”经贸合作交流会，现场签订投资合作项目总金额达163亿元。先后在兰州召开西北、西南地区“迎老乡、回故乡、建家乡”湘商代表座谈会，在南京召开华东地区“迎老乡、回故乡、建家乡”湘商代表座谈会。高标准主办好“2019湖南经济合作洽谈会暨第九届全球湘商大会”，签署了各类投资合同、协议项目237个，项目总投资为1660.72亿元，引进资金1633.18亿元。成立了全球湘商联盟，发布了《新时代湘商宣言》。二是着力推进民营企业和商协会组织开展海外交流，积极参与“一带一路”建设。组织省政府办公厅、省发改委、省财政厅等有关人员组建湖南省推进“一带一路” 建设考察团赴菲律宾、泰国、孟加拉国三国进行为期9天的考察。组织承办“2019中非民营经济合作论坛”，60位外宾、120位知名民营企业参会交流。组织省内民营企业家赴英国参加第十五届世界华商大会，并参访葡萄牙、土耳其，推动民企对外合作交流。组建湖南商务考察交流团赴巴基斯坦、老挝、缅甸三国开展考察交流，引导湘商走出去，推动湖南省民营企业与东南亚沿线国家的交流合作。三是大力推进解决民营企业融资难融资贵问题。组织7家银行与25家民营企业代表签约金额达23.18 亿元，支持举办湖南省银税合作推进会暨“线上银税互动”签约仪式，长沙银行等21家银行与湖南省税务局签署合作协议，帮助小微企业、民营企业解决“融资难、融资贵、融资慢”问题，实现企业、金融、税务三方共赢。联合湖南三湘银行举办第二届“三湘民营企业家论坛”，推动银企合作交流。扎实推进拖欠民营企业账款情况的摸底调查。协调推进省工信厅、省地方金融监管局出台支持中小企业发展、企业上市融资等专项政策举措。四是强化民营企业法律服务。进一步加强同省委政法委、省高级人民法院、省检察院、省司法厅等部门的联系、沟通和协调，推动建立非公企业维权机制。和省高级人民法院建立联席会议制度。与省委统战部、省委政法委联合下发了《关于各级政法机关与同级工商联组织建立维护民营企业合法权益联系机制的工作意见》。举办了第七期全省非公有制企业法律风险管理培训班，近300人参加了培训。

四、夯实发展基础，自身建设工作持续推进

一是积极推进工商联改革。起草并以省委统战工作领导小组名义印发《湖南省工商联关于促进工商联所属商协会改革和发展的实施意见》。加强工商联机关自身改革，根据全国工商联和省委改革办的要求，制定省工商联改革方案。圆满完成省直单位职务与职级并行试点工作任务。被表彰为全省社会治安综合治理先进单位，保持了省级文明单位荣誉。二是创新组织建设举措。成立顾问委员会和组织委员会，聘任部分前三届的兼职副主席、副会长企业家为委员。做好民营企业代际传承与创新发展对话活动暨2019年非公有制经济代表人士谈心活动有关工作。研究制定《湖南省市（州）工商联目标管理工作评价办法》《2019年市（州）工商联目标管理工作评价实施细则》，对各市州及县市区工商联人员编制性质现状进行了全面摸底。推荐23家商协会被全国工商联认定为全国“四好”商会，同时认定50家商协会为2017—2018年度全省“四好”商会。开展好新一轮省级“五好”县级工商联评定工作。三是加强对商会协会组织的指导、引导、激励和服务。先后协调指导90多家全国湖南商会成立、换届、召开会员代表大会、举办论坛年会等重要活动。发展11家行业商协会为团体会员。制定《湖南省工商联所属商协会工作激励方案》并推进实施。组织开展了2018—2019年湖南异地商会湘商兴湘贡献奖评比表彰活动，对30家异地商协会进行表彰。提出了《关于工商联协助相关部门加强对所属商协会综合监管的工作意见（试行）》。截至目前，全国31个省区市、新疆建设兵团和港澳台全部成立省级湖南商会。省工商联指导联系协调服务的异地湖南商会超过400家，遍布180多个重点城市和地区，省工商联所属商会协会82家，其中行业商协会58家，异地商会24家。

广东省工商业联合会2019年工作综述

2019年，在全国工商联的具体指导下，广东省工商联坚持以习近平新时代中国特色社会主义思想为指导，深入学习贯彻党的十九大和十九届四中全会精神，按照省委省政府的决策部署，牢牢把握“两个健康”主题，围绕中心服务大局，进一步强化政治引领、创新服务举措、加强自身建设，各项工作扎实推进，取得了良好的成绩，多项工作得到省委省政府和全国工商联的肯定和表彰奖励。

一、持续推动习近平总书记在民营企业座谈会上的重要讲话精神的贯彻落实，形成了大力支持民营企业发展壮大的浓厚氛围和良好态势

制定印发《广东省工商联贯彻落实习近平总书记在民营企业座谈会上重要讲话精神和李希书记在广东省民营企业座谈会上讲话精神工作方案》，全省各级工商联协力推进六大政策举措落地见效。一是推动减轻企业税费负担。推动“民营经济十条”“实体经济十条”等多项政策举措的出台，全省全年新增减税3000亿元。与广东省委宣传部在全省40家大型民营企业和商会开展形势政策宣讲活动，编印《大力支持民营经济发展壮大政策文件汇编》。二是推动缓解民营企业融资难融资贵问题。与省金融局签订合作框架协议，联合召开民营企业融资需求座谈会，推动出台《广东省支持中小企业融资的若干政策措施》，支持“广东省中小企业融资平台”建设。《关于解决民营企业融资难融资贵问题的提案》被省府办确定为2019年重点督办提案。三是推动营造公平竞争环境。积极开展民营企业评价营商环境工作，《关于2019年我省民营企业评营商环境调查情况的报告》提交省政府常务办公会议专题研究。四是推动完善政策执行方式。推动建立健全企业家参与涉企政策制定机制。积极与金融监管部门和生态环境部门，就存在的政策执行“一刀切”问题进行沟通，协调解决企业实际困难。五是推动构建“亲”“清”政商关系。制定并实施《广东省工商联机关联系基层和非公有制经济代表人士工作制度》等制度，进一步规范省工商联干部与非公有制经济人士的交往行为。深圳市确定11月1日为“企业家日”，在全国引起良好反响。广东推动构建“亲”“清”新型政商关系工作在全国工商联大会上做经验介绍。六是推动保护企业家人身和财产安全。深化与省公安厅、检察院、法院、司法厅、安全厅等单位的协作，建立合作机制，积极助推构建大维权工作格局。推进维权工作平台项目纳入“数字政府”建设，开通运行“广东省保护非公有制企业合法权益粤商通智慧平台”，实现全省各地受理民营企业投诉归口统一管理。联合广东省检察院在全国率先制定出台《关于建立健全全省检察机关与工商联沟通联系机制的实施意见》，携手护航民营经济发展。

二、积极参与粤港澳大湾区建设和深圳先行示范区建设，推动民营经济高质量发展

大力推动粤港澳大湾区建设。研究制定《广东省工商联推进粤港澳大湾区建设三年行动方案（2018—2020年）》，推动建立粤港澳大湾区工商合作联席会议机制。举办以“弘扬新时代粤商精神、共享大湾区发展荣光”为主题的2019年粤商大会，海内外1400多名粤商代表出席大会。举办首届“粤港澳大湾区工商合作高峰论坛”，全力宣传和推动《粤港澳大湾区发展规划纲要》落地落实。搭建内地与港澳台年轻一代的沟通交流平台，开展“香港青年内地实习计划”，提供超过200多个实习岗位机会。积极参与“2018年度青年企业家峰会”等活动。全力支持深圳先行示范区建设。围绕深圳先行示范区建设进行专题调研，总结深圳服务“两个健康”先进经验，提出了支持和助力深圳打造“亲”“清”新型政商关系示范市、中国特色社会主义商会标杆、民营经济高质量发展高地、民营经济领域法律服务示范市等思路举措。《广东省工商联提出支持“深圳先行示范区”新思路》被中华工商时报《中国民营经济舆情报告》采纳。推动民营企业高质量发展。主动加强与党委政府部门、国内外工商社团的交流合作，协同为民营经济高质量发展提供产业、科技、金融、人才、税收等服务。积极开展上规模民营企业调研排序，发挥大型骨干民营企业示范引领作用。全省共有60家企业入围2019中国民营企业500强、49家入围制造业500强、22家入围服务业100强，入围企业资产总额占全部500强企业资产总额的27.01%，全国第一。“2019广东省百强民营企业”入围门槛首次突破百亿元大关，由2018年的81.6亿元上升至100.2亿元，升幅高达22.8%。

三、深入开展调查研究，防范民营经济领域的重大风险

围绕防范化解民营经济领域重大风险、民营企业运行状况、关键领域民营企业核心技术创新情况、中美经贸摩擦对民营企业的影响等重点问题，深入开展调查研究，帮助引导民营企业防范化解重大风险。《关于我省民营企业运行状况调研情况的报告》等5篇调研报告获省委、省政府主要领导的重要批示。共有8份研究成果分获全国工商联2019年优秀调研成果一、二等奖。注重调研成果转化，积极建言献策。《关于解决民营企业融资难融资贵问题的提案》被省府办确定为2019年重点督办提案，2份提案被全国工商联采纳为团体提案报送全国政协，得到人力资源社会保障部等国家部委的高度重视。强化非公经济领域舆情信息收集和报送。举办全省民营经济宣传工作培训班、广东非公有制经济领域网络传播实务培训班。《广东省工商联在“联”字上做文章 着力提高民营企业获得感》获全国工商联高云龙主席等领导的批示肯定；关于中美经贸摩擦背景下民营企业发展面临的困难和问题、广东民营企业参与“一带一路”建设等信息得到省委省政府高度重视。

四、引导民营企业履行社会责任，积极投身“万企帮万村”精准扶贫工作

组织召开扶贫工作会议，联合省委农办表彰了碧桂园等突出贡献企业，启动广东乡村振兴“万企帮万村”对接信息平台。目前，全省已有3536家民营企业结对帮扶2331条贫困村，投入资金31.19亿元，帮助12万多农村人口。省工商联助力汕头、潮州、湛江、茂名等4个市的乡村振兴工作扎实推进，省工商联驻点陆河县新东村扶贫工作走在全省前列。广泛发动民营企业参加“6·30”广东扶贫济困日活动，现场募集捐款达25.86亿元。玖龙、尚东控股获得全国“万企帮万村”精准扶贫行动先进民营企业称号；30家企业获“广东省光彩事业贡献奖”。

五、加强非公领域党建工作，扩大党的组织和工作覆盖

深化非公党建规范化品牌创建行动，开展2019年度广东省非公经济组织党建工作示范点创建工作，在重点行业企业中选育35个符合“双强六好”“六有”标准的示范党组织。深入开展省工商联执委以上企业党建工作专题调研，提升“两个覆盖”质量。深入推进“头雁”工程，强化党组织书记主责主业意识。实施“软弱涣散党组织专项整治行动”，建立整顿软弱涣散党组织工作台账。在井冈山干部教育学院举办省非公经济组织党委直属企业和商协会党组织党性锤炼培训班，增强党组织负责人党性修养和党建工作水平。

六、推动工商联所属商会改革发展，夯实工商联的工作基础

推动出台《关于我省促进工商联所属商会改革和发展实施方案》，加强对商会的分类指导和管理。积极协调将异地商会和团体会员纳入工商联所属商会范围，扩大统战工作向商会的有效覆盖，所属商会覆盖率从6%提升到40%。修订《广东省工商业联合会省级商会管理指导办法》，深入推进“四好商会”建设。开展组织建设专题调研，全面普查县级工商联发展状况，巩固“一个设立五个有”工作成果，积极推进“五好”县级工商联建设。进一步优化会员结构，壮大工商联会员队伍，提升会员发展质量。

七、开展“不忘初心、牢记使命”主题教育，以“五联五防”要求加强工商联自身建设

认真开展“不忘初心、牢记使命”主题教育，统筹推进学习教育、调查研究、检视问题、整改落实四项重点措施并做到“四个贯彻始终”，分7个专题组织了集中学习研讨，深入开展革命传统教育、形势教育和党史新中国史教育；领导班子成员领衔开展8个课题调查研究，先后多次召开主题教育领导小组会议、党组中心组学习，机关各党支部组织赴非公经济组织党组织挂点开展“守初心、担使命、见行动”主题党日活动。按照去“四化”、强“三性”要求，加强自身建设，落实“五联五防”（五联：上联、下联、内联、外联、互联；五防：防亲而不清、防清而不亲、防自娱自乐、防庸懒散拖、防花拳绣腿）“六个三”（三守：守法律、守纪律、守底线；三定：定岗、定责、定任务；三在：在岗、在行、在状态；三进：

进企业、进商会、进基层；三用：用心、用情、用功；三落：落地、落实、落细），做到真抓实干，督查反馈。要求，在“联”字上下功夫、在“防”字上做文章，扎实开展模范机关建设，树立正确的用人导向，公平公正评价使用干部，增强工商联的学习力、执行力、约束力、凝聚力。

广西壮族自治区工商业联合会2019年工作综述

2019年，自治区工商联以习近平新时代中国特色社会主义思想为指导，深入学习贯彻党的十九大和十九届二中、三中、四中全会精神，以开展“不忘初心、牢记使命”主题教育为动力，紧扣自治区党委、政府中心工作和全国工商联部署，落实政治建会、团结立会、服务兴会、改革强会要求，坚持“两个健康”主题，发挥桥梁纽带和助手作用，推动民营经济高质量发展，圆满完成各项工作任务。

一、提高政治站位，思想政治建设得到新加强

一是贯彻落实习近平总书记在民营企业座谈会上的重要讲话精神，增强民营企业获得感。11月1日在习近平总书记重要讲话一周年之际，组织本会驻邕企业家副主席、副会长和全区科技型实体经济中小微民营企业代表召开座谈会，听取企业家对享受政策红利的获得感和意见建议。二是开展“不忘初心、牢记使命”主题教育，强化工商联使命担当。查找梳理六大方面29个问题清单，制定96项具体措施进行整改。抓好所属商协会开展第二批主题教育，确保所属35个党支部、311名党员参与主题教育全覆盖。三是开展理想信念教育，加强民营经济人士思想政治工作。召开“不忘创业初心、共筑复兴梦想”主席峰会，召开民营企业家学习习近平总书记在新中国成立70周年庆祝大会重要讲话座谈会等活动。举办年轻一代非公有制经济人士培训班、广西非公有制经济人士读书班和商会讲坛6期，教育引导民营企业家健康成长。

二、服务党委政府中心工作，参与全区三大攻坚突破年活动取得新实效

一是在参与全区优化营商环境攻坚突破年活动上见成效。与自治区检察院、高院、司法厅联合印发《关于建立健全全区检察机关与工商联沟通联系机制的实施意见》《全区检察机关在经济金融犯罪检察工作中与工商联联合开展服务民营经济“十百千万”专项活动的方案》《关于进一步完善全区人民法院与工商联沟通联系机制的实施意见》《关于营造法治化营商环境为促进民营经济和中小企业健康发展提供高质量司法服务的意见》《关于推进商会人民调解工作的实施意见》，设立自治区检察院、自治区工商联服务民营企业工作站。开展拖欠民营企业账款摸底调查，全区清偿拖欠民营企业账款超过55亿元。开展个案维权49起,协调解决裕达酒店、双英、柳药、南华、同济药业、崇左桂润公司、南宁新智教育等24件。二是在参与产业大招商攻坚突破年活动上见成效。促成吉利集团与百色市签约投资建设生态型铝产业制造基地，促成华立集团与防城港市签约建设东兴边境深加工产业园项目。全年接待国内外民营企业共22批234人次到桂投资考察。三是在参与全区重大项目建设攻坚突破年活动上见成效。推进红水河健康养生之旅一期项目建设步伐，推动四川川中燃气企业在合浦项目落地。福达、裕达、平铝、象翌微链等企业在南宁、梧州、北海、贵港、玉林、来宾等市的项目落地建设。

三、引导和发动民营企业，参与打赢脱贫攻坚战彰显新作为

一是参与“万企帮万村”精准扶贫行动的民营企业数量位居全国前列。截至11月底，进入全国“万企帮万村”精准扶贫行动台账管理的广西民营企业超过9000家；精准帮扶8011个村，其中建档立卡贫困村有4656个村。二是以消费扶贫为重点推进粤桂扶贫协作结出硕果。联合自治区扶贫办、广东省工商联及百色市、河池市政府，10月在百色市举行“粤桂民营企业消费扶贫对接活动”，组织发动全区54个贫困县300多家生产销售带贫益农产品的企业产品信息上平台，到11月底两省区民营企业参与直接消费订购超2亿元。三是强化脱贫攻坚典型引路和示范推广成效突出。利用工商联网站、微信公众号和微信群广泛宣传我区扶贫工作先进典型和民营企业参与脱贫攻坚的好经验、好模式。2019年南华糖业集团董事长冯小华获全国脱贫攻坚奉献奖，福达集团、南方有色金属集团、红水河旅游、皇氏乳业集团、平铝集团、万升石业公司、湘桂糖业集团等7家民营企业获全国“万企帮万村”精准扶贫行动先进民营企业称号。四是推进全国知名民营企业参与脱贫攻坚进展顺利。吉利集团同百色、河池8所高职、中职院校合作举办“吉利班”，共有357名学生参加。推动企业家政协委员参加自治区政协“就业扶贫，委员在行动”活动，工商联界企业家委员企业共提供4000多个扶贫就业岗位。

四、开展“服务民营企业高质量发展年”活动，发展壮大民营经济做出新贡献

一是举办2019广西民营企业百强发布活动。发布广西民营企业100强、制造业100强、最具竞争力民营企业、最具潜力民营企业和纳税10强榜单，发布广西民营企业100强调研分析报告。二是承办首届中国—东盟民营企业家峰会。邀请425家东盟各国和国内知名民营企业参加。三是服务民营企业参与“一带一路”建设。在第16届中国—东盟博览会上，组织800多家企业参加越南、柬埔寨、老挝、印度尼西亚等国举办的推介会；举办中国驻东盟国家经商参赞与民营企业家交流会和中国—东盟民营企业家领袖沙龙活动。组织民营企业参加“一带一路”高峰论坛企业家大会，签约项目2个。四是开展企业与金融机构对接活动助力民营企业解决“融资难”。参与自治区政府主办的服务业和农业高质量发展百日银企大对接活动；会同金融机构举办支持民营企业发展论坛、召开政银企座谈会、开展金融服务民营企业调研等。五是举办“法律三进”活动加强法律服务。全区各级工商联累计开展法律三进活动达160多场，深入商会840家，深入中小企业达6700多家，印发法律宣传手册1.6万册。六是引导民营企业构建和谐劳动关系。桂林福达集团获评全国模范劳动关系和谐企业殊荣；与自治区三方四家联合召开“全区创建和谐劳动关系单位表彰会”。

五、搞好调查研究，开展议政调研工作实现新突破

一是社情民意信息和提案取得突破。向全国政协、中央统战部、全国工商联和自治区党委、政协、党委统战部报送各类信息200多篇。向全国政协十三届二次会议提交提案11件，大会发言3篇。向自治区政协报送提案11件。二是履行政治协商职能。完成自治区党委重点课题《广西新兴产业培育与资金链、创新链融合的路径与对策研究》；完成政协协商专题《加快“东融步伐”主动接受“大湾区”辐射》调研报告。三是撰写并向社会发布2018年度、2019年上半年广西民营经济发展报告。四是提升民营企业调查点工作质量。全年完成调查7次；承办全国工商联民营企业调查点工作片区会暨年度总结交流活动。五是开展专项调研。开展全区广西民营企业运行情况和《关于着力发展壮大民营经济的意见》落实情况问卷调查、房地产业防范化解风险调研等5个专题调研。

六、推进工商联深化改革，落实中央和自治区党委群团改革工作部署取得新进展

一是实施《广西壮族自治区工商联深化改革实施方案》。该方案16项改革任务中，有12项已完成改革，还有4项正在开展和推进。二是促进所属商会改革发展。牵头代拟《广西促进工商联所属商会改革和发展实施方案》，成为我区工商联所属商会改革和发展的规范性文件。联合自治区党委统战部、民政厅印发《关于加强我区乡镇（街道）商会登记管理工作的通知》。印发《广西壮族自治区工商联关于商会信用体系建设工作实施方案》。召开全区工商联“四好”商会建设现场经验交流会。推进工商联商协会党的组织和工作双覆盖，党组织覆盖率达81%。三是抓好机关自身建设转变机关作风。全区各级工商联落实机关干部联系民营企业和商会制度，联系企业、商会超过3000家。制定为基层减负专项整治工作方案，全年公文减少30%。全区各级工商联实施《广西工商联2018—2022干部教育培训规划》，参加各类培训2000多人次。组织认定68家县级工商联为2018—2019年度广西“五好”县级工商联，推荐44家获得全国工商联确认为2018—2019年度全国“五好”县级工商联。

海南省工商业联合会2019年工作综述

2019年，海南省工商联（总商会）紧紧围绕省委省政府中心工作，深入开展“不忘初心、牢记使命”主题教育，紧扣“两个健康”主题，积极发挥桥梁纽带和助手作用，团结引导广大会员和民营企业积极投身海南自贸区（港）建设，坚决贯彻落实省委省政府“政策落实年”、“两个确保百日大行动”等决策部署要求深入开展“让民企有感”民营企业服务年活动、全省民营企业人才创新创业助力海南自贸区（港）百日大行动，努力促进良好营商环境的建设，不断提升工商联的凝聚力、影响力、执行力，为建设海南自贸区（港）积极发挥作用，取得了良好成效。

一、加强政治学习，强化政治引领，坚决与中央和省委始终保持一致

1. 深入开展“不忘初心、牢记使命”主题教育，不断加强机关政治建设。结合省工商联中心工作的开展，按照主题教育总要求，把学习教育、调查研究、检视问题、整改落实贯穿主题教育全过程，通过党组理论学习中心组会议、专题党课、分片区下基层下商会下企业开展宣讲、微党课竞赛等形式，认真抓好思想理论学习，深入开展“如何激发民营企业家精神”“如何打造良好营商环境”等专题交流研讨，切实将思想统一到党中央、省委的决策部署上来。党组书记党组成员带队开展“打好民营经济牌，助推自贸区（港）建设”“工商联所属商会改革情况”等专题调研和蹲点调研，向企业、商会协会等广泛征求查找我会党组班子存在的问题及意见建议，开好专题民主会，制定出14条具体整改落实举措，不断加强机关政治建设，促进海南省工商联中心重点工作的开展。

2．以理想信念教育为牵引，不断加强民营经济人士的教育引领，为自贸区（港）建设凝心聚力。一年来，制定实施了《海南省工商联非公有制经济人士理想信念教育实施方案》，以“守法诚信经营，坚定发展信心”为主题，以弘扬企业家精神、争做新时代典范为重点，深入开展理想信念教育。评选表彰了42名海南省第三届中国特色社会主义建设者，19名民营经济代表人士获评海南省第七次劳动模范，加强对这些先进典型的宣传报道；举办清华、厦大等民营经济代表人士专题培训班；组织赴西沙调研考察；组织参加全国工商联的理想信念教育活动；组织到五指山牙南村“非公经济人士理想信念教育实践基地”开展对口帮扶；做好省工商联青年企业家委员会的换届，吸收更多青年企业家代表参与等等。通过多种方式，团结教育引领广大民营经济人士加强政治学习，履行社会责任，不断增强“四信”，切实将思想和行动统一建设海南自贸区（港）上来。

二、围绕中心服务大局，勇于担当，坚决贯彻落实省委决策部署，不断争创工商联工作新亮点

1．制定促进民营企业人才创新发展的行动计划，组织开展全省民营企业人才创新创业助力海南自贸区（港）建设百日大行动。研究起草《海南促进民营企业人才创新发展的行动计划（2020—2021年）》，并以省委统战部、省人才发展局、省工商联名义联合发文，加强对民营企业人才的引进、培养和使用。同时，遵照海南省委常委、统战部部长肖杰同志的指示，充分发挥工商联独特优势，9月8日组织召开了全省民营企业人才创新创业助力自贸区（港）建设百日大行动千人动员大会，创新性地开展了“创新、创业、就业、提升、伯乐、聚力、暖心、脱贫”八大行动。

2．全力做好2019年产业园区投资合作大会相关工作。按照省委省政府的统一部署和要求，邀请并接待了包括全国民营企业500强代表在内的739位民营企业家参加产业园区投资合作大会。其间，海南省委常委、统战部部长肖杰同志亲自主持召开了全国知名企业家与海南民营企业对接交流会，并发表讲话。促成江西煌上煌集团、重庆潜能集团等与省内各市县、园区及相关企业对接，助力项目落地。

3．全力做好全国工商联第五调研组民营企业家来琼调研活动。10月20—25日，全国工商联副主席李兆前率由60余位企业家组成的第五调研组来琼开展调研活动，沈晓明省长、肖杰常委会见了调研组一行，并介绍了海南推进自贸区(港)建设情况；沈丹阳副省长参加了调研组的宣讲会，并作了海南招商情况推介，为进一步吸引全国知名民营企业来琼投资，参与海南自贸区（港）建设打好基础。

4．深入贯彻省委省政府9号文件精神，推动建立海南省促进民营经济发展联席会议机制。与省委统战部推动省委省政府建立了省促进民营经济发展联席会议机制，10月11日肖杰常委主持召开了第一次会议，通报研究协调了相关工作；开展了贯彻落实中央和省9号文件促进民营经济发展政策的督查工作，为进一步优化营商环境，推动建立“亲”“清”新型政商关系，促进民营经济健康发展提供了制度保障。

5．扎实做好2019年海南省民营企业百强发布工作。9月24日，在海口召开2019海南民营企业100强发布会，并在新华网、海南日报、海南电视台、中国新闻网等媒体平台广泛宣传，充分展示海南省民营经济发展成就及贡献，进一步增强了企业家的获得感和荣誉感，提振发展信心。

6．在全国率先开展民营企业营商软环境评价工作，让企业家“唱主角”。创新性组织民营企业家和第三方评估机构对全省18个市县政府民营经济发展软环境进行了评估、排名及问题分析，并向社会发布了评价报告，公布了排名前10的市县，并组织民营企业家前往市县进行民营经济发展软环境评价反馈，进一步督促市县有针对性推动本级民营经济发展软环境建设，助力海南省环境优化。

7．创新方式方法，做好民营经济服务工作。一是积极配合金融机构加大民营企业融资服务力度。截至2019年11月全省金融机构企业贷款余额5976.54亿元，同比增加2.56%，其中民营企业贷款余额2576.38亿元，同比增加22.2%，较全省贷款增速高15.6%。与省建行签署《战略合作协议》，在促进海南民营经济发展等领域开展全面、长期、稳定的合作，并联合主办“政银企”对接服务，为企业提供融资政策宣讲和现场“一对一”融资咨询服务，据统计2019年9月至12月，省建行累计向1933家小微企业发放贷款13.07亿元。积极与省农发行合作，为海南省参与“百企帮百村”精准扶贫行动的民营企业提供金融支持，2019年9月至12月，省农发行累计向28家企业发放扶贫贷款30.6875亿元。此外，还加强对民营企业融资培训，积极组织民营企业参加省地方金融监管局举办的海南省优质企业赴港上市培训、全国工商联民营企业债券融资专题培训，宣讲债券融资业务知识；积极配合省地方金融监管局推荐上市融资重点后备企业，充实海南省重点后备企业项目库，切实做好民营企业投融资服务工作。二是围绕海南自贸区（港）建设，组织民营企业参加“世界华商大会”“首届中国—东盟民营企业家峰会”“中国海南·澳大利亚维多利亚州一带一路双向投资交流会”“琼港两地工商界助推海南自贸区（港）建设交流会”等对外交流活动，进一步加强民营企业对外交流、经贸合作，为民营企业参与自贸区（港）建设搭建平台。

8．引导发动民营企业积极投身脱贫攻坚和社会公益事业。一是大力推进百企帮精准扶贫行动提质增效，截至2019年12月，共948家民营企业参与帮扶1167个村，实施项目2008项，投入资金7.2亿元，帮扶人口23万，取得了显著的社会效益。二是持续做好定点扶贫和乡村振兴工作。选派了4名干部前往五指山市南圣镇牙南村和通什镇应示村进行定点扶贫和乡村振兴工作。深入调研，研究制定了发展规划。积极协调落实政府部门落实各项政策，确保政策到户到人。狠抓人居环境整治。带动村委会发展壮大集体经济，积极推动应示村由中国海油捐赠100万元、政府配套投资23万元的光伏扶贫项目；采用“公司+村委会+农户”的合作模式，企业投资60万发展应示村兰花花卉瓜菜育苗基地；大力支持应示村修建农产品收购站，帮助解决农产品市场对接问题。

9．扎实开展民企维权工作，为民营企业健康发展提供可靠保障。一是协助做好清理政府、国企拖欠资金的民营企业资金工作，总共收集了87家民营企业共计

216笔欠资情况，其中97笔欠资列入统计范围，涉及民营企业47家，涉及金额8.0亿多元。二是协调组织省高院、省检察院、省司法厅、省人社厅等省直单位和法律专业领域的专家学者成立了海南省工商联法律服务工作委员会，延长工商联工作手臂，壮大法律服务工作力量。三是扎实抓好民营企业个案维权工作，2019年共处理维权案件20余起，并将案例汇编成册，为今后开展民企维权工作提供参考。

10．深入调查研究，积极参政议政。今年来我会紧紧围绕中心工作，结合主题教育，会领导分5组带领企业家副主席、副会长、执常委分片区深入市县、基层商会开展全省民营企业高质量发展情况、海南贯彻落实习近平总书记在民营企业座谈会上的重要讲话精神情况、海南省民营经济发展情况；全省民营经济发展软环境、2019海南民营企业100强分析、打好“民营经济牌”助推自贸区（港）建设、海南省工商联所属商会党建工作情况等专题调研。在深入调研基础上，完成省政协七届二次会议提案、政协大会发言稿，答复人大建议3份、政协提案4份，切实向省委省政府反映民营企业的真实呼声，充分发挥了工商联参政议政作用。

11．扎实抓好组织建设尤其是所属商会建设，不断增强工商联组织凝聚力。一是制定出台《海南省工商联团体会员发展和管理办法（试行）》，归口我会管理的省级所属商会协会已达95家，商会党组织60个，并组织召开了所属商会秘书长和会员组织管理系统培训班，不断规范所属商会管理；筹备召开了海南省知名企业家、青年企业家委员会大会，进一步激发了企业家的内生动力，为海南自贸区（港）建设凝聚力量。二是推动出台《关于促进工商联所属商会改革发展实施方案》，为进一步稳妥推进商会改革，发挥工商联对商会组织的指导、引导、服务职能推动统战工作向商会组织有效覆盖提供了有力的政策保障。三是组织召开全省工商联组织工作会议。通报了全省工商联组织建设工作情况，举行了第三批团体会员集体入会仪式，对年度全省“四好”商会进行了认定通报，会议对年度组织建设工作进行了系统总结，明确了下一步全省工商联组织建设工作的总体思路。

12．扎实抓好非公经济领域党建工作。一是持续推进两个覆盖工作。召开推进全省非公经济党建“两个覆盖”工作座谈会，2019年批准设立2家党委，1家党总支，11家商会党支部。目前归属省非公经济党委管理的非公企业党组织890个,社会组织党组织70个。二是按照中央和省委的统一部署，指导第二批海南省87个非公经济党组织深入开展“不忘初心、牢记使命”主题教育，通过抓学习教育、调查研究，检视问题和整改落实工作，进一步强化非公经济基层党组织凝聚力和战斗力，切实发挥党组织在企业发展和促进“两个健康”中的积极作用。

三、加强自身建设，强身固本，不断提升工商联的凝聚力影响力执行力

1．不断加强工商联自身建设，持续优化工商联机构运行体制机制。扎实落实《海南省工商业联合会深化改革方案》，不断改进完善省工商联工作体制，充分发挥民营企业家会领导的积极作用，让有代表性的企业家“站前台、唱主角”，将企业家会领导和常执委分为18个组，深入100多家民营企业开展党的十九届四中全会精神政策宣讲，考察交流，给小微企业做“体检”、为小微企业发展出谋划策等，取得积极成效；建设服务、培训、维权一体化的“网上工商联”平台，不断优化工商联服务运行机制。

2．结合自贸区（港）建设新要求，

进一步加强机关干部队伍建设。为了更好地调动激发干部干事创业的积极性，根据《党政领导干部选拔任用工作条例》，制定实施了《省工商联选拔任用处级干部方案》，创新选拔方式，在机关内公开选拔，请具备基本条件和基本资格的干部先自愿报名，进行资格审核后，请候选人在干部大会上作拟任述职报告，进一步增强其当选责任感和使命感，最后严格通过八个选拔程序，选拔任用了2名较为年轻的处长。根据新《公务员法》有关要求，制定实施了《省工商联机关公务员职级套改方案》，做好我会职级套改工作；协助省第十考察组做好我会干部大考察工作，推荐了一批年青优秀的干部，进一步激发干部干事创业积极性。同时，严格按照规定开展我会处级以上干部个人事项报告工作。加强专职干部培训，在湖南大学举办了全省工商联系统专职领导和骨干培训班，开展习近平新时代统战工作理论、民营经济发展新形势、公文写作能力等理论和专业知识培训，不断提高干部综合能力素质。

3．全面从严抓好机要保密工作，打牢机关安全运转基础。今年来会党组班子，始终牢牢坚守保密这条红线，严格执行各项保密制度，认真落实中央、省保密委和会党组有关保密工作指示要求，加强保密工作“软、硬件”建设，坚持指导、督促机关抓好各类涉密文件的传阅、交办、督办工作，2019年，我会共收密件275份，在阅办过程中，没有出现违规、失泄密的情况。

4．结合主题教育，不断加强机关党风廉政建设。通过积极创建模范政治机关、组织观看警示专题片、现场警示教育，组织机关党员深入学习各项法律法规，在服务企业中，不断强化机关党员党性意识、纪律意识、廉洁意识，坚决贯彻落实中央八项规定精神和省委省政府“三十三条”规定精神，严格执行述职述廉、党员领导干部报告个人有关事项等各项规章制度，不断筑牢“凭工作吃饭”的廉政意识和廉政防线，营造良好的廉政氛围。

重庆市工商业联合会2019年工作综述

2019年，重庆市工商联紧紧围绕全市改革发展大局，坚持“两个健康”工作主题，牢牢把握政治建会、团结立会、服务兴会、改革强会工作要求，以“争创一流、走在前列”为目标，扎实推进各项工作取得明显成效。

一、开展主题教育，主动作为敢于担当的动力不断增强

按照全市统一部署，我会认真开展“不忘初心、牢记使命”主题教育，坚持把理论学习、调查研究、检视问题、整改落实贯穿始终，促进干部干事担当作为。一是强化了理论武装。我们深入学习贯彻习近平新时代中国特色社会主义思想和习近平视察重庆重要讲话精神，进一步增强“四个意识”、坚定“四个自信”、做到“两个维护”。共举办专题讲座报告会8场，实地参观6次，交流讨论98人次，党组班子成员和机关各支部书记为机关党员干部及服务对象讲党课15场。二是改进了工作作风。对照党章党规找出13个方面30个突出问题，专题召开民主生活会，制定了13条改进措施，目前，整改任务已全部完成。三是健全了制度机制。开展主题教育整改落实情况“回头看”，建立健全了集中学习、党组会定期研究重要工作等14项制度，巩固深化了主题教育成果。

二、突出政治引导，非公经济人士持续健康成长

一是抓好思想引领。持续开展“学讲做”活动，落实机关领导干部与非公经济代表人士谈心交心制度，市工商联领导和机关干部进区县、进商会、进企业宣讲320余场次，受众1万余人次。二是突出守法诚信。扎实开展以“守法诚信经营、坚定发展信心”为主题的理想信念教育实践活动，会同市司法局、市检察院等单位举办系列专题法治宣传教育活动。开办民营企业法治大讲堂3期。指导12家市直属商会和所有区县工商联建立青委会。开展商协会诚信建设试点工作，发起“信用渝商、法治民企”倡议。做好执委企业信用修复，帮助4名企业家移出黑名单。三是强化宣传表彰。推荐3名民营企业家获评“第五届全国非公有制经济人士优秀中国特色社会主义事业建设者”，三磊农业、洪九果品获评全国“万企帮万村”精准扶贫先进民营企业。开展“2019年度渝商”“重庆十大优秀青年渝商”评选表彰，编制发布《重庆市民营企业社会责任报告（2019）》，对潜能实业、攀华集团等一批优秀民营企业进行集中采访报道。

三、完善工作机制，纾困解难更加务实有效

一是完善集中走访精准服务民营企业机制。1298名各级市管领导干部带队，走访了4万余家规模以上民营企业，实现“规上”和“限上”民营企业走访全覆盖，共收集困难问题2.6万个，已解决1.7万个。二是完善困难问题办理机制。落实非公经济工作联席会议制度，制定民营企业反映困难问题办理制度，截至9月，各级工商联收集民营企业存在的困难问题1487个，目前已办结1074个。深化非公经济人士接待日制度，今年共开展活动38次，接待民营企业家80余人次，受理并协调处理问题93个。三是建立健全法律服务机制。深化各级工商联与政法系统各单位的常态化联系机制，累计解决涉企问题1.4万个，挽回经济损失18.5亿元。与市委政法委、市委统战部建立服务民营经济发展联席会议机制，截至11月，全市工商联组织累计协调办理民企维权案件300余件，涉案标的30多亿元。四是完善政银企对接机制。全年召开政银企对接会议203次，开展融资政策及金融产品宣传培训、民营企业项目路演、挂牌上市培训等活动232次，帮助企业融资19.72亿元。五是建立风险防范化解机制。指导民营企业成立债委会应对金融风险。与市住房城乡建委、市房地产商会建立联络机制，防范房地产行业风险。专项开展清理拖欠民营企业账款工作，收集情况上报全国工商联和市委市政府。目前已帮助民营企业兑付账款4800余万元。

四、贯彻新发展理念，服务民营经济高质量发展取得新成效

一是以创新驱动推进民营企业转型升级。截至9月底，全市大数据企业已达900余家，其中民营企业占比80%以上；全市已培育入库民营科技企业14919家，同比增长36.7%。二是举办“渝商兴渝”系列活动。与相关单位联合举办5场“渝商兴渝”产业推介会，吸引返乡意向投资百亿元。充分发挥粤港澳、长三角、京津冀和四川等地区重庆商会的作用，引导当地渝商返乡创业。三是服务民营企业“走出去”。组织120余家企业会员分别赴“一带一路”沿线国家开展考察、对接投资项目，组织300多家会员企业参加10多项国际交流活动。新设重庆市总商会驻阿联酋联络处，目前海外联络处达9家。四是助推“军民融合”。截至9月底，全市“民参军”企业军品累计收入23.4亿元，同比增长31.4%；军品累计产值24.6亿元，同比增长34.4%。五是服务民营企业人才建设。落实人才强市行动计划，开展“渝商名家”成长行动，推动成立西部首家中国（卢作孚）民营经济学院，开展民营企业高质量发展带头人等培训10期，累计800余人。落实政企“双向实训”，派出2名领导干部到民营企业挂职服务，接收1名企业人员到机关学习锻炼。推动2家民营企业获准建立重庆市院士专家工作站。

五、深化改革创新，推动工商联组织建设迈出新步伐

一是加强对区县工商联的指导。区县工商联全部实现市级“五好”目标，24个区县工商联被认定为全国“五好”。工商联机关力量不断增强，50%的工商联主席进入同级领导班子；机关编制近两年来增加74个，平均9.3个，工作人员平均数11人，比全国平均数多1倍。会员体制改革稳步推进，截至7月，全市会员已超过15万，年均增速8%，其中企业会员8.5万，年均增速10%，同时，商会和会员数据收录入库率达50%以上。

二是创新商会改革发展。全面推进所属商会改革。深入贯彻厅字30号文件精神，出台重庆市商会改革发展《实施方案》，制订任务分解方案。在全国范围内率先开展了异地商会归口管理试点。有序推进商会优化完善。全市直属商会已达1575个，其中乡镇街道959个，覆盖率94%。加大商会清理整顿力度，对工作长期停滞的商会申请纳入注销程序。持续推进商会向上向好。评审认定49家市级“四好”商会，18家商会全国“四好”商会。同时，会同市知识产权局为科技装备业商会等200家单位1对1诊断知识产权，指导1000家单位安装智能管家系统。

三是持续强化商协会党建工作。认真开展党建试点。巩固深化首批30家商协会和3个区党建试点成果，全面启动第二批66家商协会试点任务，试点工作得到全国工商联党组徐乐江、樊友山、李兆前等领导的肯定性批示，全国工商联专报宣传重庆试点工作经验做法。努力推动“两个覆盖”。目前已建商协会党组织106个，党组织组建率达到90.6%，位居全市社会组织综合党委前列；全覆盖选派工作联络员、党建指导员29名，商协会党的组织和党的工作实现有效覆盖。不断规范党组织建设。制定完善“三会一课”、主题党日等10余项党内制度，举办商协会党组织书记专题培训班，开展党务知识竞赛、党组织建设课题研究和案例评选，严格规范发展新党员27名。统筹谋划直属商协会党组织开展主题教育，得到中央指导组、市委主题教育领导小组肯定。

六、聚焦精准扶贫，履行社会责任更有担当

一是深化“万企帮万村”精准扶贫行动。联合相关单位主办“万企帮万村”推进会，引导金科集团、餐饮商会、中科集团、旅游商会、华宇集团积极助力脱贫攻坚。其中金科集团捐赠1.1亿元帮扶贫困地区精准扶贫。二是大力开展消费扶贫。组织重庆贫困户和“万企帮万村”企业的优质产品，上传到全国工商联联成e家电商平台销售。目前，已建成“重庆帮扶馆”以及城口、巫溪、彭水、石柱等区县“帮扶馆”，线上交易金额达到350余万元。三是深化渝鲁工商联扶贫协作。赴山东组织召开鲁渝工商联扶贫协作招商推介会等活动，推动两地协作扶贫走深走实。同时，重庆市光彩事业基金会直接捐赠各类帮扶资金5100万元。

七、加强调查研究，建言营商环境改善效果明显

一是开展营商环境专题调研。我们围绕民营经济高质量发展、民营企业核心技术创新等20多个课题开展调研，参与其他市级部门专题调研6次，共形成调研成果29个，向市政协提交集体提案7份，参与市委政党协商课题3个，推动重庆市营商环境改善。二是开展营商环境立法调研。牵头开展《重庆市优化营商环境条例》（草案）立法调研，共收集6大类34个方面的意见建议500余条，为条例正式出台奠定了坚实基础。三是开展营商环境评价。开展民营企业调查点工作，完成民营企业运行状况调查4次，参与全国“2019万家民营企业评价营商环境调查”，重庆市“政商关系满意度”“要素获得与保障水平”“法治环境满意度”评价结果排到全国前列。30多个区县工商联分别组织开展“百家民企评部门”“企业部门互相评”等活动，促进当地营商环境的改善。

四川省工商业联合会2019年工作综述

一年来，在省委、省政府的正确领导下，在全国工商联和省委统战部的有力指导下，省工商联坚持以习近平新时代中国特色社会主义思想为指导，认真贯彻落实习近平总书记“11·1”重要讲话和省委十一届三次、四次、五次全会精神，按照全国工商联，省委、省政府工作部署，紧扣“政治建会、团结立会、服务兴会、改革强会”要求，围绕“两个健康”主题，坚持建设“一部三中心”工作定位，创新工作思路，完善改革举措，推动各项工作上水平上台阶，圆满完成全年目标任务。

一、强化思想政治引领，加强宣传教育培训

一是扎实开展民营企业家理想信念教育。结合“不忘初心、牢记使命”主题教育，在全省民营企业和所属商会中开展“不忘初心、坚定信心”专题教育，以“守法诚信经营，坚定发展信心”为重点，持续加强非公有制经济领域思想政治工作。通过召开民营企业庆祝新中国成立70周年座谈会，组织企业家参观纪念新中国成立70周年展，召开全省非公有制经济人士理想信念教育工作推进会等，引导企业家筑牢理想信念，凝聚听党话、感党恩、跟党走的思想共识。创新设立“四川非公有制经济人士理想信念教育基地”，在广安小平故里、绵阳两弹城、泸定县红军飞夺泸定桥纪念馆、仪陇县朱德故居、成都建川博物馆挂牌。推荐樊建川等4位非公有制经济人士获评“第五届全国非公有制经济人士优秀中国特色社会主义事业建设者”，受到全国政协主席汪洋亲切接见。二是着力培育民营企业家队伍。着力培育民营企业家队伍，正式挂牌成立四川省民营企业家学院。分层次、分领域举办“创新创业—合伙人管理制度”等高质量培训班23期，企业家综合素质显著提升。三是创新形式做活宣传工作。加强省工商联官网、《新蜀商》杂志等宣传阵地建设，编撰出版《新蜀商——四川民营企业领军人物（第三卷）》。与中华工商时报、四川电视台、今日头条等媒体合作，刊出新闻报道600余篇（次），推出《风云川商》专访栏目20余期，开展“新时代·新青年·新川商”——纪念五四运动100周年系列专访宣传及主题征文活动。打造“川商头条”公众号和“天下川商”头条号，与新媒体建立信息联动机制。制定《四川省工商联舆情工作制度》，指导所属商会、重点联系执常委企业建立舆情员队伍，完善上下联通的信息报送机制。

二、深化调查研究工作，有力推动参政议政

一是围绕中心建言咨政。围绕民营经济高质量发展、民营企业转型升级积极建言咨政，《新形势下构建“亲”“清”新型政商关系的调查与思考》《当前四川民间投资分析报告》《当前我省民营企业和企业家反映情况和诉求建议的调研报告》等多篇报告，得到中央纪委副书记、国家监委主任杨晓渡，全国工商联主席高云龙，全国工商联党组书记徐乐江，省委书记彭清华，省委常委田向利等领导肯定性批示。高水平编撰发布四川省民营经济蓝皮书——《四川省民营经济发展报告（2018）》，形成指导四川省民营经济高质量发展的权威研究成果。二是加强智库和调研机制建设。组建四川省工商联参政议政智库，成立“四川民营经济研究院”，选聘50余位高校学者、科研机构专家、民营企业家担任特约研究员，推动实质运行，进一步做实调查研究载体，提高参政议政水平。印发《关于加强和改进机关调查研究工作实施细则》《课题研究管理办法》以及《优秀调研成果评选奖励办法》，促进工商联调研工作科学化、制度化、规范化。大力推进民营企业调查点工作，调查点数量扩展到2400余个，被全国工商联评为2019年民营企业调查点工作省级先进单位、突出贡献单位。三是深入开展调查研究。与智库专家联合开展“发展壮大县域民营经济”“促进‘5+1’现代产业体系加快构建”“当前四川民间投资情况”“‘民营经济20条’贯彻落实情况”等专项调研，形成一批课题成果。四是积极反映社情民意。报送省政协会议团体提案15件并全部立案，《关于加快推进特色小镇建设的建议》被列为省政协五件重点督办提案之一。全年报送党外人士意见建议、社情民意共计30余条，被采用3条。

三、打造创新工作品牌，促进民营经济高质量发展

一是高规格高质量承办“2019全国工商联主席高端峰会”。以“把握时代大势，坚定发展信心”为主题，精心组织恳谈会、推介会、高端峰会、闭门圆桌会，全国工商联主席高云龙、35位省部级领导、省委书记彭清华等省领导及600余位中央及国家有关部委、全国工商联、各省工商联代表、省内外知名民营企业家嘉宾出席。完成签约项目162个，签约金额1588亿元。得到省委和全国工商联主要领导充分肯定。二是筹备召开全省民营企业家座谈会。省委书记彭清华、省长尹力等省领导出席，专门听取新希望集团董事长刘永好等12家民营企业主要负责人对当前民营经济工作的意见建议，对提出的35条意见建议及时批示处理并明确责任分工，推动各部门落实。三是持续加强经贸交流。举办“第九届泛成渝经济区商会合作峰会”，承办“2019中外知名企业四川行活动”。搭建“一带一路”沿线国家地区外商侨商参与四川经贸文化活力的互通桥梁，举办全省民营企业“走出去”培训。四是扎实开展经济服务。深入实施“百强民营企业精准培育计划”，高质量发布2019四川民营企业100强榜单及分析报告。组织四川民营企业参评2019年中国民营企业500强，四川省11家企业上榜，比2018年增加3家，为近3年来最高。探索设立中小民营企业融资担保基金和贷款风险补偿基金，协调落实我会与6家金融机构达成的4200亿元民营企业授信协议，推动建立民营企业贷款信用担保机构。积极推进民营企业参与国企混合所有制改革，支持龙头企业牵头组建行业产业联盟，参与发展一批民间资本控股的混合所有制企业。与省发展改革委共同向民间资本推介了86个基础设施补短板项目，总投资额2051.6亿元，进一步激发民间投资热情。

四、积极拓展会员工作，持续夯实基层组织

一是统筹推进商会改革发展。推动省委办公厅、省政府办公厅出台《四川省促进工商联所属商会改革和发展实施方案》。探索建立商会与政府部门搭建沟通联络平台、商会实行轮值会长制度等方面的新机制。引导工商联所属商会有效承接政府转移职能，积极参与社会治理和经济合作。探索建立会领导联系重点商会制度，加大对重点商会的服务和指导，全年共接待指导拟筹建商会近20个。指导部分符合条件的企业牵头组建商会，新筹备了以“5+1”产业为重点的10家商会。积极吸纳脱钩的经济类商会为团体会员，发展了四川省电力企业协会等3个团体会员。二是建立完善执常委管理评价体系。制定发挥执委作用及考核评价的工作方案，完成全国工商联担任执委以上企业家履职情况评价工作。三是夯实基层组织建设。不断加强基层信息化建设，指导全省各级组织完善“网上工商联”数据。制定“五好”县级工商联建设实施方案，认真开展“一个设立五个有”回头看核查，向全联推荐“五好”县级工商联候选单位113家。

五、保障民营企业合法权益，持续优化法治化营商环境

一是着力抓好平台机制建设。牵头组建“四川省民营企业法律维权服务中心”综合服务平台，推动全省13个市（州）63个县（市）建立民营企业法律维权服务机构，与全国工商联法律维权服务中心和西南7省工商联法律维权服务联盟有效对接合作。与省法院签署《关于构建依法服务保障民营经济健康发展协作机制的意见》，全面打通省法院、省检察院、公安厅、司法厅民营企业合法权益保护“绿色通道”，获全国工商联副主席鲁勇肯定性批示。创新成果《建立四川省民营企业法律维权服务中心 打造综合服务平台 构建良好法治环境和营商环境》获评中央统战部“民营经济统战工作实践创新十佳案例”。二是切实维护企业合法权益。开发民营企业法律维权服务网上受理程序，实现线上线下全方位诉求受理。为民营企业提供专业法律指导，全年有效调处个案26件，指导13家执委企业开展信用修复。成立“四川省商会人民调解委员会”，以“商人纠纷商人解”的形式，促进民营经济领域纠纷快速、有效化解，获省委常委、统战部部长田向利肯定性批示。三是深入开展“法治民企”建设。与司法厅联合印发《关于深入开展民营企业“法治体检”活动的实施意见》，定期组织摸排民营企业在生产经营中的法律风险点。与人社、工会等部门健全突发事件和群体性事件应急处置机制，及时发布劳动关系领域风险预警信息。深入开展“法律三进”，承办全国民营企业法律风险防范与合规管理专题培训班、省工商联执委以上企业法务培训班，培训1000余人。扎实推进和谐劳动关系构建，广泛开展争先创优活动，帮助并指导海特高新等10家民营企业获评“全国模范劳动关系和谐企业”。四是不断优化法治化营商环境。开展“民营企业参与乡村振兴中的法治保障”专题调研，推动产权保护等利好民营企业的改革方案落地落实。参与《四川省企业和企业家权益保护条例》等相关文件的制定，增强涉企法律、政策的科学性与实效性。组织泸州等6市工商联选取330家样本企业开展劳动关系监测，为分析研判四川省和谐劳动关系形势打好基础。

六、精心助力脱贫攻坚，深度推进光彩事业

一是大力推进扶贫工作。召开“万企帮万村”精准扶贫行动暨经济服务工作会议和“万企帮万村”消费扶贫研讨会，举办四川省消费扶贫商会筹备研讨会暨消费扶贫再动员大会，助力精准扶贫工作落地落实。全省75000多家民营企业、商协会参与脱贫攻坚，6380家民营企业和商协会与6142个贫困村建立结对帮扶关系，数量位居全国第一，经验做法被省委办公厅专报中央办公厅。省工商联对口帮扶的平武县通过达标体系考核实现脱贫摘帽。二是扎实做好光彩事业。大力打造以“光彩凉山行”为主题的四川光彩事业金字招牌，《以钉钉子精神打好脱贫攻坚与“两个健康”的组合拳——四川省连续三年三次组织民企开展“凉山行”活动》获得中央统战部2018年统战工作实践创新奖，并在中央统战部《统战工作》2019年11期刊登。四川推动签约项目逐一专项督导的经验做法在中国光彩事业促进会五届四次理事会上分享交流。

七、加强机关自身建设，强化履职尽责支撑

一是全面加强机关党建工作。持续加强机关党建，成立中共四川省工商业联合会机关委员会，选举产生了第一届党委委员和纪委委员。始终将党建工作摆在突出位置，列入党组重要议事日程，压紧压实两个责任，加强干部队伍建设，持续强化正风肃纪。二是扎实开展“不忘初心、牢记使命”主题教育。出台《实施方案》，召开动员会、专题民主生活会。制定《专项整改工作方案》，在抓好省委“5+3”专项整治同时，围绕突出问题，对号入座、主动认领，解决“四个不适应”。三是推进机关规范化建设。积极开展机关制度修订工作，先后修订新建制度30余项。出台《贯彻落实推动构建“亲”“清”新型政商关系意见的实施办法》，进一步规范机关干部与民营企业交往行为。出台《学习贯彻习近平总书记重要讲话精神推进靠前服务的实施意见》，为民营企业提供主动、靠前、集成、精准服务。建立工商联工作评价机制，组织17位常委企业家对省工商联2018年工作开展评价。四是务实开展“三转”活动。制定《关于开展转职能、转方式、转作风实践活动的实施意见》，在省工商联机关、各市（州）工商联广泛开展转职能、转方式、转作风实践活动，全国工商联党组书记徐乐江作肯定性批示。五是巩固强化信息工作成效。健全完善纵向到区县、横向到处室的信息工作网络，加强与省委统战部、省发改委等部门交流合作，实现信息共享。积极探索多层次、广覆盖的网上渠道，不断提高信息响应速度。今年以来，向全国工商联报送信息120余条，全国工商联《工商动态》刊用50条。《当前我省民营企业面临的主要困难》等40余篇信息被中央统战部、全国工商联、省委办公厅等部门采用并获省领导批示。巴中市工商联经验信息《光彩资金为引子、撬动资源聚合力、担保放大起催化、助农扶贫出成效——巴中市工商联高效使用扶贫资金的有益探索》，被全国工商联刊用。全年信息在中央统战部《每日汇报》刊用5条、《统战工作》刊用1条，省委办公厅《每日要情》刊用3条，省委统战部《四川统战工作》刊用5条。全年编辑刊发官网要闻信息、市州信息、商会信息等1600余条。《2019全国工商联主席高端峰会在成都召开》等3条新闻在全国工商联官方网站要闻栏目登载。

贵州省工商业联合会2019年工作综述

2019年，贵州省工商联以习近平新时代中国特色社会主义思想为指导，坚持围绕中心服务大局，牢牢把握“两个健康”主题，把贯彻落实习近平总书记在民营企业座谈会上的讲话作为工作主线，把助力决战脱贫攻坚作为重要任务，积极创新，主动作为，全省工商联工作迈上新台阶。

一、加强政治引领，深入贯彻落实党中央国务院和省委省政府重大决策部署

广泛学习宣传贯彻党的十九届四中全会和省委十二届六次全会精神。省工商联第一时间安排部署，及时召开民营经济代表人士座谈会，举办省委宣讲团报告会，迅速掀起全省商会组织、民营企业学习热潮。扎实细致深入开展“不忘初心 牢记使命”主题教育。按照主题教育守初心、担使命、找差距、抓落实的总要求，扎实开展主题教育工作，由于成效突出，得到省委第五指导组的高度认可和充分肯定。9月，我们在26个直属商协会和5个非公企业党组织开展主题教育，收到了很好的效果。在民营经济人士中持续开展理想信念教育。先后依托省社会主义学院、全国民营企业家理想信念教育基地、复旦大学、上海交通大学等，举办民营企业家培训班、商会负责人培训班和“非公有制经济人士守法诚信法律大讲堂”。与贵州日报、贵州电视台等主流媒体合作，对优秀民营企业进行集中宣传。围绕年轻一代企业家的教育培养，举办理想信念教育培训班。

二、聚焦深度贫困地区，推进“千企帮千村”精准扶贫行动提质增效

贵州省工商联通过扩增量、优存量、强服务、再聚焦，组织动员民营企业参与“千企帮千村”精准扶贫行动。在全省各级工商联和广大民营企业的共同努力下，截至目前，全省有5595家民营企业参与“千企帮千村”精准扶贫行动，投入217.5亿元，帮扶6355个贫困村，帮助139.4万贫困人口脱贫，得到了全国工商联和省委省政府的充分肯定，连续三年写入省政府的重点工作。召开“千企帮千村”推进会和提质增效推进会。进一步引导、动员、组织民营企业家尽锐出战，向深度贫困地区聚焦。省委常委、统战部部长严朝君，中央统战部副部长，全国工商联党组书记徐乐江分别出席会议。向深度贫困村聚焦。省工商联领导班子成员带队省工商联执委以上民营企业、商协会负责人赴全省12个深度贫困县开展专题调研，聚焦深度贫困村的“两不愁三保障”开展精准帮扶。目前，民营企业参与帮扶的深度贫困村共涉及8个市（州）、143个乡（镇）、348个村，结对帮扶贫困村覆盖面达38.7%，投入资金34106余万元。“黔货出山、消费扶贫”初见成效。7月，省工商联向52个省外贵州商会和厦门市泉州商会授予了“黔货出山·消费扶贫”推广中心牌匾，大力推动“黔货出山”“黔货出海”“黔货进军营”工作。推动金融支持供需对接。5月，我们承办了全国首场“全国‘万企帮万村’行动产业扶贫项目金融支持供需对接座谈会”。省工商联与省农发行、省建行、省农行签订了《支持民营经济发展合作协议》，会议推动省农发行、省建行为88家民营企业拟授信金额41.5亿元。表彰先进典型引领。在2019全球贵商发展大会上，与省扶贫办联合表扬117

家全省“千企帮千村”精准扶贫行动先进民营企业。4家民营企业获2019全国工商联“万企帮万村”先进民营企业称号。

三、加强调查研究参政议政，营造民营经济发展良好环境

调查研究议政建言成果丰硕。开展了“防范化解风险”“民营企业应收账款清欠”“上规模民营企业调研”“民营企业评价营商环境”等专题调研，其中“防范化解风险”和“民营企业评价营商环境”等调研成果获得孙志刚书记、谌贻琴省长、陶长海副省长等多位省领导的批示肯定。向省长座谈会提交的《以市场为导向推动农业产业结构调整助力“黔货出山”》发言材料被选为第一发言人交流发言，得到谌贻琴省长的高度肯定。向全国工商联提交的《关于加强劳动关系中企业家合法权益保护的建议》等四篇调研成果分别获得全国工商联优秀调研成果一等奖、二等、三等奖表彰。民营企业调查系统初具规模。建成2552家涵盖县级工商联执委以上企业的数据库，基于数据库调查系统形成的“贵州省民营企业运行分析情况报告”得到多位省领导的批示。由于成绩突出，被全国工商联评为“省级先进单位”，并在全国作交流发言。

四、广泛凝聚力量创新服务方式，推动民营经济高质量发展

通过搭建平台，畅通渠道，创新方式，着重发挥好桥梁纽带和助手作用。成功举办“2019全球贵商发展大会”。全国政协副主席、全国工商联主席高云龙出席大会并致辞，省委副书记、省长谌贻琴出席会议并讲话，来自世界各地的700多名贵商代表参加会议。搭建贵商发展新平台。发挥“天下贵州人”活动平台作用，举办“海内外贵州商会会长新春座谈会”“改革开放40年百名风云贵商人物颁奖典礼”“2019天下贵州人年度盛典”等系列活动，用实际行动让世界分享贵州，让贵州走向世界。贵州省贵商总会正式揭牌，与贵阳市人民政府签订贵商产业园战略合作框架协议，联络平台作用不断凸显。参与招商引资助力对外开放。承办了贵州“1+8”开放创新平台推介暨跨境合作产业对接会。组织企业参加西洽会、第九届泛成渝商会会长峰会、世园会和香港第三届多彩贵州特色商会展销月采购会等大型展销活动，以及第十五届世界华商大会、澳门第八届世界旅游经济论坛、第二届“一带一路”国际合作高峰论坛、尼泊尔投资峰会等国际性会议，组织企业出访以色列、土耳其、阿联酋，推动民营企业加强与“一带一路”沿线国家的经贸交流和合作，帮助民营企业开拓市场，拓宽渠道，积极融入全球经济圈。

五、扎实推进法律服务，营造民营经济发展良好法治环境

省工商联积极开展法律培训和维权服务工作，民营经济法律服务取得显著成绩。积极发挥与公、检、法、司协作机制作用。推动建立省、市、县三级的四家联系协作机制，承接办理案件60余件，不断夯实协作工作机制和工作内容。四家联合召开“服务保障民营经济改革发展座谈会”和“服务保障民营经济发展工作培训会”，提升服务民营企业的法治素养。与省检察院联合召开“服务保障民营经济发展检察长董事长座谈会”，同期举办“西南片区工商联法律维权服务工作交流会”，全国工商联党组成员、副主席鲁勇出席会议并讲话，“两长”座谈会模式得到高度评价。加强法治民企建设。与司法厅合作推动“法治体检”工作，持续深化“法律三进”活动，开展“宪法进民企”“法治民企座谈会”等系列活动，得到民营企业的广泛好评。推动建立纠纷多元化解机制。与省法院联合出台《关于发挥商会调解优势推进民营经济领域纠纷多元化解机制建设的实施意见》，成立“贵州省工商联人民调解委员会”，全省工商联系统建立商会调解组织62个。

六、不断深化改革，开创工商联发展新局面

相继下发《贵州省工商联深化改革实施方案》《贵州省关于促进工商联所属商会改革与发展的实施意见》，全面推动工商联及所属商会改革工作。起草了《省工商联领导联系市州工商联和所属商协会工作制度》《市州工商联工作评价办法》《省工商联直属商协会评价办法》《省工商联企业家副主席副会长常委执委履职情况评价办法》四个文件，通过加强和完善制度，有效推动会员队伍、基层组织建设，切实激发民营企业家站前台，唱主角的主人翁意识。成立了贵州省工商联青年企业家委员会、新的社会阶层人士委员会，着手筹备智库和咨询议政委员会等专门委员会，进一步健全工商联工作抓手。成立“中共贵州省商会联合委员会”，在省工商联直属商会中开展党组织标准化、规范化建设，取得良好效果。

云南省工商业联合会2019年工作综述

2019年，云南省工商联坚持“政治建会、团结立会、服务兴会、改革强会”，团结引导全省非公有制经济人士积极投身全面深化改革实践，有效促进“两个健康”和工商联事业蓬勃发展。

一、扎实推进“不忘初心、牢记使命”主题教育

始终把学习教育、调查研究、检视问题、整改落实贯穿主题教育全过程，按照“守初心、担使命，找差距、抓落实”总要求，扎扎实实开展主题教育。坚持集中学习和个人学习相结合、线上学习与线下学习相结合，认认真真读原著、学原文、悟原理，提高政治站位，不断增强“四个意识”、坚定“四个自信”、做到“两个维护”。组织观看反腐纪录片《激浊扬清在云南》，以秦光荣等重大违纪违法案例为警示。组织干部到西南联大旧址参观，接受红色洗礼，传承红色基因。深入学习杨善洲、张富清、郭彩庭、张桂梅等先进事迹，党员干部思想上受到深刻的教育。

二、开展非公有制经济人士理想信念教育

以“守法诚信经营，坚定发展信心”为重点深入开展非公有制经济人士理想信念教育，把教育贯穿到“民营企业家素质提升工程”中，使其常态化、经常化。在省工商联网站开辟专栏、召开非公经济组织党委表彰大会、开展“壮丽70年、奋斗新时代”主题征文活动、组织商（协）会参观“辉煌70年——云南省庆祝中华人民共和国成立70周年成就展”等活动庆祝共和国70华诞。与省委统战部等部门共同开展第五届云南省非公有制经济人士优秀中国特色社会主义事业建设者表彰活动，39名非公有制经济人士获表彰。

三、提升调查研究和参政议政工作水平

完成了《云南省民营企业融资难状

况及缓解对策研究》《云南省工商联所属商（协）会改革发展情况调研报告》《商会建立法律维权援助机制和法律顾问制度实证研究》《云南民营企业参与“一带一路”建设调研报告》《提升我省民间投资动力研究分析报告》《消费扶贫助推产业扶贫的调研报告》《云南省物流业发展情况调研报告》等调研成果。2019年云南省“两会”期间，提交团体提案5件，工商联界别大会发言与会议交流材料4份，其中《关于积极推动和参与澜湄合作的提案》《关于加强对民营企业家人身和财产安全保护的提案》被评为好提案，《关于积极推动和参与澜湄合作的提案》被选为政协云南省十二届二次会议的重点提案。

四、提高经济服务工作质量

参与云南省《关于进一步提升优化营商环境的若干意见》《优化营商环境十大行动》等政策文件的研究制定。编印《云南省支持民营经济发展政策百问》，举办“民营企业融资业务专题培训”，帮助企业用足用活涉企惠企政策。筹建云南省总商会人力资源服务中心。举办“2019云南省非公企业100强”“制造业20强”“服务业20强”发布会，百强入围门槛提高到8.27亿元。建立民营企业融资需求项目库，帮助70多户企业协调各类贷款20多亿元。会同省地方金融管理局，开展企业上市倍增三年行动。印制下发《云南省创业担保贷款政策咨询及申办程序30问》，创业担保贷款三项任务合计完成10656户，完成率102%。收集150家民营企业、近350条困难问题，从中筛选出25个具有代表性的困难问题上报省政府督查室，提交省政府相关部门推动解决。

五、参与精准扶贫助力全面小康

2019年云南省共有4848个企业、商会参与“万企帮万村”精准扶贫行动，实施11307个项目，投入56.92亿元资金，受帮扶村5228个，受帮扶贫困人口2623370人。“光彩事业德宏行”全面验收，正常履约104个，协议投资1223.8亿元，4个重大项目到位资金155亿元，5个公益项目协议投资3848.342万元。“光彩事业怒江行”扎实推进，实现公益捐赠16858万元（现金捐赠11871万元、项目捐赠4987万元），实现扶贫消费5600万元。选派7名干部到孟连县和镇雄县开展驻村扶贫工作，协调资金155万元和价值35万元物资帮助孟连县顺利实现脱贫摘帽，投入经费70万元为镇雄县举办培训班、建农村超市和安装太阳能路灯等。

六、加强对内对外合作交流

组织民营企业参加缅甸曼德勒国际贸易展、中国香港国际美食展、上海国际健康食品展暨品牌农产品展。组团参加缅甸投资发展峰会，实地考察云南民营企业在柬泰缅3国的投资项目。举办全省民营企业“一带一路”东部行研修班，实地考察学习发达地区民营企业一带一路发展成果。组团参加“第二届中国国际进口博览会”，意向签近10亿美元。组织企业代表100余人参加在长沙举办的“2019一乡一品国际商品博览会暨第四届全国民族地区发展大会”。组团参加滇缅经贸合作论坛第八次会议。组织民营企业赴香港参加世界美食节,13家企业参加了展览展销；组织44家民营企业人员赴香港参加金融培训班；在昆明组织40多家云南企业和香港企业举办对接会。

七、助推法治化营商环境建设

组织召开“营商环境建设企业座谈会”。积极参与云南省政府优化营商环境督查工作和产权保护领导小组相关案件线索收集整理上报工作，反映和推动解决民营企业在发展过程中面临的营商环境问题。组织8368户民营企业，对全省30个政府职能部门在服务企业过程中的质量、效率、态度、廉洁等进行总体评价，报省政府公布评议结果。与省法院共同召开支持民营经济高质量发展工作座谈会。与省检察院开展“检察护航民企发展”检察开放日活动，向省检察院转呈民营企业法律监督诉求9件，得到检察机关积极回应。联合省司法厅开展民营企业“法治体检”，惠及8479家企业。先后在昆明、普洱等地开展“法律三进”巡回宣讲，500余名企业家受训。受理民营企业反映案件98件，办理结案81件。

八、加强新闻宣传和舆论引导工作

与云南电视台合作，围绕百户优秀民营企业和百名优秀民营企业家，在《云南新闻联播》“加快发展民营经济”栏目进行采访播出24期。编发《云南商联资讯》（手机报）40期，推送信息560余条。在“云南省工商联微信公众号”发布信息670余条。在云南省工商联（总商会）网站开设专栏，更新栏目信息400余条。策划出版《时代滇商》杂志6期,《云南商会》出刊4期。在省“两会”期间，与云南省政协报社联合举办“民营企业家两会聊天室活动”。开展“新闻记者进民企”活动和“民营企业家进校园”活动。实施“民营企业家素质提升工程”，共举办各类培训班40期，累计培训10549人次。

九、注重强化工商联组织基础

在涉及国计民生的重要行业、新型产业和新兴业态领域发展直属商会，全年发展团体会员10户，团体会员达到100个。全省各级直属会员达10.7万个，各级团体会员吸纳会员12.9万个，全省工商联联系服务的非公有制经济主体超过20万个。组织商会会长参加3期全国工商联三州三区商会会长培训班，参训100余人次。在浙江大学举办为期7天的云南省工商联商会会长培训班，所属商会负责人参训60名。在全省范围内组织开展“四好”商会创建工作，云南省广东商会等46家商会获得省级认定。全年共认定五华区工商联等16家省级“五好”县级工商联，向全国工商联推荐25家全国级“五好”县级工商联。

十、指导非公经济组织开展党建工作

云南省工商联非公经济组织党委积极推进党的组织和党的工作覆盖，到2019年已累计建立非公经济党组织39个。其中，党委12个、党总支4个、党支部23个，党员2168名。企业、商会党组织下属党支部共有109个。年内组织2个班次共110名企业（商会）党组织书记到上海交大进行为期10天的集中培训。举办党员发展对象培训班，120人参加培训，90人通过考试。组织41人参加省直机关工委党员发展对象培训班，39人通过考试。全年非公经济党委发展党员80名。全年共指导和帮助6个企业、商（协）会建立党组织，接转389名党员组织关系。2019年非公经济党委对40名优秀党员、20名优秀党务工作者、12个先进基层党组织和8名支持党建工作的优秀企业家（商会会长）进行表彰。

西藏自治区工商业联合会2019年工作综述

2019年，西藏自治区工商联始终紧扣区党委、政府中心工作和“两个健康”

工作主题，注重统筹协调，对标高质量要求，各项工作取得新进展。

一、围绕庆祝新中国成立70周年、西藏民主改革60周年，大力弘扬“两个健康”主旋律

1．奏凯歌，庆祝新中国成立70周年和西藏民主改革60周年活动精彩纷呈。通过集中收听收看、召开座谈、举办文艺汇演、专题宣讲、参观学习、党课辅导、观看爱国主义教育影片等形式，开展系列庆祝纪念活动，畅谈自身成长经历，回顾西藏工商联和民营经济发展历程，增进爱国主义共鸣，进一步奏响新时代奋进凯歌。

2．掀热潮，以高度的政治责任感深入学习宣传党的十九届四中全会精神。制定学习宣传工作方案，召开电视电话会议传达学习并作安排部署，主要领导同志率先进行宣讲。各级工商联党组带头学，机关支部集体学，干部职工自主学，专题讲座指导学，各商（协）会和民营企业主动学，迅速掀起学习贯彻高潮。

3．守阵地，牢牢把握意识形态工作主动权。举办反对分裂、维护祖国统一和加强民族团结专题讲座、政治教育培训班，筑牢思想根基，始终把“共产党员不得信仰宗教，不得助推宗教热，任何人不得以任何方式资助十四世达赖及达赖集团分裂破坏活动”作为对工商联系统干部职工和民营经济人士的一项严肃政治要求，筑牢共同团结奋斗、共同繁荣发展的思想根基。

4．树典型，提升工商联和民营企业影响力。积极发现、培育、推荐先进典型。以自治区非公经济工作领导小组名义发布“2019西藏自治区民营企业营业收入大户”进行评选，为全区民营企业做大做强做优树立标杆。

二、围绕贯彻落实习近平总书记在民营企业座谈会上的重要讲话精神，助推民营经济政策落实

1．摸家底，进一步理清工作思路。委托第三方评估机构对全区民营经济发展状况进行全面调研评估，形成《西藏自治区民营经济发展状况及优惠政策落实情况评估调研报告》。形成《“十四五”时期西藏民营经济发展目标措施及政策建议》，提出总体目标、具体举措和对策建议。

2．抓督导，推动民营经济政策落实落地。贯彻落实区党委政府“促进民营经济发展决策执行年、政策落实年”决策部署，形成《关于全区促进非公经济发展政策措施贯彻落实情况的督导报告》。及时贯彻落实批示要求，结合督导中发现的问题，形成《关于进一步推进政策措施落实落地促进民营经济快速健康发展的意见》，并以自治区非公经济工作领导小组名义印发。

3．聚合力，积极搭建民营经济服务平台。起草《关于学习贯彻习近平总书记在民营企业座谈会上重要讲话精神的意见》，印制《西藏自治区促进非公经济发展政策汇编》。与区国资委召开全区国企民企联动工作座谈会，出台《关于建立国有企业和民营企业联动机制的意见》。与区司法厅、检察院、普法办等共同出台相关意见，开展创建守法诚信示范民营企业活动，开展公益性法律顾问服务活动，修订《西藏自治区企业权益保护条例》，举办民营企业法治培训班。召开全区银企对接合作工作座谈会暨金融产品推介会，建立长期合作机制。

4．解难题，积极为民营企业排忧解难。依托自治区非公经济工作领导小组办公室平台，及时梳理民营企业反映的问题，移交相关地市和成员单位解决。2018

年民营企业反映的10个共性问题和54个个性问题、2019年收集到的102个问题，经过一年多协调，大部分已得到各部门的答复和解决。

三、围绕区党委、政府中心工作，积极服务全区经济社会长足发展和长治久安

1．抓维稳，工商联系统和民营经济领域保持全面稳定。围绕维稳重要敏感节点，以防患于未然为原则做工作，进行风险评估、完善维稳处突预案、召开电视电话会议进行安排部署、加强值班力度和安保措施、深入企业进行安保督导、加强企业安全生产检查，确保全面稳定持续稳定。

2．重实效，“百企帮百村”精准扶贫行动成果显著。召开“百企帮百村”精准扶贫行动推进会。目前，录入全国工商联“万企帮万村”台账管理系统的民营企业达703家，结对1049个贫困村（其中建档立卡贫困村1042个），帮扶贫困人口82018人，项目帮扶总额23.2亿元。引进区外独角兽企业天九共享控股集团，向自治区捐赠1000万元脱贫攻坚专项资金。

3．树导向，民营企业吸纳高校毕业生就业工作再结硕果。争取全国工商联支持，在四川、广东两省为西藏籍高校毕业生提供一万多个就业岗位。提出《西藏自治区民营企业2019—2025年高校毕业生就业岗位需求规划》。与区人社厅、西藏大学、西藏民族大学、西藏职业技术学院等院校联合举办多场招聘会。动员民营企业为西藏技师学院落实108个岗位，为西藏籍高校毕业生提供就业岗位3300多个，吸纳就业800余人。

4．紧跟进，促进全国工商联系统援藏工作座谈会精神进一步落实。落实工商联系统援藏工作座谈会精神，到目前，各地市工商联到位援助资金、设备等共计862.8万元。协助林芝、山南、那曲三市开展招商引资项目推介工作。援藏工作座谈会35个协议项目中，完工项目3个，投资额1.19亿元；在建项目14个，到位资金9.5606亿元；其余18个项目正在对接洽谈或计划下一步实施。第四届藏博会招商引资签约项目中，签约30亿的文化旅游产业项目预计全年投资6950万元。广东长隆集团捐赠1亿元精准扶贫、生态保护、生态旅游资金已到位4000万元，项目确定为“中国长隆藏羚羊国际保护研究中心”。

5．广联络，走出去请进来工作力度明显加大。组织民营企业和商（协）会参加第四届联合国环境大会、2019年尼泊尔投资峰会和投资机遇研讨会、俄罗斯“第五届东方经济论坛”“第八届世界旅游经济论坛”、世界华商大会、2019第二十届中国·青海绿色发展投资贸易洽谈会等对外交往活动。

四、围绕“两个健康”工作主题和新时代工作要求，全面加强工商联建设和商（协）会改革

1．谋长远，深入推进商（协）会改革。全面贯彻落实《关于促进工商联所属商会改革和发展的实施意见》，起草西藏的《实施方案》，明确指导思想和改革任务，提出商（协）会组织建设“3588”和民营企业入会率及党建工作“两个全覆盖”目标，为下一步改革制定路线图和时间表。

2．强基础，“五好”县级工商联和“四好”商（协）会建设成果得到巩固拓展。2018、2019两年我区获批14个全国“五好”县级工商联，总数达到21个；新成立商（协）会7个，总数达到48个，其中异地商会27个、行业协会21个。开展会员清理工作，全区工商联会员共有5445家。商（协）会均设置秘书处，配备专门工作人员，工作得到进一步规范加强。

3．严要求，民营企业家作用得到发挥。研究起草关于发挥企业家领导作用、履职情况评价、联系地方工商联和所属商

（协）会、工商联工作评价、加强和改进会员工作等方面的意见和办法。

4. 重党建，全面加强党对民营经济和工商联工作的领导。成立“中共西藏自治区非公有制企业和商（协）会行业委员会”，深入推进党的组织和工作全覆盖。全年共发展直属会员企业和商（协）会党员134名，培训入党积极分子248名，区工商联直属会员企业和商协会党组织达到175个，党员达到1015名。

5. 抓教育，主题活动深入开展。在民营经济领域，深入开展第二批“不忘初心、牢记使命”和面向党外干部、企业高管的“不忘合作初心、继续携手前进”主题教育，围绕“十个一”要求开展活动，落实六个规定动作。

一年来，西藏工商联积极发挥党委政府的桥梁纽带和参谋助手作用，民营企业“娘家人”作用越来越突出，对民营企业的凝聚力越来越强，工商联在全区各职能部门中服务民营经济的职能越来越凸显，在社会各界的影响力越来越大。

陕西省工商业联合会2019年工作综述

2019年，陕西省工商联在省委、省政府的正确领导下，在全国工商联和省委统战部的具体指导下，始终坚持以习近平新时代中国特色社会主义思想为指导，全面贯彻党的十九大和十九届二中、三中、四中全会精神，贯彻落实习近平总书记民营企业座谈会重要讲话精神，认真践行“五个扎实”要求，全面落实“五新”战略任务，助力“三个经济”发展，紧扣“两个健康”工作主题，在政治建会、团结立会、服务兴会、改革强会各方面取得显著成绩。

一、凝聚共识，民营企业发展信心得到提振

1. 参与筹备全省贯彻习近平总书记民营企业座谈会重要讲话精神工作现场推进会。按照省委书记胡和平要求，省委于10月31日在西安召开了全省贯彻习近平总书记民营企业座谈会重要讲话精神工作现场推进会，省工商联积极参与了大会筹备工作。省委常委、省委统战部部长姜锋出席会议并讲话，动员各方继续深入学习贯彻“11·1”重要讲话精神，积极为民营企业送信心、送经验、送政策、送服务，进一步凝聚陕西省民营经济高质量发展的共识。

2. 力推两个文件出台实施。与省委统战部联合就“加快建设优秀企业家队伍”和“构建‘亲’‘清’新型政商关系”进行专题调研，研究制定了《陕西省关于加快构建“亲”“清”新型政商关系的意见》和《陕西省关于促进民营企业家和非公有制经济人士健康成长的指导意见》，分别以陕办发〔2019〕19号和陕统组发〔2019〕2号文件印发实施。

3. 举办庆祝新中国成立70周年系列活动。联合省委宣传部、省国资委举办“奋斗陕西”2019陕西经济推动力发展大会暨奋斗人物事迹分享会，推荐4位民营企业家荣获“践行者”称号。组织百家商会举办庆祝中华人民共和国成立70周年健步走活动。召开“迎国庆、话发展”民营企业家座谈会暨“迎国庆红歌快闪”活动。在《华商报》开辟“壮丽70年奋斗陕西”专版，对部分优秀民营企业和民营企业家进行宣传报道。

4．扎实有效开展思想政治工作。参与筹备第四届“陕西省非公有制经济人士优秀中国特色社会主义事业建设者”评选表彰活动，省委书记胡和平出席表彰大会并讲话，省长刘国中、省政协主席韩勇等省级领导参加会议。积极配合全国工商联并组织有关人员参加全国工商联在井冈山、延安、西柏坡举办的“年轻一代非公经济人士理想信念教育培训班”。与省广播电视台《秦风热线》栏目组合作，开展“坚定理想信念，增强发展信心，民营企业家走进直播间”活动，共播出30期；全年共编辑出刊《陕西新工商》10期，编发稿件640余篇。微信公众号发布稿件1540篇，《商界陕西》播出52期，播出新闻72条，被全国工商联评为2019年度民营经济新闻宣传工作先进单位。

5．全力推动陕西省“33条意见”落地见效。深化与金融机构的战略合作。截至11月，省建行向会员企业累计发放贷款66.45亿元，省农行向全省3851户小微企业发放贷款23.5亿元。牵头承办由省政府和清华大学联合主办的新型城镇化高端论坛，发起成立“大西安都市圈研究联盟”；与省发改委联合召开促进陕西省民间投资持续健康发展座谈会；与省检察院联合举办优化提升营商环境座谈会；与省政府有关部门建立了定期情况通报机制，就民营企业项目立项受阻、落地难、用地难等问题主动协调，全年共推动11个问题解决；与省国资委、省税务局签署战略合作协议和减税降费服务协议，促成合作项目5个，合作意向4个，总金额116.2亿元。积极参与拖欠民营企业账款工作，截至11月底，全省实际清偿进度为56.08%。与安康市人民政府开展陕西省重点民营企业走进安康经贸合作推介活动；与榆林市委、市政府联合举办中国（榆林）煤化工园区及产业链发展峰会。

二、多措并举，服务民营经济高质量发展亮点纷呈

1．建立省政府部门与民营企业季度恳谈制度。为进一步畅通党委政府与民营企业定期沟通协调渠道，我会积极推动建立省政府部门与民营企业季度恳谈制度。先后以“推进混合所有制改革”“减税降费”“稳增长，扩投资”“民营经济与营商环境”为主题，召开4期省政府部门与民营企业季度恳谈会。累计向民营企业和商协会征集意见建议100余条，政府相关部门现场答复80余条。4期会议共计20余个政府部门，1200余个（次）企业和商会代表参会，近30家企业负责人发言。

2．积极建言献策优化发展环境。一是积极反映诉求。充分利用政府征求意见会和政协全委会等平台，集中反映民营企业的意愿诉求。其中，《关于大力促进我省人工智能产业发展的建议》被确定为省政府重点督办提案，《关于构建“亲”“清”新型政商关系的建议》《关于让PPP真正惠及民营企业的建议》被评为优秀提案。同时《关于让PPP真正惠及民营企业的建议》还被评为2019年全国工商联系统优秀提案三等奖。二是深入开展调查研究。组织开展民营企业现代服务体系建设、民营经济“走出去”“引进来”、商会建设等专题调研，形成了一批高质量调研报告。其中，《新时代提升商会影响力和凝聚力的调研报告》获得全国工商联2019年组织建设调研成果突破创新奖，《工商联所属商会党建工作调研》获得2019年全国工商联优秀调研成果三等奖，《安康市高新区工商联服务“两个健康”的调研报告》在《中华工商时报》全文刊登。三是用好民营企业调查平台。

2019年底，参与企业3646家，全国第6；活跃企业数1237家，全国第9；全年填报问卷4650份，我会被全国工商联评为“民营企业调查点省级先进单位”，11家基层单位和28家企业受到全国工商联年度表彰。撰写的《2018年度陕西营商环境评价报告》《2018民营企业运行状况第二次调查工作报告》分别获得2019年全国工商联优秀数据分析报告一等奖和二等奖。

3．精心做好法律服务工作。主动加强与政法机关沟通联系。建立以省工商联牵头，省高院、省检察院、省公安厅、省司法厅、省委政法委参与的维护民营企业权益协调工作机制。与省检察院联合举办优化提升营商环境座谈会，推动解决民营企业项目立项受阻、落地难、用地难等问题11个。与省司法厅联合开展“民营企业公司律师试点”工作。

4．推动军民融合向深度拓展。加强与省委军民融合办公室的沟通对接，建立沟通协调领导小组，设立军民融合民营专项基金，推进民间资本参与军工科研院所改制，并举办首期民营企业家军民融合专题培训班。西安科为实业发展有限责任公司自主研发的国内首款战术靶机“砺剑-Ⅰ”参加了第十四届莫斯科国际航空航天展览会，在国际上引起广泛关注。宝鸡保和防务的“猎鹰”空中突击旋翼机作为全国首次由民营企业生产的一类装备，参加了新中国成立70周年阅兵式。

5．健全帮扶机制，精准扶贫行动成果显著。举办“牵手·温暖·追梦2019‘万企帮万村’我们在路上”公益助农扶贫活动暨“万企帮万村”消费扶贫新闻发布会及启动仪式，积极动员民营企业参与消费扶贫行动。组织机关干部与帮扶村李家坪村30户贫困户开展“一对一”结对帮扶，完成路桥基础设施建设、培育天麻特色产业等帮扶项目12个。截至目前，陕西省“万企帮万村”精准扶贫行动台账管理系统的民营企业7681家，受帮扶村8386个，投入资金43.8亿元，实施项目18975个，受帮扶贫困人口105.39万人，参与企业数和帮扶村数均位居全国第三，6家民营企业荣获全国“万企帮万村”精准扶贫行动先进民营企业荣誉称号。

6．积极参与“一带一路”建设，持续扩大国（境）外“朋友圈”。组团赴缅甸、泰国进行友好访问，赴英国参加“第十五届世界华商大会”，与美英德日澳等陕西境外工商社团进行座谈，新设立总商会驻外商务代表处8家，与德国、韩国等境外工商机构签订了合作备忘录2个。与全国工商联青年企业家委员会、台湾三三青年会联合举办“两岸青年企业家创新与发展论坛”。积极组织企业参加全国工商联、香港特区政府、省外办等举办的宣讲培训；精心为会员企业办理APEC商务旅行卡，提供招商引资、赴外考察等第一手可靠信息和资源。

三、夯实基础，自身建设与商会建设实现新突破

1．扎实开展“不忘初心、牢记使命”主题教育。按照中央、省委和省委统战部关于开展“不忘初心、牢记使命”主题教育的安排部署和具体要求，切实提高政治站位，聚焦“守初心、担使命，找差距、抓落实”的总要求，把学习教育、调查研究、检视问题和整改落实贯穿始终，坚持问题导向，注重提升工商联干部服务“两个健康”的能力和水平，共梳理出39个问题，新建制度2个，完善制度9个，健全机制3个，提出70条整改措施已基本完成落实整改。

2．推动会员发展与组织建设。全年新增会员数3534个，其中企业会员1417个、团体会员73个、个人会员2038个，省直团体会员6个，新建基层组织和行业商会79个，超额完成计划任务。会员总数累计达到127422个，所属商会2759个。制定下发了《关于推荐全国“五好”县级工商联工作方案》，并开展调研督导。西安市新城区工商联等50家县级工商联被全国工商联认定为2018—2019年度全国“五好”县级工商联，是陕西省创建全国“五好”县级工商联数量最多的一次。

3．推进工商联所属商会改革。联合省委统战部组织召开全省促进工商联所属商会改革和发展电视电话会议，省委常委、省委统战部部长姜锋出席并讲话。起草了《关于促进工商联所属商会改革和发展的实施意见》，经省委统一战线领导小组会议审议通过，由省委办公厅、省政府办公厅以陕办发〔2019〕19号文件印发。认真组织开展“四好”商会建设和认定工作，12家商会被全国工商联认定为“四好”商会，82家商会被认定为省级“四好”商会。开发运行的“商会部落”APP，录入各级工商联、商会932家，发布各类信息 5478条，激活人数7838人。

4．商会党建实现新突破。成立了陕西省总商会党委，指导直属商会开展党建带会建、会建促党建、共建求发展的“双促双建”活动，初步完成了组织建设、党员发展、教育培训等基层党的建设全流程建设工作。在第二批“不忘初心、牢记使命”主题教育中，深入各商会党委（支部）巡回指导3轮45次。省委“不忘初心、牢记使命”主题教育简报第70、76、97期分别刊登了我会的做法。《中华工商时报》以《一次难忘的组织生活会》为题，深入报道陕西省山东商会主题教育开展情况。

甘肃省工商业联合会2019年工作综述

2019年，甘肃省工商联深入学习贯彻习近平新时代中国特色社会主义思想和党的十九大及十九届二中、三中、四中全会精神，认真贯彻落实习近平总书记在民营企业座谈会上重要讲话精神、习近平总书记视察甘肃重要讲话和指示精神，按照政治建会、团结立会、服务兴会、改革强会的要求，各项工作取得了新进展、新成效。

一、“不忘初心、牢记使命”主题教育取得良好成效

党组理论学习中心组深入学习习近平新时代中国特色社会主义思想特别是习近平总书记视察甘肃重要讲话和指示精神，增强“四个意识”、坚定“四个自信”、做到“两个维护”。机关党员开展“不忘初心跟党走‘八一’慰问离退休老军人及遗属”活动，参观“不忘初心、牢记使命”主题教育档案文献展。省工商联班子、班子成员、各部室深入查摆存在的问题，研究提出整改措施，逐步推动完成整改落实任务。组织召开省工商联党组班子民主生活会和机关各支部组织生活会，在中央巡回指导组主持召开的座谈会上，省工商联的专题发言得到了充分肯定。

二、政治引领和教育引导凝心聚力

以“守法诚信经营、坚定发展信心”为重点，面向广大民营经济人士宣讲习近

平新时代中国特色社会主义思想和中央、省委支持民营经济发展政策措施。在全省开展了大宣讲大调研活动，组织机关全体党员干部和部分民营企业家赴古浪县八步沙林场、西路军古浪战役纪念馆开展主题党日活动，邀请受到全国和省级表彰的优秀企业家参加“甘肃省工商联庆祝中华人民共和国成立70周年演讲活动”，组织十二届甘肃省政协工商联界别委员扶贫调研视察活动。以“坚定信心助推甘肃特色产业高质量发展”为主题，承办了全国工商联“德胜门大讲堂”走进甘肃活动，举办了第八届工商联大讲堂。

三、“千企帮千村”精准扶贫行动提质增效

2019年参与甘肃省“千企帮千村”精准扶贫行动民营企业、商会达到2401家、帮扶村4877个，企业投入总金额52.07亿元，贫困人口受帮扶总数86.03万人。举办23期建档立卡贫困户培训班、培训2125人次。深化“精准扶贫百村攻坚工程”，动员省内外民营企业、商会对口帮扶东乡、宕昌、西和、文县、通渭、漳县6县110个深度贫困村。组织省内188家商会、民营企业与市州的专业合作社开展对接帮扶工作。加强与天津、福州、厦门、青岛等地工商联协作，有力助推全省脱贫攻坚工作。

四、“中国光彩事业临夏行暨民企陇上行”活动汇集智慧力量

在中央统战部、全国工商联和省委、省政府的高度重视下，省委统战部、省工商联紧密结合临夏州脱贫攻坚和产业发展实际，广泛动员省内外民营企业通过招商引资、扶贫车间、消费扶贫等8个方面参与帮扶。据统计，“中国光彩事业临夏行”活动共对接签约合同项目196项、投资金额490.85亿元。截至2019年12月底，开工建设项目74个，到位资金34.78亿元；活动还促成公益捐赠1.88亿元，办成了一批公益项目。7月4日，在定西市成功举办了2019年甘肃省“民企陇上行”活动，共签约项目15个、金额140.82亿元。

五、“千企调研纾困”行动破题开局

在全省范围内开展了“千企调研纾困”行动，获省委统战部实践创新成果奖。7个调研组深入14个市州、40个县区，实地走访企业、商会120家，召开宣讲会、座谈会56场，参加企业家近2000人，梳理筛选400余家民营企业反映的问题线索，分批并报省委、省政府相关部门，积极推动解决。形成《进一步优化我省民营企业发展环境的调研与建议》，上报省委省政府；起草《甘肃省“千企调研纾困”工作方案》，由省委办公厅、省政府办公厅印发实施。配合省委统战部每季度组织召开民营企业座谈会，省委、省政府主要领导出席会议，现场回应企业关切。收集整理14个市州地方政府、国有企业拖欠民营企业账款问题513个，推动相关部门协助解决。组织银企对接活动，促成20家省级金融机构与7家商会和40家民营企业达成合作协议，放款37.56亿元。与省检察院开展“维护民企权益优化营商环境”专项行动，走访民营企业10761家，召开座谈会185次，收集线索千余件，办结304件，正在办理案件308件，协调移送其他部门509件，反馈企业264件。

六、“双百千”培育工程成效显著

建立全省民营企业家“双百千”培育工程基础数据库，方大炭素进入2019年中国民营企业制造业500强。开展上规模企业调研，发布全省民营企业“三个50强”榜单和分析报告。配合省委统战部召开“双百千”培育工程优秀企业家培训班、全省第十三届民营经济代表人士高级培训班。组织5家民营企参加了在英国举办的第十五届世界华商大会；组团赴俄罗斯、白俄罗斯开展经贸交流活动，分别与俄罗斯莫斯科工商会、白俄罗斯明斯克工商会座谈交流。

七、调查研究和参政议政水平不断提升

紧紧围绕促进“两个健康”、推动民营经济高质量发展等内容开展7个项专题调研，6篇调研报告分别获全国工商联三个类别的奖项，《甘肃省营商环境评价问卷调查与分析》获全国工商联优秀调研成果三等奖。向省政协提交了提案8篇，3篇被省政协评为优秀提案；与省委统战部四处完成的《统一战线服务民营经济的基本方式和着力重点问题研究》获中央统战部调研课题三等奖、省委统战部理论创新成果奖。《关于进一步扶持我省农业产业化龙头企业发展的几点建议》获全国工商联社情民意信息三等奖。健全民营经济监测体系，全国工商联调查系统中甘肃省注册企业达到1626家，完成全国工商联要求的全年增长10%的目标；甘肃省今年第三次调查点工作位列全国第11名。

八、协调服务机制逐步健全

进一步落实省级领导干部与商会对口联系制度、省工商联领导班子成员联系所属商会制度，推动构建“亲”“清”新型政商关系。与省委政法委、省发改委、省司法厅、省法院、省检察院、省税务局等部门合作，进一步拓宽了政企沟通渠道。与省生态环境厅签署了《关于共同推进民营企业绿色发展，打好污染防治攻坚战》的合作协议。持续开展“法律三进”活动，与省司法厅共同举办“营造良好法治环境服务民营企业发展”法律培训班；开展了民营企业“法治体检”专项活动，全省1030名律师参与组建法律服务团队109个，走访民营企业1935家，召开座谈会163次，举办讲座75场次。

九、工商联自身改革持续深化

按照《全国工商联深化改革总体方案》要求，加快工商联自身改革，首次组织省工商联企业家副主席、副会长述职。指导成立了兰州新区工商联（民间商会），实现了甘肃省工商联组织的全覆盖。成立了省工商联咨询委员会、青年企业家委员会。开展全省工商联组织建设加强年活动，召开全省工商联组织工作会议，推动解决基层工商联组织中存在的问题。推荐甘肃省38家优秀县区工商联为全国“五好”县级工商联。

十、商会改革发展高位推进

深入贯彻落实《甘肃省关于促进工商联所属商会改革和发展的实施意见》，不断扩大工商联所属商会覆盖面，新组建商会3家，省工商联所属商会达到65家。与省委统战部在浙江大学联合举办了全省商会会长培训班，在陇南市举办东南片区6市州商会调解员培训班；成立了4家商会人民调解委员会，调处民商事纠纷9起、金额达6455.3万元。推动构建和谐劳动关系，甘肃省民营企业劳动关系监测调查工作在全国31个省级工商联中名列第5位。在12个异地甘肃商会成立了甘肃籍人才联络站。

十一、机关建设科学规范

坚持以政治建设为统领，充分发挥省工商联党组领导核心作用。加强机关党建工作，党支部标准化、规范化建设水平不断提高。认真履行从严治党主体责任，加强党风廉政建设和反腐败斗争，推动全面从严治党向纵深发展。开展“双评双推”民主评议活动，机关干部队伍建设不断加强。增替5名驻村帮扶干部，筹措资金40余万元，帮助三眼泉村重建了党群服务中心。

青海省工商业联合会2019年工作综述

2019年是新中国成立70周年、青海解放70周年，是全面建成小康社会、实现第一个百年奋斗目标的关键之年，也是省委省政府确定的民营经济发展促进年，对于青海省工商联系统也是一个非常重要的年份。在省委省政府的坚强领导下，在全国工商联和省委统战部的精心指导下，青海省工商联紧扣“两个健康”工作主题，牢牢把握“十六字”建会方针，紧密围绕“六个始终坚持”积极主动作为，经历和完成了许多可圈可点的大事、要事、喜事，各项工作取得了显著成效。

一、在思想政治引领中展现新作为

一是强化政治引领。坚持以习近平新时代中国特色社会主义思想为指导，认真学习贯彻落实党的十九大、十九届二中、三中、四中全会精神，把全面学习贯彻习近平总书记关于民营企业的一系列重要讲话精神作为首要政治任务，结合“不忘初心、牢记使命”主题教育，通过组织开展各类教育培训活动，深入开展政策宣讲，深化政治理论学习，引导民营经济人士坚守创业初心、接力改革伟业，增强“四个意识”、坚定“四个自信”、做到“两个维护”。二是注重宣传引导。认真宣传贯彻落实中央和青海省制定出台的一系列促进民营经济发展的政策措施，精心策划组织了青海省民营经济领域“庆祝中华人民共和国成立70周年和青海解放70周年”文艺汇演，强化与省内外主流媒体、网站合作，大力弘扬优秀企业家精神，全力打造政治上明方向、发展上有追求、责任上有担当的民营企业家队伍，乔继华、李银会2名民营企业家获得全国第五届“优秀中国特色社会主义事业建设者”荣誉称号。三是精心打造品牌。打响了“青海民营企业家大讲堂”的工作品牌，先后邀请到叶青、雷军、陈志列、林泽炎等知名民营企业家和专家学者作主旨演讲和互动交流，尤其是第一期大讲堂听讲人数达到1000余人，中国新闻社青海分社等新闻媒体和相关网络平台进行了全程直播，反响热烈，效果良好。四是加强教育培训。深入开展以“守法诚信经营、坚定发展信心”为主题的非公经济人士理想信念教育，组织民营企业家赴延安开展了红色革命传统和理想信念教育。举办了全省基层工商联、省级异地商会工作培训班，期间开展了十九届四中全会精神辅导报告会，进行了金融服务民营企业、民营企业法律风险防范等专题培训。

二、在助推全省高质量发展中实现新突破

全力协助省委省政府和全国工商联在青海成功举办了中国民营企业500强峰会，圆满完成了全国工商联十二届三次常委会各项会务工作。峰会期间，召开了民营企业助推青海“一优两高”发展大会，举办了生态环境保护与绿色发展、东西部扶贫协作、构建和谐劳动关系、金融服务民营经济发展、民营经济领域党建5个平行专场及“万企帮万村”精准扶贫行动精选画展，为青海省民营企业进一步寻求与国内顶尖企业的合作搭建了优质平台，开阔了青海省民营企业的眼界和思路，带来了发达地区的先进经验，为做大做强青海省民营经济提供了有益借鉴。尤其是在海北中国原子城爱国主义教育基地民营经济领域党建专场的举办，使广大民营企业家

深受教育。峰会向全国民营企业家发出的“青海倡议”，使广大民营企业家更加坚决了听党话跟党走，争做爱国敬业、守法经营、创业创新、回报社会的典范和践行“亲”“清”新型政商关系表率的信心和决心。峰会期间，共落实签订项目229个，签约资金达1101亿元。其间，省工商联多次与陕西隆基集团、上海利得集团、上海金汇通用航空公司等企业沟通对接，共促成签约项目7个，金额70.36亿元。峰会的成功举办，为青海省扩大对外宣传、加强招商引资、促进产业发展提供了重要机遇，引导和促进了民营经济高质量发展，为“一优两高”战略深入实施提供了有力的支撑，成为迄今青海省举办的民营经济领域规模最大、规格最高的会议活动。为此，全国工商联专门发来感谢信，对省委省政府及省工商联工作给予了充分肯定高度评价。省工商联申报的“民营企业500强助推青海高质量发展”项目也荣获“青海省改革创新项目奖”，受到了省委省政府的隆重表彰。

三、在提升经济服务中搭建新平台

一是招商引资工作成果显著。以“青洽会”为平台，充分发挥组织优势，提前统筹谋划，主动认领任务，全力组织好2019年“青洽会”各项活动。通过项目的征集、发布、推介、对接，省工商联共邀请客商199人，促成签约项目5个，签约金额10.36亿元，圆满完成了省政府下达的招商引资任务。全国政协副主席、全国工商联主席高云龙出席“青洽会”开幕式并致辞，中央统战部副部长、全国工商联党组书记徐乐江率国内知名民营企业家出席“青洽会”并开展了系列调研活动。期间，还充分借助全国工商联的资源优势，首次邀请“亚洲财富论坛”的民营企业家走进青海，不仅成功举办了青海民营企业家大讲堂，民营经济、商会改革发展及商业文明座谈会，援青省（市）工商联扶贫协作第三次联席会议等重大活动，而且积极协调全国工商联及多位国内知名民营企业家助力“青洽会”，充分展示了工商联在围绕中心、服务大局当中的新作为、新担当，树立了工商联的良好形象，扩大了工商联工作的社会影响力。二是各类平台载体作用初显。初步建成了青海省民营经济信息服务平台，与深圳市工商联、东莞台商协会、“亚洲财富论坛”等签订了合作框架协议，组织民营企业参加了首届“一带一路”企业家大会、第十五届华商大会等重大经贸活动。积极发挥非公经济专项扶持资金作用。三是着力推进民企维权服务。积极开展“法律三进”，成立了民营企业维权服务中心，与省检察院共同研究制定了《关于建立全省检察机关与工商联沟通联系机制的实施意见》，配合省工信厅开展了清理拖欠民营企业中小企业账款工作，在全省范围内开展了民营企业“法商”调研，出台了《关于推进商会人民调解工作的实施意见》。与省人社厅在全省范围内开展了“失业保险惠企政策进民企”专项宣传，完成了2019年度民营企业劳动关系状况监测调查工作，民营经济领域信用体系建设工作全面启动，对民营企业存在的6大类18项存在的问题进行了政企面对面协调解决。

四、在推进精准扶贫中取得新成绩

以深度贫困地区为重点，采取产业扶贫、智力扶贫等助力全省绝对贫困“清零”。截至目前，全省有747家民营企业参与“双百”行动，帮扶贫困村1822个(其中建档立卡贫困村952个），投资10.21亿元（2019年新增扶贫项目88 个，投资4700.6万元）。年内完成了全国工商联“万企帮万村”台账交叉互检工作，在海东市互助县召开了持续推进精准扶贫成果现场会。西宁永和集团、青海香咔梅朵牧业有限公司荣获全国“万企帮万村”行动先进民营企业荣誉称号，正平路桥建设股份有限公司等5家民营企业荣获2018年度青海省脱贫攻坚社会扶贫先进单位，有力地宣传了民营企业积极参与脱贫攻坚、履行社会责任的良好形象，扩大了“双百”精准扶贫行动的影响力。同时，积极鼓励引导民营企业及民营经济爱心人士开展公益慈善活动，2019年各商（协）会、民营企业和非公经济爱心人士向贫困群众发放慰问品、慰问金等达1428.3万元；积极响应“心系灾区·抗雪赈灾”号召，动员商协会和民营企业向玉树等灾区募集资金400余万元，争取中国光彩会和波司登集团的大力支持，为青海省捐赠了4000件价值145.6万元的羽绒服；积极引导民企参与社会就业工作，与省人社厅等多家单位组织开展了重点项目重点企业和民营企业招聘周，共组织705家用人单位、提供就业岗位2万余个，社会服务工作有效推进。

五、在参政议政中发挥新作用

通过开展大走访大调研，深入商会企业和基层工商联了解掌握一手资料，并以直通车形式向省委省政府反映情况、提出建议，得到了省委省政府主要领导的高度重视和充分肯定。《2019年1月青海民营企业运行情况调查报告》得到省委书记王建军专门批示：“运用一定的载体向省委省政府反映情况很必要。从专报看，工商联的工作是积极的。”省委常委、统战部部长公保扎西对《青海省工商联基层组织建设及商会改革发展情况专题调研报告》做出了“调研报告较好，全省工商联基层组织建设取得明显成效，实现了全覆盖，各级工商联积极开展工作，强化政治引领，非公经济始终沿着‘两个健康’道路前行”的重要批示，该调研报告也在全国工商联2019年度组织建设优秀调研成果评选中荣获“探索实践奖”。同时，按照省委主要领导的要求，完成了民营企业选好业态、挺过生存周期、尊重金融规律三个专题调研，并向省委做了专题报告。年内，共向省政协提交团体提案10件立案9件，其中，2件提案确定为2019年省政协重点督办提案，2件提案获得全省优秀提案。向全国工商联提交调研报告7篇，有3篇调研报告和调研文章分获全国工商联优秀调研成果一等奖和二等奖。2019年我们还圆满完成了中央统战部副部长、全国工商联党组书记徐乐江率领全国工商联第一联系调研组成员及全国知名企业家50余人赴青调研工作的组织协调任务，配合省政协组织召开了“我省民营企业发展中的重点难点问题”民营企业家与省长面对面协商议政座谈会，为有效解决热点、难点问题充分发挥了职能作用。

六、在推进全面深化改革中打开新局面

认真贯彻中央和省委群团改革工作相关精神，精心部署和全面启动省工商联深化改革和所属商会改革各项工作。由我会负责起草的《青海省工商业联合会深化改革方案》和《青海省关于促进工商联所属商会改革和发展的实施方案》经省深改办同意，已由省委办公厅和省政府办公厅下发各地执行。同时，制定了《青海省工商联深化改革方案任务清单》进一步细化工作任务、明确责任单位，全面推进改革工作往细、往深、往实里走。目前，成立了中共青海省工商联社会组织委员会，制定了《青海省工商联智库建设方案》《青海省工商联办公会议议事规则》《全省工商联系统干部挂职锻炼实施方案（试行）》等一批具体措施，从完善议事规则、改革组织体制、创新运行机制、改进工作方式、强化干部队伍等方面有序推进各项任务落实。不断加强机关建设，把好选人用人的关口，规范干部选拔任用程序，从严管理监督干部，杜绝在选人用人上的不正之风。选派了两名机关干部到商会挂职，干部队伍结构和综合素质不断得到优化和提高，活力显著增强。

宁夏回族自治区工商业联合会2019年工作综述

2019年，宁夏工商联深入学习贯彻习近平新时代中国特色社会主义思想和党的十九大及十九届二中、三中、四中全会精神，聚焦自治区党委和政府重大决策部署，按照抓重点带全面、抓学习聚共识、抓引导促转型、抓服务助发展、抓改革强能力的工作思路，引导民营经济人士稳定预期、坚定信心、推动发展，全年各项工作任务取得新成绩。

一、以政治建设为统领，在深化理论武装上下功夫，思想政治基础进一步巩固

把学习宣传贯彻习近平新时代中国特色社会主义思想作为首要政治任务，推动理论学习走深走心走实，不断加强民营经济统战工作。一是筑牢思想根基。采取集中组织学习和讨论交流、召开民营企业座谈会、形势政策宣讲会等措施，教育引导机关党员干部、所属商会和民营经济人士，深入学习贯彻习近平总书记关于促进民营经济健康发展的一系列重要讲话和指示批示精神，领会核心要义，强化政治引领和理论武装，增强“四个意识”，坚定“四个自信”，做到“两个维护”。二是加强正面引导。认真落实意识形态工作责任制，关注民营经济人士思想状况，主动走访困难较多的民营企业，了解情况，提出对策建议，做好政策指引，加强沟通交流和教育引导。完善机关联系服务民营企业和所属商会工作机制，加强与商会负责人和民营经济代表人士的联系交往，及时回应思想关切，帮助解决困难问题。召开异地商会工作座谈会，建立六项联系机制，加强与在外宁商和商会的联系服务。三是强化教育培训。持续深化民营经济人士理想信念教育，引导民营企业家坚定理想信念和发展信心，增强听党话、跟党走的思想自觉和行动自觉。加强民营经济人士教育培养，在井冈山干部学院、深圳大学等地举办4期培训班，在区内举办法律服务工作等专题培训，培训280多人次。组织民营企业家走出区门、国门，参加世界华商大会、国际合作高峰论坛等重要活动。邀请全国工商联副主席南存辉等知名企业家来宁举办专题讲座，传授企业发展和自身成长经验。四是弘扬优秀企业家精神。创新工作平台和引导方式，运用工商联《宁夏商会》、微信公众号，联合《中华工商时报》《宁夏日报》等媒体，讲好民营企业和民营企业家创业创新、回报社会等故事。《宁夏商会》出版6期、15600册，微信公众号推送各类信息280多条，《华兴时报》每周四“非公经济版”编辑发行近40期，宣传道报优秀宁商先进事迹52人次。

二、以促进“两个健康”为主题，创新工作机制和方式方法，助力民营经济高质量发展进一步提升

围绕贯彻落实民营企业座谈会精神，充分发挥桥梁纽带和助手作用，开拓工作思路，搭平台、建机制、助发展，着力抓好六个方面政策举措的贯彻落实。一是深入开展“送政策·进民企”活动。会同自治区税务局编印惠企政策，在五个地级市传达“两会”精神、解读减税降费等政策，引导企业了解政策、用好政策。二是组织召开政企座谈会，收集汇总企业反映的困难问题100余条，以建言形式反馈五个地级市主要领导并报送自治区相关部门。经跟踪了解，大部分问题得以解决。三是帮助民营企业缓解融资难、融资贵问题，与建行宁夏分行签署战略合作协议，联合举办金融服务专题座谈会。开展防范化解民营企业金融风险专题调研，走访在宁金融机构，沟通了解相关情况，提出针对性对策建议。四是完善与自治区检察院、法院等联系交流工作机制，发挥宁夏工商联法律服务委员会职能作用，加强法律维权和专业服务，持续开展法律“三进”活动，依法维护民营企业家合法权益。五是搭建区内外企业合作交流平台，组织34家民营企业参加装备制造产业合作交流恳谈会；深化闽宁对口扶贫协作，邀请37名福建民营企业家来宁考察，组织50多名宁夏民营企业家赴福建考察学习；助力银川、固原、中卫等市到区外对接项目、推介产业；邀请月星集团等全国500强民营企业和异地商会负责人来宁考察；协助办好中阿博览会和宁商大会。六是积极构建和谐劳动关系，发挥商会人民调解委员会职能作用，开展矛盾纠纷化解；会同人力资源、总工会等部门，定期开展劳动关系沟通协商，分析研判形势，做好风险防控。

三、以打赢脱贫攻坚战为目标，多措并举参与精准扶贫和乡村振兴，贫困群众的获得感进一步增强

学习贯彻习近平总书记给“万企帮万村”行动中受表彰民营企业家的回信精神，总结近年来参与精准扶贫的经验做法，在提升质量和效果上下功夫。一是扎实开展“百企帮百村”精准扶贫。依托统一战线组织，在同心、海原和西吉县召开对接会，动员36家民营企业和商会负责人走进贫困村，开展实地考察和村企对接，确定帮扶项目、制定计划措施，建立“百企帮百村”精准扶贫台账。大部分企业和商会已将帮扶项目落地落实。组织动员企业家副主席和机关干部购买贫困村土豆等农产品，开展消费扶贫。抓好福建省工商联300万元扶贫捐赠资金落实，用于闽宁镇第三代设施温棚道路硬化项目200万元。二是积极探索脱贫富民的长效机制。鼓励支持民营企业和商会结合自身优势，在产业富村、项目兴村、消费助村等方式上找准契合点，因地制宜，实现共赢。吴忠仪表在同心县河西镇菊花台村、同德村建设2个扶贫车间，解决就近就地就业问题。宁夏瑞丹苑油牡丹产业有限公司在原州区的“公司+基地+合作社+农户”产业发展模式，银川城建集团工程有限公司在海原县实施的“飞羊”产业扶贫模式，荣获2019年全国“万企帮万村”精准扶贫先进民营企业称号。三是积极开展公益慈善活动。动员民营企业和商会广泛参与捐资助学等慈善活动，彰显民营企业家回报社会的责任担当。宁夏工商联副主席、宁夏宝丰集团董事长党彦宝通过燕宝慈善基金会，今年捐资3亿元资助贫困学生，累计捐资达19.53亿元。

四、以开展主题教育为重点，扎实抓好突出问题专题整治，担当作为的工作作风进一步强化

坚持把“不忘初心、牢记使命”主题教育作为重要政治任务，精心筹划，强力推进，确保成效。一是结合实际抓融合。党组高度重视、专题研究，把学和做结合起来，查和改贯通起来，边学边研边查边改，推动机关主题教育走深走实。抽调机关干部组成4个指导组，把好第二批主题教育工作方案等关口，参加动员部署会、讨论交流会等重要活动，加强督促指导，扎实抓好所属商会和民营企业共55个党支部“不忘初心、牢记使命”主题教育。二是突出重点抓整改。按照自治区主题教育“8+2”专项整治方案，认真开展突出问题专项整治，机关和领导班子共检视剖析8个方面25个问题，制定4个专项整治方案和60条整改措施，已整改落实21个问题，取得了阶段性成果。三是改进作风抓巩固。落实为基层减负要求，严格控制和压减文件、会议，按照“六不一直接”改进调研，不给基层增加负担。开展违反中央八项规定精神突出问题“回头看”，教育和监督机关干部严格遵守制度规定，践行“亲”“清”新型政商关系，增强服务意识，提高服务能力。选派班子成员、处级干部参加商会年会、品牌发布会等有利于民营企业和商会发展的重要活动，积极为民营企业和商会站台、加油、鼓劲，做到“清”而有为“亲”而有度。

五、以破解重点难点问题为牵引，深入开展调查研究、积极参与协商民主，建言献策的质量和效果进一步提升

坚持把开展重大课题调研、破解重点难点问题，作为发挥职能作用、优化营商环境的重要举措，精心筹划、抓好落实。一是开展重点课题调研。围绕贯彻落实民营企业座谈会精神，突出防范化解民营经济金融风险等重点课题，领导班子成员深入企业和商会开展调研，查深找准问题症结，向自治区党委和政府以及相关部门报送调研报告，提出精准的对策建议。邀请企业家副主席、副会长和执委常委参与重点课题调研，广泛凝聚智慧，提高了调研的深度和广度。据统计，班子成员共调研90多次，走访民营企业和商会近200家。二是积极搭建参政议政平台。发挥宁夏工商联参政议政委员会作用，调动广大民营经济人士的积极性，向自治区政协报送高质量的提案和社情民意。组织工商联界别政协委积极参与自治区政协界别活动、专题调研和议政协商。一年来，向自治区政协报送提案15件全部立案，其中3件被列为重点提案；报送社情民意77篇，采用11篇，自治区领导批示4篇。在自治政协的通报中，宁夏工商联参政议政工作排名靠前。三是做好重点建言献策。利用自治区党委和政府召开意见征求会等时机，先后5次面对面向自治区党委和政府主要领导、分管领导建言，反映民营企业家的呼声和建议。其中“建立领导干部联系民营企业和商会工作机制”等十几条建议，已在自治区党委和政府的决策部署中得以采纳。宁夏工商联报送的《关于建立营商环境监测评价机制》的提案，由自治区主席咸辉督办，受到充分肯定，自治区发改委已牵头开展此项工作。

六、以改革创新为突破，贯彻落实工商联所属商会改革发展要求，基层组织建设进一步深化

坚持问题导向，借改革之力，着力解决体制机制性问题，加强工商联基层组织建设。一是制定落实举措。按照中央《关于促进工商联所属商会改革和发展的实施意见》，深入区内外开展专题调研，研究起草的贯彻落实实施意见已由自治区党委和政府办公厅印发。二是抓好改革落实。按照中央和自治区决策部署，细化任务分工和具体措施，在会员发展和制度改革、异地商会归口管理等方面，推进改革任务落实。完善所属商会考核办法和评价细则，探索建立商会会长综合评价、商会领导班子主要人选任前考察等工作机制，指导所属商会健全法人治理体系和规章制度，加强规范化管理。三是加强所属商会党的建设。落实改革要求和自治区“五强五促”行动，印发党建工作要点，加强对所属商会党组织的联系指导，协调解决商会党建工作存在的困难问题，指导宁夏电能替代商会等6个商会成立党支部，推动党的组织和党的工作向民营经济领域有效覆盖。四是加强基层组织规范化建设。制定“五好”县级工商联、“四好”商会创建实施方案，召开全区工商联组织工作会议，组织五市工商联开展互查互学互促互评和考核认定工作，兴庆区等13个工商联被认定为全国“五好”县级工商联，江苏商会等6个商会被评为全国“四好”商会。

七、以夯实组织领导为基础，严格落实全面从严治党主体责任，党的建设和党风廉政建设进一步加强

始终把党的建设摆在首位，认真履行管党治党主体责任，扎实抓好重点工作落实。一是加强领导班子建设。贯彻落实民主集中制原则，严格执行“三重一大”民主决策议事规则，抓好党组会议、主席办公会议等制度落实，及时向驻党委统战部纪检监察组报告会议议题和内容，主动接受监督。严格落实党内政治生活制度，班子成员之间及时谈心交流，沟通意见建议，增进班子团结。班子成员认真履行“一岗双责”，抓好分管领域重点工作落实。二是压实工作责任。印发党建工作要点，召开机关党建和党风廉政建设工作会议，进一步明确党建和党风廉政建设任务要求。完善全面从严治党“三个清单”，签订党建和党风廉政建设责任书，传导压力、压实责任。三是加强素质培养。党组把加强法规制度、党的创新理论、中央和自治区重大决策部署学习贯彻等作为重中之重，采取班子成员带头讲党课、干部职工交流学习心得等方式提升机关党员干部的政治站位和理论素养，增强政治免疫力。四是加强机关党组织建设。深入贯彻自治区“三强九严”工程，开展专项整治和党建质量提升年活动，严格落实“三会一课”、主题党日、谈心谈话、民主评议党员和组织生活会等制度，加强对党员的教育管理，开展星级服务型党组织创建活动。五是创新党建工作方法。把党的建设融入业务工作之中，围绕庆祝新中国成立70周年、学习宣传党的十九届四中全会精神、宣讲和解读惠企政策等确定主题，联合开展主题党日等活动，以机关党的建设带动商会党的建设。组织机关和所属商会党组织开展庆祝党的生日诗歌朗诵和主题党课，领导班子坚持到所属商会讲党课，指导开展党建工作。

新疆维吾尔自治区工商业联合会2019年工作综述

2019年，在自治区党委的坚强领导下，在全国工商联的关心指导下，新疆维吾尔自治区工商联以习近平新时代中国特色社会主义思想为指导，贯彻落实习近平总书记系列重要指示批示和重要讲话精神特别是在民营企业座谈会上重要讲话精神，贯彻落实新时代党的治疆方略特别是社会稳定和长治久安总目标，贯彻落实自治区党委、政府工作部署，各项工作任务取得显著进展。

一、聚焦总目标，坚决落实维护稳定政治责任

一是树牢总目标意识。坚决落实自治区党委关于维护稳定的部署要求，始终把总目标作为统揽一切工作的总纲，坚决站在反恐维稳第一线，坚持警钟长鸣、警惕常在，坚持行之有效的维稳措施不动摇，持续打好“三场硬仗”和“一场人民战争”、做到“三个联动”，旗帜鲜明批判“双泛”错误思想，坚决同“三股势力”“两面人”做斗争；全面贯彻党的宗教工作基本方针，深挖“泛清真化”思想根源。不断夯实新疆社会稳定和长治久安的根基，为持续释放稳定红利、增强各族群众获得感幸福感安全感贡献工商联智慧和力量。特别是美国通过所谓的“人权法案”后，全区工商联系统积极发声亮剑，支持党中央决策部署和自治区党委工作部署，表明坚定落实总目标的信心和决心。二是扎实开展平安创建。建立健全平安建设领导责任制、网络安全责任制、意识形态工作责任制等，全面开展法治宣传工作，为实现新疆社会稳定和长治久安提供坚强法治保障。三是全力推进“访惠聚”驻村工作、“民族团结一家亲”和民族团结联谊活动、南疆学前双语教育干部支教工作。始终坚持“一把手”工程，坚持“放手放权压实责任”工作原则，集中60%以上的精力和力量攻坚克难，着力推进常态化长效化制度化，打造一支永不走的“工作队”。

二、以主题教育为契机，深入贯彻落实习近平新时代中国特色社会主义思想和党的十九大精神

一是扎实开展“不忘初心、牢记使命”主题教育。累计开展调查研究170次，形成涉及改善营商环境专报3篇并受到自治区党委常委、常务副主席张春林同志专项批示，问题整改率达到100%。二是坚持党对工商联工作的全面领导。旗帜鲜明讲政治，坚定不移加强党的全面领导，坚持不懈推进党的建设，引领各级民营经济组织树牢“四个意识”、坚定“四个自信”、做到“两个维护”。召开专题常委会就加强和改进新时代全区工商联系统及所属商会党建工作进行安排部署，对47家商会党组织采取“逐一会诊、面对面帮扶”的方式开展集中整顿工作。选树自治区工商联直属会员商会等6家为先进党组织并给予专项党建工作经费；组织43家商会党组织开展党建工作推进会，达到互学互促的目的。三是深入开展理想信念教育。教育引导广大民营经济人士坚定理想信念、增强发展信心，增强对党和国家的政治认同、思想认同、感情认同，自觉感党恩、听党话、跟党走，做爱国敬业、守法经营、创业创新、回报社会的表率和践行“亲”“清”政商关系的典范。四是广泛开展典型宣传。在《新疆日报》刊登“优秀中国特色社会主义事业建设者”典型事迹通讯报道7篇；向中央统战部、全国工商联推荐第五届全国民营经济人士优秀中国特色社会主义事业建设者，郑茶妹、韩键刚2人获得表彰。推荐全国“万企帮万村”精准扶贫先进民营企业，特变电工股份公司、新疆喜羊羊农牧科技公司2家企业获得表彰。

三、充分发挥工商联组织特点和优势，助力脱贫攻坚

一是扎实开展中央第六巡视组反馈意见整改工作。牢固树立“整改不力是失职，不抓整改是渎职”的观念，坚决扛起脱贫攻坚政治责任，深入学习贯彻习近平总书记关于扶贫工作的重要论述和党中央脱贫攻坚决策部署及自治区党委工作要求，制定整改实施方案、明确责任要求、推进工作落实，现已完成整改。二是积极引导民营企业参与脱贫攻坚。坚持以“千企帮千村”为抓手，广泛动员民营经济资源助力自治区如期打赢脱贫攻坚战。目前，“千企帮千村”精准扶贫行动参与企业1274家，帮扶1308个村27.52万人，产业帮扶投入资金19.54亿元，解决就业9469人，公益捐赠帮扶1.95亿元。三是牢牢把握援疆政策优势。积极对接争取全国工商联协调全国知名民营企业参与南疆深度贫困地区脱贫攻坚。跟踪服务2018年“中国光彩事业南疆行”签约项目84个、金额157.23亿元。目前已有80个项目落地建设，占比95.24%；落地项目资金133.92亿元，占比85.17%。开展2019年“民营企业南疆行”活动，大会现场签约项目74个、金额163亿元。目前已有71个项目落地建设。四是做好南疆富余劳动力稳岗就业工作。2019年乌鲁木齐地区民营企业接收南疆富余劳动力1120人。五是深入开展对口帮扶工作。印发《自治区工商联企业家副主席（副会长）对口帮扶南疆深度贫困县市任务安排方案》，协调企业与对口贫困县市有效对接。

四、发挥桥梁、纽带和助手作用，积极营造良好营商环境

一是围绕总目标和“两个健康”主题建言献策，打造良好政策环境。协助自治区人民政府建立联席会议制度并召开会议4次，就简化企业办事流程、推进“放管服”改革、推动解决民营旅游企业典型案件以及提振民营企业家信心等问题进行梳理归类，提请联席会议研究解决。组织提交《关于推进涉企政策落实的提案》等4份自治区政协团体提案；提交《促进新疆民营经济发展的四点建议》等4份自治区政协会议书面发言材料。向自治区党委政研室报送《促进我区民营经济发展的几点思考》。二是推动健全党委政府与商会企业沟通协商制度，打造良好政务环境。推动自治区党委办公厅、自治区人民政府办公厅印发《关于建立自治区、地（州、市）、县（市、区）三级领导联系民营企业（商会、协会）制度的通知》，建立自治区党委和政府副省级在职领导直接联系服务商会（协会）和企业机制，推进各地州市党委政府参照贯彻执行。三是推动解决企业融资难融资贵，打造良好金融环境。推动自治区党委办公厅、自治区人民政府办公厅印发《关于加强金融服务民营企业的实施意见》，拓宽民营企业的融资渠道，疏通融资堵点，建立解决民营企业融资难、融资贵的长效机制。推动自治区人民政府印发《关于促进中小企业健康发展的实施意见》。四是推动建立工作联系协调机制，打造良好法治环境。推动自治区人民政府办公厅印发《关于成立商会人民调解委员会试点工作方案的通知》，选择新疆温州商会等3个商会进行试点，充分发挥商会在预防和化解矛盾纠纷中的积极作用。联合自治区司法厅在全区民营企业家中推荐70名行风监督员；开展涉及民营企业的典型案例在“法律与你同行”广播进行节目直播。与自治区人民检察院就依法保障和服务支持民营企业发展联合制定《新疆维吾尔自治区人民检察院关于依法保障和服务支持民营企业健康发展的实施意见》。与自治区高级人民法院建立联系机制并印发《关于建立健全自治区高级人民法院与自治区工商联沟通联系机制的实施意见》。

五、以县级工商联建设和商会改革发展为重点，加强工商联组织建设

一是以典型示范为抓手加强组织引导。召开以“加强工商联组织建设”为专题的常委会研究部署相关工作，邀请阿克苏、吐鲁番、克拉玛依等地（市）工商联作经验交流，并予以专项经费支持。二是加强对商会工作的指导力度。按照“四好”商会标准推动商会建设，推荐全区10

家商会为全国“四好”商会。对自治区工商联41个直属商会和6个商会团体会员进行调研和座谈，并与自治区有关部门对接，了解掌握商会基本组织建设情况。三是加强县级工商联建设。对全区县级工商联组织建设情况进行调查摸底，推动解决县级工商联人员经费等问题。做好全国“五好”县级工商联评选工作，向全国工商联推荐38家、确定31家县级工商联为全国“五好县级工商联”。四是加强自治区工商联自身建设。照单全收自治区党委第八巡视组巡视反馈意见，精心组织实施整改工作。强化机关党建工作，实现会党组理论学习中心组学习规范化、常态化、长效化，党内政治生活实现制度化、规范化。认真落实中央和自治区党委为基层减负决策部署，坚决防止和纠正形式主义和官僚主义。

新疆生产建设兵团工商业联合会2019年工作综述

2019年，兵团工商联以习近平新时代中国特色社会主义思想为指导，深入学习贯彻党的十九大和十九届二中、三中、四中全会精神，认真学习贯彻庆祝改革开放40年大会和中央经济工作会议精神，贯彻落实习近平总书记在民营企业座谈会上的重要讲话精神，围绕新疆工作总目标，按照兵团党委七届四次全委（扩大）会议部署，贯彻落实孙金龙书记在兵团民营企业座谈会上重要讲话精神，紧扣“政治建会、团结立会、服务兴会、改革强会”和“六个始终坚持”，加强政治引领，扎实开展“不忘初心、牢记使命”主题教育活动，积极建言献策，助推民营企业高质量发展，兵团工商联事业发展取得新成绩。

一、工作基本情况

（一）坚持政治建设为统领，深入学习贯彻习近平新时代中国特色社会主义思想和党的十九大精神

1．强化创新理论武装。发扬理论联系实际的马克思主义学风，深入学习贯彻习近平新时代中国特色社会主义思想和党的十九届二中、三中、四中全会精神，通过党组理论中心组集体学、专题研讨、个人自学等多种形式，全面掌握习近平新时代中国特色社会主义思想科学理论体系的精神实质和核心要义。及时跟进学习中央和兵团重要会议、出台重要文件，深刻领会习近平总书记最新重要讲话精神和重要指示、批示精神，准确系统把握中央和兵团党委重大决策部署。学习宣传贯彻习近平总书记系列重要讲话精神，特别是习近平总书记在民营企业座谈会上的重要讲话精神，学习贯彻兵团党委七届四次全会精神，举办了非公有制经济人士培训班和专兼职干部专题培训班。

2．严肃党内政治生活。把“两个维护”作为推动工商联事业不断发展前进的根本政治保证，贯彻“守初心、担使命，找差距、抓落实”的总要求，扎实推进工商联“不忘初心、牢记使命”主题教育活动。认真学习习近平总书记重要讲话精神，按照“四个对照”“四个找一找”的要求，对照“五个不适应”，交流思想、检视问题、深刻剖析，开展批评和自我批评，推动涵养风清气正的政治生态。把贯

彻落实习近平总书记对“两个健康”、民营经济统战工作和工商联工作的系列重要指示批示作为首要政治任务，加强督查督办，确实把总书记的重要指示批示精神落到实处。严守政治纪律和政治规矩，制定执行《兵团工商联贯彻〈中国共产党重大事项请示报告条例〉实施细则》，不断提升班子政治站位和规矩意识、纪律意识。

3．强化工商联机关党组织建设。切实履行党支部书记第一责任人的职责，深入贯彻落实《中国共产党支部工作条例（试行）》，不断完善“三会一课”组织生活制度。组织党员干部深入学习贯彻习近平新时代中国特色社会主义思想和党的十九届二中、三中、四中全会精神，举办专题党日活动，加强意识形态教育，进一步夯实党员干部思想政治基础，在政治立场、政治原则、政治道路、政治方向上同以习近平总书记为核心的党中央保持高度一致。赴六师参观将军纪念馆，看望、慰问老党员徐金石，并听取徐金石同志讲述过去艰苦岁月的故事，激发干部忧患意识，继承党员先进性，迸发新的活力。在“不忘初心、牢记使命”主题教育民主生活会环节，党员干部坚持问题导向深挖自身存在问题，同志间开展批评与自我批评，真正达到了“红红脸出出汗和扯扯袖”的目的，确保了主题教育的有序向好推进，同时也统一了思想，促进了团结，为做好新形势下工商联工作奠定了基础。

（二）牢牢把握思想政治工作生命线，持续深化理想信念教育

1．深化非公有制经济人士理想信念教育。制定印发《兵团工商联深入开展理想信念教育2019年度工作推进方案》，坚持正面引导，培训互动，强化服务，协调推进，形成兵师工商联、直属商（协）会相互配合，共同促进的态势。坚持以“诚信守法经营，坚定发展信心”为重点，扎实开展非公有制经济人士理想信念教育活动。在兵团社会主义学院举办非公有制经济人士培训班，组织兵团小微企业培训班，深入学习十九大报告，习近平总书记在民营企业座谈会上的讲话精神，特别是邀请专家就十九届四中全会精神做专题辅导，教育引导辖区民营企业家不断增强“四个意识”，坚定“四个自信”，坚决做到“两个维护”。为充分肯定兵团民营企业家和民营经济为兵团经济社会发展做出的重大贡献，推荐评选了29名兵团优秀民营企业家。

2．抓年轻一代教育培养。利用全国工商联在井冈山、延安、西柏坡和红豆集团、浙江大学、叶青大厦挂牌设立的“全国非公有制经济人士理想信念教育基地”，在井冈山、延安、西柏坡举办3期共40名年轻一代民营企业家参加的理想信念教育培训班。西北五省工商联联席会议期间就年轻一代企业家教育培养进行了深入的研究和探讨，我们提出的意见和建议赢得了其他省份工商联的支持。

3．抓民营企业诚信守法经营。举办辖区民营企业法律知识培训班，为民营经济人士普及法律常识，并就企业发展过程中遇到的法律问题答疑解惑，进一步增强民营经济人士诚信守法经营的意识，解决企业法律纠纷事宜。

（三）聚焦新疆工作总目标，履行兵团职责使命，切实提高工商联服务民营经济发展的质量

1．深入调查研究，营造良好的营商环境。协助做好中央统战部副部长、全国工商联党组书记徐乐江在新疆、兵团辖区开展民营企业高质量发展和商会建设情况的调研工作；先后赴第一、二、三、四、五、九、十、十四师就民营经济发展状况开展调研，形成3份调研报告，其中，《关于第三师图木舒克市民营企业发展情

况调研报告》被兵团党委主要领导批示，并转兵团常委、三师主要领导，为兵团党委就民营经济向好发展提供决策依据。完成2018年民营企业500强辖区入选企业的调研工作，总结提炼经验转发副主席（副会长），常委，执委企业，为能够新生更多符合入选条件的企业提供理论和经验支持；加强与发展改革委、工信委等部门工作联系，引导辖区民营企业积极参与兵团重点工作，同时开展政策享受、法律维权、诚信经营调研工作，进一步优化营商环境。落实《兵团党委常委联系民营企业工作方案》，及时了解兵团党委常委联系民营企业情况，撰写《兵团党委常委同志联系民营企业有关情况》报兵团党委，组织召开兵团主要领导联系民营企业家座谈会，面对面听实情，从而高位推动，大力推动兵团民营经济发展。

2．扎实推进法律服务工作，营造良好法治环境。推动法治民企建设，参加首届民营经济法治建设峰会，组织开展法律风险防范与合规管理培训班，持续推进“法律三进”。组织参加全国工商联开展的民营企业“法治体检”活动和构建和谐劳动关系表彰大会。联合新疆高院兵团分院制定印发了《关于发挥兵团商会调节优势，推进民营经济领域纠纷多元化解工作意见》（新高兵法〔2019〕4号），发挥商会调解优势，推动民营经济领域纠纷多元化解机制，助力民营经济向好发展。

3．积极参与兵团重大部署，引导民营企业转型发展。组织200余家民营企业参加在北京、天津、深圳市，江西省、河南省、陕西省召开的兵团招商推介会。积极组织辖区民营企业参加第六届亚欧博览会、西博会。助推区域经济协调发展，特别是引导民营企业积极参与南疆师市的经济社会发展。支持一师、二师、六师、十二师、十四师先后在北京、天津、山东、河南等地开展10余次招商引资推介活动，共邀请350余家民营企业。充分发挥兵团工商联作为辖区民营企业与内地民营企业的桥梁纽带作用，努力做好内地企业在南疆师市的项目委托承接工作，目前北京、天津、河南、安徽等地在工商联的牵线搭桥下已有10余家企业来南疆师市考察水果加工、牲畜养殖、饲草种植等项目；向安徽省合肥市百大周谷农产品批发市场推荐南疆师市农特产品企业，增加把新疆特色产品向内地输送的渠道，活跃农产品市场。积极引导辖区民营企业参与兵团国有企业改革。

4．聚焦新疆工作总目标，促进民族团结工作取得新进展。提高政治站位，深入开展“百企帮百连”和“民族团结一家亲”活动。组织兵团非公有制经济以多种形式开展“百企帮百连”和“民族团结一家亲”活动。增强大局意识，促进新疆社会稳定。引导教育广大非公有制经济人士牢固树立“没有与稳定无关的人、没有与稳定无关的事”的维稳意识，紧紧围绕新疆工作总目标，在做好企业安全生产和稳定工作的同时，积极参与工商联定点扶贫点十四师一牧场五连的脱贫攻坚和维稳工作。强化政治意识，扎实做好“访惠聚”驻连（村）工作。认真履行派出单位第一责任人的责任，选派2名优秀干部参加“访惠聚”工作，引导民营企业参与“访惠聚”工作，全年为五连捐款捐物近80万元。

（四）深化商会改革，工商联自身建设持续加强

1．商会组织建设水平得到提升。起草《兵团贯彻落实〈关于促进工商联所属商会改革和发展的实施意见〉的实施意见》（新兵党厅字〔2019〕12号），并以兵团文件下发各师市，推动兵团商会改革发展；制定印发了“四好”商会和“五好”工商联建设实施方案，撰写加强商会

组织建设的专题报告获得全国工商联2019年组织建设优秀调研成果探索实践奖。组织召开兵团工商联五届三次执委会议，会议对部分不能履职的执委和常委进行人事调整，进一步优化工商联执常委队伍。兵团工商联与安徽省工商联开展了“五好”县级工商联互学互促工作，开拓了视野，创新了方法。

2．工商联机关建设得到加强。扎实开展“不忘初心、牢记使命”主题教育活动，坚持问题导向，剖析个人，检视工作漏洞，不断加强干部素质，提高解决问题能力。紧盯落实“不忘初心、牢记使命”巡视整改任务，加强和改进工商联党的建设，制定《兵团工商联年度重点整改工作台账》，强调整改内容的时间节点，落实责任人，确保整改工作有序推进，取得实效。贯彻落实《中国共产党支部工作条例（试行）》，以落实组织生活制度推动工商联工作，以推动工商联工作检验党建工作成效；制定《兵团工商联构建“亲”“清”新型政商关系的实施办法》（试行），建立正负面清单，强调工商联干部要敢担当、善作为，自觉践行“亲”“清”政商关系。加强机关内控建设和督促检查，制定印发《工商联督察工作制度》《工商联机关公文工作规范》，工商联机关自身建设水平进一步提升。

3．着力转变工作作风。落实中共中央办公厅《关于解决形式主义突出问题为基层减负的通知》精神，全年会议减少55%，公文减少45%，工商联系统实现电子公文传送运转。转变教育引导方式方法，组织参加全国工商联举办的德胜门大讲堂11期，让辖区民营企业家与中国世界500强企业和国内民营经济500强企业的主要负责人，面对面交流，充分发挥典型的示范带动和教育引导作用。按照全国工商联要求继续加强“网上工商联”建设，持续推进“门户网站+APP”服务体系建设。深入贯彻落实兵团党委常委联系民营企业工作方案，与发展改革委、工信委等部门探索建立民企反映意见诉求的“直通车”通道。

（五）加强班子自身建设，强化干事创业担当

1．严格落实民主集中制，努力维护班子团结。落实兵团工商联党组工作规则和兵团工商联主席办公会议制度，坚持“三重一大”等重大事项广泛征求意见、集体讨论决策。增强担当意识，充分发挥党组领导核心作用，谋大局、抓大事，把好工商联工作正确方向。坚持集体领导和分工负责相结合，班子成员之间彼此尊重、相互支持，积极合作、相互补台，做到分工不分家。全年共召开4次主席办公会、10次党组会。

2．严格贯彻执行中央八项规定精神，严守廉洁自律底线。坚持秉公用权，时刻自重自省自警自励，管好亲友和身边工作人员，切实做到清正廉洁。坚持以案释纪、以案释法，以违法违纪案件为例，召开警示教育大会，组织党员干部观看兵团纪委举办的警示教育图片展，观看《蜕变》警示教育专题片，用身边事教育身边人；紧盯重大节假日等时段，早介入、多提醒，强化监督检查，严防节日期间“四风”和违规违纪问题发生。开展对党忠诚老实宣讲活动，指导领导干部准确报告个人有关事项。

3．严格带头维护制度权威，依法依规办事。严格遵守宪法和法律，不断增强法治意识，提高依法办事能力和治理能力。将党内法规制度纳入党组理论中心组学习计划，认真学习贯彻《中国共产党统一战线工作条例（试行）》《中共中央关于加强和改进党的群团工作的意见》《中国共产党党组工作条例（试行）》等党内

法规，严格落实党内法规制度备案审查制度。执行工商联章程，保障执委会、常委会按照工商联章程行使职权。结合实际制定出台新的制度，抓好制度落实，使制度真正生根生效，发挥治理效能。

过去的一年工商联工作取得了一定的成绩，但同时还存在围绕兵团党委重大部署、工商联工作推进的还不够深入，在工作推进中，制度化、规范化等措施保障不足，调查研究还不够深入，针对民营企业在发展过程中存在的难点、痛点和热点问题研究和掌握的不全面，干部队伍专业素养和能力有待进一步提升等问题，工商联将认真研究加以解决。

二、2020年重点工作思路

以习近平新时代中国特色社会主义思想为指导，全面贯彻落实党的十九大和十九届二中、三中、四中全会精神,认真贯彻落实党中央、国务院关于促进民营经济发展决策部署和习近平总书记在民营企业座谈会上的重要讲话精神，贯彻落实新时代党的治疆方略和对兵团的定位要求，贯彻落实兵团党委深化改革和向南发展的决策部署，毫不动摇巩固和发展公有制经济，毫不动摇地鼓励、支持、引导非公有制经济发展，围绕促进“两个健康”（非公有制经济健康发展和非公有制经济人士健康成长）工作主题，坚持政治建会、团结立会、服务兴会、改革强会，全面深化工商联改革，创新服务民营经济体制机制；加强民营企业党建工作，促进民营经济人士健康成长；营造民营经济良好发展环境，推动解决民营经济发展困难；支持民营企业开拓市场，激发民营经济发展活力等重点工作,谋划推进2020年兵团工商联各项工作。

（一）加强思想政治建设，引导民营经济人士切实做到“两个维护”

深入学习宣传贯彻党的十九大和十九届二中、三中、四中全会精神，学习宣传贯彻习近平总书记在民营企业座谈会上的重要讲话精神，教育引导兵团民营企业家不断增强“四个意识”，坚定“四个自信”，坚决做到“两个维护”。认真贯彻落实中央关于加强民营经济统战工作的决策部署。加强习近平总书记关于“两个健康”和工商联工作理论的学习研究。把不忘初心、牢记使命作为加强党的建设的永恒课题，作为全体党员、干部的终身课题，巩固提升“不忘初心、牢记使命”主题教育成果。积极推进民营企业党建工作，发挥党组织在商会和民营企业发展中的政治引领作用，逐步实现工商联执委企业党的组织和党的工作全覆盖。

（二）加强服务引导，鼓励支持民营企业参与兵团经济发展

继续推动《全国工商联关于贯彻落实习近平总书记在民营企业座谈会上重要讲话精神的工作方案》任务分工和举措的落实，围绕减轻企业税费负担、解决民营企业融资难融资贵问题、营造公平竞争环境、完善政策执行方式、构建“亲”“清”政商关系、保护企业家人身和财产安全六个方面，跟进各部门、各师市的执行情况，及时反馈存在的困难和问题。结合《优化营商环境条例》的实施，聚焦市场主体关切和感受，持续推动改善兵团民营经济发展环境和营商环境。通过举办培训班、讲座、恳谈会等多种形式，开展政策形势宣讲，增进与非公有制经济人士联系，引导非公有制经济人士服务兵团工作大局，把握发展机遇，增强发展信心。加大与对口援疆省市工商联交流和联系，争取更多政策和项目支持，推动兵团民营企业参与向南发展。协助商务局等有关部门，组织民营企业参加兵团组织的第十八届哈萨克斯坦—中国商品展览会、“丝博会”“西博会”“厦洽会”等经贸

活动，为民营企业搭建招商引资和交流平台。发挥商会协调优势和示范作用，协助各师市到内地开展招商引资和经贸交流，帮助开展招商引资工作。鼓励民营企业参与兵团国有企业混合所有制改革。持续推进乡村振兴战略实施，继续做好定点帮扶一牧场五连工作。

（三）创新服务工作体制机制，推动解决民营经济实际困难

结合贯彻落实《关于加强金融服务民营企业的若干意见》《国务院减轻企业负担部际联席会议清理拖欠民营企业中小企业账款工作方案》有关任务分工，在解决民营企业融资问题、加强金融服务民营实体经济方面持续用力，组织开展民营企业融资情况重点调研，配合有关部门，常态化开展清理拖欠民营企业账款工作，并按要求定期向全国工商联报送工作进展情况。利用全国工商联民营企业调查系统，开展民营企业运行情况问卷调查，及时发现和反映民营企业在运营过程中存在的困难和问题，提出解决的思路和建议。根据全国工商联的工作安排和部署，开展民营企业信用体系建设工作，推动非公有制企业不断加强诚信建设。建立兵团工商联（商会）轮值主席工作机制，建立兵团工商联（商会）领导和工作部门联系重点商会（企业）制度，及时收集了解民营企业在经营发展中面临的困难和问题，了解民营企业对参与兵团经济发展的意见建议和有关诉求，提出需要兵团有关部门研究协调解决的问题清单，等等，针对反映突出的问题，联合兵团有关部门，组织专题调研，向兵团党委提交调研报告，提出解决问题的意见建议。落实好《兵团党委常委联系服务民营企业工作方案》，做好兵团党委常委联系服务民营企业的保障工作。做好联系调研工作，围绕师市工商联建设、民营企业发展、向南发展、诚信守法经营等重点课题开展调研活动。开展2020年度民营经济发展、企业履行社会责任、兵团上规模企业和民营企业监测点调研工作。

（四）加强工商联组织建设，提升法律服务工作水平

认真落实兵团党委办公厅、兵团办公厅印发的《兵团贯彻落实〈关于促进工商联所属商会改革和发展的实施意见〉的实施意见》（新兵党厅字〔2019〕12号），持续做好“五好”县级工商联和“四好”商会建设工作，促进兵团工商联商会改革和发展，改善商会法人治理结构，加强民营企业和社会组织的党建工作。继续做好“五好”工商联、“四好”商会建设认定工作。严格落实《关于更好发挥兵团工商联企业家副主席副会长和执委作用的若干意见（试行）》，推动企业家执常委在“两个健康”中履职尽责、发挥作用。协助兵团党委统战部，做好第三届兵团光彩事业促进会换届工作，筹备召开兵团工商联五届四次执委会议，进行届中人事调整，对拟增替补的执常委任前考察、备案等工作。按照全国工商联要求，对200家兵团民营企业劳动关系状况开展监测调查。积极参与兵团劳动关系三方协调机制，在商会和民营企业中开展构建和谐劳动关系工作；组织商会和企业负责人参加兵团和全国工商联和谐劳动关系、劳资纠纷问题专题培训。扎实开展法律服务工作，努力推动构建法治化营商环境。招标确定律师事务所为兵团工商联法律顾问单位，建立服务民营企业的律师队伍人才库。开展法治文化进商会、进企业“法律体检”服务工作，力争覆盖30%的直属商会、异地商会和直属执常委企业。举办法律“三进”培训班。探索运用兵团商会调解优势，推进民营经济领域纠纷多元化解工作。

附录 “万企帮万村”精准扶贫画展

前 言

新中国成立70周年来，在中国共产党的坚强领导下，我国发生了翻天覆地的历史巨变，累计8.1亿人实现脱贫，为人类减贫事业贡献了中国智慧和中国方案，高度彰显了道路自信、制度自信、理论自信和文化自信。

民营企业作为社会扶贫的主力军，踊跃投身“万企帮万村”精准扶贫行动。截至2019年12月底，习近平总书记先后七次在重要讲话中给予鼓励肯定、提出指示要求。至年底，进入“万企帮万村”精准扶贫行动台账管理的民营企业已有9.99万家，精准帮扶11.66万个村（其中建档立卡贫困村6.56万个）；产业投入819.57亿元，公益投入149.22亿元，安置就业73.66万人，技能培训111.33万人，共带动和惠及1434.42万建档立卡贫困人口。

2019年是脱贫攻坚决胜时期，广大民营企业家不忘初心、牢记使命，积极践行“共同富裕”伟大理想，踊跃投身脱贫攻坚，帮助众多贫困群众过上了好日子。为永久记录这段人类减贫史上的不朽功绩，展览组委会组织艺术家走进贫困地区，通过绘画艺术讲好中国民营企业投身脱贫事业的故事，将扶贫精神镌刻进中华民族伟大复兴的历史丰碑。为充分发挥典型引路作用，动员更广泛民营企业投身脱贫攻坚战，组委会于2019年8月22日至24日在全国工商联十二届三次常委会暨2019中国民营企业500强峰会会场举办了“立下愚公移山志 不获全胜决不收兵——万企帮万村精准扶贫精选画展”。

◆《真爱无私》

曾伟平

100cm × 200cm

国画纸本

作品的主人公是云南关县一名年仅26岁的“90后”扶贫女干部王秋婷，2018年11月19日在扶贫路上意外遭遇车祸，不幸去世。画面展示的是王秋婷同志不畏艰险深入大山，为贫困群众谋福利送温暖的工作纪实：2017年11月26日，帮助贫困户家卖纯天然蜂蜜、土鸡和土鸡蛋；2018年2月2日，和贫困群众一起烤火谈心；2018年4月17日，当地通路，告别群众人背马驮的历史；等等。26岁时我还在大学温暖的教室中学习绘画，主人公的精神感动了我，中国绘画从古至今都在教化人心，作为党员作为大学老师的我努力向她学习，虽然没能到扶贫攻坚战的前线，但期望可以把王秋婷同志的无私奉献精神表现出来，感召更多力量参与到这场扶贫攻坚战中来。

《致富领头羊》◆

赵忠燮

120cm×150cm

布面油画

这是深藏在大别山中的一个水、电、路三不通的贫困村庄。刘锦绣13岁那年怀着挣钱养家的梦想走出了大山，12年在外艰苦创业，生意步入正轨稳步发展，当回到家乡看到乡亲们依旧过着面朝黄土背朝天的苦日子时，刘锦绣怎么也高兴不起来，如何让老乡们摆脱贫困便成为她最重的心愿。如今在刘锦绣的带领下，罗田县成了大别山黑山羊特色养殖基地，年出栏肉羊达到23.3万只，目前养羊年收入3万元以上的农户达到1500多户，全县在黑山羊养殖、饲料种植、屠宰加工等环节吸纳的农民就业人数达到6000多人。返乡14年，无论刘锦绣的身份如何变迁，她始终将带领当地老百姓脱贫致富当作一项事业来追求，在大别山铺设了一条脱贫致富的锦绣之路。画面中当地群众簇拥着刘锦绣请教，刘锦绣用心解答，近景是黑山羊，借助羊群的画面布局衬托出主人公的“领头羊”身份。

◆《授人以渔播种新希望》

罗松

190cm×85cm

布面油画

新希望集团

新希望集团积极响应国家号召，投身精准扶贫，依托公司养殖、饲料、屠宰等产业优势，因地制宜一区一策，为贫困户带来稳定收益，实现了国家、企业与贫困户多方共赢的局面。四川凉山的特口甲谷村原来养殖技术落后，生产规模小，严重制约当地的发展，新希望一直坚持授人以鱼更要授人以渔，持续举办符合当地需求、满足贫困户种养殖技术提升需求的知识下乡培训，让贫困户真正掌握劳动技能，激发其内生动力，不断提升贫困户“造血”能力，助力贫困户实现脱贫“有技”，达到真脱贫、不返贫。而这只是自1994年董事长刘永好发出“让我们投身到扶贫的光彩事业中来”的倡议后，新希望集团持续帮扶贫困地区25年漫长历程中的“沧海一粟”。

《乌蒙山壮行》◆

崔龙

120cm × 240cm

布面油画

恒大集团

2015年12月，中央扶贫开发工作会议召开，恒大集团立即行动，分三批调集2108名扶贫队员常驻毕节，并捐赠110亿元扶贫资金，在乌蒙山深处展开声势浩大的脱贫攻坚战，通过产业扶贫、搬迁扶贫、就业扶贫、教育扶贫等一揽子综合措施，助力毕节100多万人口打赢脱贫攻坚战。在恒大集团的帮助下，大西南地区最大的蔬菜瓜果和肉牛养殖基地已经成型，22.18万人搬出大山，58.59万人稳定脱贫，大方县、黔西县脱贫摘帽，恒大扶贫铁军以坚韧不拔的毅力和脚踏实地的作风，继续战斗在艰苦的乌蒙山脱贫攻坚一线，不脱贫，不收兵。

◆《为村福音》

周忠菊

120cm×210cm

国画纸本

腾讯

2017年腾讯公司为响应国家精准扶贫的号召，以“连接——为乡村”的口号，在贵州贫困地区进行让贫困农民融入互联网智慧乡村新生态的精准扶贫工作，为乡村连接情感，连接信息，连接财富。截至2018年9月，共有超4万个项目通过腾讯公益平台获得帮助，捐款人次超2亿，共筹款46亿元。作品《为村福音》的创作思路就取材于贵州苗寨的贫困山村，村中老人以编鸟笼为生，通过“为村”的微信公众服务号，把自己的产品发到网上进行推广销售，图中左边持手机的是村主任，把销售的情况认真地向老人进行汇报，两位老人满脸喜悦，无限期望的目光里充满了幸福！这幅作品体现出国家精准扶贫好政策，是带给贫困山村人们的最大福音！

《巴楚留香瓜》◆

尹万涛

160cm×96cm

布面油画

阿里集团

2017年12月1日马云宣布，脱贫工作已成为阿里巴巴的战略性业务，未来5年，将投入100亿元到这项业务中，探索出“互联网+脱贫”的新模式。新疆喀什巴楚县是国家级贫困县，这里交通闭塞，农业种植结构单一，在这样恶劣的环境里，巴楚农民还是在沙漠种植出了香甜的甜瓜，也就是“巴楚留香瓜”。阿里巴巴拉动的香瓜产业不仅创造了中国特色精准扶贫的奇迹，且成了电商脱贫的成功典范。画面是瓜农在采瓜的场景，大家排成列传递的不仅是瓜，是丰收的喜悦，更是幸福的滋味。阳光洒在瓜地里，利用光线反射把山丘的金色光芒折射到采来的香瓜上，好似镀了层金边，尽管瓜还是那个瓜，而今阿里巴巴让它们镀了金，实现了更高的价值。自古以来东方文化的读画方式更习惯于了解画面的深层次含义，也使得东方的绘画作品多以表现意境，借物喻义，不停于表面。西方到19世纪才开始学会像东方这样的思维方式进行艺术创作，这也是我所追求而学习的。

◆《凝聚爱　益起来》

赵文

100cm×150cm

布面油画

苏宁集团

苏宁将“电商扶贫实训店”模式推广至100个贫困县，实施全方位的就业扶贫、培训扶贫、捐赠扶贫，扎扎实实推动贫困县县域经济的提档升级。苏宁提供讲师进行培训，内容包括经营、宣传、物流金融等方面的知识，从根本上提高经营业绩和收入。截至2019年3月，苏宁累计捐资和物料17亿元，投资3亿元用于扶贫实训店，带动16000个就业岗位。“电商扶贫实训店”是苏宁首创，《凝聚爱 益起来》表达的是苏宁通过开放分享自身资源，帮助贫困地区滞销的农产品直接进城，减少农产品流通环节，降低成本，提高效益，同时降低城市居民的购买成本。画面本意是用现实主义的手法，去表现一扫滞销的阴霾后，农民开心收割白菜的情景，小孩子也愉快地在田间地头帮忙，得到帮扶的群众对企业的感恩之情跃然画面之上。

《新农村吉利采购车队》◆

程克、周伟

100cm×150cm

布面油画

吉利集团

“吉时雨”精准扶贫是吉利控股集团在2016年3月正式启动的“吉时雨”精准扶贫项目，计划用3～5年时间，通过“产业扶贫、教育扶贫、就业扶贫、农业扶贫、消费扶贫”五大举措，在全国9个省份17个地区，投入超过6亿元来开展精准扶贫项目，精准帮扶超过12000个贫困家庭。启动前，“吉时雨”精准扶贫项目组通过走访当地扶贫办、教育局，针对贫困地区的实际需求，确定具体的实施内容。画面内容表达的是，吉利集团车队下乡收购农产品的一幕。表现手法上结合国画的皴擦点染，颜色上结合国画的古朴色彩，渲染了吉利车队下乡助农的场面。

◆《上学之路》

蔡晓斌

114cm × 162cm

布面油画

泛海集团

《上学之路》以水沟村学生上大学离别场景为画面内容，再现了一个西北黄土高原农家的真实生活，艰苦而寒冷的环境，贫瘠荒凉的土地，贫困又缺乏劳动力的家庭，上大学依然是改变命运最重要的途径，而学费是贫困家庭最大的忧愁，随着国家精准扶贫工作的深入开展，情况正在变得越来越好。泛海集团积极响应党中央、国务院号召，落实中央扶贫工作的重大举措，积极开展“泛海助学行动”让许多寒门学子走进大学校园，帮助他们完成学业、就业创业，成为有用之才，水沟村也纳入新农村建设重点项目，目前正在建设之中，画中学生得到“泛海助学行动”的帮助，那明亮的黄色手提袋，给她带来温暖和希望！

《国华校训》◆

赵永争
248cm × 129cm
纸本书法
碧桂园集团

碧桂園教育扶貧
國華紀念中學校訓

我不忍看天地之間仍有可塑之才因貧窮而隱失於草莽為胸有珠璣者不因貧窮而失學不因貧窮而共志方有辦學事教之念

知識可以改變命運知識是戰勝貧窮的最好利器擁有知識方可改寫一個人乃至國家的命運人的生存與發展國家的興旺與發達社會的文明與進步靠的是知識和智慧

立校辦學的目的是讓年輕俊彥從擁有知識開始繼而擁有高尚的品格和靈魂以建設國家和回報社會為終點滴水之恩湧泉相報既受助於社會當以奉獻社會為終身追求

碧桂园控股有限公司董事局主席杨国强先生，以自己早年的多舛命途深知寒门有志学子对知识改变命运的渴望，创办了这所纯慈善、全免费高中，“连袜子内衣都免费”，考上大学、硕博研究生也都继续全额资助学费，甚至细到生活费、路费。到这所高中上学有两个标准：家庭贫困和成绩优秀。创办17年来，本科上线率几乎为100%，每年有四五人考上北大清华，近1/3国华生大学毕业后继续硕博或出国深造，很多濒临失学的寒门学子命运因之转折，近2924名来自全国各地的寒门学子，都在这座“全免费”中学的全额资助下，圆了大学梦，甚至硕士梦、博士梦。办学之初杨国强先生就嘱托，必须摈弃只知追求考试分数，死读书、读死书的教育时弊，学校的办学目是教育学生“学会做人，学会做事”，让那些尚在贫困中挣扎的优秀学子早日成为站在时代前列、既融贯中西文化又富有鲜明个性和创新精神、以奉献社会为终生目标的卓越人才，所以国华中学孜孜以求的是培养学生的全面素质，以早日实现创办者“达则兼济天下”“造福桑梓，回报社会”的初衷。

◆《华为光伏电站》

程克、周伟
100cm × 150cm
布面油画
华为集团

在吉林省舒兰市，80MW村级光伏扶贫电站项目真正成了7290户贫困户脱贫的保障，该电站试运行的109天累计发电3386万度，实现售电收入2980万元，打造出了光伏扶贫“舒兰模式”，成了全国扶贫电站典范。对扶贫项目来说，质量可靠是第一，在华为扶贫方案中，数字化扶贫能够远程诊断并分析故障原因，实现扶贫电站的可检测、可评估、可验收，大大降低了运维难度，普通人员即可维护，可就近吸纳贫困户进行电站基础运维，创造出了一套“光伏+就业”的叠加效益模式，变“输血式扶贫”为“造血式扶贫”，使扶贫电站实现“真扶贫”。画面中一条“扶贫之路”弯曲延伸，表现扶贫路上的艰辛与扶贫的壮举以及为贫困人口带来的收益，手法上刀笔结合，疏密结合，整而乱之，疏密有序。

《一碗拉面的幸福味道》◆

许广专
180cm × 300cm
布面油画
海东市伊达餐饮管理投资有限公司

油画《一碗拉面的幸福味道》取材于青海海东地区，当地通过举办拉面技术培训班，使五万多贫困人口脱贫致富。作者运用写实手法，以三联画的形式形神兼备地表现这一主题：左边主要表现首期培训班贫困夫妻学员苗金财在广州开拉面馆脱贫致富的情景，以点带面；中间主画表现青海海东拉面办举办拉面培训班的盛况；右边表现的是海东地区辽阔的自然景象。在政府的一系列帮扶下，海东市在全国的拉面店开到了15000多家，就这一碗拉面产业，带动了当地牛羊肉产业和畜牧业的良性发展，2018年为海东带来了120多亿元的收入。

◆《再现光明》

周武发

120cm×160cm

布面油画

福耀玻璃

河仁慈善基金会从2011年创办起，截至2015年年底累计开展公益慈善项目86个，资助金额五亿七千多万元，涉及助学、扶贫、救灾、公益研究与传播等领域，遍及十几个省、自治区和直辖市，其中一半以上的善款投入到扶贫与救灾项目。福耀玻璃董事长曹德旺先生创办的河仁慈善基金会，自2018年至2020年度的三年间，筹集4亿元资金，重点资助三区三州深度贫困地区、特殊贫困人群，开展以包虫病、大骨节病、艾滋病、结核病等传染病的预防和白内障的防治为主要内容的健康扶贫攻坚活动。画面呈现了河仁慈善基金会在贫困地区为群众筛查治疗白内障的一个场景，这也只是河仁慈善基金众多扶贫济困成千上万个实例中的一个。

《丹寨新风》◆

程克、周伟

100cm × 150cm

布面油画

万达集团

2014年万达集团与丹寨县政府签订包县扶贫协议，先后捐资21亿元在丹寨实施三个项目，其中13亿元捐建丹寨万达小镇，5亿元设立万达丹寨专项扶贫基金，3亿元捐建贵州万达职业技术学院。据丹寨县政府统计数据显示，小镇2107年累计接待游客550万人次，是2016年丹寨全县游客数量的600%；丹寨县旅游综合收入达24.3亿元，是2016年全县旅游综合收入的443%；带动全县1.6万贫困人口实现增收。这幅画创作中把古寨的古朴与建设后的新貌完美结合，写实与意象，中西结合，借鉴中国画的散点透视，疏密结合，疏密有序，疏可跑马，密不插针，保留了西方油画的机理和色彩关系。

◆《星河湾援建后的狮象村新貌》

高杰

120cm×220cm

国画纸本

星河湾集团

狮象村以前是广东省最贫困的村庄之一，过去每家每户住的都是潮湿、低矮的土坯房，随时都有倒塌的危险，自2011年以来，星河湾在狮象村进行了定点帮扶、精准扶贫，几年来先后投入约2亿元，践行从“输血”到“造血”的扶贫方针；星河湾最先启动的项目就是旧村改造，改善村民居住环境，通过集中居住用地，合理分布产业用地，重新将分散在15个社队的15个农民居住点统一规划，集中到三个片区居住，每个片区建设文化室和文化广场，新屋村周边建设道路、照明、供水、绿化等，不仅改善了狮象村村民的生活环境，更为当地节约近300亩耕地用于种植养殖，提高了土地的利用率。如今走进狮象村，黄墙红瓦的小别墅齐齐整整，宽敞平整的大道笔直穿过居民楼前，真正让狮象村的村民实现了安居乐业。

《治沙人》◆

杨记录

110cm × 140cm

布面油画

伊利集团

亿利集团在库布其坚守治沙30年，投入产业资金300多亿元，治理沙漠910多万亩，带动周边群众10多万人脱贫致富，探索了“治沙、生态、产业、扶贫”四轮驱动，平衡发展的库布其模式。如今，库布其沙漠周围组建了232支亿利民工联队，5820人成为生态建设工人，人均年收入达到3.6万元；还有近1500户农牧民发展起家庭旅馆、餐饮、民族手工业、沙漠越野等，户均年收入10万多元。怀着敬畏的心情，作者创作了《治沙人》，画面中的天空部分很小，被两朵白云占据，通过人们各种劳作的动作、沙漠、天空、树木这样的物象来构成画面主题，人物以点状分布，凸显人民团结协作的伟大力量。亿利集团用了几十年时间来做这样一件伟大的事情，让荒无人烟的沙漠变成了绿洲，体现了人定胜天的精神，画面中的人物动作被定格在那一瞬间，成了永恒的丰碑。

◆《索道医生》

程明华

123cm × 203cm

国画纸本

复星集团

悬空30米，跨越120多米的距离，不足20秒就能抵达，当你以旅游者心态去尝试溜索时，你体会到的或许只是溜索带来高与快的刺激，其中的危险，或许只出现在你的潜意识里……肩背药箱，紧紧抓住索绳，使劲、蹬腿，紧扣在粗粗铁索上的滑轮瞬时向彼岸溜去，身下三十多米，是奔腾不息的怒江，他知道有人曾从他必经的行医索道上滑落，再也没有爬起来，陡峭的山路上，他出诊5000多次，从不收出诊费，他叫邓前堆，28年来，他的行医之路与那条溜索紧紧联系在一起，他一直希望，村里人过江不要再过溜索，村里能架起一座可通车的桥。2011年2月，拉马底索改桥工程启动，于2011年11月23日在这山清水秀的傈僳族小村寨有两座崭新气派的大桥竣工了，邓医生梦寐以求的愿望实现了。复星发起了“乡村医生”精准扶贫计划，用10年时间，投入3亿元，覆盖国内100个贫困县，助力赋能乡村医生。

《电商助农》◆

罗松

180cm × 85cm

布面油画

百度集团

淮河南岸的寿县，是安徽贫困县之一，为帮助当地人民脱贫，创业青年王有东创办了华欣蔬菜种植专业合作社，解决了当地农民特别是留守妇女的工作难题，合作社创办初规模小产量少，传统的销路基本能够应对，但随着规模的扩大，农村信息闭塞销路匮乏，蔬菜销售成了最大的难题。面对这一难题，百度启动了公益帮扶计划，利用自身的技术实力与推广能力，扩大当地特色农产品的知名度，借助自身的客户资源为合作社进行搭桥，帮助扩大销售渠道，解决农产品滞销问题，扶持贫困农户走出“销无出口”的困境，带动了当地经济的发展。这仅仅是百度在产业扶贫、教育扶贫、互联网大数据精准扶贫中的一个缩影，在百度的每个扶贫试点背后都要根据自来水普及率、移动互联网覆盖率、生活服务设施覆盖率、道路基础设施覆盖率、夜间灯光密度等生活水平指标进行大数据的解析，以此将各地区的贫困程度进行量化，为决策者和公众提供扶贫进度的数据参考。

◆《爱心助学一路亨通》

姬广军

180cm×97cm

布面油画

亨通集团

为响应党的政策，全面打赢脱贫攻坚战，亨通集团开启“爱心之旅”，捐助巨资建设希望小学，极大改善了贫困地区孩子们的教学设施和学习环境，助力全社会重教兴学造福后代的善举，弘扬扶贫济困助人为乐的优良传统，促进基础教育的发展，为贫困地区的孩子们托起明天的希望，启程美好的人生！亨通集团在企业自身发展壮大的同时，一心不忘回馈社会，每年用于爱心助学、扶贫济困、救灾赈灾、公益慈善等累计捐助已超2亿元。2018年10月，亨通集团被公示为全国“万企帮万村”精准扶贫行动先进民营企业，传递爱心，传播文明，教育从娃娃抓起；追梦路上，风雨兼程，一个也不能少。

《红豆计划》◆

胡一凡

110cm × 100cm

布面油画

红豆集团

红豆集团多年来坚持扶贫济困捐资助学，在各地高校设立奖学金，向中国青年就业创业基金捐资；2017年5月，周海江先生个人出资2000万元设立无锡红豆关爱老党员基金；红豆之心遍洒在祖国各地的偏远山区校园，累计捐款捐物已超过5.2亿元。《红豆计划》这幅作品是红豆集团在“筑爱大凉山 红豆公益行”众多助学扶贫活动中的场景之一，画面通过人物的动作突出画面的视觉中心，体现了在资源匮乏的大山里，学生对书籍和知识的渴求。在画面表现上抛弃了过多的技巧性和学究气，运用最朴实的笔法呈现最真实的场景，画外之音动人心弦。

◆《跑步鸡》

程克、周伟

100cm×150cm

布画油画

京东集团

京东集团针对贫困群众进行全方位帮扶，在产业扶贫、用工扶贫、金融扶贫多点开花，截至2018年底，在县以下注册的农村网商已达到811万家，带动创业和就业人员超过2000万人，2019年上半年，832个国家级贫困县网络零售额超500亿元，同比增长60%，电商扶贫模式的优异性不断得到印证。跑步鸡是京东集团在2016年初提出的项目，位于河北省武邑县，跑步鸡绿色健康，在电商平台受到很多民众的青睐，只需简单下单购买就能帮助到贫困人群，使得更多有情怀的消费者，在不经意中就轻松参与到精准扶贫这场战役中。此幅作品利用油画的古典色彩，薄厚结合，将产业扶贫的勃勃生机表现得淋漓尽致。

《头条上的山货》◆

王路平

228cm × 190cm

国画纸本

字节跳动

字节跳动2018年“山货上头条”项目打造的扶贫产品总销售额超过1900万元，惠及1.7万多户贫困家庭；“山里都是好风光”项目带动138户贫困家庭达到国家脱贫标准，助推稻城亚丁当年接待人数首次突破100万；“扶贫达人计划” 通过培训贫困区的用户，赋能本地农户，带动农产品销量，已经形成“造血式”扶贫的可持续发展模式；“三农合伙人计划”已签约的10位三农合伙人累计为11个国家级贫困县发布了900多篇图文、短视频内容推广扶贫产品，促成订单35.6万份，总金额超过1620万元。画面内容是以字节跳动的扶贫产品为描绘对象，通过对人与扶贫产品的关系表达，映射出信息创造价值，彰显了字节跳动在探索精准扶贫中做出的突出贡献和努力。

◆《均瑶常青板栗园》

高杰

125cm×220cm

国画纸本

均瑶集团

上海均瑶集团在中国光彩事业基金会设立专项基金，捐赠1亿元人民币，用于支持均瑶集团选定的帮扶贫困地区和贫困人口脱贫致富、扶贫开发等公益慈善项目，10多年来，累计投资超过13亿元，不仅带动了就业，而且推动了当地产业升级。2017年4月，均瑶集团与贵州省望谟县举行了“村企结对帮扶”签约仪式，从协议签订之日起至2020年3月，均瑶集团出资建设望谟县“万亩板栗高产示范园”，通过管理板栗园和带领贫困户掌握板栗种植技术、吸纳建档立卡贫困户到板栗园务工，确保贫困户增产增效，帮助洛郎村到2020年实现全面脱贫奔小康的总体目标；均瑶集团协助“哆吉栗”产品通过航空食品审批，将其打造成拳头产品，使其成为吉祥航空的机上食品，从而打开知名度，走出贵州走向国际，实现产销顺畅。画家运用传统的国画技法和当代的表现形式，把当地的扶贫项目和自然风貌完美地结合到了一起。

《顺丰义诊》◆

张江波

120cm × 160cm

布面油画

顺丰集团

顺丰公益通过踏实的公益行动扶危济困，助力贫困地区儿童健康与教育事业，为百姓健康与社会和谐发展做出了自己的贡献。2017年，在教育医疗扶智健体方面，顺丰公益基金会年共支出1.14亿元，其中莲花助学共资助17个省47个县14263名家庭困境中学生和989名贫困大学生，捐建10所顺丰莲花小学和4个顺丰梦想中心，资助全国420名特困教师。顺丰儿童医疗专项基金针对贫困地区孤贫儿童先天性心脏病、白血病、新生儿出生缺陷给予救助，截至2018年3月，共计救助6637名患病儿童，累计投入善款1.8亿元。作品表现了顺丰公益部门携手当地专业儿童医院为贫困山区儿童义务开展先天性心脏病筛查活动，值得铭记，谨以此作品献给那些为国家的扶贫事业做出贡献的先进集体、企业和个人。

◆《非你莫薯》

谢宝根

100cm × 150cm

布面油画

荣民集团

荣民控股集团从2000年至2015年15年间，对定边县白泥镇12个村累计捐款1.5亿元，实施“三个五年计划”，油灯变电灯、土路变油路，引进新技术调整产业结构，办医院建学校，治沙造田，新建大棚，打井灌田实现农业现代化，扶持规模养殖，新建家庭农场等；专门建成荣民光彩农技培训中心，从荷兰引进白薯新品种，帮助农民掌握科技种植技术，使“土蛋蛋变金”，形成精准扶贫的“荣民模式”。

《秀水村新貌》◆

程克、周伟
100cm×150cm
布面油画
兴伟集团

2015年，兴伟集团成立扶贫办，开展脱贫攻坚工作，无偿投资3.77亿元帮扶贵州省普定县秀水村，并探索出“秀水五股”模式，两年内秀水村实现集体经济收入5000万元以上，村民人均收入从2014年的2000多元提高到2016年的18000元以上，2017年该村发放土地股1000多万元、效益股1000余万元。画面展示了秀水村依山傍水的神韵，同时与新农村建设融合，寄托着老百姓对美好生活的向往和期盼，也是我国传统文化人文精神的体现。技法上把油画的机理、色彩关系与中国画的留白感觉综合处理，简与繁、写实与意向合理融入了画面中。

◆《林芝和谐生态》

黄睿

100cm × 150cm

布面油画

长隆集团

“长隆林芝精准扶贫行动计划”启动仪式在广州举行，广州长隆集团捐资1亿元用于西藏的精准扶贫行动计划，长隆林芝精准扶贫行动计划关注的是人与自然的关系，是林芝地区大生态下的环境治理和濒危野生动物的保护。一路受教于中央美院和中国油画院，关于保护生态的创作构想在我脑海里萦绕多年，尤其是杨飞云老师致力于表达“真善美”的人文情怀对我的绘画创作影响至深。因对古典油画的热爱，我将我的热心倾付在这张画布之上，画作中心描绘的是一位藏族女孩深情低视，背后有卧姿白牦牛、跃姿赤斑羚环绕；一只九色鸟掠过女孩头顶，在意象上构建了人与自然以及野生保护动物的和谐共生关系。画作运用经典的“金字塔”形对称构图，将人与动物摆在画面视觉中心，达成视觉上的平衡感，寄望于在当地政府、企业和人民的共同努力下，将这种“构图上的平衡”真正实现在林芝地区的生态当中。

《希望之汲》◆

李海勇

100cm × 150cm

布面油画

蒙牛集团

我国西北干旱缺水，严重阻碍了农业生产，蒙牛已经将10个标准化牧场建设成了“牧场主大学”教学基地，累计开展无偿培训230场、培训学员8000人次，帮扶牧场提升效益8亿多元。这张油画作品《希望之汲》就是记录内蒙古蒙牛乳业所做的一个公益扶贫项目，画面记录了打井出水后的欢庆时刻，随泉水喷涌而出的是当地百姓的希望和未来！公益事业人人有责，作为艺术从业者很荣幸能用自己的方式记录颂扬这一美好时刻，同时也希望通过绘画让更多的社会群体投入到公益事业中来！

◆《十八盘新貌》

李晓林

100cm×150cm

布面油画

华夏幸福

2018年，华夏幸福对外捐赠扶贫相关款项合计1.87亿元。2019年1月，华夏幸福制订了第二期资金支出计划，计划投入 1.5 亿元，继续用于《框架协议》约定的村庄搬迁安置费、安置房建设和危旧房屋改造等重点实施的扶贫项目建设，华夏幸福将紧盯涞源县脱贫任务目标，精心谋划精准施策，确保在10月底前完成所有帮扶项目建设任务，助力涞源顺利实现整县脱贫。画面反映的是华夏幸福针对河北涞源县十八盘村进行精准帮扶，十八盘从一个落后的山区小村变成了现代化的幸福新村，新公路从整齐的住宅穿村而过，太阳能照明走进了每家每户。用高级灰色调营造出整体氛围，力求做到干净明亮一目了然，用形象自然的色彩打造全画面，有力展现党的扶贫政策措施。

《卓尔助农》◆

韦丁宁
190cm×85cm
国画纸本
卓尔集团

2018年春节，卓尔“乡亲乡爱”电商扶贫办公室精心策划，优选组合6个贫困村的优势农产品，精心设计“楚乡有礼”年货礼盒，成为年货“爆款”。在卓尔购电商扶贫线上板块，已上线12个贫困村的特色农产品，自去年起，卓尔就利用汉口北线上线下优势平台，针对每个村的特色农副产品，优选品质创意包装，对外拓销，去年11月的汉交会上，多个贫困村的10余种特色农产品销售额达数万元。收购农产品只是卓尔诸多扶贫项目中的一个案例，“企业在进步，我们与这块土地的联系更紧密。无论公益帮扶行动，还是带动当地人就业，只与土地、良心、农民的快乐联系在一起”。卓尔控股董事长、党委书记阎志表示，企业发展要和区域发展融合，不仅产业发展要融入当地发展，还要和地方生活融合，真正体现“商道为公”。

◆《浏阳河太空鸡》

刘晓东

180cm×90cm

国画纸本

开元浏阳河

从2007年开始，开源·浏阳河集团就开始和象鼻嘴村结缘，集团以资金、技术和管理入股，村委会和村民以土地、产品入股，成立了“开源·象鼻嘴农业公司”。如今公司年收购各类农产品价值超过400万元，村民收入也由2006年的人年均收入2100元增长到现在14000多元，曾经的贫困村，一跃成为全国新农村建设示范村。在象鼻嘴村成功后，集团迅速以“公司+合作社+基地+农户”的形式在武陵山片区近16个县市组建了31个农业专业合作社，入社的农户达1万多户，农民专业合作社实行“五统一”的模式，即统一发放作物种子、统一组织技术培训、统一制定生产标准、统一开展技术服务、统一收购农业产品。对有技能基础、愿意扩大规模的种养户从资金、技术上重点扶持，强化示范效应，已培育种（养）大户200多个，其中“太空鸡”便是浏阳河集团扶贫项目中创富的典型案例。48个贫困村48个扶贫采购基地，4776多户建档立卡贫困户，户均增收3500余元，与贫困县、贫困村签订农产品采购订单协议总计达6.2亿元。这一系列数字，都是开源·浏阳河集团12年来交出的扶贫成绩单。

《正邦福猪》◆

李岩

120cm×200cm

国画纸本

正邦集团

正邦集团秉持“发展不忘根本，致富不忘农民，崛起不忘社会”的企业理念，积极参与“万企帮万村”活动，已取得了不菲成效，在全国多地累计投资380亿元，累计扶贫农户已超过100多万户。在脱贫攻坚的决胜时期，正邦决定从今年起，每年投资100亿元以上，开展产业扶贫，坚持到2020年再带动20万贫困人口脱贫致富。《福猪到家》是正邦集团发放小猪给贫困伤残农民的一个场景，其中技术员黄昌明带伤上阵令人钦佩，黄昌明只是正邦扶贫攻坚大军的一个缩影，和黄昌明一样的4万多名正邦人组成了一支顽强的“扶贫铁军”，在国家深度脱贫攻坚主战场的乌蒙山区、滇桂黔石漠化区、燕山—太行山区、赣南山区等贫困地区开展产业扶贫，带动100万贫困人口增收脱贫，一大批正邦学校、正邦班、正邦诊所、正邦路、正邦桥等正在全国贫困偏远山区遍地开花。

◆《八斗台新校园》

张开宇

100cm × 150cm

布面油画

金科地产

截至2015年底，金科先后已帮扶2000多名留守儿童、1700多名贫困大学生和超过65000个特困家庭得到了金科的援助。累计捐助社会公益事业逾2.2亿元，拉动社会就业人数20多万人，近三年向国家贡献税收超过100亿元，未来3年金科将投入5亿元用于重庆市精准扶贫工作，其中公益捐赠现金1亿元，产业扶贫投入4亿元。作品画面呈现的是在金科扶贫支持下健康发展起来的山区校园生活，在层层深山边缘处是绚烂的天空，预示着灿烂辉煌的未来。

《小康之路》◆

朱晖

120cm × 200cm

布面油画

富通集团

以创新和担当为初心的富通集团，早在2012年就出资3000万元人民币成立了浙江富通感恩慈善基金会，主要面向扶贫济困、赈灾救灾，支持光彩事业、资助革命遗孤、支教助学、奖优助困以及其他公益慈善事业。同时富通集团积极参与“万企帮万村”精准扶贫，被全国工商联、国务院扶贫办授予“全国‘万企帮万村’精准扶贫行动先进民营企业”光荣称号。作品《小康之路》描绘的是富通集团推动竹峪镇的脱贫工作，村民们在烈日下从车上卸水泥，用铲子铺水泥辛勤劳动的场景，创作中的劳动村民们有着坚韧不拔的意志品质，在烈日炎炎下，仍然众志成城，齐心协力地修整着家乡的道路，村民们看着即将修整好的道路脸上扬起的是对今后脱贫的自信的笑脸。作品《小康之路》的主题“路”不仅是指道路，而是指广义上扶贫工作的致富发展之路，向未来生活出发的幸福之路。

◆《点石计划》

马青山

150cm × 170cm

布面油画

步步高集团

步步高至今与8个贫困县签订扶贫战略合作，帮扶贫困村55个，建立扶贫采购基地48个，共牵手近10000多名贫困户，实现户均增收3500余元，与贫困县、贫困村签订农产品采购协议总计达6.5亿元。2018 年步步高集团发出倡议，深耕精准扶贫“点石计划”，实施“1+1 ”，结对帮扶“千人计划”，号召全司高管与工作所在地的建档立卡户交朋友、认亲戚，按一户一策的思路，结合扶智、扶技、扶资、扶业等方式，给予贫困家庭资金、技术、知识等帮扶，帮助他们走出贫困。画面传达的是步步高在江西实施帮扶的几个场景，步步高建立可复制、可推广的长效扶贫模式使当地群众实现脱贫。

《振东顺平中药园》◆

秦飞飞

200cm × 200cm

布面油画

振东集团

山西省长治市平顺县地处太行山脉南段西半侧，是个有名的革命老区，振东集团为了帮助平顺县摆脱靠天吃饭、衣食不足的局面，建立了一套“帮扶到户、手把手帮忙脱贫”的新模式，为了能够改善平顺县落后的局面，山西振东集团在平顺县投资了5.5亿元，建成了50万亩的中药材基地和8万平方米的仓储加工车间，通过“包村到户，责任到人”及“一个老总包一个片、一个中层帮扶一个村”，帮助了平顺县78个贫困村走向了脱贫的道路。作为一名山西籍艺术工作者被这样的善举深深打动，决心用手中的画笔为家乡的脱贫攻坚创作出能引发观众共鸣的作品，所以选取了振东扶贫案例的九个片段，以中药材扶贫为核心，用现实和写实主义的手法描绘了一群普通的扶贫工作者和当地的劳动人民工作和劳作的场景，体现了平凡的太行劳动人民的大干苦干实干、与天斗与地斗的太行精神，也体现了振东集团与民同富，与家同兴，与国同强的企业核心价值理念。

◆《林下经济》

李晓林

100cm × 150cm

布面油画

广西万寿谷

两年来，万寿谷集团在全产业链投资超过6亿元，其全产业链、林下经济扶贫模式，取得了突出效果。带动贫困户脱贫效果明显。万寿谷集团共与农户签订发放鸡苗合同10740户，累计发放鸡苗10018户，600万只，回收成品鸡390万只，现有存栏210万只，共支付劳务费用6850万元，带动贫困人口脱贫数量超3万人。《林下经济》表现的是广西万寿谷在国家精准扶贫政策的大背景下，万寿谷集团充分利用企业优势，立足国家级贫困地区，先后进驻凤山县、东兰县发展扶贫循环经济项目，实现了产品生产、服务、加工、销售“四位一体”的融合发展。本人首先用构成的方式把整个画面定格，然后用点线面把它丰富起来，基本是用的减法，为的是突出主题，所描画的对象就是“养殖”，所以地面处理得干净明亮，让鸡更加突出，在大的绿色背景下烘托出了林下经济这个主题。

《天渠下的民宿》◆

罗松
170cm × 90cm
布面油画
中天金融集团

中天金融出资3000万元成立中天金融教育公益基金，到2017年秋季，教育基金对团结村217名高中级以上的学生提供了教育资助，学费全额资助，生活费每月每人补助600元，每学期资助金额共计约120万元，每学年资助金约200万元。《天渠下的民宿》主要以团结村的民宿与天渠作为画面主要内容，中天金融集团在贵州扶贫道路上积极践行绿水青山就是金山银山的理念，充分利用团结村美丽的生态环境，大力推进以乡村旅游推动建设富美农村，团结村民宿作为中天金融的扶贫产物。而被称为“当代愚公”的黄大发书记为解决当地缺水问题，36年带领群众跨大山，走悬崖，绝壁凿天渠。中天金融集团引金融活水，灌溉乡村梦想，助力黄大发，新时代需要黄大发这种真正为群众办实事，解民忧的基层领导，更需要中天金融集团这类出实招，接地气的现代企业帮扶，共同践行精准扶贫理念，建设全面小康，实现中华民族伟大复兴。

结语

习近平总书记在中央扶贫开发工作会议上庄严宣告：脱贫攻坚战的冲锋号已经吹响，立下愚公移山志，坚决打赢脱贫攻坚战，确保到2020年所有贫困地区和贫困人口一道迈入全面小康社会。民营企业家坚定听党话、跟党走，八万多家企业踊跃投身“万企帮万村”行动中，涌现出大批可歌可泣的感人事迹，缔造了大量极具价值的脱贫范本，彰显了中国特色社会主义巨大的政治和制度优势。“万企帮万村”成就巨大战果丰硕，是全党全国全社会万众一心众志成城的一个生动缩影，凝聚着中华儿女深沉的情感积淀，成为滋养民族文化命脉的丰厚源泉。

组委会组织艺术家投身扶贫大潮，直观感受如火如荼的脱贫攻坚场景，激荡胸中豪情，迸发心底热忱，高擎手中画笔，全方位广角度地展示各行各业在脱贫攻坚中的感人事迹和典型案例，用形象生动的艺术语言表达广大人民致富创富获得幸福的决心和干劲，为全面打赢脱贫攻坚战鼓舞助威，意义重大影响深远。本次展览将以艺术为纽带、网络为渠道，发动贫困地区的数百万干部群众及学生一起绘制“我身边的脱贫故事”，广泛宣传，征集遴选优秀作品，线下和线上同步展览，参与性强，互动性高。绘画艺术具有丰富的直观性和先天的国际性，可以毫无阻滞地直抵心灵深处，让人们更加清晰地了解脱贫攻坚全貌，让党的不朽功绩永久铭刻在人民心中。

富有政治性、思想性、社会性的绘画艺术展能助力企业走上发展快车道，民营企业参与政府主办的高层次艺术展，展现的是更高端、更富远见的企业文化和社会责任，塑造的是更宏远、更具美誉度的企业品牌和企业形象，赢来的是更健康、更积极的社会反馈和公众口碑。本展览计划在国内巡回展出，并赴G20峰会及“一带一路”沿线国家展示，同步筹建中国脱贫博物馆，永久记录并弘扬脱贫攻坚战的扶贫精神，通过各类媒体向全社会广泛传播，形成深远的社会影响和综合效益。